广东省省市共建本科高校重点项目

客家文化概论

Kejia Wenhua Gailun

◎ 曾令存　主编

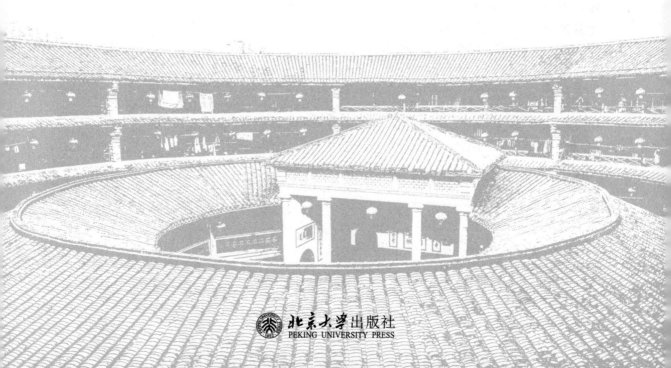

北京大学出版社

图书在版编目(CIP)数据

客家文化概论/曾令存主编. —北京:北京大学出版社,2017.11
ISBN 978-7-301-28938-9

Ⅰ.①客… Ⅱ.①曾… Ⅲ.①客家人—民族文化—概论 Ⅳ.①K281.1

中国版本图书馆CIP数据核字（2017）第266877号

书　　名	客家文化概论 KEJIA WENHUA GAILUN
著作责任者	曾令存　主编
责 任 编 辑	李　玥
标 准 书 号	ISBN 978-7-301-28938-9
出 版 发 行	北京大学出版社
地　　址	北京市海淀区成府路205号　100871
网　　址	http://www.pup.cn　　新浪微博:@北京大学出版社
电 子 信 箱	编辑部zyjy@pup.cn　总编室zpup@pup.cn
电　　话	邮购部 010-62752015　发行部 010-62750672　编辑部 010-62704142
印 刷 者	北京鑫海金澳胶印有限公司
经 销 者	新华书店 787毫米×1092毫米　16开本　24印张　422千字 2017年11月第1版　2025年1月第2次印刷
定　　价	54.00元

未经许可，不得以任何方式复制或抄袭本书之部分或全部内容。
版权所有，侵权必究
举报电话: 010-62752024　电子信箱: fd@pup.pku.edu.cn
图书如有印装质量问题，请与出版部联系，电话: 010-62756370

前　　言

若从徐旭曾的《丰湖杂记》算起，客家研究已走过了整整两百年的历史。但由于各种原因，作为一门独立学科，"客家学"的建构仍然"在路上"。与此同时，自20世纪80年代以来，重新浮出水面的"客家"，逐渐演化成为一个跨界（从文化/学术到内陆/海外）的话题，并呈现出各执一词的"百家争鸣"气象。而恰恰于此，"客家"重新成了一个"熟悉的陌生"问题，模糊了外界对它的认识和了解。在这种情况下，编纂一种相对客观、科学的普及读本，显得非常迫切和必要。本书的编写，即在为海内外渴望了解客家文化的读者提供一个初级文本，并尝试把多年来客家研究的成果转化到教学实践中，为社会培养更多了解和掌握客家历史人文传统的人才，以普及与传承客家文化。

考虑到种种原因，本书的内容，起步阶段主要立足粤东客家地区，适当兼及赣闽粤客家社区。罗香林先生在其20世纪30年代出版的《客家研究导论》中，曾对客家研究范围提出了初步的构想。该书凡九章，著名史学家朱希祖先生认为前六章，即"客家研究的发端""客家的源流""客家的分布及其自然环境""客家的语言""客家的文教（上）""客家的文教（下）"，"为此书最精审之作"。可以说，自罗香林先生以后半个多世纪来的客家研究，基本上没超越这些范畴。罗香林先生在书中还提及客家研究其他11个方面的课题，如对客家人士形体与血型的观察、测量和检验，与其他种族或者汉人进行比较，对客家人居住的自然环境于客家种种活动之影响进行细心研究，等等。罗香林先生思想的基点，是作为学术问题的客家学研究。作为偏向于普及性的读本，本书在内容构架的设计和统稿过程中，有选择性地吸收了罗香林先生的思想观点，但更侧重于围绕客家与客家文化，遵循教材编纂的科学性、知识性、客观性和规范性原则，设计若干问题；既努力吸收客家研究的新成果，积极创新，又避免标新立

异。在编写体例与编写风格方面,本书力求深入浅出,并结合内容适当配置相关图片。另外,为拓展学习者的视野,本书每章后面附有"拓展阅读",开列若干参考文献以供有兴趣的学习者参阅。

曾令存

2017 年 9 月于梅州

目　　录

第一章　客家与客家文化 / 1
　　第一节　"客家"称谓的由来 / 3
　　第二节　客家民系的源流与分布 / 7
　　第三节　会馆、侨商与海外客家人 / 13
　　第四节　客家文化的形成、内涵与特征 / 26
　　第五节　客家文化与中原及南方周边民系文化 / 39

第二章　山水与村落民居 / 53
　　第一节　山水环境与客家村落 / 55
　　第二节　客家村落的形成与发展 / 63
　　第三节　客家民居的类型与演变 / 69
　　第四节　客家民居的文化内涵 / 74

第三章　民间信仰与风俗 / 81
　　第一节　民间信仰 / 83
　　第二节　生育婚丧 / 98
　　第三节　岁时节庆 / 104
　　第四节　客家妇女 / 111
　　第五节　饮食文化 / 124

第四章　方言及其熟语 / 133
　　第一节　客家方言的分布 / 135
　　第二节　客家方言的特征 / 139
　　第三节　客家方言的形成及其与周边方言的关系 / 150
　　第四节　客家方言中的熟语 / 158

第五章　书院与科考教育 / 175

第一节　客家教育的兴起 / 177

第二节　书院与客家教育的发展 / 179

第三节　儒学与发达的民间教育机构 / 190

第四节　明清科考与科甲望族的形成 / 196

第五节　新式学堂的创办与现代教育的崛起 / 210

第六章　诗文与诗人群体 / 221

第一节　客家诗文的发展与流变 / 223

第二节　前明遗民诗人与康乾盛世诗人 / 225

第三节　"梅诗三家"与"程乡三友" / 233

第四节　黄遵宪与晚清粤东客籍诗人群体 / 247

第五节　张资平等客籍作家与中国新文学 / 265

第七章　山歌、汉乐与曲艺 / 281

第一节　客家山歌与山歌剧 / 283

第二节　广东汉乐与广东汉剧 / 297

第三节　客家民间舞蹈 / 308

第四节　木偶剧与竹板歌 / 319

第八章　历史人物与事象 / 331

第一节　程旼与客家先民南迁 / 333

第二节　罗芳伯与早期海外客家人 / 338

第三节　张弼士与近代客商 / 344

第四节　李惠堂与亚洲足球 / 352

第五节　罗香林与客家研究 / 359

第六节　林风眠与中国现代美术 / 365

后记 / 375

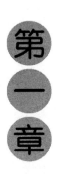

第一章
客家与客家文化

  客家人作为中华汉民族的八大民系之一，以其人口众多、分布范围广阔、社会影响巨大而著称于世。在中国众多的地域文化中，客家文化以其民风古朴、风俗独特而引人注目。客家文化是千百年来客家人所创造的物质文化和精神文化的总和，是客家人与其他族群相互区分的本质性的标志，是客家人的精神家园。

  本章主要介绍："客家"称谓的由来；客家民系的源流与分布，历史上漂洋过海到世界各地的客家人组建的会馆以及早期客家侨商的情况；客家文化的形成、内涵与特征；客家文化与中原及南方周边民系文化的相互关系等。

第一节 "客家"称谓的由来

客家学奠基人罗香林（1906—1978）在研究客家历史和文化的过程中，先后撰写了《客家研究导论》《客家源流考》等著作，系统阐释了客家的源流、分布、语言和特性。他首创"民系说"，认为自然环境、外族关系和内部演化会导致一个民族分化为不同民系，并将汉民族划分为越海系、湘赣系、两广本地系、客家系等八大民系，其中客家系成为唯一不按地域划分的民系。

那么，"客家"称谓是如何得来的呢？

一、"客家"称谓的由来

虽然客家人遍布海内外，但"客家"称谓是怎么来的？这是自客家研究兴起以来，客家学界几代人共同努力，试图获得共识、以期解决的问题。也是客家人自我意识形成后，世人共同关心，以期释疑解惑、端正视听的问题。综合历史上关于该问题比较有代表性的观点，大致有以下几种：

（一）源自先来后到顺序的称呼

徐旭曾（1751—1819）在清嘉庆二十年（1808）撰著的《丰湖杂记》中称："客者，对土而言，寄居该地之谓也。""粤之土人，称该地之人为客；该地之人，也自称为客人。"[1] 从南方区域历史来看，汉族南方各民系的形成时间都比客家民系早，基本都在同一个行政区域之内。而客家民系形成时间较迟，而且不是在同一个行政区域内，而是在三省的联结地区。在这一区域的土著或称主人，除了古越族及其后裔外，还有"山客""木客""畲客"等，他们大多也是"外来人"。这些"客"和后来的"汉客"

---

[1] 徐旭曾. 丰湖杂记［M］//罗香林. 客家史料汇编. 香港：中国学社，1965：298-299.

混居一地，在很长一段历史时期，客家先民与畲族先民被误认为是同一群体，外界把他们统称为"客"。①他们经过长期融合，孕育出一种独具个性的语言、文化特征。可以认为，此时民系初步形成，但没有正式的名称。当这些独具特征的人外迁他乡，如迁至福佬系、广府系的聚居区时，被当地主人称为"客人""客户""客家"等。而且这一称呼是在广东沿海和福建沿海不同民系中"叫"出来的。这在文化内涵上，应该可以认为是对同一文化特征（即后来名为"客家"）人群的一种"共识"。

（二）源自政府的制度性规定

罗香林认为，客家的称谓与"五胡乱华"时期的"给客制度"和唐宋时期的"客户"制度有关。他在1933年出版的《客家研究导论》第一章《客家问题的发端》中指出："从客家住地各方志所载其地户口宋时主客分列一史实观察，亦可推知客家先民的迁移运动在五代或宋初是一种极其显著的事象，'客家'一名亦必起于是时。"②即认为"客家"的称谓源自宋代的"客户"制度。他在1973年出版的《客家源流考》中认为客家名称源于"五胡乱华"时期的"给客制度"："至于客家的名称由来，则在五胡乱华中原人民辗转南迁的时候，已有'给客制度'。《南齐书·州郡志》云：'南兖州，镇广陵……时百姓遭难，流移此境，流民多庇大姓为客。元帝大兴四年，诏以流民失籍，使条名上有司，为给客制度。'可知客家的'客'字，是沿袭晋元帝诏书所定的。其后到了唐宋，政府簿籍，乃有'客户'的专称。而'客家'一词，则为民间的通称。'客'的称谓，虽说由来已早，然其民系的系统构成，则当如上述的在五代以后。"③

（三）源自对字面意义的理解

王力（1900—1986）在其1936年出版的《中国音韵学》中认为，客家是"客"或"外人"，即客家是外来的人。波兰学者在1987年出版的《民族学辞典》中认为，客家是"客而家焉"或"客户"之义，即先作客，后定居。台湾学者陈运栋也在其所著的《客家人》中认为，"客家，即客而家焉"。

"客家"的字面概念是外来的住户。作为民系的称谓，"家"的含义应是"人"，而不是"户"，如"店家""船家"。"客家"是客家民系、客家人的简称。但是，"客"不是简单的相对于"主"而言的外来者，如福佬系、广府系，他们也都是由中原南迁的

---

① 温宪元，邓开颂，丘杉. 广东客家[M]. 南宁：广西师范大学出版社，2011：67.
② 罗香林. 客家研究导论[M]. 台北：南天书局，1992：18.
③ 罗香林. 客家源流考[M]. 台北：世界客属第二次恳亲大会筹备委员会，1973：41-42.

汉人，也是"外来者"，又为何不称"客家"？其中缘由还在学界讨论之中。

以上是关于"客家"的由来几种比较有代表性的观点。

此外，一些学者也提出了不同的观点。如有学者认为是"近音而来"："所谓'客家'，就是'河洛'二字之音变，而记录语言者'依声托事'，误将'河洛'以同音或近音字去代替写成'客家'。所谓'客家人'即'河洛人'，亦即从河洛地区迁移而来的。"① 也有学者提出是源自经济地位的命名："'客家'之称谓来由：一是客家先民多为'佃客'之故；一是相对于'广府''福佬'而言，先入为主，后进为客的'客'。故'客家'一词仅包含两种意思：一是经济、阶级地位而言的，一是入粤时间顺序而言的。概而言之，'客家'者，后来迁入并多充当佃客的北方南迁汉人之谓也。"② 还有学者认为是源自客家文化特征："由于客家人有很强烈的祖先崇拜意识，不忘自己的祖先是'夏家人'，有理由认为就是'客家人'这种称谓的由来。"③ 甚至还有学者认为是源自本地土著名称，认为"客家"之名源于古"山客"，与畲族被称为"山哈"关系密切。④

以上诸种说法，是从不同视角研究客家问题时提出来的，大都不失为一家之言，为研究和理解客家问题提供了有益的探讨。

二、由他称到自称

关于"客家"称谓的来由，现在比较共识的观点是，有一个由"他称"到"自称"的过程，这与客家社会的形成与发展密切相关。"他称"的时间是在明末清初，"自称"的时间起始于清中叶。"他称"首先兴起于土客杂住地区，是由广东沿海本地广府人和广东、福建沿海本地福佬人"称"出的。"自称"即自我认可，并成为共同意识。因客家系在民系形成之前有多次移居的历史，"客家"称谓并无贬义，同时符合自身的发展历史，故"客家"也就被认可，并成为该民系群体的共同意识和认同标识，从而成为这一群体的独特名称。

与现代"客家"称谓相关联，被称为"猺贼"的说法，所见最早文字记载的是明末清初时期广东揭阳福佬地区对客家不友好的称谓：

崇祯十七年，即国朝顺治元年甲申正月，猺贼通闽贼阎王老等四五千，突至县西

---

① 陈修. "客家"称谓新说 [J]. 嘉应师专学报，1989（3）.
② 刘佐泉. 客家历史与传统文化 [M]. 郑州：河南大学出版社，1991.
③ 陈美豪. 思考与探索 [J]. 客家民俗，1989（1）.
④ 房学嘉. 客家源流探奥 [M]. 广州：广东高等教育出版社，1994.

关。未几，遁去。①

（顺治二年）十一月初八日，九军贼数万攻围乔林寨。几二月被寨内开门击杀千余，存者逃回，后遂不敢犯。獠贼暴横，欲杀尽平洋人，憎其语音不类也。平洋各乡虑其无援，乃联络近地互相救应，远地亦出堵截。②

"獠贼"与"平洋人"之间的争斗，实为一场两个不同方言人群之间旷日持久、规模特大的械斗。

目前所见"客家"称谓最早的文字记载，是广府地区本地人对迁居当地的客家人的称呼。康熙二十六年（1687），广东著名学者屈大均（番禺人）在为今天紫金县所编《永安县次志》中称："县中雅多秀氓，其高、曾、祖父，多自江、闽、潮、惠诸县迁徙而至，名曰'客家'。"③把从江西、福建和广东潮州程乡（今梅县）、大埔等以及惠州长乐（今五华）、兴宁等地迁居今天紫金县的人称为"客家"。这是目前所见与今天客家人有直接关联的"客家"称谓最早的文字记载。因此"客家"称谓，至迟到康熙初年才出现，很可能就出现在明末清初，而到康熙二十六年则已较普遍了。

随着清初"迁海""复界"和"湖广填四川"等政策的实施，大量客家人从粤、闽、赣聚居区迁居到沿海和四川等内地，客家自我意识逐渐形成。至19世纪初，"客家"的称谓也逐渐由"他称"变成"自称"。徐旭曾在《丰湖杂记》即称："粤之土人，称该地之人为客；该地之人，也自称为客人。""彼土人，以吾之风俗语言未能与同也，故仍称吾为客人；吾客人，亦因彼之风俗语言未能与吾同也，故仍自称为客人。客者，对土而言。"④可见，当时大量迁居到珠江三角洲沿海地区的客家人，因风俗语言与当地人不同而被称为"客人"，而客家人自己也认同是"客人"。因此，徐旭曾当时的见解是："客家"始为他称，渐转自称。

至19世纪中叶以后，"客家"称谓逐渐被客家人接受，变成自称。长期在广东大埔、海阳、潮阳、广州等地为官的浙江钱塘（今杭州市）人陈坤在其所著《岭南杂事诗钞》（光绪二年刻本）中，有《客家》诗："也种芙蓝也种茶，荒山寄迹事畲畬。语音莫讶多喝哳，笑说侬生是客家。"陈坤自注："粤多荒山，外省之江、闽，本省之惠、潮、嘉等处穷民，往往携眷而来，搭寮居住，开垦山田栽植，或种芙蓝茶果，遂以为

---

① 陈树芝．雍正揭阳县志［M］//兵事：卷三．清雍正九年刻本：7，12．
② 同上书．
③ 屈大均．永安县次志［M］//风俗：卷一四．清康熙二十六年刻本．
④ 徐旭曾．丰湖杂记［M］//罗香林．客家史料汇编．香港：中国学社，1965：298－299．

业。日渐蕃庶，入籍应考而成望族者，到处皆然。惟语音与土著迥不相同，故谓之客家。"①

从粤东惠、潮、嘉及江西、福建等地迁居粤中山区的客家人，"笑说侬生是客家"，可见客家人自称"客家"的现象已相当普遍。光绪二十四年（1898），嘉应州（今梅州）人温仲和等所编《嘉应州志》记载："嘉应州及其所属兴宁、长乐（今五华）、平远、镇平（今蕉岭）四县，并潮州府属之大埔、丰顺二县，惠州府属之永安（今紫金）、龙川、河源、连平、长宁（今新丰）、和平、归善（今惠阳）、博罗一州七县，其土音大致皆可相通。……广州之人，谓以上各州县人为客家，谓其话为客话。由以上各州县人迁移他州县者所在多有，大江以南各省皆占籍焉，而两广为最多，土著皆以客称之，以其皆客话也。"② 由此可知，"客家"之称先是广州人对粤东各县说一种共同"土音"的这一群体的一种专称，以别于说广府话的群体。讲广州方言的民系自认为是地道广东人，以土著自居，把自己的方言称为正音，而认为粤东人说的是另一种土音（被称为"客话"），"土著皆以客称之"，把他们称为"客家"。这段话也表明，表面上是说广州人把从梅州等地迁到当地的人称为"客家"，说的话是"客话"，实际上也意味着梅州人也认可自己是"客家"，说的话是"客话"。

第二节 客家民系的源流与分布

一、客家民系的源流

罗香林在《客家研究导论》（1933）中为了说明客家人的来源和属性首创"民系"一词，并把"客家"人群界定为汉族的一个分支——"民系"，"是汉族里头一个系统分明的支派，"③ 认为他们有共同的语言、文化、风俗，相互之间互为认同，与汉族其他民系存在差异。

---

① 陈坤，吴永章. 岭南杂事诗钞笺证 [M]. 广州：广东人民出版社，2014：517.
② 温仲和. 光绪嘉应州志：卷七 [M]. 光绪二十七年刻本：84.
③ 罗香林. 客家研究导论 [M]. 台北：南天书局，1992：1.

关于客家民系的由来，虽然众说纷纭，但代表性的观点主要有"南迁说""土著说"和"融合说"三种。"南迁说"由罗香林系统提出。他认为，客家先民经多次从中原南迁后，至五代宋初形成客家民系。"土著说"由房学嘉提出。他在《客家源流探奥》（1994）一书中提出客家是一个共同体："这个客家共同体，是南迁的中原人与闽粤赣三角地区的古越族遗民混化以后产生的共同体，其主体是生活在这片土地上的古越族人民，而不是少数流落于这一地区的中原汉人。"① "融合说"由谢重光、蒋炳钊、吴炳奎等提出。1990年以来，许多学者看到了罗香林"南迁说"存在的问题，在不同程度上认识到南方各民族对于客家民系酝酿、形成的重要作用，因此在讨论客家源流时，纷纷提出并论证南迁汉人与土著相互融合的问题。如蒋炳钊曾发表系列文章②，他指出，"客家形成的一个重要条件，必须是入迁于闽粤赣三省交界地的汉人和当地土著民族经过一段文化采借和涵化的过程，从而形成一个新的文化共同体，才可能出现客家这个民系"③，并反复论证了闽粤赣交界地区客家与畲族的互动共生关系。吴炳奎认为，客家先民在南迁途中和到达闽粤赣边区后都曾与当地土著民族融合，提出"客家是多民族的融合体"的主张。④ 还有学者认为，"客家民系是由南方各民系融合形成的，客家的血统与闽粤赣等省的其他非客家的汉民血统并无差别，他们都是中华民族一千多年来大融合的结果"⑤。

以上观点虽有分歧，但明确了客家的构成是多元的。客家先民的来源很广泛，除了来自中原外，还吸纳了来自其他地区的移民，以及原住赣闽粤交界区域的土著居民。⑥ 据此可知，客家民系源于南迁汉人和本地土著，由南迁汉人和本地土著相互融合而成。

北方汉人如何来到南方？中原汉人南迁，史料记载始于秦代，但不是所有南迁的中原汉人都是客家先民，它还包括了广府、福佬等族群的先民。

较早系统提出"客家先民南迁说"的是罗香林。罗香林通过对各姓族谱的研究，认为客家人来自北方中原地区。他指出："客家先民东晋以前的居地，实北起并州上党，西属司州弘农，东达扬州淮南，中至豫州，新蔡，安丰。换言之，即汉水以东，

---

① 房学嘉. 客家源流探奥 [M]. 广州：广东高等教育出版社，1994：36.
② 这些文章包括《关于深化客家研究的思考》（1993）、《试论客家的形成及其与畲族的关系》（1995）、《客家文化是畲汉两族文化互动的产物》（2000）等。见蒋炳钊. 东南民族研究 [M]. 厦门：厦门大学出版社，2002.
③ 蒋炳钊. 东南民族研究 [M]. 厦门：厦门大学出版社，2002.
④ 吴炳奎. 客家源流新探 [J]. 中南民族学院学报，1992（3）.
⑤ 陈支平. 客家源流新论 [M]. 南宁：广西教育出版社，1997：123.
⑥ 谢重光. 客家源流新探 [M]. 福州：福建教育出版社，1995：81.

颖水以西，淮水以北，北达黄河以至上党，皆为客家先民的居地。"① 罗香林指出，东晋以来，因躲避战乱等原因，祖居中原的客家先民在漫长岁月里，筚路蓝缕历尽艰辛由北向南迁徙，然后再到国内其他地区及海外。罗香林认为，在客家形成和发展历史上，客家人前后共经历了五次大迁徙。其中由中原迁至今赣闽粤交界地区的有三次：第一次，自东晋，受"五胡乱华"的影响，从中原迁至鄂豫南部，及皖赣沿长江南北岸，以至赣江上下游，为迁移之第一时期（由317年至879年）。第二次，自唐末受黄巢事变影响，由皖豫赣等第一时期旧居，再迁至皖南，及赣之东南，闽之西南，以至粤之东北边界，为迁移之第二时期（由880年至1126年）。第三次，自宋高宗南渡，受金人南下元人入主之影响，客家先民之一部分，由第二时期旧居，分迁至粤东部北部，为迁移之第三时期（由1127年至1644年）。②

在中原南迁客家先民到达赣闽粤交界地区之前，当地一直为百越及其后裔俚、畲、瑶、疍等土著居民生活，他们是这片土地上的主人。春秋战国以来，赣闽粤交界地区为"百越"之地。西汉时为南越王封地，汉武帝统一百越各族后，这里的住民仍然是百越的后裔，史称"山越"。至唐代，岭南一带的少数民族被称为"夷僚""俚僚""蛮僚"等。至宋代，这一带的少数民族则统称为畲人。自魏晋以来定居于赣闽粤湘交界区域的山区和丘陵地带的中原汉人，与当地俚、畲、瑶等土著民族经过长期的互动和融合，最终形成客家民系。据罗香林研究，客家民系的形成"始于宋代"③。

客家民系在宋明时期形成后，又经历了两次大规模的迁徙：一是明末清初受"反清复明""迁海复界""湖广填四川"等影响，部分客家人从粤闽赣边分迁至粤之中部及滨海地区，以及川、桂、湘、台湾等地。二是清同治年间，受"广东西路事件"及太平天国起义影响，以及人多地少等原因，部分客家人分迁至广东南部、海南、广西、云南、香港、澳门以及南洋、欧美等地。其他零星迁移，历史上从未间断。

通过上述五个时期的迁徙和移民，客家民系得以形成和发展，同时奠定今日客家人分布的总体格局。

综上所述，所谓客家民系，是指这样一个族群：其先民祖籍中原，自东晋至南宋之交，由于战乱等种种原因，陆续迁入赣闽粤交界地区，在与外界相对隔绝的情况下，与当地俚、畲、瑶等土著民族长期互动和融合，经过数百年的发展演化，而逐渐形成一种有别于相邻各民系的方言、风俗和特性，过着带有显著山区特点的农耕经济生活，

---

① 罗香林. 客家研究导论 [M]. 台北：南天书局，2000：63.
② 罗香林. 客家源流考 [M]. 北京：中国华侨出版社，1989：35.
③ 罗香林. 客家研究导论 [M]. 台北：南天书局影印本，1992：72.

形成了以强烈的内部凝聚力及自我认同意识为主要特征的族群心理。具有上述典型文化特征的居民共同体就是客家民系，其居民共同体的成员就是客家人。由此可见，客家民系的来源，除了中原南迁汉民外，还有大量世代居住在赣闽粤边界地区的百越民族后裔畲、瑶、疍等。客家民系的形成和发展是一个动态的过程。客家民系在南宋时期初步形成以后，在元明两代又有重大发展，约略至明末清初，其分布格局才基本稳定下来，其独特方言、独特风俗、独特社会心理及族群性格才充分发展成熟。

二、客家民系的分布

客家人经过多次迁徙，现国内主要聚居于赣南、闽西、粤东北、粤北地区，分布于全国19个省区、350个县市。其中，客家人数占95%以上的纯客县45个，与其他族系杂居拥有数量不等的客家人聚居村落的非纯客家县市305个。总人数约8000万人。其中，香港约125万人，澳门约10万人，台湾约460万人；海外遍布五大洲，分布在80多个国家和地区，总人口约2000万人。

（一）国内客家人分布情况

在中国，客家人主要集中在赣闽粤边区和台湾地区。此外，在其他省份也分布着大量的客家人，大致情况如下。

广东省：客家人几乎遍布全省，但主要分布在粤东、粤北地区。其中，纯客家县市有梅江区、梅县区、兴宁、五华、大埔、蕉岭、平远、陆河、龙川、和平、始兴、连平、新丰、东源、源城区、紫金、仁化、翁源等19个；丰顺、揭西、惠东、博罗、龙岗、南雄、英德、乳源、乐昌、韶关等县市，客家人占当地总人数50%以上；东莞、惠阳、连南、曲江、宝安、饶平、海丰、陆丰、龙门、从化、花都、新会、四会、鹤山、三水、高要、开平、信宜、珠海、廉江、化州、信宜、高州、阳江、电白、阳西、阳春等59个县市，也有一定数量的客家人。全省客家人口约2300万人，约占广东人口总数的27.5%（2009年统计）。[①]

福建省：客家人主要分布在闽西、闽北和闽南等地区。其中，纯客家县有永定、上杭、长汀、连城、武平、宁化、清流、明溪等8个；非纯客家县有龙岩、漳平、诏安、平和、南靖、云霄、沙县、永安、顺昌、泰宁、将乐、邵武、浦城、建瓯、建阳、福鼎、福安、福州等17个。全省客家总人口约500万人。

---

① 温宪元，邓开颂，丘杉. 广东客家［M］. 南宁：广西师范大学出版社，2011：3.

江西省：客家人主要分布在赣南、赣中、赣西北地区，共38个县市。其中，纯客家县有兴国、宁都、石城、瑞金、会昌、寻乌、安远、全南、龙南、定南、信丰、大余、崇义、上犹、南康、赣县、于都、铜鼓等18个，非纯客家县有修水、萍乡、广昌、永丰、吉安、泰和、万安、遂川、井冈山、宁冈、永新、莲花、万载、宜丰、奉新、靖安、高安、武宁、横峰、上饶等20个。全省客家总人口为1250万人。①

广西壮族自治区：客家人分布比较广泛。据调查显示，广西没有纯客家县，但全区90个市县中，82个市县有客家人居住，占所有市县的91.11%。②广西客家人集中的地方，主要是在陆川、博白、浦北南部与合浦东部；其次是防城、钦城与灵山相连的一片地区；以贵县为中心，沿铁路东南至玉林北部、西北黎塘、宾阳地区；此外还有来宾、桂平、平南、象州、柳州、蒙山、荔浦、阳朔等。广西客家人主要是清初以来，逐渐从今梅州地区迁徙过去的。近年常有人回梅州地区寻根。广西客家总人数为560.623万人，占全区人口总数的11%强。③

四川省：四川也是客家人居住较为集中的一个省份。客家人移居四川，主要发生在清朝康熙年间以后。由于明末清初的战争，四川人口锐减，田园荒芜，于是朝廷谕令准许各地人民进入四川垦殖，历史上称"湖广填四川"。现全省无纯客家县，非纯客家县市有成都（市郊）、新都、涪陵、金堂、广汉、什邡、彭州、温江、双流、新津、简阳、仁寿、乐至、安岳、威远、内江、荣昌、隆昌、资中、宜宾、合江、泸县、仪陇、巴县、通江、广安、西昌、木台、德阳、绵竹、梓潼、会理、华阳、新繁、灌县等35个。全省客家总人口约380万人。

湖南省：非纯客家县市有汝城、郴州、桂东、炎陵、茶陵、攸县、浏阳、平江、江永、新田、江华等11个。全省客家总人口约200万人。

浙江省：非纯客家县市有云禾、松阳、青田、丽水、宣平、龙泉、遂昌、景宁、缙云、泰顺、金华、江山、衢州、龙游、常山、开化、建德、淳安、长兴等19个。全省客家总人口100万人。

海南省：非纯客家县市有儋州、澄迈、定安、临高、琼海、文昌、万宁、三亚等8个。全省客家总人口40余万人。

湖北省：非纯客家县有红安、麻城2个，全省客家总人口约15万人。

贵州省：非纯客家县有榕江、遵义2个，全省客家总人口约10万人。

---

① 周建新，等．江西客家［M］．南宁：广西师范大学出版社，2007：56.
② 王建周．广西客家综论［M］．南宁：广西师范大学出版社，2005：49.
③ 钟文典．广西客家［M］．南宁：广西师范大学出版社，2005：85.

云南、江苏、安徽三省的客家人各约 2 万人。

陕西省客家人约 0.5 万人。

新疆维吾尔自治区客家人约 0.3 万人。

台湾地区：非纯客家县市有桃园县、新竹县、苗栗县、屏东县、彰化县、高雄市、花莲县、台中县、台中市、台北县、台南县、台北市、南投县、云林县、嘉义县、台东县、宜兰县等 19 个。全省客家总人口约 460 万人。

香港特别行政区客家总人口约 125 万人。

澳门特别行政区客家总人口约 10 万人。

其他地区散居的客家人约 300 万人。

综合上述统计，中国境内有纯客县市 45 个，非纯客县市区 305 个，纯客县、非纯客县市区合计 350 个。

（二）海外客家人分布情况

由于种种原因，客家人早在宋代末年就开始到海外谋生。明末清初以来，客家人向海外迁徙者渐渐增多。特别是在第二次鸦片战争之后，汕头开埠成为通商口岸，为粤闽赣客家人到海外谋生带来了便利条件，"下南洋"到海外谋生者更多。至清末民初年间，梅州移民海外者比率显著提高，因而成为中国四大"侨乡"之一。至今，客家人分布在海外 80 多个国家和地区，可谓遍布天涯海角。具体分布情况如下：

1. 亚洲

旅居亚洲的客家人共约有 1100 多万人，分布在 21 个国家和地区。其中：印尼约有 800 万人[1]，主要居住在爪哇、苏门答腊、加里曼丹、苏拉威西、摩鹿加群岛等地，约占印尼总人口的 4%；马来西亚有 150 万人，主要居住在马六甲、槟榔屿、霹雳、吉打、柔佛、雪兰莪、沙巴、沙捞越等地；泰国有 100 余万人，主要居住在曼谷、清迈、北揽坡、万仑、普吉、合艾等地；越南约有 30 万人，以西贡（胡志明市）和堤岸为最多；新加坡有 20 万人[2]；缅甸有 10 余万人，主要居住在仰光、曼德勒、土瓦及墨尔阶等地；印度约有 2.5 万人，韩国有 2 万人；日本约有 1.5 万人，集中在东京和大阪；文莱有 0.9 万人，菲律宾约有 0.68 万人，多集中在马尼拉；老挝有 0.5 万人。

---

[1] 刘议华. 第二十六届世客会在雅加达圆满闭幕 [N]. 国际日报，2013-09-12（8）.
[2] 黄贤强. 新加坡客家 [M]. 南宁：广西师范大学出版社，2007：240.

2. 大洋洲

旅居大洋洲的客家人约有 6 万，分布在 11 个国家和地区。其中，澳大利亚有 4.3 万，主要居住在墨尔本、悉尼、新南威尔士、维多利亚以及南澳洲，培斯及大尼亚洲。另外，在大溪地（又译作塔希堤）、斐济、新西兰、所罗门、马绍尔群岛、巴布亚新几内亚、瑙鲁、西萨摩亚等地也有客家人聚居。

3. 美洲

旅居美洲的客家人约有 70 万，分布在 21 个国家和地区。其中：美国约有 30 万，主要居住在檀香山、三藩市、纽约等地[①]；加拿大约有 8.1 万；中南美洲的秘鲁与牙买加是客家人分布较集中、人口也较多的国家，分别有 15 万和 10 万。在古巴、圭亚那、特立尼达和多巴哥、苏里南、巴拿马、巴西也有较多的客家人。此外，阿根廷、厄瓜多尔、委内瑞拉、墨西哥、哥伦比亚、智利、多米尼加、玻利维亚等地也有少数客家人居住。

4. 欧洲

旅居欧洲的客家人约有 20 万，分布在 16 个国家和地区。其中，英国最多，约有 15 万，法国约有 3 万，荷兰、比利时、卢森堡等地也有数千至上万的客家人。

5. 非洲

旅居非洲的客家人约有 8 万，分布在 12 个国家和地区。其中，毛里求斯较多，约有 3.5 万，留尼旺约有 1.8 万，南非约有 2.5 万。

第三节　会馆、侨商与海外客家人

一、海外客家人与会馆

东南亚诸国是客籍华侨、华人最多的地方，这是因为粤东和闽西山区的客家人离

---

① 林祥任，罗焕瑜，冯启瑞. 美国客家［M］. 南宁：广西师范大学出版社，2015：1.

海较近,多从汕头及福州、厦门出海走向旧称南洋的东南亚各国。身在异国,由于地缘、人缘、亲缘及语言等因素,他们在南洋最初的结缘形式是开办客家人聚会的会馆,俗称客属会馆。

会馆文化在人类文化学中占有特殊的地位。客属会馆是客籍华侨在居住国为维护自身利益而自发组织的民间社团,会员大都是客家同乡同宗。这一特有的社区文化现象随着世界格局的变化以及中国社会和华侨社会的变迁,其形式、发展、地位与作用也不断衍生、变化,在不同的时期有着不同的内容和不同的历史作用。东南亚地区客属会馆文化经历了"华侨时代"和"华人时代"两个不同时期,这两个时期的会馆地位有着质的变化,标志着会馆文化进入更务实、更有深度的阶段。

马来西亚、新加坡和印度尼西亚是客籍华侨较早建立会馆、发展会馆文化的国家,本节拟以华侨史上客家人最早建立的马来西亚槟城嘉应会馆和新加坡应和会馆这两个具有典型性的会馆为例,来考察客籍会馆的存在对中国和所在国的积极意义。

二、客属会馆的华侨时代

客属会馆的华侨时代一般指从18世纪末、19世纪初至第二次世界大战结束以前。由于特殊的历史情境,这一时期的客属会馆的分布、特征以及地位和作用等均值得我们注意。

(一)历史悠久的新、马等地客属会馆

18世纪末、19世纪初,由于清政府腐败无能,与英、法以及日本、俄国等国签订了一系列不平等条约,割地赔款,民不聊生,大批劳苦群众纷纷出洋谋生。有的被殖民主义者当"猪仔"卖到南洋各国。南来的客家人、福建人、潮州人日益增多,于是形成了许多同乡同宗的组织。

这些会馆,有以国内的县或乡为单位的,如茶阳会馆;有以州、府行政区域为单位的,如各地的嘉应会馆;有以同省各州结合的,如印尼泗水的惠潮嘉会馆;也有省与省之间由于语系相同而结成的会馆,像广东客家人与福建客家人结成的会馆,如广东嘉应州与福建汀州结成一体的广汀公司等等。这些都属于同乡会馆。还有一种是由宗亲结成的会馆,主要是由聚居在同一国度的同宗人氏,如谢氏、刘氏等等结成的会馆。据1939年出版的《南洋年鉴》(傅无闷编)记载,清道光年间在马六甲成立的就有永春会馆、林氏西河堂等同乡同族会馆47个,其中不少是客家人的会馆,如茶阳会

新加坡茶阳会馆（成立于1858年）

馆等。这些会馆，随着时间的推移和所在国的形势变化，有的寿终正寝，有的与其他会馆合并，有的由于种种原因被所在国禁止，等等。

槟城嘉应会馆是在马来西亚最早建立的客属会馆。1786年8月11日英国人莱佛士率兵占领槟城，15年之后即1801年嘉应客属人士在槟城成立同乡会团体，初名叫"仁和公司"，后又称"客公司""嘉应馆""嘉应州公司""嘉应会馆"等，数名并用。这是一个最悠久的华侨地缘、人缘性质的组织。"嘉应会馆"之称是1923年定名的，并获当时政府批准。①

开辟槟城的英国人赖特在1794年写道："华人在居地中最堪重视，男女老幼凡三千人。他们执业不一，木匠、水泥匠和铁匠都有，也有商贾、店员和种植者。他们雇用小船，遣冒险者往邻近各国去。"到了19世纪80年代初期，槟城人口仅一万人，最多的为马来人，其次为印度人，再次为华人。这些华人多为南来谋食者，如谢家祠碑所记："间有谋食远方，以致身留异国，地名槟城……"② 槟城最早法官狄更斯（Dicktns）1802年6月在致槟城屿布政使书中对当时槟城社会做了分析，并说："此间社会上占大多数者为一般仅作小住之过路客商。"③ 可见当时华人并未把异域当作定居之地，中国南徙之客家人也是把所在国当作谋生之地，属"侨居"性质。

槟城嘉应会馆之后20年，即1821年，客籍人士在马六甲成立马六甲应和会馆。应和会馆前身为梅州众记公司，由乡贤郑泰松等主持，购入鸡场街三间屋宇为馆宇。

---

① 参见《槟城嘉应会馆成立一百八十六周年纪念特刊》，第13页。
② 邝国祥：《成立一百五十年的本城嘉应会馆》，原载《光华日刊》1970年2月16日。
③ 载1950年2月16日《光华日报》。

此后100多年间,马来西亚成立了许多嘉应客属会馆,如:安顺会馆(建于1872年),霹雳嘉应会馆(建于1900年),古晋嘉应五属(主要指历史上嘉应州所辖之梅县、蕉岭、平远、兴宁、五华五个县)同乡会馆(建于1928年),雪兰莪嘉应会馆,等等。这些会馆均以嘉应五属人士为基础组织的同乡团体,也有以各县为单位建立的会馆,如霹雳蕉岭同乡会、南洋五华同乡总会、金宝梅江公会等,就是以聚居在同一地域的县属乡亲建立的会馆。

新加坡应和会馆是该国历史最悠久的会馆之一,也是客属人士在该国最早建立的会馆,1822年由刘润德等发起创建,是新加坡第一个客属社团,仅次于同年建立的广东省台山县的宁阳会馆,为新加坡第二个历史悠久的地缘性华族社团。

新加坡最大的客属会馆为南洋客属总会。1923年春,客属人士汤湘霖等倡议组织客属总会,并在柏城街建造会馆,1928年冬落成。1929年秋,南洋客属总会正式成立,胡文虎当选首任会长。经过努力,南洋客属总会推动东南亚各国成立了53个客属公会组织,成为东南亚各国客属人士的大本营。第二次世界大战结束后,东南亚各国摆脱英、荷殖民统治相继独立,新加坡也于1965年成立共和国,南洋客属总会逐渐与东南亚各国客属组织摆脱关系,成为新加坡客属最权威的领导团体。该团体自成立以来的历届领导人均是客属最杰出人士,如汤湘霖、胡文虎、胡文豹等。1996年秋,福建永定人曾良材会长主持召开第13次世界客属恳亲大会,取得成功。

南洋客属总会(成立于1929年)

此外,印尼和泰国也有许多历史悠久的客属会馆,如印尼泗水的惠潮嘉会馆(建于1828年)、苏门答腊岛楠榜的客属公会(建于1894年)、泰国客属总会(建于1929年)等,在东南亚各地客属会馆有数百个,形成一支凝聚客家乡情、推动当地经济和文化事业发展的重要力量。

新加坡应和会馆（成立于1822年）

（二）华侨客属会馆的社会特征

两百多年来，东南亚乃至世界客属社团的兴起与发展，得到各国政府的承认，取得了合法地位，这是各国华侨历尽艰辛，艰苦创业，以及中国及华侨所在国的支持和关心的结果。为此，研究客属社团（以会馆为主要研究对象）的地位、作用与文化现象极有必要。

东南亚客家社团，是在中国客家人大批南迁、身处异国谋求生存和发展的特殊情境下的特异社会现象。由于客家人大都居住在福建西部和粤东山区，山多田少，人口密度大，再加上历代政府腐败无能、外族入侵等因素，他们难以生存，便陆续结伴南行。当时东南亚各国在荷兰、英国等殖民统治下，社会制度、人情风俗和生存方式均与国内有着很大差异，他们谋生不易，立足更难，因此便自发性地组织了同乡会馆，守望相助、同舟共济，以保护同乡同宗利益。

综观这些客属团体，都具备如下几个明显特点：

一是对象明确。一般同乡组织都以共同地域和共同客家语言为基本条件，会员具备了这两点才可以加入。例如，跨越省界的广汀公司，即以嘉应五属及大埔、丰顺与汀州客籍人士为联合体，既有地缘联在一起的关系又有共同的客家语言为纽带。宗亲组织则以同宗与血缘为纽带；行业组织除地缘和语言共同外，还要以同行业为条件。所以客家团体对象都是十分明确的，所谓"亲亲之义，百折而不散"即是共同的思想基础。

二是有共同信仰。共同信仰是每个客家社团的灵魂，是社团凝聚的思想基础。客家同乡大都信仰佛教，主张行善积德。慈善团体、公益团体也是以行善为怀、普度众生为其信仰；木匠行业组织则以鲁班为其祖师爷；航海行业则以天后为其保护神。

三是有共同宗旨。这些客家社团宗旨鲜明，并明确记载于章程之中，世代会馆中人均需恪守。新加坡应和会馆"应和"二字即为宗旨。"应"为嘉应之简称，亦可释为"应该"；"和"即团结，"和为贵""和衷共济"。1927年12月27日成立的泰国客属总会，是由广东梅县人李家仁、任福领导建立的，该会的宗旨是："联结同侨情谊，维持工商生计，共谋社会福利事业及会员同乡福利。"客家会馆组织都有体现客家人特征的共同遵循的准则，这就是：团结乡亲，互相帮助；团结一致，共同对外。

四是组织严密。客家同乡会馆都有一整套章程，保证会馆的正常活动和发展。章程从会馆的目标、基金、人员、行业、行为标准等各方面制订条款，组成董事会和监理会等，以保证会馆宗旨的贯彻执行。对会员中违反条规的也有责罚条款。例如，马来西亚最早的客家人会馆之一的槟城广汀公司，下属有广汀各县会馆为其基本会员，而在公司组织上由各县会馆派出人员参加公司理事会。咸丰十年（1860）的公司董事是各府县会馆14名，以及会党5名，基尔特1名，个人4名，共24名。[①] 这里的基尔特是指影响较大的行业性组织；个人是指捐款、捐屋或捐地给会馆的有功之人。这些董事的活动都是通过章程来约束的。

五是有德才兼备、精明能干的领袖人物。到南洋的客属人士有的是被卖猪仔而来的苦力，有的是铤而走险的山民，有的是太平天国残兵或会党之人，等等。要把这些人凝聚在会馆旗帜下并为之效力是较困难的。因此，需要有文化素质较高、有经济实力和较高社会地位的人物当领袖。广汀会馆章程第七条就明确规定，会馆董事要"才德兼备，精明能干"之人充任。这些人士在御外抚内、"排难解纷"中游刃有余，显示出才干与实力。像汤湘霖、胡文虎、胡文豹、刘润德等客家先贤均是有世界性影响的客籍领袖人物。

---

① 以上材料见今堀博士《马来西亚华人社会》第3章。

六是有强有力的经济实体。经济是会馆的基础。客家会馆都十分重视发展会馆产业。在建会馆之初,经济匮乏,一般资金来源均是由个人赞助及会员交会费来维持,对每一笔捐款均做记录。例如,香港崇正总会普通会员会费为港币 10 元,每年交年费 2 元,永远名誉会员缴纳 500 元,凡交一万元者列为永远名誉会长。购置产业是会馆长久性的经费来源。例如,马来西亚槟城嘉应会馆在 1801 年就购置了大伯公街的馆址。新加坡应和会馆先后购置了义山、店业以及坐落在直落亚逸街的会馆馆址,1970 年代还建置了应和大厦等产业,其收入作为会馆活动经费。

(三)客属会馆的地位与作用

在世界客属华侨中东南亚客属同乡会馆创建最早、最多,历史悠久,给祖国和华侨居住国做出了不可磨灭的贡献,对此是应该给予高度评价的。

尽管东南亚各客属会馆形态多样,结构形成也不尽相同,会馆宗旨也千差万别,但他们都以各种形式凝结乡亲之情,联结祖国与所在国的情谊,在政治、文化、经济等方面做出了巨大的贡献:

第一,参加居住国的抗暴斗争。早在 18 世纪末、19 世纪初,客家人就参与了印尼抗荷和越南抗法斗争,在客家将领冯子材的抗法部队中就有许多越南客家华侨参加;在第二次世界大战中,有许多新加坡和马来西亚以及印尼的客籍华侨参加了抗日斗争。这些都与客籍会馆的组织和鼓励分不开。例如,印尼爪哇成立了以客家人为主体的"抗日民族解放大同盟",在苏门答腊、棉兰等地都成立了"华侨抗日协会"和"反法西斯同盟会",客家会馆发动乡亲捐钱捐物,并动员乡亲参加当地抗日斗争。[1] 第二次世界大战结束后,许多客籍华侨又积极参加所在国争取独立、摆脱外国殖民统治的斗争,为所在国的独立做出了应有的贡献。

第二,为所在国的经济开发做出了贡献。马来西亚学者刘果因说过一句极为形象的话:"客家人开埠,广府人旺埠,潮福人占埠。"客家人世代居住山区,以勤劳吃苦、敢于开拓著称,他们所到之处,披荆斩棘,建设家园。嘉应州(今梅州市)人、印尼侨领"大唐客长"罗芳伯于 1772 年来到印尼加里曼丹,组织客家人到坤甸采金矿,成立"兰芳公司",延续了 100 多年,为开发印尼做出了贡献。大埔客家人张理,跟丘兆进、马福春三人于 1745 年乘船飘到马来西亚的海珠屿,便在那里团结乡人开发土地,为槟城发展做出了贡献,死后被人尊为保护神"大伯公"。这些领袖人物组织客家乡亲

---

[1] 罗英祥. 漂洋过海的客家人 [M]. 郑州:河南大学出版社,1994:47-48.

为开发居住国贡献出自己的力量。此外,像马来西亚的郑景贵、叶亚莱,印尼的张弼士、张榕轩、张耀轩等都是客家人的典范。

第三,推进所在国的文化教育事业。客家人原本系中原人,文化教育意识较强。南徙后,他们虽然历尽艰辛,忙于耕种糊口,但对教育却极为重视,宁愿饿肚子也要送子女上学。客家先民来到南洋后,他们感到南来客人日众,教育后代变成当务之急,于是率先集资兴学。新加坡应和会馆在会馆总理黄汸辉、汤湘霖等领导下,于1904年率先成立应新学校。据新加坡著名教育家谢戚莱亚博士(D. D. CHELLAH)称:"新加坡之新式学校,最先建立的是应新学校,然后一连串的华文小学相继成立,由1906年至1909年之间,养正、启发、端蒙、道南分别诞生。"[①] 此前,印尼客籍侨领在巴达维亚的中华会馆创立了第一所新式学校——中华学堂。[②] 此后,印尼华侨、华人纷纷筹资建校,到1949年学校已达724所,学生有17万人。华侨会馆办学校,提高了华侨、华人的文化素质,推动了所在国的文化教育事业的发展。

海外华侨不仅办学,而且办报。据记载,东南亚的第一份华文报纸是新加坡华人薛有礼于1881年创办的《叻报》,1932年停刊。胡文虎是"报业大王",后成为"报业巨子"。他于1928年创办《星报》,后来又陆续创办《星洲日报》《星槟日报》,并接办新加坡《总汇报》及曼谷的《星暹日报》《星暹晚报》等,有力地推动了东南亚文化事业的发展。

第四,支持祖国的革命和建设。侨居在国外的客籍先民,对祖国一往情深,关切祖国的命运。他们为祖国的独立和解放做出了巨大贡献。1905年7月,孙中山在日本东京成立同盟会,进行推翻清朝统治的斗争。客籍华侨在海外为之募捐提供经费,据统计,从19世纪末到辛亥革命成功,客籍华侨捐款达700万~800万港元。[③] 客籍华侨还回国参加辛亥革命,梁密庵、谢逸桥、温靖侯、温才生、谢良牧等对推翻清朝、建立民国做出了特殊贡献。在抗日战争中,东南亚客属会馆也纷纷用各种形式支援祖国的抗日斗争。印尼华侨、客籍侨领、中华总商会会长丘元荣号召华侨抵制日货,使用国货,东南亚各国华侨纷纷响应。东南亚各国客属会馆还纷纷捐资支持国内抗战。1938年南洋各地成立以陈嘉庚为主席的"南洋华侨筹赠祖国难民总会",各地客属会馆亦参加这一运动。据1940年《梅县要览》记载,东南亚部分华侨团体捐资八次约8万元,还捐助大米和大批枪支、药物等。在这一时期,客籍青年纷纷回国参加抗战,出

---

① 参见新加坡应和会馆165周年纪念特刊《新加坡应和会馆史略》。
② 印度尼西亚华侨史 [M]. 北京:海洋出版社,1985:161.
③ 罗英祥. 漂洋过海的客家人 [M]. 郑州:河南大学出版社,1994:51.

现了一批奋勇杀敌的热血儿女。

此外，客属会馆对祖国经济发展也起到了良好的促进作用。这些华侨根在祖国，在客家山村往往留下父母、妻儿子女，只身闯南洋。客家人有个特点：乡土观念强，上孝下爱。他们赚了点钱便千方百计寄回或托人带回国内，置地购屋、奉老养小。奔走于南洋与祖国之间的"水客"便应运而生。在这方面客属会馆做了大量的组织工作。另一方面，客籍侨领还身体力行，捐资回内地办学、办医院和发展实业等。马来西亚侨领胡文虎、胡文豹昆仲及印尼侨领张弼士等都对祖国的经济建设做出了贡献。以"实业兴邦"著称的张弼士20世纪初在山东烟台创办张裕葡萄酒公司，产品在国际上得大奖，为祖国争得了荣誉。他还在广西、广东等地兴办许多实业，为发展祖国经济呕心沥血。张榕轩、张耀轩昆仲跟同乡谢春生一道，在中国潮汕地区建设第一条铁路，促进交通事业发展。

综上所述，可以看出，东南亚各国的客属会馆在形成和发展过程中，在所在国遵纪守法，与所在国的政府和人民建立了密切的关系，为发展所在国的经济和建设，为所在国抵抗外国侵略势力和争取民族独立流血流汗，功不可没。

但是，这些客属会馆以及客籍华侨，都是以华侨身份参与的。他们的根在故乡，中国是他们的祖国和归宿。他们大都把在异国的事业当作谋生手段，最终还是要"叶落归根"、魂归唐山的。这一时期客属会馆多数冠以"××（国家）客属华侨公会"或"××（国家）客属华侨总会"名称，而他们的居住国也把他们当作外国侨民对待，有时对他们的社团活动乃至经济活动给予诸多限制；有的国家在某一时期也会发生排侨事件，有的排侨事件还得到当地政府的默许，甚至是出面力推，造成流血事件。这样反而促使这些华侨加深自己的侨居心理，认为自己处境如浮萍，无安定感，从而在心理上更加依赖祖国。

总而言之，在东南亚各国独立之前，从中国到海外谋生经营的大部分乡亲，虽然也居有住所，也有工作，或者在所在国传宗接代，但都是把异国当作谋生之地，最终还是要"叶落归根"，发了财或到年老体弱时，许多人还是回到祖国与家人团聚，安度晚年。所以，这类侨居国外者，只能算是华侨，而不是华人。

三、客属会馆的华人时代

客属会馆的华人时代在时间上主要是指在第二次世界大战结束之后。由于国际形势的变化，这一时期分布在世界各国的客属会馆，其性质与内涵等也发生了新的变化。

(一) 从华侨到华人：身份与地位的确认

真正的华人时代是在第二次世界大战结束之后，作为战败国日本投降的 1945 年，是各地华侨会馆（包括客属会馆）走进华人时代的标志性年代。

第二次世界大战结束之后，东南亚许多国家从殖民主义统治下解放出来，纷纷宣布独立，掌握了自己的命运，积极投入到重建家园中。由于华侨在东南亚国家中占有一定的比重，在经济方面具有举足轻重的地位，各国政府十分重视研究对华人、华侨的政策。

由于历史原因，以往不少国家的华侨有双重国籍。独立后的东南亚各国政府大都不主张华侨的双重国籍身份，他们要求华侨转为单一国籍，主要是加入所在国国籍，采取融化华侨政策，即把华侨归化为本国公民。中华人民共和国成立以后，我国政府也宣布不再实行双重国籍，鼓励华侨加入所在国国籍。许多华侨由于已在所在国安家乐业，有了自己的产业，为了生存和发展，纷纷加入所在国国籍，变为所在国的公民，融入所在国的民族大家庭中。马来西亚政府与华侨领袖达成协议规定："许多民族的华人，将自动地成为马来西亚公民，或者通过申请而成为马来西亚公民。"印尼也在 1945 年 11 月 1 日公布的《印尼共和国宣言》中表示："我们将实行我们的独立政策，我们的国籍方案是使亚洲侨民及欧洲侨民后裔，迅速成为真正的印尼人，成为爱国主义者和民族主义者。"

我国政府对于华侨和华人的态度也是完全不同的。周恩来总理在 1956 年访问缅甸时就曾指出："作为华侨的就不是缅甸公民，应该有华侨的态度，侨民应该不参加缅甸的政治活动，只是侨民内部和缅甸人民来往是可以的，但不能参加政治活动。譬如他们的政党、选举、缅甸的一切政治组织，我们都不能参加，这是应该分开的一个界限。"对于选择所在国国籍的华人，他们已经不再是华侨，而是所在国的公民，周恩来明确指出："凡是在政治上如果我们已经选择了缅甸国籍和成为缅甸公民，就不应该参加华侨团体。作为华侨和作为朋友亲戚要有个界限分清一下，这样大家就相安无事了。"[①]

东南亚各国独立后大批华侨加入所在国国籍以及中国政府不主张双重国籍的情况，使华侨与华人的问题得以妥善解决。据统计，当时东南亚客籍华侨、华人大概有 410 万，在华侨、华人所在国未独立前，约有 123 万人加入所在国国籍；在他们所在国宣

---

① 刘春霞. 关于双重国籍问题的思考 [J]. 黑龙江省政法管理干部学院学报，2008（3）.

布独立后，先后有369万人加入居住国国籍，占华侨总数的90%。在客籍华侨最多的印尼，客籍华侨加入其国籍的有110多万人，占客籍华侨的90%以上。①

由于国籍的变化，大批华侨成为所在国的公民，他们不再具备中国籍的身份，告别了以往的祖国，认同了新的国家。这对他们来说虽然是痛苦的抉择，但由于他们原本就在所在国安身立命，与当地政府和人民有着密不可分的联系，并且早已融入当地的社会生活和经济生活之中，因此从各方面来说没有太大的影响。再加上几乎所有东南亚国家都对原来华侨社团有着诸多的限制，华侨入籍后这种限制有质的变化，即当地政府不允许已经加入当地国籍的华人社团仍以华侨社团形式存在，限令他们重新按所在国的法令以所在国国民社团身份重新注册登记，因此所有客籍社团全都去掉"中国"及"华侨"字样，而改为以所在国冠名的客属会馆。这样，便由华侨时代转变为华人时代的客属会馆了。

（二）亲缘与血缘：华人时代客属会馆的特征与地位

华侨时代的客属会馆与华人时代的客属会馆比较，既有血缘纽带关系，又有着根本性质的区别，它具有以下几个明显特征：

第一，"忠"的观念明显转变。客籍华侨在加入所在国国籍后，立刻从中国公民转变为所在国的公民。这对有强烈的祖国观念和忠贞观念的原中国公民来说，完成这一转变有着痛苦的心理历程。他们原先生于斯长于斯的祖国瞬间变成了"他国""异国"，说亲热一点是变成了母国。以往华侨常说"莫把他乡当故乡"，而在做出国籍抉择后，"他乡"成了"故乡"，而原来的"故乡"却成为真正意义上的"他乡"了！这看似程序上的颠倒，实际上是观念上的颠倒，这些变化引起的心理震荡是巨大的。福建客家先民黄峭山把家产分给子孙后，鼓励他们出外谋生，特地吟诵一首诗："信马登程往异方，任寻胜地立纲常。年深外境犹吾境，日久他乡即故乡。"

敢于面对现实、敢于离乡背井闯荡异国谋生的客家人，也敢于正视这种"他乡"变"故乡"的严酷的现实。毕竟现实是：以往被视为"异国他乡"的新的国度，是他们赖以生存之地，是有恩于己的国度，当然有义务、有权力为之尽责尽忠，客家人对"恩"是不会忘怀的。由于原来效忠的祖国变成了母国，华语变成了母语，"忠"的观念也就做了180度的大转移，他们应该也必须效忠于新的国度。"日久他乡即故乡"就成为南洋客家人的生活信条。

---

① 参见罗英祥. 漂洋过海的客家人 [M]. 郑州：河南大学出版社，1994：31.

这样,他们就必须以所在国公民身份来从事各种活动,同时也享受所在国公民的各种待遇。客属会馆的同乡在完成国籍上的转变和组织上的转变后,其活动的内容、会馆的宗旨等都必须在效忠新的祖国政策前提下调整,从而使会馆性质发生了巨变。

也正因此,这些人的传统观念也起了质的转变。以往他们都以在外谋生,赚了钱后荣归故里为自己的夙愿,即在家乡购田置屋,待到年迈力衰时"叶落归根",返回故里。而加入所在国国籍后,尽管老一代还念念不忘祖屋祖地以及家乡亲人,但由于落籍新的国度,不可能再"叶落归根",只能"魂归故里"了。也就是说,这些客籍老华人必须从传统观念的"叶落归根"转变为"落地生根"——在新的国度里扎根。而这一时期的客籍会馆对会员的这种观念转变起了调节、磨合和促进作用。

第二,产业的转变和发展。由于华侨归化为所在国的公民,原来华侨社团的资产也就从"侨产"转为所在国华人社团的资产。也由于华人社团享有所在国公民团体的一切权利与义务,所在国政府给予保护和照顾,许多华人的会馆产业得以发展。新加坡应和会馆1958年统计有荷兰律双龙义山地皮、会馆馆址、直落亚逸街店面等产业11处,后来除会馆馆址作为文物给予保留外,其余先后为政府征用,政府给予赔偿,该会馆将赔偿金购置地皮建筑楼高19层的应和大厦,出租收益为会馆经费。据调查,客籍华侨归化所在国后,由于各方面的努力,会馆产业都有不同程度的发展,成为会馆的重要经济来源。

第三,会馆的文化教育日趋发达。东南亚各国的客属会馆历来重视文化教育。在东南亚各国独立之前,会馆办的华文学校如雨后春笋,异常发达,例如印尼雅加达的巴城中学、新加坡的应新学校等有相当的知名度。在各国独立后,各国政府由于归化华人的需要,压制甚至取消华文教育,有的甚至禁止开办华文学校。如印尼政府就采取严厉措施禁止华文教育,连华人占大多数而又以华人为政府首脑的新加坡也采用压制华文学校的政策。经过多年的严厉措施以后,许多国家发现中国政府影响日大,华文影响日增,于是有些国家有条件地重新允许办华文学校,客籍会馆和其他华人会馆一样积极办学,力促华文教育的发展。客籍会馆还努力开展文化交流,如举办客家山歌演唱会,邀请中国梅州汉剧团以及惠州、龙岩、贺州等地山歌剧团访问演出,南洋客属总会自己组织乐团在新加坡、马来西亚、泰国、印尼等地演出。

第四,寻根问祖,与中国的交流活动逐年扩展。老一代华人大都来自中国,他们生长在客家山村,到南洋落脚后还要购置产业,赡养国内老小,深知自己的根在"唐山"。当他们遽然改变国籍后,心理失衡,加深了对故国山河、亲朋至友的思念。尤其是他们的后代对母国籍地的感情淡薄,更使他们燃起思乡之情,因而各种寻根问祖团体应运而生。海外客籍会馆组团来华祭炎黄帝陵,到中原寻根,到梅州、龙岩、汀州、惠州、河源、钦州、贺州等地祭祖的客籍人士纷至沓来,难于计数。各国的客籍会馆在这方面做了不少组织工作。

第五,世界性的客属组织迅猛发展。1929年8月23日正式成立的新加坡南洋客属总会,推动了英、荷两属地的53个客属公会的建立,各国客属总会之间关系密切。但在东南亚各国独立后,南洋客属总会与各国客属会馆关系逐渐脱离,各自为政,各自发展。1921年9月香港成立的崇正总会,在美国、加拿大、印尼、印度、澳洲、南非、毛里求斯等国家和地区成立了分会,成为世界性的客家人组织的联合体。1971年9月28日是香港崇正总会成立50周年纪念日,该会特邀世界各地47个客属社团250名代表,大会决定将此次大会定为"世界客属第一次恳亲大会"。以后每两年一次,轮流在世界各国各地区的主要城市举办,已在亚、美、非三大洲11个国家和地区举办。第12次恳亲大会于1994年12月在"世界客都"梅州市举行,第13次大会于1996年11月在新加坡举行。2013年9月在印尼雅加达举行,2015年10月在台湾新竹举行。世界性的客属宗亲会也在发展,东南亚有些宗亲会组织还组团到中国汀州、梅州、惠州及中原等地寻根问祖。各国华人客属会馆正以新的形式走向世界。

第六,捐赠和促进客家地区经济发展的投资。在这方面东南亚客属会馆做了许多组织工作。从20世纪80年代始,田家炳、曾宪梓、姚美良等乡贤就多次组织客属会馆,对祖国做大量的捐赠活动。世界各国客属会馆对祖居的梅州、汀州、惠州等大量捐赠,修桥筑路,办学校,建医院,开工厂,辟农场,做了大量的公益事业。

从上述可以看出东南亚各国客属会馆形成与发展的历程。过去,客属会馆对所在国的开发和经济发展以及对祖国的建设事业做出了巨大的贡献;如今,客属会馆融入所在国的民族大家庭之中,为所在国的经济发展和社会稳定以及对有着血缘关系的母国的联络起着不可估量的作用。东南亚客籍会馆的功绩将载入史册。

第四节 客家文化的形成、内涵与特征

一、客家文化的形成与发展

文化作为一种具有内在稳定性和外在规范性的生活方式,是人类因自然环境(即人地关系)和社会环境(即人与人之间的关系)的产物。任何一个民系或民族的文化,它的生成和流变都离不开特定的地理环境、经济基础和社会结构。客家文化的形成和发展也是如此。

魏晋以来定居于赣闽粤湘交界区域的山区和丘陵地带的中原汉人,与当地俚、畲、瑶等土著民族经过长期的互动和融合,至宋明时期彼此在文化上互相涵化,形成了一种既不同于当地原有居民的旧文化,也不完全雷同于外来汉民原有文化的新型文化,这种新型文化就是客家文化。

宋明以来形成的客家文化,以其语言、习俗等独特性著称于世。而这些独特性的形成与发展,与客家先民的移民历史、赣闽粤三省交界地区独特的地理环境和土著民族的影响等密切相关。

(一)移民与客家文化的形成

客家民系是中国历史上多次移民的产物,客家文化作为客家民系独特的文化,也是由于移民而形成和发展起来的。可以说,移民是客家文化的创造主体,而长期、大规模的移民运动,正是客家文化赖以生成的历史契机和基本途径。具体表现在如下两个方面:

第一,从现在客家文化的文化积淀来看,移民对于客家文化的形成具有重要的影响。客家民系并不是历史上一次移民运动停息后在短暂的时间内马上形成的,而是在漫长的历史岁月里,经过历史上几乎所有的移民浪潮而逐渐形成和发展起来的。从这个意义上来讲,客家文化的内核,除了其本土土著文化这个基本层面之外,主要还是由多次移民运动所带来的移民文化长期堆积、互动而产生的。客家先民在从中原南迁至赣闽粤交界地区的过程中，经历了一个过渡地带。从客家先民南迁的具体史实来看，这一过渡地带主要集中在江淮流域的江苏、安徽、湖北、湖南和江西等省区。正因为如此，客家文化就不是中原文化的单向、简单移植，而是经历了多区域文化的多向、复杂整合。

移民的地域层次性及迁移途径的差异性在今天的客家文化中所保持的文化积淀可以得到很清楚的反映。一般而言，移民所导致的文化积淀往往呈现出这么一个规律，即移民过程中的过渡地带与移居地靠得越近，停留时间越长，那么该地区的文化因素对移民的文化构成影响也就越大，文化积淀呈现得也最清楚。

今天河南省淮河以南以及安徽和江苏二省长江以北的淮河流域，曾是客家先民的最大接纳地，也是移民的主要迁出地域之一。故这一地区的文化对后来客家文化的形成和发展有深远的影响。研究客家方言的学者已经注意到，如果把客家方言与北方方言区做比较，那么与它最为接近的就是"江淮官话"[①]。据调查，在今天的客家方言中，不少词汇与江淮官话有着惊人的相似之处，而与北方方言中的其他方言小区，则几乎没有任何联系。如"上昼"（上午）、"下昼"（下午）、"春上"（春天）、"日头"（太阳）、"月光"（月亮）等，这些客家方言中的独特词汇，在今天安徽及江苏长江以北的许多地方，依然十分流行。

江西的鄱阳湖地区与客家先民南迁具有深刻的历史渊源，是北人南迁的重要中转站。因此后来的客家文化被深深地打上了鄱阳文化的烙印。在客家文化中的一些重要事象及其所表现出来的人文精神，都可以或多或少地在鄱阳文化中找到其直接源头。例如客家方言，在今天汉语的南方各大方言区中，就与赣方言最为接近或相似。以至于赵元任等著名语言学家甚至主张将赣方言与客家方言合而为一，划入汉语方言中的"客赣方言区"。这正是客家先民在南迁途中与鄱阳湖地区所结下的这种深刻的历史渊源在语言上的反映。再如客家妇女，以其勤劳、朴实而著称于世。溯其源流，客家妇女的这一社会风尚，也与江西历史上的妇女形象有着不解之缘。早在宋代，江西妇女勤劳、勇敢的社会行为，就曾引起了文人的强烈兴趣，并不时见诸文字。宋人范致明曾记载："江西妇女皆习男事，采薪负重，往往力胜男子。设或不能，则阴相讥诮。"[②] 这与中原地区男耕女织、男主外女主内的生活图景，形成鲜明的对照。检阅文献中关

[①] 有学者甚至推论，客家方言在漫长的发展和演变过程中，经过了一个"江淮官话"阶段。参见张卫东. 客家文化［M］. 北京：新华出版社，1991.

[②] 范致明. 岳阳风土记［M］//中国风土志丛刊（26），扬州：广陵书社，2003.

于后来客家妇女的记载,诸如"(妇女)樵汲浇灌,苦倍男子,不论贫富皆然"①,再如"妇女则井臼耕织、樵采畜牧、灌园种蔬、纫缝炊爨,无不躬亲。天下妇女之勤者,莫此若也。盖天下妇女劳逸,尚分贵贱贫富。吾乡即绅富之家,主母与侍妾,劳逸均之。且天下之妇女即勤劳,亦或专习一事。吾乡则日用饮食,皆出其手,不独馌饷织纴而已也"②,两者是何等的相似。另外,如客家民间十分浓厚、也十分普遍的鬼神信仰,似乎也与江西的地方文化风尚具有某些内在的关系。江西在先秦时期是"吴头楚尾"之地,这里的崇巫卜、重鬼神之风,具有悠久的历史传统。"自公以下至于庶人,其谁敢不齐肃恭敬致力于神"(《国语·楚语下》)正是这一民俗风尚的反映。因此,举凡天神、地祇、人鬼乃至自然万物,都是他们祭祀、膜拜的对象。秦汉之后,这一民俗事象依然保存在人们的日常生活之中。据《汉书·地理志下》记载,楚人"信巫鬼,重淫祀"。后来客家民俗中的"多信鬼神,好淫祀。凡有疾病,却医而用巫"③,"疾病丧葬,多崇巫佛"④,其源头显然也正在这里。

第二,从客家地区现在保留的风俗习惯、民间信仰来看,客家文化与中原移民有不可割舍的关系。人口迁移,一方面使得移民离开了生于斯、长于斯的故土,因而相应地也就失去了维系其原有文化、习俗的社会土壤和外在条件;另一方面,为了适应新的生活环境,移民们又不得不在有意无意之中,以背负的文化传统开始新的生产和生活。因此,移民的过程一方面是文化传播的过程,另一方面也是文化变异创新的过程。对于客家先民多次迁移历程来讲,由迁移生活所导致的文化变异现象,更是所在皆是,难以枚举。在有关岁时习俗中,因迁移生活而导致岁时民俗变异的现象,在客家地区普遍存在。例如中国传统的中元节是在农历七月十五日,这一天在中国民间又称为"鬼节",各家各户接亡人,烧阴香,祭拜祖灵。但是,在客家地区,不少地方把中元节定在农历七月十四,而不是七月十五。据明《嘉靖惠州府志》卷八《地理》风俗条记载:"旧俗,惠民多居南雄。因元兵将至,预十四日为荐祖,次日避兵。故今居惠犹循十四日为中元节。家备酒肴,荐褚衣,祀先祖。龙川中元或从惠十四日,或十五日。和平,先一日乡里各挂纸钱,谓之吊田钱。"可见,中元节在客家有关地区的变异,相传是因为该地居民"避兵"迁移生活的结果。

---

① 参见温廷敬:《大埔县志》卷一三《礼俗》。
② 参见赖际熙:《民国赤溪县志》卷一《舆地志·风俗》。
③ 参见李玘、刘梧:《嘉靖惠州府志》卷一《地理志·风俗》,明嘉靖年间刻本。
④ 参见董天赐:《嘉靖赣州府志》卷一《地理·风俗》,明嘉靖十五年刻本。

(二) 独特的地理环境与客家文化的发展

地理环境是人类社会生产和生活不可须臾脱离的空间和物质（能量）前提，是物质资料生产过程中不可缺少的必要条件。因此，物质生活及其技术系统是构成地理环境、影响人类历史进程和文化创造的主要中介。同时，地理环境的差异性、自然产品的多样性，又是人类社会分工的自然基础，并由此而造成各地区、各民族物质生产方式的不同类型。文化的区域特征与地理环境的千差万别，更是存在着直接的联系。考察客家文化的历史生成，赣闽粤交界地区独特的自然地理环境无疑是一个不可或缺的衡量指标。

人们常用"逢山必有客，有客必住山"来形容客家人的生存环境。闽西谚语形容本区环境为"八山一水一分田"，而"七山一水一分田，还有一分是道亭"则是赣南地理环境的生动写照。正是基于这种情况，人们在阐述客家文化时认为"客家文化是小盆地文化"①，或是认为"客家文化是山区自然地理造成的梯田文化"②。赣闽粤边界地区的自然地理环境对客家文化的影响，大致主要表现在以下几个方面：

赣闽粤交界山区

---

① 许怀林. 关于客家源流与客家民系的几个问题的论争 [J]. 客家研究辑刊，1995 (2).
② 林嘉书. 从文化角度谈谈客方言研究 [M] //客家学研究（第 2 辑）. 上海：上海人民出版社，1990.

首先,相对独立的地理单元,是客家文化地域特色形成的空间条件。在赣闽粤三角地区内部,虽然中有南岭之隔,但自古以来,不论是由赣南,还是由闽西出发,进入岭南的通道都有数条。这些通道不仅把赣南、闽西和粤东北地区在地理上紧紧地联系在一起,而且还为各自人民的相互迁移提供了条件。而大本营地区纵横交错的山脉,却把这一地区从总体上天然地分割开来,从而使这里北与鄱阳湖流域分开,东与闽南相阻,南与珠江流域分割。这一天然独立的地理单元,一方面为客家文化的历史生成提供了空间条件,另一方面又为客家文化保存其浓郁的地方特色和民系个性提供了保障。许多客家民间歌谣都从不同的侧面反映了客家文化与这种地理环境的关系,如所谓"乱世好读书,盛世好习武"等。从一般的角度来讲,这显然是违背常理的。但是,联系到客家地区独特的地理环境,则又是顺理成章的。因为,相对隔绝的地理环境,使得社会动荡、改朝换代等重大政治事变很少波及这里,从而有"乱世好读书"之说;而在天下太平之时,出于健身、防备的需要,则必须习武以自强、自卫。长期以来,以客家方言为代表的客家文化,之所以很少发生变化,周边的闽海系文化和广府系文化之所以对客家文化很少发生影响,客家民系之所以在总体上能够持有强烈的自我认同意识,并把自己与周边的其他民系迥然地区别开来,正是这一独特的地理环境影响的结果。

其次,复杂的地形、地貌和气候,为客家文化的多样性发展提供了可能。从地形、地貌方面来看,这一地区虽然在总体上都是山地,但是这里的山一般海拔多在1000米以下。而且在山脉错综分布之间,往往还有大小不一的盆地、起伏绵延的丘陵,至于河床谷地,也是所在皆是。因此这一地区不仅有着与江南类似的水田种植,还有旱地耕作,而且直到清代,狩猎经济也一直存在。从气候特征来看,这里在总体上处于亚热带,但由于海拔较高,加之地处深山,所以气候变化无常、复杂多样。故不论是亚热带或热带植物,还是温带植物,都能在这里种植、生长。客家地区耕作方式的多样性、动植物种类的丰富性,正是以这里复杂的地形地貌及多样的气候为其地理背景的。

再次,独特的地理环境不仅对客家地区的物质生产和生活产生了深刻的影响,而且对客家民系的精神生活、民俗风尚等也起有很大的制约作用。在客家地区,由独特的地理环境而导致的民俗风尚随时可见,处处皆有。明代中期,著名的人文地理学家王士性曾到惠、潮一带,他发现这里的人们不论男女,也不论居家外出,都喜欢吃槟榔。经过询问他才得知,原来这里瘴气盛行,人们很容易因瘴气而致病,而槟榔具有清热、解毒的功用,因此这里的人们相沿成俗,十分爱吃。[①]后来,这一习俗又进一步

---

① (明)王士性. 广志绎[M]. 北京:中华书局,1981:100.

延伸到岁时年节、男女婚嫁等民俗之中。在温仲和《嘉应州志》卷八《礼俗》中，就有关于清代嘉应州地区男女婚嫁时用槟榔招待新娘的记载。

最后，封闭的地理环境有利于客家文化古朴的民风民俗的保存。客家文化之所以具有独特的魅力，是因为她从民居建筑、风俗习惯、民间信仰、民间艺术等诸方面保

赣闽粤交界山区

留了大量的传统文化的遗风遗俗，对于我们今天认识、研究传统社会提供了许多珍贵的素材。许多研究者认为客家文化是中国传统文化的"活化石"。比如客家方言，据一些方言学家考证，就保留了大量唐宋方言的词汇和音韵，为方言研究者提供了十分难得的古方言标本。客家文化这些特色的存在，正是得益于赣闽粤交界山区封闭的地理环境。这种环境的封闭性使得传统文化能够在该地区沉淀下来，并且不易受到外界的影响而流失。

（三）南方土著民族对客家文化的影响

赣闽粤交界地区土著民族在客家民系的形成过程中的重要地位不可小视。以往的客家研究者在研究客家民系形成这一问题时，较多地注意中原南迁汉人在客家形成中的作用。即使注意到赣闽粤交界地区，也只是从该地区自然环境的特点去考虑，而没有注意到生活在当地的土著民族在客家形成中的重要性。

目前赣闽粤交界山区是客家人大本营的观点已经得到客家学界的公认。赣闽粤交

界山区为什么能够成为客家大本营？许多学者从该地的地理位置、自然环境、生活条件等诸方面去分析这一问题。许怀林对这一问题，不但从地理环境、小盆地农耕经济生活以及小盆地生活造成的风俗习惯等方面做了很细致的分析、说明[①]，而且注意到生活在该地的南方土著民族在客家形成中的不可忽视的作用[②]——即在"演变"出客家的历程中，赣闽粤交界山区是不可缺少的自然地理条件，而土著的古越族、畲族是决定性的因素，没有这个因素的存在，就不会衍生出客家。

赣闽粤交界山区在中原汉人未迁入之前，主要是少数民族聚居地。西汉时为南海王封地，汉武帝统一百越各族后，这里的居民仍然是百越的后裔，史称"山越"。至唐代，岭南一带的少数民族均被称为"夷僚""俚僚"和"蛮僚"。杜佑《通典》："五岭之南，人杂夷僚。"至宋代则统称为畲人。南宋刘克庄《漳州谕畲》："凡溪洞，种类不一：曰蛮、曰瑶、曰黎、曰蜑，在漳曰畲。西畲隶龙溪，南畲隶漳浦，其地西通潮、梅，北通汀、赣，奸人亡命之所窟穴。……畲人不悦（役），畲田不税，其来久矣。"宋代畲人的聚居区除福建的漳州、汀州外，还包括广东的潮州、梅州和江西的赣州等地。由此可见，唐宋时代居住于赣闽粤三省交界地区的土著民族蛮、瑶、黎等，即发展为今天的畲族等。畲族的来源主要是由当地的土著民发展而来的。[③]

我国古代东南地区为百越民族分布区，自秦汉全国统一以来，由于汉民族不断地入迁，在各个地区先后形成了若干民系。不论是宋代以后出现的越海系（江浙系）、湘赣系、闽粤系（福佬系）、南海系（两广本地系），还是赣闽粤系（客家系）等几个大系，如果再细分，每个大系还可分为若干方言区，这些都可以如同客家一样称为汉族中的一支民系。这些民系的形成，都是由中原入迁的汉人与当地土著民族文化互动的结果。

众所周知，文化是人类适应自然、改造自然、解决人类生存问题的手段。文化变迁总的趋势是向上的，是朝着每个时代进步的方向发展的。汉、畲等各族人民长期共处，文化上必然产生相互影响。畲族等土著民族在客家的形成过程中产生的作用主要表现为畲族等土著民族从语言、服饰、风俗习惯、民间信仰等诸方面影响客家，与客家的上述诸方面发生融合，从而形成今天我们所看到的客家文化所呈现出的一些显著特征。另外，在今天的客家文化中如果没有溶入畲族等土著民族的一些文化因子，那么我们所看到的客家民系就不能称之为"客家民系"，客家民系之所以能同其他民系区

---

① 许怀林. 关于客家源流与客家民系的几个问题的论争 [J]. 客家研究辑刊, 1995 (2), 1996 (1).
② 许怀林. 关于客家源流的再认识 [J]. 客家研究辑刊, 1998 (1, 2).
③ 蒋炳钊. 畲族史稿 [M]. 厦门：厦门大学出版社, 1988.

别开来也正是客家文化具备了其他民系文化所不具有的畲族等因素。赣闽粤交界山区土著民族对于客家的形成的重要性就在于此。

客家民系的形成和发展是一个动态的过程。客家民系在南宋时期初步形成以后，元明两代又有重大发展，约略至明末清初，其分布格局才基本稳定下来，其独特方言、独特风俗、独特社会心理及族群性格才充分发展成熟。

二、客家文化的主要内涵

客家是一个文化概念，而不是种族概念。使客家人与其他民系或其他族群相区别的完全是文化的因素，而非种族的因素。

客家文化是客家人传统日常生活的重要组成部分，是千百年来南迁汉人与土著民族在融合成为客家人后，历代客家人在社会生活过程中创造和发展起来的。经过多年的调查和研究，我们将客家文化的主要内涵，也是客家文化与其他民系相互区别的特质，概括为以下11个方面：

（一）方言文化

客家语言是中国汉语八大方言之一，也是客家文化最为重要的象征。客家语言通行于广东等全国19个省区、300多个县市，以及海外80多个国家和地区，使用人口约8000万。

客家语言大致形成于宋代，是客家文化特质性的文化符号。没有客家语言，从某个角度来说，就没有客家文化。客家语言保留了大量中原古音韵，被誉为古汉语"活化石"，有着重要的研究价值，颇受语言学界的关注和重视。

粤东梅州是客家语言的中心区域，具有客家语言的典型特征，其中梅县话是客家语言的代表，是客家语言的"标准语"，是非客家人仿效的对象。客家方言营造出浓郁的客家文化氛围，使梅州成为名副其实的"客都"。

（二）民居文化

粤东客家传统民居建筑有围龙屋、土楼、四点金、五凤楼、走马楼等，其中分布最广且最具代表性的是围龙屋，并最具"客"味。围龙屋与北京四合院、陕西窑洞、广西干栏、云南一颗印并称中国五大传统民居建筑。围龙屋是粤东客家地区标志性的民居建筑，是客家文化的重要载体，集中反映了客家文化的主要特征，其文化魅力一

兴宁市叶塘镇磐安围围龙屋

向为学界所关注。围龙屋建筑模式分布范围约 3.5 万平方公里，以粤东梅州地区的梅县区、兴宁市等为中心区，向周边的闽西、赣南、粤中等地辐射，慢慢消失。随着客家人迁徙到广西、四川、香港、台湾等地和海外新加坡等国家，围龙屋建筑形式在当地也有零星分布。据调查统计，现存围龙屋有一万余座。

据调查和研究发现，围龙屋源于宋，兴于明，盛于清至民国。客家围龙屋规模宏大，综合了土著山寨、中原府第式等各种建筑形态，融合了各种社会文化传统，集传统礼制、伦理观念、阴阳五行、风水地理、建筑艺术于一体，讲究天人合一，是客家历史文化的一个缩影，成为了解和研究客家民俗、社会、文化的"活化石"，堪称世界建筑一绝。

（三）香花佛事文化

香花佛事形成于明末，是粤东北客家人根据社会需要所创立的佛教派别，主要流传于粤东、赣南和闽西等客家地区。其特点是亦佛亦儒、亦僧亦俗，主要任务是处理人生的善后事宜，主要技艺有打莲池、铙钹花、席狮舞等，被称为"人间佛教"，因此在传统社会文化中具有重要影响。香花佛事用客家话念唱，是研究客家语言文化的重要文献之一。

（四）民间信仰与庙会文化

客家人是多神崇拜者，信奉"举头三尺有神明"，认为见物有神，处处有神。其中具有地方特色的有惭愧祖师、定光古佛、三山国王、梅溪圣王、公王等信仰，并伴随着客家人的迁徙而将香火传播至东南亚各国的侨居地以及台湾等地区。

根据年节或神明节日，客家乡村每年举行众多庙会，娱神娱人，成为传统客家乡村社会丰富多彩的民俗文化的重要内容，并以其古朴和充满浓郁的乡土气息而为世人所瞩目。其中"丰顺埔寨火龙""石城灯会""闽西客家元宵节庆（游大龙、走古事、烧炮、花灯）"等，被列为国家级非物质文化遗产保护名录。

大埔县百侯镇侯北村"祚福"

(五) 民间文艺

客家文学包括客家民间文学与客籍作家作品。客家区域文学相当丰富,如客家歌谣、客家民间故事等,以及大量文人所创作的体现客家文化的文学作品。客家艺术是指在客家地区所流行的戏曲、音乐、舞蹈、歌谣、杂耍等民间艺术。客家地区有着丰富多彩的艺术资源,典型的有汉剧、木偶剧、采茶戏、山歌剧、五句板、汉乐、船灯、花环龙、竹马、杯花、火龙等歌、剧、舞、技等。有被誉为"南国牡丹"的广东汉剧,有出口成章、即兴而歌的客家山歌,还有威风壮观的烧火龙、舞金狮表演,幽默诙谐的采茶戏以及悲惨凄苦的五句板。特别是山歌在客家地区十分盛行,客家人通过唱山歌来反映他们的劳动生活、风土人情、社会风尚、男女情爱、理想追求等,梅州因此博得了"山歌之乡"的美誉。目前,梅州客家山歌、广东汉乐、广东汉剧、五华提线木偶、闽西汉剧、龙岩采茶灯、长汀公嫲吹、闽西客家十番音乐、于都客家古文、赣县东河戏、赣南采茶戏、于都唢呐公婆吹、兴国山歌、信丰古陂蓆狮犁狮、紫金县花朝戏等 15 项,被列为国家级非物质文化遗产保护名录。在梅州的 8 县市区中,有 7 个县(市)获得"广东省民族民间艺术之乡"称号。

(六) 教育与名人文化

客家地区文教发达,其中梅州素称"文化之乡"。梅州文教自宋代开始崛起,至清代更达到鼎盛。清代状元吴洪督学广东时,盛赞梅州"人文为岭南冠"。

清末废科兴"新学"以来,大批客家华侨捐资乡族办学,新型的小学教育、中学教育、中专教育、师范教育、高等教育、女子教育、学前教育等蓬勃发展,其成效可与欧美相媲美。由于教育普及,从整体上提高了全民素质,带来了文化繁荣。

发达的教育,深厚的文化底蕴,在客家地区孕育出一批又一批的历史文化名人。如梅州,著名的有李士淳、李象元、宋湘、黄遵宪、丘逢甲、温仲和、黄香铁、李金发、林风眠、叶剑英等。涌现院士近30人、大学校长340多位,将军400多人。旅外成功的客家人更是不胜枚举,如张裕葡萄酒创始人张弼士、领带大王曾宪梓、皮革大王田家炳等。如此密集的名人,在全国也是少有的。

(七)传统手工技艺文化

长期以来,客家人充分利用当地各种自然、社会资源,在生产生活中形成了众多手工技艺。客家地区民间手工技艺丰富多彩,其中,赣南客家围屋营造技艺(龙南)、赣南客家擂茶制作技艺(全南县)、河源连平县忠信花灯、客家土楼营造技艺(永定)、雕版印刷技艺(连城)、永定万应茶制作工艺等,被列为国家级非物质文化遗产保护名录;五华石雕工艺、丰顺埔寨纸花等,被列为省级非物质文化遗产保护名录。此外,著名的手工技艺还有:梅县的盐焗鸡、丙村开锅肉圆等,兴宁的编织等,梅江区的客家娘酒,大埔县的高陂陶瓷、百侯牛肉干、百侯薄饼、笋粄等,五华县的金木雕、长乐烧酒、擂茶等。

(八)侨乡文化

自明末清初以来,尤其是鸦片战争后中国国门被打开以来,大量客家人至海外谋生,其中,梅州、惠州等客家人聚居区成为著名侨乡。海外侨胞与家乡联系紧密,他们引进海外物质文化资源,在家乡建住宅、修桥铺路、开工厂、办学校等,从而形成颇具特色的侨乡文化。

华侨在客家地区历史上做出了极大贡献。华侨华人在客家地区留下了极为丰富的人文资源,如华侨建筑就是客家地区华侨文化的典型体现,是华

大埔县百侯镇侯南村中西合璧式建筑"海源楼"

侨之乡文化内涵重要的外在体现。华侨为家乡所做的公共事业，影响深远，可以成为很好的乡土文化教材，同时为旅游、文化研究提供了大量的可供开发利用的资源。1949年以来，旅外华侨继续发扬祖辈爱国爱乡、热心桑梓建设的优良传统，不断捐资建设家乡，为家乡社会经济文化发展做出了重要贡献。

（九）足球文化

梅州素以"足球之乡"闻名，在全国素有"北大连、南梅县"的说法。梅州足球运动发展已有100多年的历史，涌现了亚洲"球王"李惠堂等代表人物。据有关学者考证，现代足球于1873年传入梅州五华县长布镇元坑村，这一年份早于我国内地其他地方，元坑是我国内地现代足球的发源地。① 1956年，梅县被国家体委授予"足球之乡"的称号。据统计，新中国成立以来，梅州先后为国家和13个省、市输送足球运动员和教练员270多名，其中包括中国国家队主教练、国家队球员35人。

"亚洲球王"李惠堂雕像

（十）饮食文化

受特定的自然地理环境和历史条件的影响，客家饮食文化自成一体，在长期的发展过程中创造了许多地方特色和品牌。客家菜是我国八大菜系之一的粤菜的主要内容，它以"肥、咸、烧、陈、熟"的口味，就地取材的山珍野味，朴实无华的烹饪技术，备受人们的青睐。盐焗鸡、酿豆腐、娘酒、梅菜扣肉以及各式各样的粄类小吃，都是最为地道和流行的客家菜色。既有以香、肥、咸味见长的东江菜系，也有丰富多彩的地方小吃。特别是在当前人们追求返璞归真、回归自然思想的驱动下，土生土长、真材实料的客家菜成了都市人的新宠，有着广阔的市场前景。

（十一）妇女文化

客家文化的精彩，有一半是由客家妇女书写的。客家妇女以其特别的勤劳俭朴、

---

① 陈伟胜．中国内地现代足球发源地为五华元坑［J/OL］．中国新闻网，2011-09-30．

贤惠孝顺、聪明能干、豁达开朗等群体特征一直为世人所敬仰,堪称中国劳动妇女的典范,成为客家地区的一道亮丽的风景线。传统社会的客家妇女,胸怀宽广,将操持家务和教育子女的重担承担在肩,让客家男子能够外出经商、读书、求官、革命。

三、客家文化的主要特征

客家文化的主要特征是既继承了中古时期的中原汉族文化,也融合了南方土著文化,进而形成独特的客家文化。这种文化一旦产生,就成了该群体的识别标志及维系该群体生存与发展的最核心的力量。从客家文化的内涵特质方面进行概括,主要有四个方面的特征:

(一) 历史传承的悠久性

魏晋以来中原汉人南迁生产和生活的足迹,是探索中国早期客家人活动的最有价值的客家文化要素之一。从西晋"永嘉之乱"中原汉人南下至宋明时期客家民系形成与初步发展,历时1000多年,南迁百姓及其后裔,在共同的遭际、利益、信念中已逐渐从一个自在的群体演化成为一个自觉的群体,并在与土著民族相融合的过程中逐渐形成了新的文化共同体——客家民系。① 经历东晋、唐、宋千年的时间积淀、经济繁荣发展的物质积淀和文化合成进步的精神积淀,客家民系相继产生多种开文明先河的文化成果,将客家文化推向一个新的发展阶段,使客家文化成为具有历史统一性和连续性并充满活力和发展潜力的文化。

(二) 区域分布的广阔性

作为地域文化,客家文化是在我国华东、华南地区这一特定历史地理范围内形成、发展和演变的文化,大致分布于包括福建、江西、广东、海南、广西、湖南、四川、台湾、香港及海外诸多国家和地区。在这些广大的区域范围内,虽然不同地域在不同时期所创造的文化不尽相同,但都是以客家这一人文生态环境为载体,并以此为基础建立起内在的联系,形成具有复合性特征的客家文化。客家既是一个历史地理概念,又是一个重要的文化地域概念。

---

① 杨海中. 试论客家形成于明代 [M] //河洛文化与岭南文化. 郑州:河南人民出版社,2010:496-498.

(三) 创造主体的多元性

客家文化是中原地区先民及南迁后形成的客家民系共同创造的文化。客家人分别活跃在不同历史时期、此起彼伏，使客家文化在不同历史时期呈现出不同的形态特征，如广东客家文化形态，由南迁汉民与畲、瑶、疍、黎等多个族群文化相互融合而成，是客家文化创造主体多元性的集中体现，也是客家文化有别于中原文化的重要标志之一。虽然客家文化的创造主体是多元的，但由于客家人相互间具有很深的历史渊源和族际传承关系，因此这种连续性和统一性体现在客家文化发展的整个历史进程之中。

(四) 构建形态的复合性

客家文化是一种内涵丰富、形态多样、特色鲜明的复合型文化。客家文化经历了农耕文化、聚落文化、侨乡文化等交错发展的现象。因此，客家文化不仅是地域文化与民族文化的统一，也是农耕文化与生态文化及其他经济文化的统一，更是中华文化与西方先进文化的统一。不同的文化形态在不同历史时期从不同角度为客家文化注入了新的文化元素和活力。客家文化还是传统文化与现代文化的统一。客家文化作为中华文化中最具古老传统的地域文化之一，在吸纳现代文明因素，走向现代化的历史过程中，传统文化和现代文化相互激荡、碰撞、冲突和吸纳的过程中形成新的统一，使客家文化成为传统文化与现代文化有机统一的整体。客家文化随之呈现出传统与现代相统一、地域与民族相统一、多种经济类型并存的复合型文化形态。[①]

第五节 客家文化与中原及南方周边民系文化

一、客家文化与中原文化的关系

客家民系的来源是多元的，其中主要源头之一是南迁的北方汉民。客家先民是中

---

① 温宪元，邓开颂，丘杉. 广东客家[M]. 南宁：广西师范大学出版社，2011：2—4.

原移民,中原文化构成了客家文化的主体。千百年来,由于他们僻处南方山区,社会相对稳定,受外来的冲击较少,保留了较为浓郁和相对完整的汉族传统文化。在某种程度上,客家文化可以说是中原文化的"活化石"。客家文化中的中原文化基因主要表现如下8个方面:

(一) 姓氏渊源

据吴炳奎对100个粤东北梅州客家姓氏祖源的考察:属黄帝族系的有72姓,占72%;属炎帝族系的有12姓,占12%;属舜帝族系的有12姓,占12%;属其他祖源的有2姓(葛、安),占2%。在100个梅州客家姓氏中,祖居地在陕西的有11姓,在甘肃的有14姓,在河南的有17姓,在河北的有15姓,在山西的有17姓,在山东的有11姓。这6个省属黄河流域,总共有85姓,即客家祖居地在黄河流域的占85%,与传统说法客家先民来自中原大体相符。①

客家人各宗姓,至今还保持在祖祠祖屋门楼上悬挂先祖自中原始迁地名堂匾的习俗。堂匾又称堂号,即祠堂名号,又称郡望,标明本姓本族的渊源所自,是整个家族的标志。在梅州,李姓立"陇西堂",廖姓立"武威堂",严姓立"天水堂",杨姓立"关西堂",伍姓立"安定堂",林姓立"西河堂",温姓立"太原堂",邓姓立"南阳堂",张姓立"清河堂",陈姓立"颍川堂",谢姓立"陈留堂",黄姓立"江夏堂",郑姓立"荥阳堂",等等。陇西、武威、天水、关西、颍水等,均为秦汉至隋唐时期黄河

刘姓堂号"彭城堂"

---

① 吴炳奎. 客家源流新探[J]. 中南民族学院学报(哲学社会科学版),1992 (3).

流域的州郡名称。从客家祠堂堂号的郡望，大致推知客家先民南迁以前的中原祖居地，反映了客家人强烈的中原文化认同意识。

（二）民居建筑

客家先民及其后裔运用中原汉族古老的版筑方法和中原府第式建筑形式，在山区建筑客家民居，主要有围屋、土楼和五凤楼等，其中土圆楼和围龙屋独具特色。这些建筑形式，与古代中原地区世家大户的府第很相似。而殿堂式的建筑，则是古代中原汉族府第风格的典型形式。"这种建筑形式与汉晋北朝中原的宫殿建筑和院落及多进的形式有着继承关系，被有的学者称为'宫殿式遗风'、'中原大家风趣'不是没有道理的"，"客家大屋与汉晋北朝中原世家大族地主的居宅建筑有着明显的渊源关系"，"从继承传统而言，这一居处方式实渊源于魏晋北朝时期的中原地区"①。

（三）衣着风格

客家人喜穿"唐装"，古风犹存。妇女戴凉帽，系由唐代贵族妇女所戴帷帽演变而来。客家人的衣着，在20世纪50年代以前妇女所穿（也包括男士早期穿的长衫）服装，是以穿从右边开襟的即右衽衫式为特色。而岭南原住居民的固有衣着，以穿左衽式衫为特色。今天的客家人，则保留以穿中原汉民族右衽遗风的衫式衣着为主。②

（四）崇拜祖先

与儒家思想一脉相承。当父母长辈逝世后，其仪礼相当繁芜，一遵古制而不变，大体上依汉族传统习俗办丧事，故史有"循乎古礼"之谓。祭祀祖先，不仅祭仪仿古，就连祭田之名也有典可查。客家地区"俗称祭田为'蒸尝'，亦有谓祖宗'血食'者"③。"所谓'蒸尝'，本于古代中原冬秋二祭之名，冬祭名蒸，秋祭曰尝。所谓血食者，因祭用牲牢得名。"④ 早在春秋时已有此词。

客家地区祠堂林立，祭事繁多，祭典隆重。蕉岭县人黄钊著《石窟一徵·礼俗》卷四称："凡大小姓，莫不有祠。在县城者，为宗祠。一村之中，聚族而居，必有家

---

① 黎虎. 客家聚族而居与魏晋北朝中原客家居处方式探源之一 [J]. 北京师范大学学报（社会科学版），1995（5）.
② 杨豪. 岭南民族源流考 [M]. 珠海：珠海出版社，1999：127.
③ 参见黄钊：《石窟一徵》卷四，第2页，光绪八年刻本。
④ 吴永章. 客家文化二元论 [J]. 广西民族学院学报，1995（2）.

庙，亦祠也。家庙，有吉凶之事，皆祭告焉。所谓歌于斯、哭于斯之寝室也。"

（五）文教传统

客家人具有很高的传统文化素质。全社会支持教育，华侨捐资兴学蔚然成风，家族特设置学田以作为族中子弟读书的经济来源。家境贫寒人家卖田卖屋，甚至卖"屎缸迹"（厕所地）也要供子弟读书。妇女全力支撑家计，甚至上山砍柴割茅草去卖供男子读书，形成以读书上进为荣、不读书不识字为耻的社会风尚。因而客家地区学校林立，尊师重教，人才辈出。全国各客家地区，素来以教育发达、人文荟萃著称于世，故享有"文化之乡"的美誉，这是客家文化最重要的特征。这是客家人秉承中原汉文化气质和"诗礼传家""耕读传家""书香门第"之风的结果，也是继承和发扬"礼仪之邦"优良传统的明证。

（六）民间文艺

一是客家山歌。伴随着客家民系而存在的客家山歌，在结构形式方面，基本上是上下两句或四句方块式的结构，三句、五句的结构很少。在歌词方面，接近唐七律和竹枝词，其韵脚保留了古汉语的诗韵和古代民歌的比、兴、赋、叠句和双关等传统手法。这些特点渊源于陕西南部和河南部分地区，随着中原人民的南迁而传播至南方各省，并成为客家山歌的主流。① 脍炙人口的客家山歌，情意缠绵，上承《诗经》中的《国风》余绪。近代著名诗人黄遵宪将二者相提并论，可说是真知灼见。

二是广东汉乐。按广东汉乐的分类，第一种是丝弦，旧称儒乐或雅乐、清乐，是从中原带来的。在粤东大乡村，就有不少业余的汉乐班。一个民系具有如此古老优美的音乐文化，也可证明客家先民中确有不少士大夫知识分子，他们用音乐来祭祀或举行各种仪式。每逢婚丧喜庆，都有不同的乐曲吹奏。第二种叫中军班音乐，原来是朝廷仪仗音乐。有人认为，这是音乐随人自北南迁的典型代表。如《大乐》，庄重肃穆，类似河南《板头调》。第三种是民间大锣鼓，在春节、元宵期间，每个乡村角落都有。如果加上唢呐、笛子吹奏，就是八音大锣鼓。第四种是八音，与中军班音乐有相似之处，常常加唱戏曲或小调，故又称"吹唱"。第五种属庙堂音乐，是尼姑、和尚从事道场歌经诵佛的，乐曲近于民歌风格。客家音乐，具有古雅优美、朴实大方的特点，形式活泼多样，内容丰富多彩。据了解，现存有谱可查的乐曲有600多首。同时，汉剧

---

① 王耀华. 客家艺能文化［M］. 福州：福建教育出版社，1995.

音乐曲牌亦多是古调,如《二进宫》《出水莲》等。

(七)民俗文化

客家地区多奇风异俗,各地乡俗多姿多彩,但其中的主流还是汉民俗文化。这主要归因于历代从中原南下的大批移民及汉民俗文化的强大辐射力。自宋明以来,客家民俗文化中的一些主要方面,如年节民俗、婚嫁民俗、信仰民俗,除了某些地方色彩和细节因素有区别之外,民俗事象的文化精神和礼仪活动方面都与中原汉民俗是基本相同的。在年节民俗中,中原地区最重要的节日如春节、清明节、端午节、中秋节和重阳节等等,同时也是客家人的重大节日,在节日过程中主要风俗活动以及蕴含着的文化精神也基本相同。如:春节的迎春、除夕夜吃团圆饭、守岁、给压岁钱、拜年,元宵节的赏灯,清明节的扫墓、踏青,端午节的划龙舟、包粽子,中秋节的吃月饼、赏月,重阳节的登高,等等。客家的婚嫁礼仪及其文化精神与中原民俗也完全吻合,遵循"男女非有行媒,不相知名;非受币,不交不亲"(《礼记·曲礼上》)的原则,整个聘娶过程包括了纳采、问名、纳吉、纳征、请期、亲迎等程序。这些仪式在客家世家大族中执行得尤为严格,表明了以儒家为正统的文化在客家地区所占的主导地位,也表明客家民俗在本质功能上是对中原民俗文化的传承和发展。[①]

(八)妇女形象

客家妇女具有世间少有的勤劳能干和无私奉献精神,是"四头四尾"——"家头教尾,田头地尾,灶头锅尾,针头线尾"无所不能的女性。所以,绝大多数客家妇女都是大脚板,罕有裹足的三寸金莲。一般来说,在家族生产或社会生产活动中,如果男女参与的程度基本相同,在创造财富、维持生计方面男女作用基本相等,女性的社会地位就有过之而无不及。客家妇女勤劳能干、奉献极大,却没有带来社会地位的改观。地位卑贱的巨大反差,显然与南方土著民族的"女劳男逸"的影响有关,更是中原传统文化中的"三纲五常""三从四德"、重男轻女、男尊女卑的观念作祟。

另外,客家精神在很大程度上也源自中原华夏精神。"客家虽自中原南迁,然其重道德、重义气、重礼节、性刚强,仍具古风……语言风俗习惯犹是中原遗风,其守礼节、重道义、好学问、讲伦理,均表现中原民族气质。唯几经离乱,披星戴月,更养成其坚忍卓绝、耐劳、耐苦、独立奋斗之精神,养成其向外发展,冒险冒难之精

---

① 李权时. 岭南文化[M]. 广州:广东人民出版社,1993:512—513.

神。……客家,就是语言与精神表现,均深具中原古风,而日益发扬光大。"①

由上所述足见,客家文化的根在中原,中原是哺育中华民族的一方热土,亦是客家人的发祥地。

二、客家文化与南方古越族文化的关系

如果说北方汉人的南迁,是客家文化历史生成过程中的创造主体,那么,不同历史时期居住在大本营地区的土著民族,则是客家文化浓厚的地域特色形成的关键要素。正是在南迁汉人所传播的汉民族文化与当地土著民族的土著文化相互激荡、相互融合的大潮中,具有浓郁的地域特色和民系个性的客家文化,才能在赣闽粤客家人聚居区大本营这块土地上孕育、形成和发展起来。

赣闽粤客家大本营地区,其最初的土著居民,就是历史上所谓的"百越"。根据文献记载,赣南、闽西、粤东、粤北古代都属于百越的范围,其中闽西、粤东又是百越族中七闽部落的领域,赣南"春秋为吴越地,战国越灭,为楚地"②。但"为楚地"只是政治上属楚国统治和文化上受楚文化影响,所居住的主要仍是越人。尽管从汉代开始,"百越"一词从中国古代的有关文献中消失了,从而意味着百越民族的主体在这一时期已融合于汉民族共同体之中。但是,这并不能排斥其部分后裔依然保持其原有的民族个性,并将其民族文化传承下来。而且,从人类文化发展的通则来看,不同民族间文化的影响和融合,是双向式进行的。百越民族在主体上融合于汉民族共同体,其民族文化也必将对汉民族文化产生这样或那样的影响。由于百越民族在古代曾经是一个分布范围极广、历史十分悠久的民族,故而在后来汉民族文化圈之内的众多文化副区之中,都在不同程度上保存着原百越民族文化的底层。学者研究表明,在今天淮河流域、荆湘、鄱阳、吴越、岭南和台湾海峡等文化副区之中,古代百越民族文化的影响都是普遍存在的。③

古代百越民族文化对客家文化的影响,表现在两个方面:

第一,从方言方面来看,在今天的客家方言中,有很多词汇与传统汉语差别很大,就是受百越民族文化影响而形成的。如在亲属称谓上,用"姐"表示女性长辈,诸如叔姐、伯姐、舅姐,当面称母亲为姆姐、阿姐等等。其实,在传统汉语中,"姐"字并

---

① 陈运栋. 客家人 [M]. 台北:东门出版社,1991:380.
② 参见《古今图书集成·方舆汇编·职方典》,卷九九。
③ 蒋炳钊. 百越民族文化 [M]. 上海:上海学林出版社,1988.

无"母"意。客家方言中借"娓"为"母"的土俗字,显然是受到了古代百越民族语言的影响。当代比较语言学成果表明,今天我国西南地区的很多少数民族,如侗、傣、苗、瑶等族,其语言就是古代百越民族语言发展的结果。客家方言中借"娓"为"母",与这些少数民族语言中关于"母"的读音,有着很大的相似性。因此,可以认为,客家方言中借"娓"为"母",正是借用古代百越民族关于"母"字一词读音的结果。

除词汇之外,客家方言中的语法也深受古代百越民族语言的影响。例如有些客家方言词汇中,把中心词放在前面,而把修饰词放在后面,这与传统汉语的语序完全相反,诸如鸡公(公鸡)、鸡婆(母鸡)等。再如把"来"和"去"连用以表示正准备去做什么事,诸如"来去赶集"(去赶集)、"来去做活路"(去干活)等,这种连句方法,与传统汉语的语法也大不相同。客家方言在语法上的这些变异,也可以从古代百越民族的语言中找到其原因。据韦庆稳对《越人歌》这一古代文献的研究,古代百越民族的语言具有以下特点:用序词和虚词造句;主谓词组,主语在前,谓语在后;动宾词组,动词在前,宾语在后;体词性修饰词组,中心语在前,定语在后;量词受后面指陈词的修饰;方位名词受后面一般名词的修饰;等等。显然,上述客家方言中语法的变异,与古代百越民族语言中体词性修饰词组的特点是极为一致的。

此外,今天客家方言与古越语的关系,还可以从有关词汇的语义考释中得到佐证。根据文献记载,古代百越民族人民主要居住在东南地区的水乡泽国地带,他们的生活与水有着密切的关系,史称百越各族"习于水战,便于用舟"。故而,凡是与水有关的词汇,无不具有特殊的含义。这一点,不仅对后来的闽语和粤语产生了很大的影响,就是在客家方言中,也明显地保存了其中的某些语言"底层"。如客家方言中把山谷之中较大块的平地称作"洋田",这里的"洋"字,显然就保留了古越语的原始含义。再如"厝",原是古越人用来停柩的特别建筑物,久而久之,词汇的内涵发生变化,泛指一切房子,而客家方言也沿用了这一点,用来指代一切住所,诸如"永定厝""海丰厝"等。再如,客家方言把集市称作"墟",墟者,虚也,避而虚其地之谓也。原来古代百越民族在进行贸易时,是实行以物换物的原则,而且在整个交易过程中,只见物不见人,故称之为"虚"。客家方言中以"墟市"来代表集市,显然与古越人的这种贸易方式有关。还如客家方言中把圈养牛、猪、鸡的地方分别叫作"牛栏""猪栏"和"鸡栏",这里的"栏"就与古越人的"干栏式"住宅有关(考古发现的古越人干栏式陶屋模型表明,古越人干栏式建筑一般都有上下二层,上层住人,下层饲养家畜和堆

放杂物,与今天客家土楼中的情形几乎完全一样)。

第二,从历史时期客家民间的民俗文化事象方面来看,百越民族的影响也不容忽视。根据文献记载,百越民族中的许多支系,都在不同程度上保存着原始社会的有关习俗。《后汉书·循吏列传》记载:"骆越之民,无婚嫁礼法,各因淫好,无适对匹,不识父子之性、夫妇之道。"可见,最迟在东汉时期,百越民族中的骆越人,尚无严格的一夫一妻制婚姻,原始群婚的遗俗,还有很大的影响。由于实行原始的群婚制,男女的日常交往,也就相对比较频繁,而且反映在两性的社会地位上,男女也较为平等,不像中国传统社会那样,有所谓"男女之大防"。这对历史时期迁入大本营地区的客家先民以及后来的客家民系都有明显的影响。

据宋人王象之《舆地纪胜》记载,早在宋代,广东的惠州一带,在集市上买卖的都是妇女。这与当时中国境内特别是汉族地区广泛盛行的男主外女主内的社会风尚就有明显的不同。这一事实说明,早在客家先民刚刚进入大本营地区之时,百越民族男女平等的社会习俗,就对其起有很大的影响。到了明代,在客家大本营地区,男女的日常交往仍较平常,男女的社会地位也相对平等。据明《嘉靖惠州府志》记载,当时的惠州一带,"乡落之民,每遇月夜,男女聚于野外浩歌,率俚语"。惠州府属各县也是如此,如:兴宁县,"男女饮酒混坐,醉则歌唱";长乐县(今五华县),"饮酒则男妇同席,醉或歌唱,互相答和";龙川县,"月夜男女浩歌"。直到清代,客家地区,举凡民间祭祀、扫墓、大型游园等活动,也都是男女同行。在中国传统社会男尊女卑,广大妇女要严守"三从四德"等传统礼教的情形下,客家地区的妇女显得较为独特。即使是备受中国传统文化熏陶的客家地区的士大夫们,不论是在他们的笔下,还是在他们的深层意识之中,对客家妇女,也无不表现出较多的发自内心的尊重。从黄钊的《石窟一徵》,到温仲和的《嘉应州志》,再到黄遵宪的《人境庐诗草》,其中记载客家妇女的有关文字,至今读来依然令人敬佩不已。这一点固然是历史时期客家妇女用辛勤的汗水甚至血泪换来的,但与古代百越民族社会风尚的影响,很难说没有一点关系。

三、客家文化与南方畲、瑶等周边民族文化的关系

根据文献记载,在汉族移民到来之前,赣南、闽西、粤东、粤北古代都属于百越的范围,所居住的主要是越人及其后裔。至于这些地区土著名称,有俚、骆越、越人、夷僚、蛮僚、洞蛮、蛮、峒寇、峒僚、山越、畲、輋、瑶、疍等多种叫法。参考地方

· 46 ·

文献等记载，作为客家之源的南方土著，大抵都是古代越族的后裔，即畲、瑶、僚、疍等。

据《光绪嘉应州志》卷四《山川》载："黄沙嶂，在城南二五里……中皆种畲人。"卷八《礼俗》载："土瘠民贫……其畲民尤作苦。"卷三一《事变》载："（元）至正十一年辛卯，輋寇陈满等啸聚梅塘，攻陷城邑。二十年壬辰，招讨使陈梅克梅塘寨。"从以上记载可见，古代梅州居住有不少輋人，輋同畲。史籍记载：畲姓有盘、蓝、雷、锺、苟。在历史发展过程中，分化出其他姓氏，如谈孺木《枣林杂识》谓："槃瓠之余，错处于虔、漳、潮之间，以盘、蓝、雷为姓，汀人呼潘、蓝、篓，称曰畲客。"历史上在梅州地区居住过的畲人，除已搬迁者和居于丰顺县潭江镇凤坪村者外，大都已融合于客家人之中。

赣闽粤交界地区，瑶人亦不少。祝枝山所编《正德兴宁志稿本》卷四《杂记》载："本县瑶民亦众，随山散处，岁输山粮七石。正统中，六都人彭伯龄能招抚瑶僮，人服之。壬戌岁，朱令孟德以其事闻，请授伯龄为水口巡检司试巡检，专管抚瑶，仍俾世袭。从之。"

《光绪嘉应州志》卷四《险隘》载："（嘉应州）西则有平远腰古、丹竹楼等处，路通长宁、安远。奸宄出没，与瑶僮等。王阳明剿服，始归化。"《咸丰兴宁县志》卷二一载："瑶本槃瓠种，自信狗王之后。其姓盘、蓝、雷、锺、苟，散处南粤，在在皆有之。"嘉应雁洋蓬辣《黎氏族谱》载：黎姓先祖，"于元朝迁入程乡之溪南都，至明代'立籍差徭捕户'，'恩免科役'。"古代梅州瑶人，现已不见，除外迁外，都已融合为客家人。

此外，粤东还有僚人。《光绪嘉应州志》卷三二《丛谈》载："林祖，潮阳人。元末盗起，祖挈家避难。遇僚贼，母与弟皆被掠去。……在程乡犬吠輋见焉，僚人阻不归。潜请于官。遣吏偕往輋所，赎以金，还之。"

对于僚人，黄佐《广东通志》卷六七谓："峒僚者，岭表溪峒之民，古称山越。其不可羁縻者，则依山林而居，无酋长、版籍、年甲、姓名，谓之山僚。"古代没有严格的民族识别，时称峒僚，或称山僚，或称僚，然皆古代岭南俚僚，为百越之裔。已故著名历史地理学家谭其骧说："汉人之移殖粤东，唐宋以来始盛。自唐以前，俚为粤东之主人。"[①] 至明末以来，除外迁者外，粤东僚人皆融合为客家人。

据《乾隆嘉应州志》载：梅州疍户有麦、濮、苏、吴、李五姓。宋开禧年间浙江

---

① 谭其骧. 粤东初民考［M］//长水集：上册. 北京：人民出版社，1987.

永春人颜榆任梅州知州时,"赣贼陈三枪率众迫梅城四十二日。榆分隅拒守,激厉将士。又合置船布水阵,攒矢射之。贼遁去。"① 据《光绪嘉应州志》卷一三《食货·户口》载:明嘉靖十一年捕鱼船户29户,渡疍户76户。崇祯八年,捕鱼船户13户,渡疍户59户。至清顺治朝以后,户籍已无此疍户之区分,捕鱼船户、渡疍户,均操客语,融为客家人。

上述畲人、瑶人、僚人、疍人等,至宋明以来,皆融入客家。同时,他们的风俗文化等,亦融入客家文化中。其中代表性的有:

一是种畲禾。在经济生活中,客家人栽种的水稻,有的直接从瑶畲族人中传入。宋人王象之在叙及梅州畲禾时,就曾揭示其间的源流因袭关系:"此本山客畲所种,今居民往往取其种而莳之。"② 此中所谓"山客畲",即山居的瑶畲族人,"今居民",则系指早期由闽入粤垦辟的客家人。杨澜《临汀汇考》卷四《物产》载:"汀人最重大禾米,春秋祭祀,必为粿以奉其先。此外,又有稜米,又名畲米。畲客开山种树,掘烧乱草,乘土暖种之。分粘、不粘二种。四月种,九月收。"汀州的畲禾,也是传自畲族。

二是女劳男逸。旧时,外地人讥客家妇女在田间劳作,男人则在家抱小孩嬉戏,虽言过其实,但并非纯属无稽之谈。清代著名客家文人黄钊在《石窟一徵·日用》中就曾写道:"村庄男子多逸,妇女则井臼、耕织、樵采、畜牧、灌溉、纫缝、炊爨,无所不为。天下妇女之勤者,莫此若也。"客家妇女肩负种种劳作重任,与传统汉俗不符,显系受南方少数民族习俗影响所致。唐人刘禹锡在《连州竹枝词》中描写瑶畲妇女的形象为"银钏金钗来负水,长刀短笠去烧畲"。黄钊将此与客家妇女相比较,认为"差堪仿佛矣"(《石窟一徵》),说明两者关系密切。

三是爱唱山歌。梅州人梁伯聪撰《梅县风土二百咏》中有云:"出口成章不费思,自然天籁妙歌辞;肩担越岭随高下,嘹亮清歌唱女儿。"以歌传情,以歌求爱,以歌为乐,也正是客家山歌的一个特点。部分客家山歌的名称,保留了瑶族、畲族对山歌名称的痕迹。如客家山歌中的"过山榜""过山班""过山溜""过山拉"等,极可能是瑶族的"过山榜"演变过来的。有些客家山歌的曲调,保留了畲瑶民歌的特点。如连平县龙街山歌和新丰山歌,与瑶族的民歌非常接近。它们以1、3、5为骨干音的宫调式,强调角音的作用,旋律的组织也极相似。③

---

① 参见王之正:《乾隆嘉应州志》卷四《官师部·名宦》,第26页,清乾隆十五年刻本。
② 参见王象之:《舆地记胜》卷一〇二《广南东路·梅州·景物上》。
③ 莫日芬. 客家山歌探源[M]//东莞当代文人作品选. 广州:花城出版社,1995.

四是信仰盘瓠等图腾、神祇。盘瓠是南方民族中较为流行的一种图腾崇拜。瑶、畲族人将图腾崇拜与祖先崇拜结合起来，视盘瓠为远祖，并称之为"盘王""盘大护""盘古大王"等。客家人也信仰崇拜盘古王。《光绪嘉应州志》卷一七《祠庙》载："盘古圣王宫，在西阳堡樟坑口。"《嘉庆大埔县志》卷七载："盘古庙，在古源桃花笔山麓。"

三山国王原为粤东明山、巾山、独山三山山神，最初是粤东土著居民俚人信仰的神祇，是畲族先民和黎族先民共同创造的地方神。宋明以后，逐渐演变成为粤东客家、福佬、畲族、客家和福佬的海外移民，以及自粤迁琼的黎族共同的民间信仰。

五是好客。客家人好客多礼，"客家人好人情""上家过来下家客"就是好客的写照。这固与先民来自"礼仪之邦"有关，也与受"蛮风"影响有关。我国少数民族素以好客著称，南方诸族亦如是。瑶人的"举寨延客"与客家的"一家来客，四邻接待"如出一辙。

以上事实充分说明，客家先民南来开发岭东、岭南，融入了一定的畲、瑶、僚、疍等土著，同时也吸收赣闽粤边山区"南蛮"百越文化，从而壮大了客家群体，丰富了客家文化，多元一体，终于形成独具特色的客家文化，成为汉民族中特色鲜明的一大支系。

四、客家文化与潮汕福佬文化的关系

赣南、闽西、粤东地区，韩江上游梅江、汀江、梅潭河流域，是客家人的主要聚居区。而韩江下游沿海潮汕地区，则是潮汕福佬人的主要聚居区。不过，在潮汕地区，福佬人与客家人混居现象相当突出。清代有句民谚："澄海无客，大埔无潮"，意思是说，除了澄海县（今汕头市澄海区）没有客家聚居，大埔是纯客家县，其余海阳、饶平、揭阳、丰顺、潮阳、普宁、惠来七个县，都是潮客两个族群杂处。北面靠山一带，居住着客家人；南面平原和沿海一带，居住着潮汕人。今天依然如此。因此，客家文化与潮汕福佬文化存在着水乳交融的关系，形成独特的"半山客"文化。[①]

在潮汕平原北面靠山的潮客分立边缘区域，有被称为"半山客"的居民。"半山客"是客家民系的一个分支，主要是明清时期从梅州等地迁来潮汕的客家人，与当地土著居民融合后，形成了独具特色的"半山客"群体和文化。

---

① 贝闻喜，刘青山，李铎．潮汕半山客［M］．广州：公元出版有限公司，2005．

潮汕福佬人聚居在滨海一带，而"半山客"都聚居在北部和西北的山地丘陵地带。具体分布在饶平县北部及中部、潮安县西北部、丰顺县东南部、揭东县西北部、揭西县、陆河县、海丰县西北部、陆丰市西北部等地。其主要特点有：

第一，讲半山客方言。明清时期在潮汕半山区定居的客家人，经过几百年的繁衍演变，现在约有140万人仍然讲客家话。半山客方言是不同于梅州客家话的方言，除基本保持一些古汉语、梅州客家话的特点外，又汲取一些畲语，特别是融进了一些潮州语词汇。如把食粥说成"食糜"、买卖说成"交关"、便宜说成"披"、荔枝说成"奶乖"、讲下流故事说成"讲咸古"等。有的乡村把一些潮州话词汇直接移用过来，如把"亿"说成潮汕音的"溢"，把"斤"说成"跟"等。

第二，喜爱唱山歌。客家山歌是劳动人民在山野间自创自唱的，其特点是即兴、高亢、音韵和谐、吐字清晰，这是因为要使隔山隔水的人能够听得清楚。山歌内容丰富：有自娱自乐的，也有青年男女互吐恋情的；有歌颂好人好事的，也有抨击不良行为的。而今，虽然青年人少有人唱了，但是山野乡村间仍保留着这一习俗。

这个自认为从中原南迁而来、最后定居于潮汕山区的群体，在长期与"福佬"相处接触中，又受到梅州地区纯客家文化的影响，从而形成了独特的"半山客文化"，并与潮汕文化互相交融、互相影响、互相促进。

从《潮汕地区人口分布图》上看，半山客聚居的凤凰山区、南阳山区、大南山区、大北山区像一顶硕大的帽子，罩在潮汕地区的西北面。从揭阳、汕头出海的榕江，其南北河的源头和上游在陆河、揭西和丰顺山区。千百年来，就是这条水道，成为潮客人流、物流和文化交流的载体。潮客共饮一江水，既互市也互相通婚，在历史长河中，同受中华文化的熏陶。特别是在近、现代革命斗争中，潮、客民众同受革命斗争的洗礼，真正形成血肉相亲、水乳交融的密切关系。

虽然客家文化与潮汕福佬文化有着显著的差异，但半山客文化却与潮汕福佬文化有着很多共同性：

一是住潮式民居。围龙屋是客家民居的主要特色，现在饶平县的客家地区还有300多座。但是，潮式宅院、祠堂也遍布半山客定居的山区、半山区，主要有下山虎、四点金、三穿堂、三间两伸手等形式。而客家民居特色的围龙屋、四方形围屋，也在几百年前出现在福佬人聚居的乡村，如揭东县白塔镇元埔村就有一座圆形加外围的围龙屋。

二是爱饮工夫茶。饮工夫茶是潮汕人特有的习俗，很早就名扬海内外。但半山客人聚居的地区，几乎家家户户也有一套或几套工夫茶具，连3岁孩童也知道冲工夫茶的"诀窍"。以工夫茶待客,也是半山客人的一项重要礼仪,尤其是福佬人进门,有宾至如归之感。

三是喜爱潮剧、潮乐。半山客本身是客家人,对以客家话演出的花朝戏、采茶戏、山歌剧有较浓厚的兴趣。此外,还爱看外地传入的汉剧和唱汉腔的提线木偶戏。因地缘关系,客家人逐渐地接受了潮汕文化。半山客区的潮乐、潮剧和潮汕大锣鼓活动相当普遍。清末民初以来,不少村镇都有几间演奏潮乐的弦间、乐社,各种乐器配备齐全。平时男女老少奏乐唱曲,自娱自乐,逢年过节则配以大锣鼓在乡间巡演,深受群众欢迎。同时,民间也成立了不少专业或业余的潮剧团,如成立于1920年代初的"玉楼春潮剧团",班主是客属揭西县龙潭乡玉竹园村的刘氏兄弟。中华人民共和国成立后直至今天,每逢节庆,半山客人还经常聘请潮剧团前去演出。

(四)信奉三山国王神祇

产生于半山客中心地区揭西县河婆镇的"三山国王",有1000多年的悠久历史,影响很广。不单客区,潮语区信众也很普遍,潮汕地区大凡乡村都建有三山国王庙。据《明贶庙记》记载,600年前的元代已是"潮之三邑(潮阳、海阳、揭阳),梅、惠两州,在在有祠"。明清以来,伴随着粤东移民的足迹,三山国王的香火已远播海内外,尤以台湾分布最广。据近年传媒报道,台湾的三山国王庙有600多座。三山国王"护国庇民"的宗旨成为潮客特别是广大侨胞、台胞漂洋海外、艰苦创业的精神支柱。

综上所述,客家文化与潮汕福佬文化水乳交融,历经历史长河激荡,形成独特的"半山客"文化,成为客家文化百花园的一朵奇葩。她既有自己的特点,又与潮汕福佬文化有许多共同点,是客家文化不可分割的一部分。

拓展阅读:

罗香林:《客家源流考》,中国华侨出版公司,1989

罗香林:《客家研究导论》,上海文艺出版社,台北南天书局,1992

房学嘉:《客家源流探奥》,广东高等教育出版社,1994

罗英祥:《漂洋过海的客家人》,河南大学出版社,1994

谢重光:《客家源流新探》,福建教育出版社,1995

陈支平:《客家源流新论》,广西教育出版社,1997

王　东:《那方山水那方人:客家源流新说》,华东师范大学出版社,2007

梁肇庭著，冷剑波、周云水译：《中国历史上的移民与族群性——客家人、棚民及其邻居》，社会科学文献出版社，2013

〔日〕濑川昌久著，河合洋尚译：《客家——华南汉族的族群性及其边界》，社会科学文献出版社，2013

山水与村落民居

　　梅州客家地区在广东省东北部,地处粤、闽、赣三省交会的山区地带。客家先民从西晋年间起,因避战乱、外患和灾荒不断南迁,经闽西、赣南逐步到粤东北一带,前后时间跨度达 1000 多年。在漫长的迁徙过程中,他们面对水源与土地之争、匪患与民族矛盾,以及野兽侵扰的复杂自然环境,披荆斩棘,扎根大山。客家先民秉承中国传统有关天、地、人的文化智慧:一方面与南方土著畲、瑶两族和睦相处,繁衍生息,以致后来超过了畲、瑶的主户人数,并逐步同化了畲、瑶两族;另一方面又尊重自然环境并与之融为一体,合理开发利用自然资源,走出一条适

合自己民系生存与发展的社会经济与自然环境和谐发展的道路。

对于客家先民，水更是承载了一段跋山涉水的迁徙历史，并和山一同见证了自己民系的诞生与发展。唐宋时期是客家民系的孕育期，其聚散中心、人文中心的代表性区域为赣南闽西一带；南宋至元代是客家民系的成长期，其聚散中心、人文中心则为古汀州八县；明清时期为客家民系的成熟期或定型期，当以古嘉应州所属的粤东北为聚散中心、人文中心，而梅江沿途和韩江上游地区恰是古嘉应州所辖地域。在此过程中，北方汉人多从汀江进入广东，嘉应州成为北方汉人进入广东的重要通道，也为北方汉人在嘉应州的聚居创造了条件，并由此人口剧增，积淀了深厚的文化底蕴，最终成为世界客家地区的大本营。

汀江是福建闽西宁化流向粤东梅州的一大河流，是联系闽粤的水上通道，她如玉带一样贯通了闽粤赣客家大本营，被誉为"客家人的母亲河"。历史上，汀江"水上运输线"孕育了梅州茶阳古镇、车龙古村落等客家文化遗迹。而梅江对粤东梅州客家的意义，并不亚于汀江。不夸张地说，梅江是粤东梅州客家人的母亲河。作为一条生命的航线，历史上，梅江滋润着沿岸的土地，为南迁的客家人在这里安营扎寨提供了物质基础。汀江、梅江如两条流动的彩带，将沿岸的千百个城镇村落串结成一条璀璨的珠链，在粤闽大地上闪耀着熠熠的光芒。在这千百个若隐若现的城镇村落中，既有历史悠久的嘉应州古城，也有记忆着客家人漂洋过海的松口古镇，还有那些默默无闻的村落。这些城镇村落，延续着来自中原的文化传统与习俗，保存着无数体现天圆地方为建筑哲学思想的传统民居，流传着优美而悲伤的故事。

第一节　山水环境与客家村落

一、粤东客家山水环境概况

（一）地形地貌

粤东客家梅州地区属两广山地丘陵的一部分，地势大致北高南低，山川交错。这里山峦起伏，形态万千，地形复杂，有山地、丘陵、盆地、台地等，而以山地丘陵为主，素有"八山一水一分田"之称。

粤东客家梅州的地形地貌特点表现为：

一是岭谷相间，地势南倾。梅州地处闽、赣、粤三省交界处，是五岭以南的丘陵地区，全区85％左右的面积为海拔500米以下的丘陵地区，地势大约北高南低，山脉大体呈东北——西南走向，从西北向东南排列，主要山脉有：西北为项山山脉，它是福建武夷山脉的伸延部分，向西南可遥接博罗境内的罗浮山脉。主峰为项山甑（在平远与江西寻乌交界处），海拔1530米，为梅州市第二高峰。中间是一座雄奇峭立的阴那山山脉斜亘。它东北起于大埔县、梅县区，经明山嶂、北山嶂、九龙峰、八乡山、鸿图嶂至五华与陆丰的香炉山，绵亘160多千米。其中高逾千米的山峰共19座，五指峰海拔1297米，最高峰则为梅县区、大埔、丰顺三县（区）交界处的铜鼓嶂，海拔1559米，为梅州市第一高峰。阴那山经八乡山向西南延伸止于大亚湾口，共300多千米，统称为莲花山脉（在构造上可与福建戴云山脉相连），成为粤东的脊梁。东南面有凤凰山脉。它沿大埔、饶平、丰顺、潮州等市（县）的交界处延伸，主要山峰有西岩山（海拔1230米）、凤凰山（海拔1497米）、释迦崬（海拔1285米）。此外，还有近乎南北走向的山地，它们是铁山嶂山地、蕉平山地和七目嶂山地。由于受地层岩性构造制约，山地展布方向与地层构造一致，山地之间的谷地也大致呈东北——西南走向。山脉、谷地（山间盆地）相间，而又具有盆地地形的特点，这样的地形、地势对气候

有很大的影响；中部地区，冬季易受北方寒流的侵扰，但夏季台风也难于侵袭而造成大范围的风害；地面年平均风速为 0.9 米/秒，是广东省年平均风速最小的地区之一；同时，对东南季风有明显阻滞作用，有利于农林业，尤其有利于经济作物的种植。

山地丘陵是发展林业、开发山区经济的主要地区。但是，由于山地坡陡，道路崎岖，河流狭窄，滩多水急，不利于陆运、航运，交通不便。

二是山地丘陵广布，农田碎细分散。山地丘陵为主体，丘陵山地面积为 122.5 万公顷，占全梅州地区总面积的 77.5%，耕地占 8.9%，城镇、村庄、道路、特殊用地占 6.1%，河塘、水库占 7.5%。按海拔高度分：100 米以下台阶地占 3.5%，100~200 米低丘地占 36.8%，200~500 米的高丘陵地占 44.2%，500~800 米的低山占 13.6%，800 米以上的低山、中低山地占 1.9%。由于山地丘陵面积大，加之山地分割，平坦地形面积少，并分布于沿河谷地和山间盆地之中，这样，造成农田碎细分散，不便于耕作和管理，影响了机械化生产的发展。但是，由于丘陵山地的坡度大多在 25°左右，其中 25°以下的面积有 80.55 万公顷，占山地面积的 64.2%，且均可开垦种植经济作物，丘陵山地因此成为梅州市土地资源的一大优势。沿河谷地和山间盆地是主要的农业生产地区。比较大的盆地有兴宁盆地、梅城盆地、汤坑盆地和蕉城—新铺盆地等。其中，兴宁盆地最大，面积达 320 平方千米；汤坑、梅城、蕉城—新铺盆地的面积在 100 平方千米左右；小一点的有平远的石正、大柘盆地和五华水寨盆地等，这些盆地的面积都在万亩以上。盆地土地平坦连片，交通方便，光、热、水组合条件好，有利于农业生产的发展，是梅州市重要的粮食生产基地。不过，分布于坡度不大的低山浅丘和串珠似的河谷小盆地的农田，易受山洪冲刷。同时，坡耕地土瘦、缺肥、怕旱，山坑田因山高水冷、日照短、渍水多、土壤通透性差，影响农业生产发展。

（二）河流气候

客家梅州地区的河流溪涧纵横密布，集雨面积在 100 平方千米以上的河流有 53 条。其中最重要的河流有韩江、梅江和汀江。

韩江由发源于福建宁化木马山的北源汀江、发源于紫金与陆丰交界乌突山七星栋的西源梅江以及发源于福建平和葛竹山东源的梅潭河至大埔三河坝交汇后称韩江。它经大埔、丰顺、潮州、汕头，注入南海，全长 470 千米，流域面积 30112 平方千米。

韩江常年四季可通航，最大航载重量为 50 吨，是连接潮州、梅州、闽西、赣南等地的内河运输大动脉。过去，由于上游植被破坏严重，造成大量沙土流失，河流含沙量较高，其含沙量为 0.65 千克/立方米，居全省之冠。韩江河床日益增高，洪泛频繁，给沿江人民带来莫大灾害，也给内河航运带来不利影响。

梅江起源于陆丰、紫金交界的乌突山七星栋，沿莲花山北麓，自西南向东北穿流五华县河口，至安流汇周江河，至水寨河口汇五华河，至兴宁水口汇宁江，以上称琴江，于畲江进入梅县区，然后汇程江于梅城、石窟河于丙村、松源河于松口，最后折向东南流入大埔县境内于三河坝汇合汀江，流入韩江。梅江从发源地到大埔三河坝全长307千米，流程经五华县、兴宁市、梅县区、梅江区、大埔县等市（县、区），流域面积达14061平方千米。梅江支流多，其中较大支流有周江河、五华河、宁江、程江、石窟河和松源河，这些主要支流都分布在梅江干流的左侧，平行排列，自西北向东南流，与梅江大体成90°交角。梅江干流右侧只有一些短小的支流，致使整个梅江支流分布十分不对称而偏于一侧。中华人民共和国成立以来，通过修筑防洪堤围、山塘水库、除险滩、炸暗礁，设置航标等，在开发水利、治理水害等方面取得了可喜的成就。五华河、宁江、程江、石窟河及梅江干流等已建成了防洪、治涝、灌溉、水电等工程系统，彻底改变了以往那种"大雨大灾、小雨小灾、无雨旱灾、晚上一片黑"的局面。

汀江发源于福建省武夷山南麓宁化的木马山，流经长汀、上杭、永定峰市流入大埔县青溪镇的石下坝，穿越茶阳、安乐至三河，与梅江、梅潭河汇合流入韩江。汀江干流总长328千米，大埔县内境长55千米，河流坡降0.127%，水力资源丰富。汀江在大埔境内的支流有小靖河、漳溪河、长治水、青峰水、坪砂水。汀江上游重山叠嶂，植被良好，山清水秀，汀江水与梅江水汇入韩江，清浊可辨，泾渭分明。长期以来，汀江是闽、粤主要水路交通线，也是党中央于1930年8月建立的上海—香港—大埔—中央苏区的重要秘密交通线。

梅州地处中南亚热带过渡地带，又面向海洋，深受海洋暖湿气流的影响，形成了亚热带季风性湿润气候。冬季，受北方冷空气影响，降水较少；夏季，受热带海洋气团的影响，降水充沛。夏长冬短，日照充足，气温高，雨量较多、光、热、水气候条件优越；同时，也存在"二风""二水""干旱"与霜冻等灾害性天气。其气候主要特点表现为：

一是年均温高，热量丰富，夏长高温，冬春常有低温。地处低纬度，一年中太阳照射的高度角大，太阳辐射强，热量丰富，是广东省热量最丰富的地区之一。年平均气温（各县市、区气象站）为20.7～21.4℃，南北相差仅0.7℃，最热月（7月）平均气温为28.3～28.5℃，最冷月（1月）平均气温为11.0～13.1℃。4月至10月，月平均气温都在21℃以上。夏季一般长达半年左右。高温期与多雨期一致，有利于水稻、花生等喜温作物的生长，水稻耕作制度为一年两季稻作区。但由于东北部和北部的山脉并不怎么高，不能完全阻挡冬季风的入侵，加上主要山脉多为东北—西南走向，寒

冷的冬季风便容易顺山谷而入，再因河川中的山间盆地较为闭塞，进来的冷空气不易外流，导致各地出现不同程度的低温和霜冻现象，对各种农作物的越冬也因此产生了不同的影响。

二是雨季长，雨量较多。深受亚热带季风性湿润气候的影响，降雨量充沛，雨季长。年降雨量为1400～1800毫米，雨日在140天以上，降雨类型以锋面雨、台风雨和热对流性降雨为主。降雨的时间、空间分配不均。具体表现在：70%以上的雨量集中在4～9月份。冬季是全市雨量最稀少的季节，多在10%以下。同时，各地降雨量受地形等因素影响很大，山地多于盆地，迎风坡多于背风坡，春季北部降雨比南部多，夏季却比南部少。年平均降雨量最多的是丰顺县，雨量为1816.0毫米，其次是蕉岭县，雨量为1657.9毫米，再次是平远县，雨量为1588.7毫米，其余各县均在1400～1500毫米之间。另外，本区降雨年际变化大。一年四季干旱都有可能发生，而以春旱、秋旱对农业生产影响最为严重。因此，兴修水利，调节余缺，是促进梅州农业生产稳产保收的重要措施。

三是风速较小。由于西北有项山山脉，北中部有阴那山脉，东南部有凤凰山脉，丘陵围绕使中部地区具有盆地地形的特点。这样，夏秋台风不易入侵，或入侵后强度风速减弱，冬春季寒潮大风到此盛势大减，所以近地面的年平均风速为广东省最小，一般在0.9米/秒以下，很少出现大范围的风害。

四是热带小气候较明显。由于梅州地区的地理纬度较低，加上复杂多样的地形，形成了热带小气候环境，这在广东也是特有的。如丰顺县埔寨就具有这类小气候，它适宜紫胶等热带作物的生长。

综上所述，梅州地区日照充足，年均温高，热量丰富，雨量充沛，光、热、水气候条件优越，是广东省水稻的重要产区之一；同时，也存在"二风""二水""干旱"与霜冻等灾害性天气，这些灾害性天气对农业生产的威胁仍然存在。

（三）植被土壤

生物资源主要包括植物和动物资源。梅州地区在地质时代没有受到冰川或其他重大气候变异的影响，自然条件优越，自然界生物资源丰富，种类繁多。

梅州地区植物种类繁多，植物种类有155个科，近2000种，森林覆盖率达75.06%。其中，地带性代表植被以樟科、壳科、茶科、木兰科、桃金娘科等亚热带常绿阔叶林居多，多分布在海拔200～800米的山坡上；针叶林松科和杉科为主；经济利用价值的野生植物种类多。据不完全统计，这些野生植物种类，包括油料植物数十种、淀粉植物数十种，药用植物700多种，纤维植物数十种、芳香植物数十种，以及单宁植物、土农药植物、野生花卉植物、野果植物、饮料植物、栽培植物的野生种或边缘种、环境保护植物等数千种。随着商品经济的发展，越来越多的野生植物被引植开发利用，野生药用植物已进入丘陵、耕地种植，可供食用和药用的真菌种类多为人工培植生产，已形成了扬名国内外、省内外的多种土特产品。水果资源较丰富，果树有30多种。水果生产历史悠久，经过长期的生产实践和人工培育已形成了扬名国内外、省内外的多种土特产品。其中，以沙田柚与蜜柚合称金柚、脐橙、龙眼、荔枝等最为大宗，这些土特产品以质优著称，已经形成拳头产品。茶树品种与茶叶种类较多。梅州有着悠久的种茶历史与丰富的种茶经验，梅州茶叶以"香、甘、滑、醇"著称。茶叶中以乌龙系列为主，大埔县的西岩茶、梅县区的清凉山茶和单丛茶、兴宁市的官田茶和单丛茶、平远县的锅笃茶和云雾茶、蕉岭县的黄坑茶和单丛茶、丰顺县的马图茶和水仙茶、五华县的天柱山茶等，在国内外素有名气，均为上品。

梅州动物资源种类繁多。据不完全统计：兽类有豹、狼、黄猄、狐狸、猕猴、黄鼠狼、野猪、大灵猫、小灵猫、山羊等几十种；鸟类有鹧鸪、雉鸡、猫头鹰、啄木鸟、麻雀、白鹤、百荣、乌鸦、画眉、喜鹊等上百种；两栖爬行类有穿山甲、水蛇、金环蛇、银环蛇、虎纹蛙、蟾蜍、草龟、南蛇、青竹蛇等100多种。过去，生态环境的人为破坏，栖息生存环境的恶化以及长期遭到人们乱捕、滥猎，使飞禽走兽显著减少，如华南虎现已经走向绝种的地步。梅州饲养禽畜动物优良品种多，淡水鱼类有50多种，水生动物中还有虾、蟹、螺、蚬、蛙类等。

梅州地区土壤分布因地理环境因素影响而异。在亚热带季风气候条件和生物因子的长期作用下，这里的土壤普遍呈酸性反应，pH在4.5～6.5之间。由于强烈的淋溶作用，土壤中Cu、Na、Mg、K含量少，其总量不超过5%；另外，在富铝化作用下，Fe、Al等元素残留积聚在土壤中，并且在土壤物质的组成中占主要地位。

土壤资源丰富，地带性与非地带性土类的地理分布与生物、气候的特点和纬度变化、地形起伏有密切关系。平远县、蕉岭县、梅县区北部山区中亚热带地区，海拔350米以下为红壤，350～750米为山地红壤，750～1000米为山地黄壤，1000米以上为南方山地草甸土；兴宁市、五华县、丰顺县、大埔县和其他三县的南部，海拔350米以下为赤红壤，350～750米为山地赤红壤，750～1000米为山地黄壤，1000米以上为南方草甸土。此外，还有非地带性的紫色土和河流两岸的冲积土、耕作土壤。耕作土壤以水稻土为主，旱地土壤为次。水稻土主要分布在沿江盆地带，有兴宁盆地、梅城盆地、汤坑盆地和蕉城—新铺盆地等。盆地土地平坦连片，交通方便，光、热、水、肥等因素组合条件好，是主要高产水稻区，是梅州重要的粮食生产基地。

二、山水环境对客家村落的影响

梅州山地丘陵广布,素有"八山一水一分田"之称。历史上,南迁梅州的客家先祖为了家族自身的生存,形成以族长为中心、家庭为单位的群体,面对水源与土地之争、匪患与民族矛盾以及野兽侵扰的复杂自然环境,对命运、自然产生一定的期望与畏惧,在民居建筑上体现为对风水的讲究与崇拜,普遍注重房屋的朝向、与山水的位置关系等;《周易》理论在民居建筑中广泛运用,既注重潜意识中的心理暗示,又充分利用当地的山水自然环境,达到"天人合一"的境界。客家民居中的土楼、围龙屋等,具有居住建筑和公共建筑综合功能。客家先祖创造性地修建了高居住密度,同时具有防卫性和实用性而且规模宏伟的山地民居建筑模式,形成了像嘉应古城、茶阳古镇、松口古镇、茶山古村落、桥溪古村落等具有鲜明客家风格的闻名遐迩的城镇与村落。

从历史上留存下来的粤东北梅州的民居建筑中,我们不难看出客家民系所处的山水自然环境对客家民居建筑思维与建造的影响:

(一)选址:因地取舍与回归自然统一

客家梅州的先祖在迁徙过程中,为了祈求居安,在建造居所时十分讲究地理风水,如认为靠山起伏、山水相连、重重环抱、层层护卫乃发福发贵之地。从形式上说,这种理想的风水环境实际上是一个三面环山、水口紧缩、中间微凹、山水相伴的较为完整的微观地理单元。面对山地丘陵广布的自然环境,梅州客家民居选址常常选择背山面水、向阳干燥的缓坡,如围龙屋、五凤楼。

背山能解决建房石料来源,提供薪柴,利用山坡位能作用有利于地下水输送、木材与石料的运送,利用山坡土方工程填挖容易平衡填平地基。利用丘陵缓坡上建造民居,不占用耕地,反映了梅州客家人正确处理人地关系,特别是体现了保护耕地、持续发展的理念。

面水能提供水源,直接用于生产、生活,也为民居内打水井提供丰富的地下水源。按照梅州地区的气候条件、用水条件以及客家人的生活习惯,饮用烹调用水为首要,其次为盥洗沐浴用水,最后为农副产品加工用水。在没有自然水面时,采用取土坑改造成水塘,利用住宅排水设施收集生活污水和雨水,靠沉淀作用和水生物自然降解自净再生为灌溉农业用水、种植莲藕与养鱼用水。屋前水体,形成局地小气候环境,起到冬季空气变得湿润、夏季降温避暑的作用,促进身心健康成长;同时,池塘水还可以作为消防用水，在发生火灾时快速提水救火，及时扑灭火种，降低火灾带来的生命财产损失。

缓坡有利于自然排水、排污，营造一个清洁的卫生环境。围龙屋建造格局独特：住宅排水设施利用地势、势能原理，平时有利于生活污水排放；夏季降水量大，雨水快速排放，不易形成积水与内涝，并利用雨水对家禽畜粪便等污染物进行清扫，清洁卫生效果显著。

（二）布局：坐北朝南与中轴对称结合

梅州地区地处中南亚热带过渡地带，属亚热带季风性湿润气候，冬季寒冷，受西伯利亚冷高压影响，盛行偏北风；夏季，受热带海洋气团的影响，盛行偏南风。包括梅州在内的客家地区，传统民居宅址常常选择处于群山环抱之中的"山"为背景。"宅穴"屋场方向的选择，根据"宅穴"所处的地形、地势、山水大势而定，讲究坐北朝南。宅址西面要有山，以遮挡西面而来的"罡风"；西北面要有山，以遮挡西北而的"折风"；北面要有山，以遮挡北面而来的"大罡风"；东北面要有山，以遮挡东北而来的"凶风"。其实，这些所谓的"罡风""折风""大罡风""凶风"就是地理学所指的冬季寒冷的偏北风，在特定的地形、地势作用下形成强劲、寒冷的"峡谷风"。梅州地区冬季受西伯利亚冷高压影响，吹西北、北、东北风，风力强劲，天气寒冷；夏季受热带海洋气团的影响，盛行西南、南、东南风。坐北朝南的建筑形式能形成局地小气候环境，起到冬防寒、夏降暑作用，形成良好的人居环境。因此，梅州地区民居宅址方向大都面南、东南和东。但也有例外，不过宅址方向也不面对"山风口"，究其原因是冬季"山风口"的"山谷风"特别强劲、寒冷。

中轴对称是梅州客家民居的重要特征之一。其中以围龙屋最为典型：它以祖屋为中轴，屋居内部厅堂的布局、卧室的配置、楼梯的分布、边门的开设等都是严格对称的。严格对称所展现出的严肃、方正与井井有条，折射出民居建筑中的封建伦理道德内涵。另外，围龙屋采用通廊方式来衔接屋居内部厅堂、卧室、楼梯的布局格局，屋居内部四通八达，房间相互沟通，空气通畅，人流、物流便捷。客家地区的围龙屋是一种对外封闭、对内开放的人居环境，区别于其他客家民居。

（三）建筑：实用舒适与环境氛围并重

在历史上，对于粤东梅州的客家人来说，由于所处的特殊社会历史背景，身居恶劣的自然地理环境，所以在其衣、食、住、行中，住显得格外重要。客家人的民居建筑力求实用舒适、环境优美，自觉或不自觉地遵循了"有利生产、方便生活"的基本

原则和尊重自然环境、将自身和谐地融于生态自然的理念。

客家民居建筑以竹木材、石土等为主。为了防止竹子和木料虫蛀，客家人根据气候特点与竹木生长特性适时采伐竹木，避免竹木材料含有过多的糖分和淀粉。杉木用于抗弯抗拉能力强的构件，竹子用作夯土墙的墙筋。在森林植被还比较丰富的年代，客家民居的用材对生态环境不会构成大的影响。明清期间，随着建筑技术与阁楼建筑的发展、框架和成组斗拱的出现，厅堂、屏风等均精雕细刻，在绘画、雕刻部分加上油漆，以防潮湿天气对木材的腐蚀。正因如此，梅县区茶山村100多年前的彩色雕刻屏风至今才得以完好地保存着。

客家民居的天井，也是对中原古风的一种保留、传承。粤东北梅州地区的围楼、围龙屋、方楼、五凤楼的大小天井，弥补了住宅外围封闭和少开窗、开小窗的不足，同时又是"接受和积蓄"太阳辐射能的窗口，具有透光防寒、通风换气的作用。根据重庆建筑大学学者陈启高的分析与推断，天井中的水井能够溶解天井空气中的不良成分，使天井中氧气含量比住宅外的自然含氧量高10%左右，空气更新鲜。

梅州地区客家围龙屋从选址、布局设计到建造，处处体现出实用舒适的特点和与生态环境相融的氛围。缓坡环境，便于采光、通风、排污与排水；建造悬山顶式的大屋顶、大进深和大出檐的屋檐，两屋斜坡汇合处用龟形建造，起到排水和防御雨水对屋身的破坏作用，形成一个有效的掩蔽空间，达到遮阳、隔热和通风效果。梅州地区雨水多，特别是春季阳光日照少，阴雨连绵天气多，住房地基建造得很高，是防潮之需要；通廊式衔接，使房间相互沟通，屋居内部四通八达，气流"狭管效应"作用明显，形成空气通畅、清新与凉爽，即客家人所说的"巷风"。屋前池塘，蓄水防火，生态养鱼，生机盎然；屋后风围树、竹木林、果树成荫，灌丛绿篱，乔木、灌木与草本植物构成一个人工的、特殊的农林业生态群落，它们涵养水源、净化大气、美化环境、防风固坡，有效地防止了屋后缓坡土体滑坡、崩塌等地质灾害的发生，构成了一幅和谐的生态人居环境山水画。

（四）局限：安全隐患与人地矛盾突出

粤东北梅州客家地区的民居建筑材料直接从大自然中获取，实现了最简单原始的重复利用和循环利用，以及对自然环境投入最少而得到回报最大的目的。在历史上，客家人的生活适应金字塔型营养系统的要求，因此这种民居建筑的修建与居住，并不影响客家人的相对"富足"。但随着人口的快速增长，向自然环境索取更多的建筑资源和生活资源，使周围自然环境的负荷变得越来越沉重。当大自然无法承受对其"掠夺"

式的索取时，客家山寨就变成穷乡僻壤，最后，导致客家人向外迁徙。

从现代的角度来看，旧农村民居住宅有些不尽合理，表现为：建筑密度高，路道狭窄，阴暗面大；窗户小，向北山墙不开窗，甚至是临街主面也不例外；户与户之间高墙分割、相互对立、互不牵连的独立环境，形成了封闭的"自我生活"空间。

梅州地区客家民居选址常常是背山面水，加之受山多田少客观条件的限制，当地政府为了减少宅基地占用耕地，也鼓励人们往山边建房，倚山削坡建房现象普遍存在。削坡建房本身改变了原有地质条件，破坏了原有山体的稳定性。特别是，在削坡建房中普遍存在坡度过大、房屋与坡脚之间的距离过小、护坡措施不当等问题，在强降水外因的作用下，常常导致边坡诱发崩塌、滑坡等地质灾害。因此，削坡建房是地质灾害发生的最大潜在因子，也是造成地质灾害发生的最直接原因，崩塌、滑坡等地质灾害成为当地人们居住生活的最大安全隐患。

中华人民共和国成立以后，随着梅州社会经济的发展、人民生活水平的提高以及人口的快速增长，建设用地大幅增长，客家民居建筑人均占地面积不断增加，占用耕地建房现象也越来越多，人地矛盾越来越突出，使梅州客家地区的生产、生活空间面临更大的挑战。

客家人在特定的社会历史背景、特殊的自然地理环境中创建了具有居住建筑和公共建筑综合功能的民居，形成了具有高密度的防卫性、实用性强而且规模宏伟的山地民居建筑模式。梅州地区传统客家民居建筑形式多种多样，保存着传统风格、实用价值与建筑艺术上相融合的建筑特色，渗透出尊重自然环境、回归生态自然、与自然环境融为一体的生态环境理念，其建筑行为、建筑理念对我国山地住宅设计与建筑、正确处理人地关系等具有一定的借鉴与启示作用。

第二节 客家村落的形成与发展

客家地区的村落类型，广义上与传统村落并没有什么不同，主要有定居型与移民型两类。定居型村落主要是指因农业出现要求定居而形成的村落，真正意义上的定居

型村落很少,大多村落是移民形成的。事物发展是相对的,历史上某一地区在某一时期发生大规模移民形成移民型村落,而随后在很长一段历史时期保持相对稳定没有发生大规模移民,由于人口自然增长则可能自发地产生新的定居型村落。

一、客家村落的形成

历史上,偏远封闭却又景色秀美的梅州客家地区,为中原地区因战乱等原因南迁客家人提供了重要的迁徙地。客家人"小家庭、大家族"的集体聚居方式,是客家传统村落社会的重要特点。如前所言,客家先民在粤闽赣地区定居之时,为了家族自身的生存形成以族长为中心、家庭为单位的群体。他们在不同的山水环境中修建民居,聚族而居,逐步形成与演变出了众多大大小小、各具特色的客家村落。

梅州客家村落形成、发展与演变因时、因地而异。宋明以前,梅州地区被称为"野蛮之帮,化外之地",遍地是原始森林,杂草丛生,到处有野兽出没、扰民。这里居住着畲、瑶族土著居民,他们生产技术落后,基本上处于原始社会形态。客家先祖初到梅州,选地搭棚,开垦定居。经过几代人,历经数十年乃至上百年时间,从搭棚居住到兴建砖瓦结构房屋,最后形成了相对稳定的村落。如梅县区石坑镇龙凤村的盘龙围李氏家族,开基祖念七郎是福建上杭李火德的四世孙,为避宋元之乱而迁此开基,靠打猎为生,一直以搭茅寮为"家"。相传一直到第八世李容,即1480年左右,才拆掉茅寮建成土木结构的房屋——"盘龙围",后逐步形成村落。这时期梅州地区的村落属于原始定居型村落。至明代中叶以后,随着人口的迁入及人口繁衍,山林得到充分开发、利用,村落才得到较快发展。

二、客家村落的发展

古人云:山为自然之魂,水集天地之气,山水乃天地之大成也。梅州客家地区的山不高,却各有姿态,山间缭绕着家中飘出的质朴炊烟。梅州地区的水不深,却别有风味,水里流动着客家人浓浓的乡情。梅州客家村落在形成与发展中,因山因水,因时因地,村落形态经历了一个从杂姓村到单姓村、从小聚落到大聚落的发展、演变过程。在开村之初,从外地迁来定居的有很多姓氏,形成多姓杂居的村落形态。随着经济发展与人口繁衍,人多地少、山多田少的矛盾日益突出,生存资源短缺,生存环境恶化。同时,由于社会动乱不断,强大宗族左右着地方社会,不少姓氏被迫迁走或改姓。宋明以来,许多客家村落经历了从多姓杂居的"梅花间竹",到单姓集居或一两个大姓为主的村落格局的演变过程。如丰顺建桥围，在元朝末年张达德从福建上杭迁来时，是汉、畲、瑶地民族共处之区，是一个由陈、罗、黄、古、赖、吴等杂姓集聚村落。随着张姓的不断壮大发展，其他各姓氏逐渐被迫迁走。至清朝乾隆年间，全村1000多人全部姓张，出现"一村山水改弓长"局面。又如大埔百侯村，唐宋年间，是钟、曾、钱、蔡、江、刘、陈等畲、汉集居区。至明成化十九年（1483），侯北村有丘、梁、陈、江、宋、郭、林、宵八大姓，侯南村有李、杨、钟等大姓。现在，百侯镇只剩有杨、肖两个大姓。

明代中叶以前，梅州客家地区出现大量的散居村落；明代中叶以后，逐渐形成了大聚居村落形态，出现了围楼、围龙屋、土楼等建筑形式。自清朝初年社会稳定以后，宗族发展旺盛，人口繁衍加速，人地矛盾日益突出，不少村落的村民从主村搬出，在周边适宜地方进行开垦种植，从而形成新的小聚落村庄。

粤东北梅州客家人在社会生产和生活中，凭借智慧和勤劳的双手，在岭南秀美的大地，依河流、山形地势建造民居建筑，并由此诞生了一个个客家村落。随着社会经济不断发展，人口不断繁衍，客家村落也不断发展、演变。这些生态系统和谐、人地关系协调的村落成为世世代代客家人乐于生于斯、长于斯、逝于斯之地，承载着客家人久远的历史记忆，是客家人千年辗转迁徙中艰辛而辉煌的创业见证，成为客家文化的重要组成部分，客家历史的重要载体。

三、粤东（梅州）客家村落举隅

（一）侨乡村

侨乡村地处梅县区南口镇鹿湖山下，面积1.5平方千米，有500多年的建村史，由寺前排、高田、塘肚三个自然村组成，主姓是潘姓。目前全村有28个村民小组，共650户2700多人，其中潘姓有2000人左右，几乎每个村民小组都由一座座客家围屋建筑组成。大多数房屋都是围龙屋，既有单层围龙结构，又有双层围龙结构，形成了蔚为壮观的客家建筑群落。其中，保存完好的客家古围屋有29座，如"德馨堂"是两堂四横双层围龙结构的典型围龙屋。这些古围屋依鹿湖山脚逶迤而建，各自成幢，相互守望，绵延数里，其密集程度在历经百年沧桑后仍保存完好，仿佛是一个天然客家围屋民居博物馆，是我国客家地区现存世界独一无二的围龙屋数量最多、密度最大、形制最丰富、保存最完整、历史最久远的"中国最典型的围龙屋古村落"。

侨乡村的围龙屋大体可分为三个建造时期：早期以明嘉靖年间的老祖屋为代表，过渡时期以清中叶的上新屋为代表，后期以清代末年的南华庐等华侨屋为代表，形成多种建筑风格的村落布局。

早期的围龙屋，如老祖屋、兰馨堂、品一公祠等，是早年真正务农的客家人建造的大家庭、大家族聚居的大型集合式住宅，现在的住户也大多数仍然务农，比较贫穷。这类早期围龙屋最典型地反映了客家的宗法共同体生活传统，是村民附属于宗族共同体的物质表征。这些围龙屋可能因历代的积累而规模很大，但质量不高，祖堂窄小，房屋低矮、施工粗糙、材质不好，住得也非常拥挤。

梅县区南口镇善本庐

后期的围龙屋，从20世纪初到40年代，都是潘氏漂洋过海到南洋拓殖发迹后返乡建造的，大多称为某某庐，当地人把它们叫作华侨屋。清末民初，由于在山区谋生艰难，人多田少，梅州地区的客家人兴起了"过番"即出国谋生的潮流，侨乡村许多人也在这时候漂洋过海到东南亚及欧美各国谋生，其中许多人后来成了知名华侨，该村也因此而成为著名的侨乡。在外事业有成的华侨都遵循落叶归根的传统，回到家乡买田买地建大屋，光宗耀祖。如潘氏立斋、祥初、君勉、植我兄弟等华侨建造的荫华庐、东华庐、德馨堂，到潘开发建造的最后一座围龙屋发英庐，这一批在短短三四十年时间，由潘氏第十四、十五世所建造的华侨屋，成为侨乡村质量最好、最堂皇、最典型的围龙屋，这些围龙屋汲取了一些西方建筑理念，装修精致、宽敞华丽、功能合理、设施齐全。

侨乡村不但围屋密集，道路和水利设施亦十分发达。早在20世纪初全村水泥村道便连通了各幢围屋，而且连通稻田阡陌间的排水渠四通八达，村中三座铁桥、水泥桥贯通南北。发达的水利设施不但使侨乡村的村民免去了水旱灾害之苦，也是侨乡村大量的古围屋得以完美保留的重要原因之一。

2012年5月，侨乡村被中国民间文艺家协会命名为"中国古村落（客家传统民居）"，成为广东省第二个"中国古村落（客家传统民居）"。其独特的中国乡土建筑风格和客家民俗文化吸引了众多海内外建筑专家、民俗学者前来开展田野调查。

（二）桥溪村

桥溪村始称叩头溪，因一小溪从村中穿过而得名。桥溪村位于梅县区雁洋镇长教村以东4000米，面积约1平方千米，位于粤东名山阴那山五指峰的西麓，与大埔县英雅接壤。明万历年间（1573—1619），源自客家大本营——福建宁化石壁村的朱、陈两姓人家，筚路蓝缕，辗转播迁，先后在桥溪村卜筑营居，经历数百年艰苦创业，营造了富有客家特色的自然村落。村落布局为狭长东西走向，东水西流，房屋依山傍水而建，错落有致，村中数十座古色古香、气势恢宏，结构独特、

梅县区雁洋镇桥溪村继善楼

雕龙画凤的古近代建筑，雄伟壮观，风格庄重典雅，民族文化氛围浓厚，富有民族特色，营造了人与自然和谐统一，以及蕴意"天人合一"的人居环境。村落楼前石垒梯田叠叠，山溪怪石嶙峋，清泉淙淙，远山含黛，层森尽染，古树婆娑，小桥流水人家，石径交错，茶果飘香，是最美的森林里的古村落。

从村口至村中，较有特色的客家民居建筑就有世德楼、守庆公祠、朱氏祖祠、宝善楼、世安居、继善楼、燕诒楼、宝庆居、仕德堂、祖德居等。屋宇装饰，各显千秋，或朴素大方，或华丽堂皇，尤其是镂空木雕，彩塑壁画等工艺精湛；人物山水、飞禽走兽等造型栩栩如生。楼名厅堂悬挂名人题匾，更显相得益彰。屋宇楼名、厅堂的命名和门联、厅联，以及岁时佳节张贴的宗联、悬挂的堂号姓氏灯笼，不但反映了桥溪村人修身处世的人生观、价值观和审美情趣，而且体现了桥溪村人慎终追远，不忘先祖的民族传统。其中，村中朱氏始建于清光绪二十八年（1902）的"继善楼"，是一座典型的二层夯筑杠子屋楼房，俗称"七杠楼"。其建筑规模和建筑艺术以及装饰营造的

文化氛围,在村中建筑群中赫赫夺目,独领风骚,为粤东客家地区少见而遐迩闻名。而村中陈氏兴建的"仕德堂",则于堂前中轴半月形池塘外沿向外周匝弧形式的围龙屋式,俗称"反围龙",在传统的客家围龙屋民居建筑中别具一格;依山就势,建在村中最高处,在村中建筑群中独树一帜。

在整个古村落建筑群中,尤其是继善楼,风格独树一帜,独领风骚:中国建筑中的四大名雕集于一体,广州百年前石门返照,天鹅望月多处胜景突现该楼,其石柱、木雕、彩塑瓷塑,色彩绚丽,造型端庄典雅而富有书卷气,民族文化氛围浓厚。陈氏仕德堂也是别具一格,外周匝式的围龙屋,与先建于明代的仕德堂有机结合,融为一体,工巧自然,堪称天衣无缝,是粤东地区少有的建筑。现村中仅陈、朱两姓族人居住,世代联姻,互结秦晋之好。由于民风淳朴,崇文重教,这里民俗流长,历代人才辈出。2002年7月,"桥溪村古民居建筑群"被定为广东省文物保护单位,列入保护的单体建筑有(遗址)16处,其中,客家传统民居建筑13处(明代1座、清代1座、民国1座),清代乡村教育家塾1座、族塾1座及族塾遗址1处。2012年12月桥溪村被评为"广东十大最美古村落"。

(三) 茶山村

茶山村位于梅县区南部的水车镇,距梅州市区约26.5千米,村内原有一棵古油茶树,该村因此而得名。梅江河畔的水车镇,以水车为名,足以可见当地居民农业耕作与自然水系之间的关系。

据茶山村《黄氏族谱》记,茶山村黄氏于明代初期来此发展,逐渐兴盛,清末至民国时达到高潮。茶山村建筑依山势而起,规划布局呈带状,村落西北向东南长约1000米,桑柳溪从谷地中间的自西北向东南流动,汇入梅江河。茶山村道路西北向东南为

梅县区水车镇茶山村

主,茶山村传统民居比较集中于南向山脉,村中四周群山环绕,树木茂盛,与今天现实情况基本符合,也充分印证了茶山村的选址和山水形势。其历史建筑与周围自然环境(山脉、溪水)融为一体,形成特有的客家传统人文生态环境,山水田园景观特色明显。

茶山村有不同时期、形态各异的客家传统民居，以条型或方型（主体多为方型）等为不同结构形式。它们依山就势呈带状沿山脚布局，既显得错落有致，又不占耕地。大多民居后有风水林、花胎，前有池塘，使建筑整体形成圆形或椭圆形，是中原汉先人"天圆地方"的朴素宇宙观在客家民居建筑中的生动再现，也体现了客家传统民居与山、田、水的和谐关系，保持了比较原始的农耕景象。村中现存34座传统民居，民居建筑基本保存完整。其中，绍德堂为明代建筑，距今近500年历史，300多年的建筑有萼辉楼、创毅公祠、伯荣楼3座，有200余年的建筑畅云楼、德崇楼、司马第、培云楼、承庆楼5座，其余民居具有100年左右的历史。

茶山村"崇文重教"的传统悠久，村中有100年以上的学校5所，其中，云汉女子学校是比较少见的女子私塾。茶山村历代名人辈出，人文底蕴雄厚。自始祖君梅公至废除科举制度期间，共有进士、贡生、监生以上学位者48人，村内仍保存有16根楣杆石。近、现代知名人物有黄钧选、黄琪翔、黄甘英、郭秀仪、黄新华、黄心维、黄振球等，其中部级领导干部4人、将军4人、教授5人、著名巨商10多人。

茶山村布局规模保存完整，传统民居数量较多，保存好，装饰精美，空间演变脉络清晰，是研究客家古村落空间形成和演变的典型案例，被认为是目前全国客家地区保存最完整的古村落之一。2009年，茶山村被认定为"广东省古村落"，2010年被命名为"中国古村落（客家民居）"，2013年被录入"中国历史文化名村"。

第三节　客家民居的类型与演变

一、客家民居的类型

（一）民居类型

民居是客家村落的主要组成部分。客家民居的建筑特色主要体现在它的传统风格、实用价值和建筑艺术上的融合。民居由村民所建，随着村民的繁衍、时间的变迁，民居形态也不断演变。粤东梅州地区传统客家民居建筑形式多种多样，这里择要介绍

如下：

1. 围楼

围楼是梅州地区初期的一种客家民居建筑，其建筑形式是呈圆柱状、碉堡式、全封闭型的高大建筑，主要分布在大埔的和村、埔北英歌山、茶阳太宁等地，其中大埔花萼楼最为典型。围楼从外观上看是一座封闭的圆形建筑，其外墙厚实高大，巨大的瓦顶出檐，给人一种雄伟与神秘的感觉。围楼中央有水井，以供生活用水和家禽畜用水。围楼多为一环楼，少数为二环、三环组成的同心圆楼，最高的围楼有四、五层，高达 10～20 米，由几十甚至三、五百间房间组成，可供数十户至上百户的大家族聚居。

围楼

2. 围龙屋

围龙屋是梅州地区最典型客家民居建筑，也是客家地区最典型的民居之一。围龙屋同北京的四合院、陕西的窑洞、广西的"杆栏式"、云南的"一颗印"被中外建筑学界称为汉族民居的五大特色建筑。围龙屋多建在丘陵、斜坡地面或田畴交错的小丘前，所采用的建筑工艺是中原汉族建筑艺术中最先进的"抬梁式"和"穿斗式"，在布局上由前、中、后三个部分组成：前面部分为一半月形池塘，当地称作"龙池"；中间部分由"堂""横"组成的合院式建筑主体及屋前的晒坪组成方形；后面部分由半圆形的化胎、半环状的围龙屋和半月形的风水围组成。整个围龙屋由池塘—晒坪—主体建筑—化胎—围龙—风水围组成，构成前低后高、层次分明的椭圆形整体。围龙屋多为一围和二围，如"二堂二横一围龙""三堂四横两围龙"。目前，兴宁仍保存着五围的花螺墩围龙屋。

围龙屋

3. 方楼

梅州地区把客家方楼称为"四点金"，因为方楼在房屋的四角兴建有如近代炮楼式的高层建筑，楼四角均有瞭望孔和枪眼。它是梅州地区数量最多、分布最广的方形四合院式民居建筑。"四点金"与围楼有许多相似之处：墙厚实高大，巨大的瓦顶出檐。"四点金"具有对外封闭、对内开发、防卫功能强等特点。

4. 五凤楼

五凤楼这种客家民居建筑形式多见于山区，是沿着山坡地势呈阶梯式的建筑结构。五凤楼房基呈阶梯形，瓦呈层叠式，一般为五叠，从远看去，一层层的顶瓦飞檐，形如五双凤凰展翅，故称"五凤楼"。五凤楼一般为前后三堂左右两横组合的建筑群，建筑群的前、中、后三堂逐级升高，横屋烘托左右，依山面水，对称严谨，主次分明、和谐统一。五凤楼多见于山区乡村，现存极少，已成罕见之民居。

5. 中西合璧民居

由于近代粤东梅州地区海外华侨较多，出现了中西合璧的民居建筑。它一方面吸收了一些西洋建筑艺术风格，另一方面又保留了客家民居的传统结构。如梅江区西阳的"联芳楼"、泮坑的"六扛楼"和梅县区南口的"南华又庐"等，形成了梅州地区侨乡民居的一大特色。

方楼　　　　　　　　　　　　中西合璧民居

（二）民居特点

从梅州地区客家民居建筑中可以看出客家民居建筑的特点，归纳起来有如下五个方面：

一是四合院中轴线的圆形平面布局。客家民居建筑，从开敞的圆形建筑，逐渐按"堂"和"横"单元组成的四合院样式发展起来。今天所见的围龙屋都是以中轴线对称的平面布局建造的。

二是因地取舍、改造和利用环境。客家先民多聚居在山区，利用山坡的环境建成的围龙屋，结构是前低后高，便于采光、通风排污、排水，前有池塘，可积水防水，后有风围树，可护坡防险。

三是大屋顶、高台基，屋身灵巧。客家人有聚居好客的特点，其建筑都是大屋顶。为排水和防御风雨对屋身的破坏，屋顶采用悬山顶式，有深远的屋檐，两屋斜坡汇合处用龟形建造。高台基是防潮之需要。

四是以木材为主的结构。围龙屋的建筑材料主要有木材、石头等，随着建筑技术的深入发展，厅堂、屏风等均精雕细刻。如明清期间，阁楼建筑的发展、框架和成组斗拱的出现，使木材需求量增加，而客家人多住在山区，取材便利是其优越条件。

五是绘画复杂，色彩浓重。客家民居建筑以木材为主，在绘画、雕刻部分加上油漆，目的是保护建筑木材，而且绘画喜欢山水花鸟交错，大红大绿，色彩浓重，与客家习俗有关。

二、客家民居的形成与演变

（一）早期：封闭式

围楼是梅州客家地区早期的民居建筑，是一种封闭的圆形建筑，它的形成有其深刻的社会背景。客家人在漫长的流离辗转历程中，自北向南，一路走走停停，停停走走；在路途上充满艰难险阻，而停下来拓垦也处处充满争夺搏杀。为了获得生存空间，应对复杂的环境，求生的本能促使他们强化宗族意识，依靠血缘共同体，用集体的力量克服困难、排除威胁。群居如桥梁似纽带，在宗族社会中起着十分重要的作用，它如同磁铁般将族人联结在一起，使宗族利益得以维护，宗亲关系得以延续。群居使宗族不断发展和壮大成为可能。

（二）中后期：向开放型转变

围龙屋始于宋元，兴于明，盛于清至民国。梅州地区的围龙屋分布面积约有4万平方千米，现存数量在2万座以上，以粤东的兴宁市、梅县区为大本营，向周边扩散，主体是向西南方向辐射。梅州客家地区中后期围龙屋民居的建造有其深刻的社会历史渊源。

首先，自明代中叶以来，宗族制度的发展，为村落民居的建筑奠定了社会基础。同时，由于乡村新经济萌芽，客家人除了从事传统的农业兼营家庭手工作业，还有部分人从事专门的商业活动或外出以手工业谋生，不少宗族的经济实力大大增强，使兴建围龙屋成为可能。其次，地方社会经济的发展，为传统民居的发展奠定了坚实的经济基础。同时，随着社会经济发展，客家人生存的人文环境也有了相应的演化，由梅江至韩江，海洋文化的影响日渐引入。最后，客家先民与畲、瑶两族土著的关系亦日趋和睦融洽。在天时、地利与人和的条件下，民居建筑风格发展了根本性变化，由封闭型的围楼过渡到开放型的民居。作为成熟形态的围龙屋，也因此脱颖而出。围龙屋出门口多达3个、5个、7个，甚至更多。围龙屋与闽西土楼、赣南围屋的差别，就在于它具有了全方位的开放布局，而不似前者那样全封闭式。围楼建造将防御作为最主要设计，对外封闭的防御功能特别强，开放功能则显得不足。当然，围龙屋防御性要弱一些。

可以说，围龙屋是客家民居发展中又一个重要的里程碑，是客家民系在自中原、赣南、闽西迁移到粤东乃至粤北过程中生存经验的累积，也是他们记忆中的中原历史文化的结晶。

（三）近代：中西合璧

民国时期的建筑与之前的建筑相比，则各有风貌，各有特色。自1860年汕头开埠以来，侨乡的形成与发展，西方建筑文化传入粤东梅州地区，对这里的建筑产生了很大影响。漂泊海外的客家游子们在国外经商致富不忘故土，眷恋民族的传统生活，荣归故里后置田建屋。他们依然采用传统的围龙屋或堂横屋的平面布局，又参照了南洋的建筑风格，局部稍作改动，门窗、厅堂加之西式装修，特别是增设阳台的做法，使古老深沉的传统民居建筑焕发出清新的气息。前面提到的"联芳楼""六扛楼"和"南华又庐"等，都是中西合璧式客家侨乡民居建筑的代表。

联芳楼是一座中西合璧式的二层客家民居建筑，于1931年动工兴建，1934年竣工。由旅印尼侨商丘麟祥、丘星祥兄弟等耗资24万光洋而建，取"五叶联芳华"而命名。联芳楼不仅有大窗户，还有穹隆顶的大阳台。阳台从大楼中央伸展出来，犹如一座教堂式的塔楼，是整个屋子的重点修饰部位，装饰之多令人眼花缭乱。步入大门，满眼是古老的屏风、桌椅，都是中国传统的设置，但在很多细节上却充满西洋的风格；门锁是铜制的，刻着精美的花纹，据说全是从德国进口的；大楼的外墙有些中西合璧的浮雕，包括老虎、豹、鹿和鸡等。大屋的内部设计带有客家围村风格，包括多个天井，而每个天井四周也有偏厅，楼上有数十个房间，采用西式布置，不过用的却是中国木制材料。这些房屋看起来似古堡非古堡、似农庄非农庄。仅从外观上看，简直不敢相信它是中国民居建筑。联芳楼就像西方别墅，与周围的传统客家民居建筑形成鲜

明的对比,在不和谐之中却透着和谐。

第四节 客家民居的文化内涵

一、自然地理与风水文化的理念

风水是中国古代一种传统的文化,是人们在长期的实践中形成的一种择吉避凶的理论和技法,对中国人影响至深,一直是中国人民追求理想环境的代名词。

"风水"到底是什么?中国晋代易学家、风水学家郭璞认为"生气"是风水理论的核心。"生气"是生发万事万物的根基,有"生气"的地方才有希望,有希望的地方就是"吉地",所以看风水的最终目的就是选择一处有利于生存和发展的吉地、吉宅,地灵人杰,宅吉人兴。汉代《释名》:"宅,择也,择吉处而营之也。"可见"风水"讲究择吉地而建筑,是一门"环境选择"的学问。明代《风水辩》:"所谓风者,取其山势之藏纳……不冲冒四面之风;所谓水者,取其地势之高燥,无使水近夫亲肤而已"。明代另一堪舆著述《阳宅十书》:"人之居处,宜以大地山河为主,其来脉气势最大,关系人祸福最为切要,若大形不善,总内形得法,终不全吉。""水"是聚"气"的基本条件。这种像风一样令人不可捉摸的"气",其实就是自然界中的"云"和"雨"形态,也就是"水"。当"水"这种自然物质一旦被加上"文化"色彩,其含义就有了变化。清末何光廷在《地学指正》中写道:"平阳原不畏风,然有阴阳之别,向东向南所受者温风、暖风,谓之阳风,则无妨。向西向北所受者凉风、寒风,谓之阴风,直有近案遮拦,否则风吹骨寒,主家道败衰丁稀。"就是说要避免西北风。

综上所述,所谓"风水",讲的就是"山水"。风水理论的基本取向更多关注人与环境的关系,强调人与自然和谐,主张"人之居处,宜以大地山河为主"。即是说,人要顺应"天道",以自然为本,人类只有选择合适的自然环境,才有利于自身的生存和发展。风水把人类看作自然的一部分,这既是风水思想的核心,也是东方传统哲学的精华。

传统的中国地理学和风水有密切的关系,中国古代传统地理学思想理论系统建立在阴阳、五行理论基础上,有天、地、生、人系统的有机、循环观念,讲究"天人合一""天人感应",注重"气""势""理""形"等问题。这一地理学思想理论被广泛应用于城市、聚落、民居的选址、布局、规划之中。

梅州地区客家人在历经五次的迁徙过程中,饱受风霜。艰难的迁徙使得粤东梅州的客家先祖对命运与自然产生一定的期望与畏惧,他们为了祈求居安,十分重"宅",将其看作人生必需的四大基本要素之一。在建"宅"时十分讲究地理"风水"。综观梅州客家民居建筑,具有丰富的社会学、地理学、心理学、环境学价值,自然地理与风水文化理念融合在其中,处处表现出对风水的崇拜,注重房屋的朝向、与山水的位置关系等。这种自然地理与风水文化的理念,在如下几个方面表现得尤为突出:

一是崇山择福地。客家先人从中原迁徙至梅州山区,他们不是天生就喜欢山,而是平原地区已经有人定居,只能被迫选择山地丘陵地区。但是,客家先人选择了山就爱上了山,他们居于山,生于山,长于山,葬于山,对山有一种特殊的情结。"宅"是人生的最基本的东西,是社会的人与自然的物质发生关系的基础,也是建立人类社会制度的基础。于是,对"宅"修建得是否如意,就被看成非同小可之事。面对山地丘陵自然环境,对"宅穴"的选址、布局,客家先人注重地理学和"风水学"元素,要求有"山"作为背景,而且不能仅有一座"山",即所谓的"孤山不可",应该是一"群山"。崇山择福地,追求的是一个三面环山、水口紧缩、中间微凹、山水相伴的较为完整的微观地理环境单元,即理想的民居风水环境,它已经成为客家先人择居思维中自觉或不自觉的行为。

二是拜水祈财气。梅州地区客家人认为,"气"和"形"是风水中两个密不可分的部分,任何一个风水环境都存在着一种阴阳和合之气,这种气能对人的生理和心理产生影响。客家人"宅穴"的选址、建造对"水"也有讲究,认为"风水之法,得水为上",相信"门前有水,财源茂盛"、"大门迎水而开,面向河流上游,表示财势滚滚而来"。梅州地区传统的客家民居建筑几乎没有离开"水"。其中以围龙屋最为典型,其前面半月形池塘建筑早已成为这一客家民居建筑的一种定式。究其根本,其实就是为了增加住宅的"聚气"能力,以补山区"水"之不足。从地理学、社会学角度来看,围龙屋屋前的半月形池塘水对居住环境至少有两方面的作用:一是形成局地小气候环境,水分蒸发增加大气负离子,即水汽分子,能有效降低室内温度,达到冬季空气变得湿润、夏季降温避暑的作用,促进身心健康成长,这是间接"财气";二是池塘水可得到综合利用如灌溉、防火、洗涤、种植荷莲、养鱼等,特别是对以木材为主要建筑材料的围龙屋,其消防用水作用更为突出,这是直接、间接"财气"。梅州地区客家民居建筑"拜水",实际上是一种舒适与实用的体验,是水在人居环境中物质与精神文化

多样功能的综合体现。由此可见,作为风水理论基础内容一部分的"水为财"之说,就不仅仅只是迷信,而是有深厚的生态社会文化底蕴。

三是避邪聚元气。梅州客家地区受地理位置、地形地貌影响,传统客家民居"屋场"方向的选址,依照传统汉文化建筑学中的"风水学说",完全遵循其吉祥观,遵循太阳直射点的移动规律,注重坐北朝南的"屋场"方向:朝南房子便于采取阳光。"坐北朝南"是取阴阳相生相克、相互依存之意,不仅是为了采光,还是为了避阴风。因此,梅州客家地区传统民居宅址方向,如前所言,大多面南、东南和东,但也有例外,不过宅址方向也不面对"山风口"。"山风口"即"山谷风",冬天特别强劲、寒冷。宅址西面、西北面、北面、东北面都要有山,以遮挡"罡风""折风""大罡风"与"凶风"。梅州客家人把这些"罡风""折风""大罡风""凶风"及"山风口"称为"邪气"或"风煞"。其实,所谓这些"邪气"与"风煞"实际上就是寒冷凛冽的冬季风。

梅州客家民居从选址、布局设计到建造,处处体现出所根植的自然地理环境,表现为:选址上做到崇山拜水,布局上讲究坐北朝南,建筑上注重人与环境和谐统一;遵循"有利生产,方便生活"的基本原则;营造尊重自然、回归自然,与生态自然环境融为一体的人与环境和谐统一的人居环境。

二、儒道互补与传统农耕的观念

(一)儒家传统思想文化

粤东梅州地区客家民居文化的核心是儒家和道家的文化观念。相对于风水文化,儒家文化观念总的而言还是处在相对优势的支配地位。梅州地区的客家民居具有明显的向心匀称性、前低后高、聚族而居的特征,其决定因素,仍是客家人从中原传承而来的传统儒家文化观念。客家民居文化所表现出来的建筑实用功能和艺术效果的协调,颇能够体现儒家文化的和谐之美。

在道德观念上,客家民系特别强调儒家正统观念,重礼仪道德。中轴对称是梅州地区客家民居的重要特征之一,其中以围龙屋最为典型。如前所言,它以祖屋为中轴,屋居内部厅堂的布局、卧室的配置、楼梯的分布、边门的开设等都是严格对称的。严格对称所展现出的严肃、方正、井井有条,透视出梅州客家民居建筑中的封建伦理道德取向。在房间住宿安排上,厅堂正中由长辈居住,其他家族男成员围绕住厅堂周边居住,家族女成员住横屋和围龙间等,这也透视出梅州地区客家先民等级严明、重男轻女的人伦意识。"泥塑神像问唔声,两行横屋妹无厅,哑子娶妻无话讲,雪打灯草心滑冷",一首客家山歌也道出了客家先民等级观念、重男轻女的伦理道德。

"耕读传家""学而优则仕"是过去客家人儒家思想的具体表现,也是客家人思想和行为的准则。客家地区不少围龙屋大门口树立的"石旗杆"大都雕刻有"××朝××年××科进士"字样,以彰显功名,引导和鼓励后人"金榜题名""光宗耀祖";围龙屋内的联文,如"忠孝有声天地老,古今无数子孙贤""要好儿孙需积德,欲高门第要读书"等,特别能够凸显勤劳俭朴、忠信孝悌和耕读传家的精神,这其实也是客家人对儒家文化思想的升华与传承。

(二)道家传统思想文化

道教文化认为"天下万物生于有,有生于无,万物负阴抱阳,冲气以为和",这是自然、社会、人都来自一个源头的同源同构互感理论,太极图、太极化生图的宇宙图式就是这种理论之图式。道教基本理论与儒家思想交杂在一起对粤东梅州地区客家的民居文化产生了深刻影响,其八卦符式的阴阳、五行等朴素哲学在客家民居建筑中得到了广泛运用。

汉唐之际,天地人"三合一"的文化观念在中原已成擎天大树。从中原迁徙来粤东地区的客家人,千百年来始终以保持中原祖地的文化为荣,而民居只是其中一个方面而已。粤东梅州地区的围龙屋造型,将其绘成椭圆形或太极形,可以说是对天地人"三合一"宇宙观的物化:同圆心重合,核心天井(内太极或天池)是太极阴阳思维模式的仿造。这种造型反映了梅州客家先民企图通过住宅造型与自然界的沟通合一,重现天、地、人"三合一"的宇宙观。

围龙屋前面部分为一半月形池塘,后面部分为半环状的化台,一前一后,一阴一阳,形成前后空间的太极圆形,与中间部分由"堂""横"组成的合院式建筑主体构成了圆包方的同心圆模式。它比天地人"三合一"宇宙观的图解圆土楼更生动、形象。在这种思维模式与住宅建造模式的重合中,"三合一"中的人通过住宅这种特殊符号实现了天地、阴阳的沟通。人处在天地阴阳的和谐氛围之中,得天地阴阳化生之气,即所谓"得是气而为是形",天、地、人合一,同轨运行。客家围龙屋建造谋天地人"三合一",圆天地阴阳和谐,与当今营造尊重自然、回归自然、与生态自然环境融为一体的和谐人居环境的指导思想可以说是同宗共源。

还有一点值得注意的是,围龙屋"宅穴"选址的相对封闭的环境观,既与中国古代自给自足的小农经济的生产方式有关,又与中国传统文化中"鸡犬之声相闻,老死

 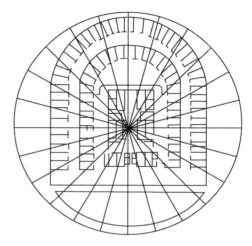

百年木图暗合阴阳八卦围龙屋施工图

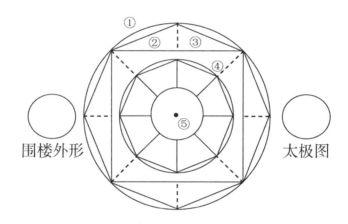

①天、阳、太极　②八方、八卦　③地、阴、四维　④圆形土楼、五行　⑤内太极、天井、人

围楼造型模式与天、地、人合一模式重合图

不相往来"的道家思想合拍。

(三) 传统农耕文化

农耕文化是指由农民在长期的农业生产中形成的一种风俗文化，以为农业服务和农民自身娱乐为中心。农耕文化集儒家文化及各类宗教文化为一体，形成了自己独特的文化内容和特征，但主体主要包括语言、戏剧、民歌、风俗及各类祭祀活动等，是中国的存在最为广泛的文化类型。中国的农业最早是在中原地区兴起来的，中原汉族农耕文化包含了众多特色耕作技术与科学发明。

由中原南迁的客家人，带来了中原地区先进的农业技术与理念，促进了中国古代农业水平的提高。客家民系与古中原汉民族有直接的血缘和历史地缘关系，与古中原文化一脉相承，具有强烈的宗法礼制观念，注重族望门阀、族谱、祖祠。南迁粤东梅州地区的客家先祖，自立足山区之日起，伴随着民居的修建、村落的形成与发展，"耕读传家"就成为普遍的家庭文化模式。"耕读传家"，既要有"耕"来维持家庭生活，又要有"读"来提高家庭的文化水平。这种培养式的农耕文明推崇自然和谐，契合汉族文化对于人生最高修养的乐天知命原则："乐天"是知晓宇宙的法则和规律，"知命"则是懂得生命的价值和真谛。

在粤东梅州客家地区，每一座民居、围龙屋，都有一个祠堂、厅堂；每一个祠堂、厅堂，都可能是一间私塾学堂。一座座村落，有无数个祠堂、厅堂，……所谓"朝为田舍郎，暮登天子堂"，即形象地表达了客家地区读书人对积极人生的理想与追求。这些都是对客家人"耕读传家"的最好诠释。

月光光，秀才郎，骑白马，过莲塘，莲塘背，种韭菜，韭菜花，结亲家，亲家门前一口塘，放条鲤鱼八尺长，鲤鱼头，做学堂，鲤鱼尾，娶新娘，……

这是一首客家人世代相传的童谣，清新古朴，乡土气息浓郁而又不失浪漫情怀。你只要说出一句"月光光"，不论是拖着鼻涕的顽童，还是满头银发的老妪，都能一字不落地往下接，这首童谣已经烙印在他们心里，融入了灵魂。秀才、白马、莲塘、韭菜、学堂、鲤鱼，还有亲家和新娘，寥寥数十字里浓缩了客家先民耕读传家的传统观念。

莲塘是客家人日常生活的一部分。客家先民多爱靠山临水而居，只要自然条件允许便会在门前挖下一个鱼塘，种几根藕，养几尾鱼。"俗说鱼跃龙门，过而为龙，唯鲤或然。"鲤鱼寄托的是寒门学子金榜题名、鱼跃龙门的心愿；莲"出淤泥而不染"，藕"未出土时先有节"，都是美德的象征。揭开谜底，原来他们养的是希冀和梦想，种的是心性和品德。

学堂是客家人眼中的圣地，其地位与祠堂相当，有些乡村干脆就把祠堂兼做学堂，供本族的孩子读书习字。孩子们进学堂的第一天，总会听到来自长辈的教诲。客家人为教育不惜代价，"砸锅卖铁也要供孩子上学"是他们普遍的信条。

梅州地区客家人的农耕文明是千百年来汉民族生产生活的实践总结，是以不同形式延续下来的浓缩精华并传承至今的一种文化形态，应时、取宜、守则、和谐的理念已广播于人心，所体现的正是传统文化的核心价值观。

拓展阅读：

亢亮、亢羽：《风水与建筑》，百花文艺出版社，1999

刘沛林：《风水——中国人的环境观》，上海三联书店，2002

房学嘉：《围不住的围龙屋》，花城出版社，2002

黄崇岳、杨耀林：《客家围屋》，华南理工大学出版社，2006

邱国锋、罗迎新等：《客家旅游地理》，广东人民出版社，2011

中共梅州市委宣传部：《客家民居》，华南理工大学出版社，2012

罗迎新、邱国锋等：《客家山水》，广东人民出版社，2016

肖文评：《客家村落》，广东人民出版社，2016

肖伟承：《梅州·中国（广东）古村落》，中国文联出版社，2016

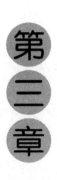

第三章
民间信仰与风俗

"百里不同风，千里不同俗"。风俗是指特定文化区域内人们在长期的劳动与生活过程中形成的行为规范与模式。它渗透于人们精神活动与日常生活中，是人类文化的一种重要显现形式。客家风俗是客家文化的重要组成部分。源自中原的客家民系，在与南方多民族融合过程中，逐渐形成了独具特色的风气习俗。

本章主要介绍地偏一隅的客家民系在漫长的迁徙过程中沉淀下来的风俗文化，包括：流行于客家民间的精神信仰，以传统婚丧节庆为代表的粤东北客家民间生命礼制，受客家生态环境影响而带有浓郁地方性特色的岁时节俗，能充分体现客家民系形象和精神风貌的客家妇女，极具区域和族群特色的饮食习俗等。

第三章 民间信仰与风俗

第一节 民间信仰

客家地区民间信仰种类繁多，仪式纷繁复杂。客家民间俗语云："举头三尺有神明。"举凡山川、河流、古树、奇石、精灵古怪、先圣、贤达等，都可以成为人们的崇信对象与范畴；同时，围绕各种膜拜对象，本着各种现实需求产生了形式各异、文化内涵深邃复杂的各种信仰仪式。通过对民间信仰的考察，可以使我们从文化层面上了解传统社会客家人的日常生活、精神世界和思想观念。

一、宗教信仰概说

赣闽粤客家地区宗教信仰的对象范围极其广泛。既有日月、风雨、雷电、山川、树木等自然神，也有玉皇大帝、王母娘娘、天兵天将、八仙等人格神；既有以祖先崇拜为代表的血缘性神明，也有以圣贤、英雄为代表的伦理政治性神明，还有社官、公王、伯公等大小等级不一的区域性社区保护神。

如果将这些既繁多又复杂的宗教信仰进行分类，大致可分为正规宗教信仰和民间各种神明信仰两类。

（一）正规宗教

以粤东梅州地区而言，客家人除不信奉伊斯兰教外，佛、道、基督教都有人信奉。

1. 佛教

佛教传入梅州地区，最早是梁普通三年（522）在梅县城西创立的大觉寺。唐宪宗元和十四年（819），至性禅师（生卒年月不详）在大埔传教，并在大埔英雅坑屋用石头做了一栋房子，名为万福禅室（1460年改建为万福寺）。至唐文宗太和年间（827—835），福建沙县僧人潘了拳（即惭愧祖师）到今梅县雁洋阴那山结茅为寺。该寺于861年改建为圣寿寺，1385年扩建改名为灵光寺。此后梅州各地佛教盛行，寺庙林立。大埔自万福禅室开始，直至民国三十二年（1943）全县有寺庙庵堂153所。梅县自圣寿寺始，到民国二十九年（1940）全县有大小寺庙300余所。蕉岭自明永乐年间在文福镇创建"缘广堂"始，到道光年间有50多所，兴宁自北宋嘉祐三年（1058）在神光山建"南山寿庆寺"始，至清末有100余所。丰顺寺庙多建于元、明、清，著名的有太平寺等。

在众多寺庙庵堂中，万福、神光、太平寺都很有代表性，其中最负盛名的是阴那山灵光寺。其奇特之处有三点：一是正殿，殿顶是螺旋形藻井，又称菠萝顶，是罕见的含有科学技术原理的建筑。二是寺前的两株古柏树，传说是潘了拳亲手种植，一株活着，一株枯死，俗称生死树。据《阴那山志》记载，古柏原长得很好，康熙元年（1662）因遭雷击死了一株，乡人认为"两株两手植，生死不分离"，此后称之为"生死树"。两株生死古柏树至今不倒。三是灵光寺后的圣寿寺（又俗"紫殿"），据说明朝灭亡之时，崇祯皇帝的皇太子被曾任东宫侍讲的梅县松口人李士淳带着南逃广东，躲进此处削发为僧，在此居住。

当然，在客家地区最著名的佛寺，要算韶关马坝的曹溪南华禅寺。南华寺是六祖禅师惠能开创禅宗南方教派的"祖庭"，创建于南朝梁天监三年（504），原名宝林寺，唐高宗天皇大圣大弘孝皇帝仪凤二年（677），禅宗六祖慧能来寺住持达30余年，宋初太平兴国六年（981）由皇帝改名为南华禅寺后一直沿袭至今，南方佛教很多教派都源于此。

2. 道教

道教是中国本土宗教。一般认为正统道教是东汉桓帝时张道陵创立的天师道（又称正一道、正乙道），奉老子为教主，以《道德经》为主要经典。天师道乾隆年间传入梅州（时称"嘉应州"），当时州城东厢有赞化宫，奉祀"吕祖"，又称吕祖庙。吕祖即吕洞宾，传说他得道前以卖药行医为生，后人尊为"吕帝"，那些游方郎中尊吕为鼻祖、祖师，故有吕祖、纯阳祖师之称。吕祖庙设有灵药签筒，而且有内、外、眼科之分。民间信徒有什么病求什么签，求签后对号取签片（即药方），检药治病，传说"相当灵验"，故求拜者很多，香火极盛。

吕祖庙在梅州很多地方都有分布，每个月的农历初一、十五信徒们都要到庙坛参拜唱经。信奉者被称为"吕门"，他们主要举办慈善施舍等公益事业。吕祖同门出南洋者不少，特别是泰国很有名气的"赞化宫"，就是从粤东梅州传去的。中华人民共和国成立后吕门道教曾一度被禁止，近十多年来得以恢复，由华侨中的吕门弟子捐资在梅州东厢赤岌岗重建"吕祖庙",奉香炽旺。

在客家地区还有一派道教,是真正的土生土长的民间道教。道士俗称"觋公",即替人向鬼神祷告的男巫师,也就是传统上的巫公巫婆,主要从事驱邪捉鬼、安龙转火、打醮等活动,俗称"做觋"。在做觋时,由觋公、觋婆(无女道士,由男道士装扮)念经作法,项目有迎神、上表、化表、落马、招将、办军粮等,并进行跳杯花、舞扇花、打棍花等,一边唱歌一边跳舞,甚至上刀山、过火坑、下油锅等。民间一般在建房、修屋(主要是祖公屋)进行安龙、转火时,或打醮超度孤魂野鬼时,请觋公来做觋,目的是出煞驱邪。

3. 基督教

基督教尊奉耶稣为救世主。1850年,张复兴在五华大田樟村传教,标志着基督教传入粤东客家地区。1858年,法国神父在兴宁赤砂岭建立第一家天主教堂,后不断增多。1926年成立天主教嘉应教区,管辖今天梅州所属七县(市、区)及龙川、和平、连平10县(市、区)的教会。至1949年,梅州地区有外籍神父、修女29人,中国籍的22人,教堂29间,祈祷公所20多所,教徒1.57万余人。基督教在粤东梅州城区先后创办的教会学校有广益中学、广益女中、乐育中学、乐育小学等,教会医院有德济医院(即现黄塘医院前身)。

20世纪80年代以来,由于政府落实宗教信仰自由的政策,归还宗教团体房产,恢复宗教活动,加之港澳台同胞、海外华侨及部分教会的捐助,梅州地区基督教恢复活动比较快。1983年,兴宁、五华、梅县等先后召开基督教代表会议,选举产生了"三自"(自治、自养、自传)爱国会和基督教协会。基督教"两会"("三自"爱国会和基督教协会)不断发展与德国、瑞士、瑞典、美国以及东南亚、港澳台基督教的友好往来。至1990年,梅州共有基督教堂132间,教徒人数约2.8万人。

4. 天主教

天主教传入梅州地区始于清道光三十年(1850),起初由法籍李神甫来梅州传教,在梅县书坑购地建立了第一间公所。1858年,法国神甫卫加禄又到兴宁赤沙建第一间天主教堂。1872年,董中和神甫五华建长布源潭天主教堂、棉洋北斗寨天主教堂。同年,彭神甫还在蕉岭县圣堂村建起能容千人的叟乐天主堂。1885年在梅县上黄塘建天主教堂。1890年,在平远东石洋背建天主堂。19世纪末,天主教先后传入梅县、兴宁、五华、蕉岭、平远、丰顺、大埔等县,发展教徒3000多人。目前,梅州市天主教经批准登记开放的天主教堂、活动场所33处,教徒21000多人。

(二) 民间信仰

1. 自然神崇拜

太阳。粤东客家地区流行太阳生日习俗。在梅县，太阳生日为农历三月十九日，当日人们顶礼膜拜，流行"太阳三月十九日生，家家户户点红灯"习俗。有的地区还建"太阳宫"，以供奉祭祀。

月亮。月亮多为妇女崇拜的对象。客家地区妇女在农历八月十五日举行"拜月"，即祭月。

星辰。客家地区妇女在农历七月七日晚即"七夕"晚，流行"乞巧""做七姊"等与织女星信仰有关的各种习俗。

风、雨、雷。据《乾隆嘉应州志·建置部》卷二载：山川坛，内祀"风云雷雨之神"。

土地。即土地神，客家地区称为"土地伯公"。我国古代有"社神"，与此相对应，客家地区则有"社官"之名。人们对土地的信仰，常常与农作物收成的丰（收）歉（收）联系在一起。

火。客家地区除建"火神庙"外，家家户户均供奉"灶君"。

水。客家地区的水信仰表现有三个方面：一是对"龙"的尊崇，客家人认为龙居深潭，故各地多建有"龙王庙""龙母祠""水府宫"等。二是在河溪、池塘旁建司水的"伯公"神坛。三是流行"水鬼"传说，在客家人的心目中，"水鬼"是一种可怕的厉鬼。

客家地区最具特色的自然神崇拜主要有植物崇拜和石头崇拜。

客家人相信万物有灵，由此产生特殊的植物崇拜。比较容易成为客家人崇拜的植物主要有：一是特殊地方的树木，比如神庙和围龙屋、祠堂后面的"风水林"。客家人认为这些地方生长的树木对于周围的信众或整个宗族具有佑助的功能，因而无人敢去砍伐破坏，久而久之逐具灵性，而为人所崇信。二是一些特殊的树种，主要有榕树、松树、柏树，这些树木四季常青，生命力旺盛，也常常为人所崇拜，俗称榕树伯公、松树伯公、柏树伯公。

石崇拜是在汉族中广为流传的一种古老的巫术手段，即所谓"石敢当"崇拜。在客家地区的屋后巷口，常有一块石头上刻着"石敢当"或"泰山石"字样，意即用巨石镇鬼压灾，以保佑人间安康。在梅县松源镇，人们喜欢在桥头树下等地方立一块大石头作为伯公进行祭拜。在兴宁,民间流行对石古大王这种特殊的石头崇拜。①

2. 伯公信仰

伯公信仰是粤东客家地区最为普遍的民间信仰,一般称"土地公"为"伯公"或"福德正神"。在粤东地区传统农业社会,农耕及牲畜饲养为人们最重要的经济来源,支撑着整个家庭绝大部分的生活所需和日常开销。基于"靠天吃饭"的朴素思维,客家人对于掌管土地、保护农业的"伯公",有着一份浓厚的特殊感情。在这种重视农事及畜养的背景下,富有乡土性格的伯公成为农业社会中普遍的信仰对象及心灵寄托,伯公不仅成为人们的守护神,也成为护佑牲畜平安长成的保护神。人们通过平时与年节虔诚的祭拜,一方面祈求获得伯公的庇佑福荫,另一方面也希望借此在农事上能够五谷丰登、六畜兴旺。伯公坛因设立位置不同而称呼不一,大多以所处地域而命名,如河唇伯公、塘唇伯公、井头伯公、陂头伯公、桥伯公、路伯公、土地伯公等等。②

3. 三山国王信仰

三山国王是粤东客家民间古老而有影响力的地方神祇,三山国王信仰有着悠久的历史。一般认为这一原始信仰缘于潮州府揭阳县霖田都(今揭西河婆)。明清以来,三山国王信仰逐渐形成了以揭阳为中心的祭祀圈,并辐射到潮州。后来随着行政区域的不断分化组合,三山国王信仰也流传到潮、嘉各地。

---

① 关于石古大王崇拜的来历民间有两种版本:一种版本是,传说在远古时代,兴宁神光山山麓一带,原是荒凉旷野,遍地荆棘丛生,人烟稀少。神光山上的野兽,常下山跑到村庄觅食,甚至咬伤小孩,弄得居民不得安宁。村里有个名叫护国的十二三岁男孩,看到这种情况心里很不自在,朝思暮想要为群众消除这一祸害。为此,他苦练掷石子这一技艺,把石子掷得又远又准确。掷的石子重量也从半斤逐渐增加到五斤。护国邻家有个大叔名叫百强,是个武艺高强的人。护国在练习掷石子的同时,也请百强教教枪刀拳棍等武艺。护国又邀约和自己同辈的男孩子一同练习,互相磨炼。护国为了保卫家乡人民不受野兽的侵袭、过上一种安定的生活,把掷石头这般武艺学得越来越高强,消灭野兽的战绩也越来越大。各处闻风而来求教的人也越来越多。野兽渐渐地少了,地方日益安宁了。护国死后,乡人为了纪念护国的功劳,在神光山上设坛奉祀,尊称他为石古大王。南越王赵佗,为了表彰他的功绩,敕封他为护国石大王。上述传说,认为石古大王是古代英雄人物。另一种版本是,认为石古大王就是石头,只因自古以来香火兴盛,累显"灵验",所以尊为神灵予以祭拜。

② 台湾客家地区民间也有称"福神""伯公""大伯爷""大伯公""后土""福德爷",或简称"土地"者,"其中以'福德正神''福德爷'的称呼较为尊,并以'福德庙'或'福德祠'通称土地祠,属于自然地祇的崇拜,为台湾地区普遍信仰的乡土神祇"。"田头田尾土地公""庄头庄尾土地公",这两句众人耳熟能详的台湾俗谚,道出了台湾民间土地公信仰的普及与兴盛。王健旺在《台湾的土地公》一书中提到,台湾的伯公除了具有农业神的形象以外,可依据神职的不同,将民间的伯公信仰区分成村落守护神、家宅守护神、农业神、财神、坟墓守护神、水源守护神、山神、职业守护神、建筑业守护神、户政神、开路神、社会杂务神等12种属性。在台湾民间信仰当中,伯公可说是信众最多的神祇,无论士、农、工、商,各界都供奉祭拜,每月农历初一、十五或初二、十六,农事、工程起工及竣工、岁时节令时,信众都会准备鲜花素果、牲礼祭品、香烛纸钱,进行祭祀。

粤东客家地区三山国王宫、庙分布情况①

州府	潮州府									嘉应州府	惠州府
县别	揭阳	饶平	大埔	潮阳	海阳	惠来	普宁	丰顺	澄海	程乡（今梅州）	陆丰
数量	6	1	8	1	3	3	7	2	11	19	2

明末清初之际，随着粤东地区客家人大规模迁移至台湾，三山国王信仰也从粤东各地传入台湾，成为台湾客家地区流传广泛、特点鲜明、具有较强影响力的民间信仰神明之一。据台湾民政主管部门1987年的统计，全台22个县市中的18个县市，共有三山国王庙145座（民间一说有260多座），加上未办立案注册的就更多了。可以说，在台湾，三山国王神明比原乡得到更广泛的崇拜。在台湾，一些三山国王宫、庙内刻有粤东先民携带三山国王之香火来此开基的事迹碑文。如云林县大埠乡三仙亭碑文记载：

康熙年间，有一位广东人，由大陆来本境居住。携带三山国王香火，镇宅祀……至嘉庆十四年，由本地善信张元国、张元基两兄弟，发起五十三庄民醵金八千五百元，鸠工兴建庙宇，并向大陆广东省惠州府陆丰县，雕塑三山国王金身，迎回奉祀于此。

随后，通过台湾岛内的二次移民，台湾各地的三山国王庙又进行分香活动。如从彰化荷婆仑霖肇宫分香，建立了霖兴宫、霖肇宫、沛霖宫、霖凤宫，接着这四宫又各自分出了自己的子庙。分香或分身使得三山国王信仰逐渐蔓延开来。当然这种分香或分身存在一定的原因，可以说是三山国王在台湾的兴盛的缘由之一。在台湾各地三山国王宫、庙中，关于三山国王之香火最早传入台湾要算彰化县的霖肇宫。"霖肇"即霖田祖庙在此开基之意。相传万历十四年（1586）广东揭阳县马义雄、周榆森二人带着故乡河婆墟霖田祖庙三山国王香火去台湾做茨实生意，从鹿港登陆，东行抵达现庙址小仓附近，因念故乡"河婆"，故命名为"河婆"（后讹为"荷婆"）。他们离去时将身上佩带的香火遗留在河婆仑的树枝上，因时现灵光被人发现而建草寮奉祀。嗣后打开香火，里面写着"敕封三山国王神位开基祖牌老爷"，遂即雕刻三山国王神位，此为渡台的首尊三山国王神像。据陈春声研究，万历年间此地应无建庙之可能。尽管这个传说包含了许多虚构的成分，但台湾三山国王信徒还是深信不疑。据统计，在台湾地区41个客家乡镇中，有庙的乡镇总数21个，庙40座，庙数与总乡镇数之比为98%；有庙的乡镇总数与乡镇总数之比为51%。在200个非客家乡镇中，有庙的乡镇总数39

---

① 资料来源：黄子尧. 台湾客家与三山国王信仰——族群、历史与民俗文化变迁［M］. 台北：爱华出版社，2005：59.

个，庙 66 座，庙数与乡镇总数之比为 33%；有庙的乡镇总数与乡镇总数之比为 19.5%。在 70 个混合乡镇中，有庙的乡镇总数 23 个，庙 49 座，庙数与乡镇总数之比为 70%；有庙的乡镇总数与乡镇总数之比约为 33%。98% 的高比例，说明三山国王在客家乡镇的民间信仰中占主体地位。①

4. 惭愧祖师信仰

惭愧祖师是粤东客家地区香火最为旺盛的乡土神，民间所有寺庙都有供奉。乡村俗民的日常生活也与祖师信仰有密切关系。

惭愧祖师，俗名潘了拳，福建沙县人，为梅县圣寿寺（灵光寺）创始者，生于唐宪宗元和十二年（817）。相传潘了拳出世时，左手抱拳不张，其父取名为"拳"。三日后，适有一僧人过其家门，其父抱拳示僧，拳啼哭不停，十分可怜。僧人细细审视之后，连声念"阿弥陀佛"，取笔在了拳手背书一"了"字，拳即张开，遂又取名"了拳"。潘了拳出生后，不幸父母早亡，由其叔父代为抚养。17 岁时出家为僧，离开福建，来到广东省大埔县。潘了拳为修行，寻访附近名山胜迹。一日，他登上芒洲山极顶，西望梅县阴那山五指峰，有如拳伸五指，直插云端，观彼处森林茂密，千峰环绕，碧水萦回，便决心到五指峰下结茅修行。不料天机泄露，结茅未成。于是便转到五指峰西麓左有香炉峰、右有白虎山的桃源洞口，即现在的灵光寺所在地，开设道场，起名圣寿寺，后至明洪武十八年（1368），梅鼎御史捐金扩寺，易名灵光寺。潘了拳在灵光寺修行 20 余年，为当地人民祈福禳灾，功德无量。但他感到自己不能弘扬佛法、自度度人，心中实为内疚，自号"惭愧"。49 岁坐化之时，遗下一偈云："四十九年，无系无牵。今朝撒手归空去，万里云开月在天。"潘了拳圆寂后，人们尊称其为"惭愧祖师"。

灵光寺与韶关南华寺、广州光孝寺、肇庆鼎湖山庆云寺、潮州开元寺合称为"广东五大名寺"，自古香火鼎盛，是粤东北地区众多香客的心灵"朝圣"之地。

随着粤东地区客家人的大规模迁台，惭愧祖师信仰也传衍到台湾地区。在台湾，惭愧祖师为台湾道教或台湾民间信仰的神明之一，又称"惭愧祖师公"或"荫林山祖师"。台湾祭祀惭愧祖师始于 17 世纪之郑成功时代，后因台湾汉人深受"生番出草"之害，期间，惭愧祖师会托梦提示，使民众规避其害，因此深受汉人及平埔族膜拜。据台湾师范大学王志文和淡江大学黄如辉的调查：现在台湾主祀惭愧祖师的庙宇仍有 18 座，旁祀者亦众；经过时代的更迭，在现在的台湾地区，惭愧祖师信仰主要分布在河洛语优势分布的地区，在南投县的草屯、中寮、竹山、鹿谷、埔里一带，而在客家

---

① 陈春声. 三山国王与台湾移民社会 [J]. 台湾"中研院"民族学研究所集刊，1995（80）：105.

人聚居的桃园、新竹、苗栗和南部"六堆"地区却鲜有分布。

5. 定光古佛信仰

元代以前，有文献记载的奉祀定光古佛的寺庙不多，而且主要分布在福建、江西和广东三省交界处。明清以后，奉祀定光古佛的寺庙剧增，分布也较广，黎愧曾《重修梁野山定光禅院题辞》记载："佛氏之盛，精蓝绀宇遍海内，而汀之禅院独称定光，定光禅院于临安、于泉南、于江右、无弗有，而汀为最著。"

定光古佛，又称定光佛、定公佛，俗姓郑名自严，泉州同安人。传说中的定光古佛具有除旱排涝、驱蛇伏虎、送子保民，以及惩恶扬善、捍患御灾等职司和功能，是闽西客家人最崇拜的民间神明。由于梅州蕉岭县与定光古佛信仰中心武平县毗邻，因而定光古佛信仰在粤东地区也有一定的影响。在梅县东厢至今还有两座保存完好的宋代古墓，一座为"杨氏始祖墓"，另一座即为"定光古佛玉甲墓"。传说当年杨姓祖宗客死福建武平，后由定光古佛护送到梅州安葬，并撕指甲一片留下，杨姓子孙为纪念定光古佛，遂在杨墓右侧建"定光古佛玉甲墓"。

定光古佛在世时，民间就流传着许多有关他的神话传说事迹。相传，定光古佛曾使嘉应州溪流改道，又曾于汀江河道上施术尽除槎桩。《临汀志》记：定光古佛"经梅州黄杨峡，渴而遏水，人曰：'微之'，师微笑，以杖遥指，溪流源涸，徙流于数里外，今号乾溪。定光古佛"泛舟而往，江有槎桩害人船，师手抚之曰：'去，去，莫为害！'当夕无雨，水暴涨，随流而逝"。《临汀志》又记："祥符初，有僧自南海郡来，告曰：'今欲造砖塔，将求巨舰载砖瓦，惠州河源县沙洲有船插沙岸，无能取者，愿师方便。'师曰：'此船已属阴府'。僧复致恳，师乃书偈与僧，僧持往船所，船应手拔。"

伴随着闽西客家人迁台，定光古佛信仰也传播到台湾。在台湾，主祀定光古佛的庙宇较多，最有名的两座分别是台北县淡水镇鄞山寺和彰化县彰化市定光古佛庙。彰化的定光古佛庙，又称汀州会馆，乾隆二十六年（1761）由永定县人士、九路总兵张世英等倡建，道光十年（1830）贡生吕彰定等捐修，道光二十八年（1848），因受地震灾害，张连喜等又筹资修复。淡水的鄞山寺，也叫汀州会馆，位于淡水镇淡街芋攀林家庄，为闽西永定县移民罗可斌、罗可章兄弟首倡，闽西客家八县移民共同捐资修建。

6. 祖先崇拜

祖先崇拜是客家地区较具特色的民间信仰活动。客家"祖先崇拜"的对象主要有两类：一是指狭义的祖先，即与本宗族有血缘关系的直系祖先；二是广义的祖先，即有些姓氏的祖先，由于在宗族发展历史上或地域社会中有过特殊贡献，被后人作为神明来顶礼膜拜。

客家作为汉民族的一个族群,深受儒家文化的熏陶,恪守慎终追远的信条,对自己的列祖列宗心怀崇拜与敬畏。每个宗族都建有祠堂供奉祖宗神位,供族人祭拜,姓氏祠堂都有自己的堂联堂号,以教育祖孙后代不要数典忘祖。每年的春秋两季,客家乡民都要到墓地和祠堂举行大型的集体性祭祀活动。

客家地区常常把祖先神明化,有的专门立庙,有的则作为其他主神的陪神加以祭祀、崇拜。如梅州五华县的"法青公庙",主神张法青,生前曾与三山国王斗法而被当地人奉为英雄,死后为他专门建庙,被后人神化当作地方保护神加以崇拜,不仅张姓,附近其他姓的人也信奉。再如香港新界的"英雄祠""英勇祠",台湾的"义民庙""褒忠祠"等,祭拜的都是为当地做出贡献而被神化的历代祖先。在福建,闽西珩瑚公王信仰也是典型的祖先崇拜。①

7. 公王崇拜

公王是粤东、粤北、闽西客家地区非常普遍也是非常受崇拜的神明,被奉为保护一方的守护神,其名称多种多样,职能也不一而同,如把守村口的称水口公王、保护客家人狩猎的为狩猎公王等。比较有代表性的公王信仰如下:

三将公王庙。该庙位于长汀濯田同睦村,为唐代汀州刺史锺翱于唐末为纪念其祖父锺全慕身边屡立战功的三位家将所建。据同睦村《锺氏族谱》记载:锺全慕率军入汀后,成为锺氏接公支系入闽始祖。唐昭宗年间,全慕时为刺史。在汀期间,率领军民披荆斩棘,开垦农田,兴修水利,修建州城,功勋卓著。其后,闽王王审知喜全慕骁勇有谋略,分汀使世守之。锺全慕在位期间,有陈、云、傅三位部将英勇善战,忠心耿耿,一生助其保境安民,共创大业。后奉闽王之命,三位将军出征琉球,为国捐躯,全慕痛心疾首。为纪念亲如家人的三位将军,锺全慕在家特设三位将军神位,雕塑神像供家人世代奉祀。锺翱继任祖父汀州刺史之职后,为避战乱,毅然决定辞仕隐匿,并于公元926年,带领家小及"三将公王"神位沿江而下,隐居同睦深山,同时

---

① 珩瑚公王,又称珩瑚侯王。五代十国时的王审知建立闽国。王审知仁政建国,常骑白马,故长汀人称之为白马公王。他治闽的29年间,保境安民,发展生产,人民安居乐业,经济和文化都有很大发展。当地人神化其为"蛤蚧"投胎,故名蛤瑚侯王。后人为纪念王审知,于明英宗正统年间(1436—1449)兴建了蛤瑚庙。蛤瑚庙位于连城县朋口镇马埔村,占地700余平方米,属斗拱梁结构,飞檐翘角,雄壮肃穆,是目前连城县保护得比较完整的古庙。有感于王审知对当地民众的恩泽,当地人还将珩瑚公王尊称为"公太"("公太"一词在闽西客家地区即为祖先之意)并予以奉祀。奉祀珩瑚公王在当地通称为"迎公太",轮流奉祀的十三个村社也被称为"河源十三坊"。据地方史落记载,从明代中叶起,便有了十三坊轮流祭祀蛤瑚侯王的活动。祭祀活动每个村社举办一年,以十三年为一个轮回。

在村中始建三将公王庙，并立下规定，于每年农历四月初十至十二日，为全村"三将公王"纪念日。时至今日，香火不断。

梅溪公王。梅溪公王又称梅溪圣王，粤东客家民间太多对其顶礼膜拜。每逢节日，众多善信都会到寺庙祈求梅溪公王庇佑风调雨顺、平安消灾、福禄寿喜、五谷丰登、六畜兴旺。

据《乾隆嘉应州志》记载，梅县有两座供奉梅溪公王的梅溪宫，一座在丙村新墟角北，一座在松口下店村。《光绪嘉应州志》载："今松口松源江合大河处，东岸有金盘宫祀梅溪神。"金盘宫又称梅溪宫，曾于清乾隆十七年（1752）修建，而始建于何时则无考。宫的正殿柱联："汉时功业清时福，当日威仪此日神。"宫内神牌上安放有神牌："敕封梅溪助国安济侯之神位。"在梅县松口，供奉梅溪公王的还有王明宫、王济宫等。

今梅江北岸梅江桥头的梅溪宫亦奉祀梅溪公王。梅州不少乡村的公王坛也奉祀梅溪公王。《康熙程乡县志》卷一《舆地志》附"梅州命名考"载："李士淳曰：曾见《粤东名贤志》，梅锅，浈水人。汉初，从高祖，破秦有功，封于粤，即今程乡（梅州）地。故号其水曰梅源，溪曰梅溪，名其州曰梅州，皆以梅锅得名也。至今各乡祀神有梅溪公王，意即其人。云俗不详其从，未遂以程俗多树梅，故名梅溪。又以宋时状元王十朋号梅溪，梅溪即十朋，皆习而不察，相传之误也。今考证以俟后之君子。"时县志主编、知县刘广聪亦指出："县以程名，由程旼之贤也。至名州，以梅，则人多不知为汉将梅绢食邑之故。然则其名梅也，以旌功也，其名程，以表德也。后之君子，盍三复于程梅之义乎！"以上文献可证，梅溪宫所奉之神梅溪圣王，为秦汉时的梅锅。

小桑公王。小桑公王是指梅县水车镇小桑村的民间信仰神明。传说明末清初小桑村开村之时，因村中人口稀少，野兽遍布，山岚瘴气，瘟疫严重，明山国王（又称明主公王）托梦小桑村湖洋背罗屋罗仙公，请明山国王到村中各家巡护，消灾灭厄，逢凶化吉。明山国王在巡护小桑村时见村中山水优美，环境幽雅，遂在此落居。小桑村人于是设坛大榕树下供奉明山公王。公王宫门联："公驾视四方方方吉利，王车巡九甲甲甲平安。"随后明山国王邀其兄弟进村，村民分别尊为猎神公王、出巡公王。公王逢村中遇危难灾害之时皆显灵庇佑，故村中各姓氏宗族感其恩遂成共识，敬奉明山公王、猎神公王、出巡公王为"公王爷爷"。村民祈盼"公王"保一方平安，长年香火鼎盛，并形成迎送公王习俗，俗称"等公王"，又叫"扛公王"，世代相传，到民国时期尤为盛行，且定于每年农历四月三十日（月小则为二十九日）为公王出巡日，至五月初四回公王宫。村中有"四月日子长，小桑等公王"的民谣。抗日战争爆发后，因受战乱、贫困等因素影响，祭祀活动改为每年农历正月初二出巡，至正月初六回宫，一直延续至今。

二、民间信仰的仪式与行为

客家地域分布广泛，民间信仰对象种类繁多，因此民间信仰活动纷繁复杂，除了乡村民众平时因为个体的原因向各类神明顶礼膜拜外，也源于客家地区的自然社会环境因素和信众祈福禳灾的根本心理诉求。《说文解字》："祈，求福也""禳，磔禳祀，除疠殃也"。"祈"本义是向上天或神明求福。客家地区为消灾祈福而举行的祈禳活动很多，按照其举行时间来划分，主要有岁时祈丰、定期游神打醮和临灾祈禳三类仪式行为。

（一）岁时祈丰

中国传统社会是农耕社会，许多岁时节日和节气安排，都与农业生产相关。因此，在这些特定时刻举行的农事祈神，其实也是一种预防性的消灾活动，希望神灵能够预防灾难的发生，保佑农业生产获得丰收。古人云："二月祈谷，五月迎神，以祈甘雨，祝丰穰。"如赣南在农历立春这一天，要供斋饭，焚香烛、放鞭炮，迎接春神到来，目的是祈祷来年风调雨顺，五谷丰登。农历七月十五的中元节是客家人的重要节日，在这一天，粤东五华、兴宁等地民众会在稻田中插杆挂纸以驱害虫。"中元，以竹竿纸钱插田园，谓之'标园'，迎神驱虫豸也。"

春祈秋报之"秋报"，是指秋收后向神灵表示感谢的仪式。如至今仍然盛行于赣闽粤边区的"荐新"习俗（亦称"尝新"，即把新收获稻米煮熟后首先敬奉给神灵尝食），就是一种报谢神灵的酬神仪式。在赣南安远，"秋熟荐新，先祀社神，后敬祖先，知粒食报本之礼哉"。粤东客家地区则要举行做秋活动，如梅县松源做秋习俗，甚至是当地比过春节还隆重的民间酬神活动。每年农历七月十五，当地民众都要到附近的坛庙祭拜伯公、公王等各路神明，感谢神明的庇护、风调雨顺、五谷丰登。当地还要举行盛大的游龙源公王活动，祈求神明保佑合境平安。

（二）游神打醮

除了在传统的岁时节日之外，客家人也会在其他时间定期举行打醮和游神的禳神活动，这些禳神活动的举办时间一般都是固定的，针对性也很强，多是为了防止某一种（些）灾害的发生，也属于一种预防性的消灾活动。例如，福建武平县的"保苗醮","秧长将熟,敛钱迎神斋醮,或用男巫婆娑吹笛舞,谓之保禾苗。盖本邑以农为本,城乡五月后,皆有此举"①。始兴县隘子村每年六月初六举行"扛公王"的游神活动,村民认为大神巡察过的禾苗能得到雨水滋润,不生虫灾。

(三)临灾祈禳

顾名思义,所谓临灾祈禳,就是在灾害降临时所举行的祈神消灾活动。在赣闽粤客家地区,临灾祈神活动很多。与当地水旱灾害最为严重的情形相一致,客家族群最常举行的祈神禳灾活动就是求雨和止潦,有关这方面的记载在地方文献中也最多。如福建宁化县,"若间不雨及潦,人民各舁其坊之神,折柳击鼓,至县衙前,县官出为行香如仪,甚则禁止屠宰若干日,至雨或霁而止"②。实际上,客家人临灾祈神的活动是十分普遍的,每当禾苗遭受病虫灾害,冰雹摧侵农作物,禽畜遭受瘟疫,甚至连野兽危害庄稼,都会举行祈祷仪式,祈求神灵消除灾害。如赣南安远县"如遇病虫害严重成灾,村民即组织打'香火龙'活动,大肆进行谒神拜社公活动,巡回到山野田间转游,驱逐瘟疫,以求神灵消除这场灾祸保佑禾苗正常生长"③。长汀县张地村的村民在野猪危害猖獗的年份,会打"野猪醮",认为这样就能驱除野猪危害,保佑稻谷、地瓜等庄稼以及山上的竹子能有好的收成。

无论是定期举办的岁时祈丰和游神打醮,还是不定期举行的临灾禳神,其实三者在本质上都是相同的,都是希望获得神灵的保佑,防止或减免自然灾害的危害。这些频繁举行的祈祷仪式,一方面说明了客家族群在精神生活方面对神灵的严重依赖;另一方面也反映了赣闽粤客家地区自然灾害频繁,客家族群深受其害的社会现实。

三、民间信仰的形成

客家民间信仰是客家族群在特定历史过程中与其生存环境相互作用的结果,也是历史上客家族群原始朴素的精神世界的外在表现。概括地说,客家民间信仰的形成,主要有如下几方面原因:

(一)山区自然环境的影响

赣闽粤交叉地带是一个灾害种类多、发生频率高、破坏强度大的地区,常见的农

---

① 参见1941年《武平县志》卷一九《礼俗志》。
② 同上书。
③ 刘兆升,田惠裕. 安远民俗浅说[C]//政协安远文史资料研究委员会. 安远文史资料(第5辑),1991.

业灾害主要有水灾、旱灾、虫灾、雹灾、霜冻等。这些灾害对农业生产破坏极大,其中尤以水、旱两灾最为频繁和严重。《同治赣州府志》载赣南地区"为壤既瘠且贫,无金锡之珍,鱼盐之阜,畜牧驹骡之饶,织文机巧工技之利",并且由于地处偏远,被历代封建统治者视为"化外之地",经济开发十分缓慢,生产力和生活水平相对都十分低下。频繁的自然灾害,对生活在这里的客家族群来说,无疑是雪上加霜;客家族群因此采取了诸如兴修水利、人工驱虫、建仓储粮等防灾抗灾的措施,但实施效果并不理想。以水利工程为例:众所周知,兴修水利工程有利于蓄洪排涝,储水灌溉,这对于以水旱灾害为主的赣闽粤交叉地区来说,无疑具有十分重要的意义。但由于这里山高林深,峦岭起伏,修建水利工程十分困难,正如《光绪嘉应州志》卷六《水利志》所云:"依山为田,沿流作灌,非若平畴广亩,可沟而浍也。为陂塘者,多横绝溪流,用石鳞起,水可高五尺。或木桩用藤蔓紧织,内磊小石,水高起亦可五尺。从其所向,凿圳通之,遇阻断处,或接以木枧,可绕至一二里外。视疏乎沟浍,艰难何啻百倍!"不仅如此,赣闽粤边区由于地处山区,耕地多是零星小块,分布散乱,所以即使耗尽巨资建起了一些水利工程,但其使用价值也是十分有限,往往一座陂坝的引灌沟渠长达十几里,而浇灌面积只有一二十亩耕地。

频繁的灾害和恶劣的自然条件,严重影响了赣闽粤边区的农业生产和人民生活。由于救灾抗灾的成本高且效果却不好,严重挫伤了当地民众防灾抗灾的积极性。《康熙宁化县志》记载:福建宁化县,"以二百余里之域,田之为亩者二十三万有奇,而陂之可志者仅七,则知士大夫之讲水利者稀,咸以氾胜之书为鄙谈也"。由于防灾抗灾能力低下,无法抵挡自然灾害的侵害,生活在赣闽粤山区的客家人形成多神信仰的观念,迷信超自然的力量,祈祷神灵的护佑。"本邑土薄水浅,无以备旱,故旬日不雨,则农人争水矣;二十日不雨,则迎神祷雨矣。"[①]

(二) 客家传统社会的农耕属性

客家传统社会的农耕属性决定了农业生产对于客家人的重要性,因此,在农业生产的过程中客家人特别祈求神明的佑助,来保证风调雨顺,五谷丰登。据邹春生研究[②],这些与农耕属性相关的神明主要有:

社公。即土地神,它很早就进入了国家的祀典。赣闽粤地区的客家族群对土地神

---

① 参见《康熙宁化县志》卷一五《礼俗志》。
② 邹春生. 略论客家族群祈神禳灾的农耕习俗:以赣闽粤边区为中心[J]. 农业考古,2009 (04):154—157.

十分敬重,把它称为"社公""社官"或"田伯公",无论在平时还是遭受灾害时,它都是客家人祈求护佑的重要对象。如在粤东梅州一带,每年农历二月初二这一天,民间都要向社公举行隆重的"开耕礼",祈求田伯公保佑禾苗茁壮生长。在福建长汀县铁长乡张地村,除了在过年过节和每月的农历初一和十五祭拜社公之外,还在久旱不雨之时,为了保住田里的水稻、地瓜及竹子,聚集在社公坛前举行求雨仪式。

龙神。在水旱灾害十分频繁的赣闽粤地区,龙神也是客家人在禳神救灾时祈请的重要对象。如长汀县"龙潭,在县东云骥阁下东岸,见龙王庙。遇旱,筑坛而雩,则雨"①,安远县"云腾阁,在新龙堡丫髻峣,祀龙神,祈雨有验"②。

客家人的龙神信仰还与他们的龟、蛇崇拜相关。蛟龙之所以兴云布雨,主要因为它是一种亲水动物,常常蛰居深水之中。根据"同类相通"的巫术思维,因为龟、蛇之属也是水生动物,所以也被赋予了施雨的功能。赣闽粤边区也有祭拜龟、蛇,祈求降雨的习俗,如大余县"旧有普照寺,旁有龙井。明天启间,知县龙文光旱祷,至井得小蛇,内入瓮中,载以入城,未至而雨随注"③,宁化"龙潭石祭,在县北泉下里,旧传有龟浮水面溪水即涨。岁旱,乡人取其水祷雨,多应"④。

本地福主。赣闽粤地区是一个多神信仰的区域。在一个普通的客家村落中,常常供奉着各种不同宗教性质的神灵。但在庞杂的村落神灵系统中,一般都有一个被称为福主或公王的神灵,作为当地最重要的保护神,如粤东梅州松源的龙源公王、江西会昌的赖公、瑞金的唐葛周元帅等等。因为这些神灵被赋予广泛的神力,能为村民提供全面的保护,所以也成为农业祈禳重要的对象。每当灾害来临时,村民同样会向这些"福主"祈祷。如赣南于都县的福主祁、禄二公,"凡有旱魃为虐,蛟蜃兴娱,阴霾不开,禾苗不遂,山瘟作祟,疠鬼为殃,但有祈祷,无不应验"⑤。

其实,赣闽粤客家地区的信仰对象远不止这些,但凡山川、日月、城隍、佛道诸教等神灵,只要有护佑百姓的功能,都会受到敬奉。如于都县对雩山的崇拜,"吾邑北四十里,有山崛起而干霄者,以祷雨有验,名之曰雩"⑥。甚至有些神灵原本没有降雨、驱虫等救灾职能,但民众还是会把这些职能强加给它。如在闽西地区,原本只关心彼岸世界的诸如如定光古佛、伏虎禅师等佛教神灵,客家族群也赋予其以降雨、治水、

---

① 参见《乾隆汀州府志》卷三《山川》。
② 参见《同治赣州府志》卷一五《舆地志》。
③ 参见《同治南安府志》卷三《山川》。
④ 参见《乾隆汀州府志》卷三《山川》。
⑤ 参见《同治于都县志》卷一四《艺文志》。
⑥ 参见《同治于都县志》卷一四《艺文志》。

筑渠等功能。

赣闽粤客家地区民间信仰活动的丰富多彩,既体现了客家族群在对待神灵信仰上的功利性目的,也是客家文化的多元性特征在精神层面的生动体现。

(三) 客家族群传统社会生活的需要

节日是传统社会客家人社会生活展演的时间和空间载体。客家人的节日活动总是与神明崇拜紧密联系在一起。客家传统观念认为:现实生活中的人能够享受节日的快乐主要是因为神明的保护,而神明之所以愿意施与恩泽,则是因为现实生活中人们的供奉给他们带来满足与愉悦。因此,祭祀神明成为客家人节日的主要活动,换句话说,民间信仰是客家传统社会生活的需要。

中国的岁时节日起源于祭祀活动,古代"岁时"常常与"祭祀"连接在一起。在春夏秋冬四季轮回中,人们举行着相应的祭祀活动。在以农耕为主的传统社会中,人们对岁末年初的冬春时节尤为重视,传统大型的岁时祭祀仪式常常在这一时节举行。以食物奉献神灵是中国传统祭祀的基本方式,中国人认为以上等的或时令食品献给神灵,就如人间以佳肴招待贵客一样能很好地表达自己的赤诚。

春节作为中华民族的第一大节,其主要文化内涵是除旧迎新,围绕着除夕与新年,形成了丰富多彩的节日习俗。然而认真去分析传统春节习俗中的活动内容可以发现,祭祀是其中的核心内容,这在客家地区表现尤为突出。春节期间,客家人要到当地的各类神庙去祭祀,感谢神明的庇护。其中特别隆重的是除夕当日各家各户要到祠堂祭祖。参加祭祖的人要沐浴更衣,准备三牲果蔬、香烛纸炮,叩谢历代祖先对后人的佑护。祭拜祖先后,才将祭祀食物带回家烹制成年夜饭。

再如端午节。传统的观点认为中国人端午节是为了纪念屈原投江殉国,在每年的农历五月初五,将做好的粽子丢入水中,以祭拜这位爱国诗人。为了不至于让河中的鱼吃掉祭祀屈原的粽子,古人又创造了划龙船的习俗,以此来驱赶抢吃粽子的鱼。不过客家地区的端午节习俗并不强调吃粽子、划龙船,而是与当地的民间信仰活动联系在一起。在粤东大埔县西河镇的大靖村,每年农历五月初五吃过午饭,村中各姓族人便敲锣打鼓,由一辈分高、虔诚的老人用"跌圣告"[①]的形式将五显大帝爷从灯心宫用

---

① 跌圣告:客家地区一种类似占卜的方式。"告"为两片桃木制成的半月形木块,木块上下两面一平形一弧形,形似一个完整的猪肾从中剖开的两半。跌告时,如两面弧形的告面向上或平行的告面向上,称为"阴告""阳告",视为未获得神明的允准之意。唯有跌告后,一个弧形告面向上,一个弧形告面向下,俗民视为"圣告",寓意俗民祈祷之事获取神明允准。

神轿请出。神轿由四个经理事会推选的中年人抬，先在村中巡游一圈，然后在大靖村村头下河，放在河中准备好的一只船上，船头站一人，此人身体十分强壮，可以抵挡众人的进攻。船头的壮汉左手拿木雕龙头，右手拿带叶子的树枝，站在河岸的村民用水泼他，顺流到村尾灯心宫前（村口），将神抬上岸，再敲锣打鼓将五显大帝送回宫庙。当地人将这一活动称为"戽龙船"，其寓意为通过五显大帝将村中的"不洁"之物带上船，由大家将其"送走"，以祈保村境平安。戽龙船这一民俗活动中的民间信仰韵味不言而喻。

总而言之，客家地区民间信仰活动的盛行，是传统社会山居的客家族群从事农耕活动的现实需要和社会生活的精神诉求必要。

第二节 生育婚丧

曾在粤东北等地流传过的婚丧节庆民俗，常见于地方志等文献中，如明末清初屈大均的《广东新语》、清代刘广聪主编的《康熙程乡县志》、王之正主编的《乾隆嘉应州志》、温仲和主编的《光绪嘉应州志》及梅州所属县市的历代地方志。本节介绍以现代仍在粤东北客家民间流行的传统婚丧节庆民俗为主。为保留民俗的历史面貌，对某些陋俗或恶俗，也予以适当的介绍。

一、生育风俗

传统生育风俗大致有孕妇禁忌、产妇饮食、幼婴弥月与元宵上灯等。

孕妇禁忌。要留意胎神。客家民间认为：胎神即在孕妇房间。孕妇不可看棺材、丧礼和出殡等仪式，禁看舞猴哥（耍猴）、木偶戏（傀儡）。孕妇房间内外不许乱动土，不可随便搬动或堆放重物，墙壁上也不能乱钉东西，以免震伤"胎神"，反之则有流产之虞。不能在房内用针缝物及随便移动器物以免触犯"胎神"的眼睛，引起婴儿出生后双眼或单眼失明。孕妇睡的床不能放剪刀之类的利器，以免伤了"胎神"，引起婴儿出生后缺嘴唇、缺鼻、缺耳等生理缺陷；不能在房内烧火，甚至禁穿熨过的衣裳，反之会生烂头儿。孕妇千万不能碰着果树，碰了就会"抹"①。婴儿出生后，外婆要在7天后才能去见孙儿，进女儿房间前要在天井下跨火堆，火堆用鸡毛、松毛、草燃烧，俗谓避去邪气。

产妇饮食。产妇坐月子，即食用老姜炒鸡煮酒，简称"姜酒"。俗谓雄鸡姜酒利于"排瘀"，婴儿出生后的当天，家中要宰雄鸡祭拜天地，然后把祭拜天地的鸡炒姜酒。一般10天左右，瘀血排净后改吃用"行鸡"（即公鸡）炒的姜酒。据说行鸡姜酒主"行补"，即能给产妇补气补血强身子。

幼婴过的第一个满月要举行仪式。黄钊《石窟一徵》云："俗生子弥月，延宾。至酒半时，父抱子至筵前，众宾皆整衣冠起立，父抱子以授上座者。饔人捧槃盛熟肉一方，生鱼头一，熟鸡腿一，葱一根，水一盂，银印一，置于水盂。上座者每取一物，各因其义为吉语，咳而祝之，谓之开斋，言小儿自此食荤也。"② 外家要送婴儿雪被（冬天盖的被子）、衣衫、帽子、鞋袜、贝带③、布、玉镯、金银镯、鸡和糯米粉（做"汤圆"用的）。上述礼品用一担"槛格"挑到女儿家去，缺一不可。亲友则送婴儿帽子、衣服或布料等礼物。

婴儿过的第一个元宵节也要举行仪式，主要是在祖堂举行升灯仪式，双胞胎就要上两个。

二、婚嫁风俗

传统婚嫁乡俗大体上有大行嫁、二婚亲、童养媳、等郎嫂、隔山娶亲、纳妾、招赘等。

"大行嫁"俗谓"人家女"，指成年初婚。大行嫁循传统六礼，复杂纷繁。旧时在粤东北城乡，大行大嫁的婚姻并不多，而小婚或童养媳婚则非常普遍，乡俗称"细薪臼"。乡村妇女互相吵架时，有些妇女会理直气壮地说："我是人家女大行大嫁"，不比你们做"细薪臼"来的。说明两种婚姻形态在传统社会中的地位悬殊。

"大行嫁"新娘在出嫁的前日，要请一位好命的至亲叔婆伯姆（方言土音，即婶）"挷寒毛"，并用线夹面颊上的"东瓜毛"。新娘梳头之后，就不能出门。

"大行嫁"新娘出嫁那天，早上起床后由懂礼节、有生活经验的中年妇女梳妆打

---

① "抹"为客方言，此处意指果树有开花无结果或结病果。如桂圆当地叫龙眼，而"抹"龙眼俗称"抹眼哩"，虽有结果，但其果肉无水根本不能吃用。
② （清）黄钊. 石窟一徵［M］//礼俗：卷四. 台北：台湾学生书局，1970：215－216.
③ "贝"是客方言，即背之意，贝带即"背带"。

扮,比较传统的是:戴凤冠,穿蟒袍,足着绣花鞋;脸上垂挂珠帘,使人看不清面部。新娘穿戴完毕由阿婆或长辈亲人扶着到祖堂拜别祖宗,按择定的时辰行出嫁礼仪。出大门上轿时,其父将拜祖先之茶和酒洒在轿边,并口念"茶香酒香,子孙满堂"。旧时婚礼中,阿舅所扮演的角色相当重要。阿舅即新娘之同胞兄弟,是婚礼送嫁队伍中的男性代表。为了避免中途新娘下轿小便,上轿前,先要给新娘吃白果煮鸡蛋或吃猪小肚。凡新娘犯红沙(例假)者,鞋上要别(即插)针,过桥时把针丢入桥下,据说这样能制煞。

"大行嫁"闹洞房乡俗叫"搅新娘"。先是新娘捧茶致敬家官家娘(即丈夫父母)、大哥大嫂等,并按照丈夫的身份称呼他们。家官家娘在接茶时,要送个礼包(即红包)给新娘。新娘尔后向其他在场亲朋敬茶,亲朋也要送一个红包,俗谓"捉鲤蟆"。接下来是一些让大家捧腹大笑的搞笑节目,乡里一些比较粗俗的"耐命鬼"①会联合起来,你一言我一语,一唱一和,先戏弄新郎新娘,后戏弄媒人婆,最后戏弄伴娘,要伴娘唱山歌或与本村歌手对山歌。地方文化人士也会参与搅新娘的活动,但相对于举止粗俗的"耐命鬼"要文雅得多。

"童婚"乡俗叫"摘细薪臼"或"摘细妹哩"。大部分童养媳从小在夫家长大,在婚配以前,与养母是母女相称,在幼年时期还与养母同床共枕,而与丈夫则是姊弟或兄妹相称。待到婚龄,由父母做主,无须举行任何仪式或者铺排宴客,不管双方是否同意,而将他们反锁在房间里过夜即算结婚,俗称"圆房"。圆房时间一般安排在除夕之夜。温仲和《光绪嘉应州志》记载:"州俗婚嫁最早,有生仅匝月即抱养过门者。故童养媳为多。"② 童养媳的年龄不等,有刚出世或满月就被抱养的,更多的是二三个月的女婴。这是因为女婴在襁褓中就被抱来,在"婆"家生活,甚至吃"家婆"的奶水,在"家婆"的背上"背"着长大,因而产生一种特殊的"亲情",从而对婆家忠贞不贰。这可能是童养媳成婚率高的原因之一。

"等郎嫂"或是指"指腹为婚",或是有的人家未养孩童或孩童夭折,从他人家中买个小女孩回来养育,尔后又用过继、兼祧或收养男孩等方式,找到男子与她成婚。期间,女方像带小弟弟一样服侍未来的丈夫。等郎嫂的命运较悲惨,下面就是发自受害者深切感受的民间歌谣:

十八妹子三岁郎,夜夜要我抱上床,睡到半夜思想起,不知是儿还是郎。

---

① "耐命鬼"是客家民间对一些爱开玩笑、不正经的乡人的昵称。
② (清)温仲和. 光绪嘉应州志 [M] //礼俗:卷八. 台北:影印光绪嘉应州志,1962:0027.

隔壁叔婆你要知，等得郎大妹老哩，等得花开花又谢，等得月圆日落西。

十八娇娇三岁郎，半夜想起痛心肠，等到郎大妹又老，等到花开叶又黄。

三、丧葬习俗

传统丧葬俗称"做白事""办丧事"等，是人生最后一项"脱离仪式"。

在人的生命仪礼中，葬礼是最奢侈的。生命一旦终结，死者所用的东西都得向彼岸索取。比如为死者沐浴要买水。沐浴完毕穿上寿衣、寿鞋，戴上寿帽，抬到厅堂预先摆好的铺位上，准备入殓。有些老人生前已做"防老衫"，就是预备此时穿的。剃头、洗身、穿衣等工作俗称打扮，由民俗职业者（叫"仵作"者）帮办，唯限父母必须由孝子亲自给他换。要把一个银钱币或去皮熟鸡蛋放进其嘴里，象征命贵。换穿寿衣后是烧银纸，即在死者的脚尾边烧银纸，叫"脚尾纸"。孝子孝孙应为死者设置"香炉""火钵"各一。民间有一种说法，烧了银纸死者才能看得见路。尔后把钵中纸灰包成若干小包，即为"纸钱"。"纸钱"装进特置的三角袋中，置于死者身边。要做"米板"拜祭，并特别放一串米板于死者胸前，并让死者一手执桃枝，一手执米板串等，以供死者过奈何桥时丢给狗吃。裔孙要在尸体旁边的地上睡觉，轮流看守，谓之守灵，以防止老鼠作怪来啮死者的眼睛，要提防猫和狗跳过尸首。俗传被猫或狗跳过的尸体，会变成僵尸。尸身殓入棺内后，未盖棺前谓"小殓"，要在死者左手捏一根鲜桃树枝条、右手握一把白纸扇、胸前带一张"路引"①。盖棺谓"大殓"。大殓之日，丧家请礼生写挽联，纸色为男青（色）女黄（色）。还要写铭旌及轴。

1. 成服

点主仪式之"点主"标志死者从人变成了神。仪式由孝子用红布条背起"神王牌"，跪在厅堂中间，面向正门，"神王牌"则面向内厅，"点主"人一边执笔点主，一边用官话高唱："天地开张，日吉辰良，点王为主，世代永昌。""封谥"仪式。所谓"封谥"，就是给死者"盖棺定论"，褒封一个神名。谥有"官谥"与"私谥"之分。乡俗"私谥"的使用很普遍，叫"出谥法"，男死由族中有威望者，在成服时当众提出。女死者要有妹家（即娘家）代表参加议谥。由双方礼生协议写出。谥法拟定后要写上铭旌，以后还要嵌上碑文。②

---

① 路引：即从寺庵神宫中买回的赴阴司的"通行证"。
② 客家妇女死后墓碑皆刻"孺人"。"孺人"的来历可参考本章第四节"客家妇女"。

2. 家奠

家奠是死者第一次受祭，仪式隆重，要有祭品，甚至可以用整猪、整羊来祭。要有礼生，礼生可由族人担任，也可由地理先生担任。要有执事两人，一般由族人担任。要有祭文，祭文即为悼哭死者之哀章。家奠行三跪九叩礼。孝子为主祭，其余子孙均应参祭。子孙参祭完毕后，可退跪于死者尸旁，让旁系血亲参祭。

3. 送葬

乡俗谓"还山"，仪礼是在超度法事做完后，即将棺木抬到目的地下葬。送殡毕，烧灵牌、除幡竹、去灵堂。送葬的人，包括路祭时先回去的人，不能由原路回去，而应择另条路回孝家。孝家在家门口预先准备一桶"红糘水"，以备送葬回来的人用手蘸红糘水往脸上、额上摸一摸，意思是除去邪气。凡参加葬礼的人回到家中时要跨火堆后才可进自己的房间。孝子孝孙送葬回来后，要把神主牌放在灵屋正中。客家民间乡俗中的"大葬"（即一次葬），通常有两种情况：一是死者生前已筑有"生居"（生前已筑好坟墓），但"生居"山向与死者死时年龄相冲（俗称山头不利）时，应先"寄故"处理。二是死者有"祖山"（同姓同族统一埋葬死人的山岭），由风水先生选一与死者相称的山头直接掘窿埋葬。这种选地掘窿叫"踏山"。粤东北的坟墓形式前低后高，俯瞰呈一大师椅。该椅之中央是一埋死者遗骸墓冢，前竖墓碑，墓碑前是一半月形水池。坟墓的整个形状犹如缩小的围龙屋，与围龙屋同形同构，从而呈现出阴居与阳居形态惊人相似的文化景观。阴居与阳居同形，都源于对"道"的符号模拟。死与生本是截然不同的人生境界，但是俗民以同形同构的符号来揭示这种生死相连的关系，可谓对人生进行了最高的哲学概括：人生从生到死，不过是出于天道又复归于天道的匆匆行程。这种生死关联的哲学意境，也许叫人感情上难以接受，但这在其他文化系统中也可以找到。

4. 做佛事

粤东北地区的丧葬文化与地方宗教文化关系密切。俗民多信佛，故丧事多请僧尼诵经超度，俗谓"做斋""做佛事""香花佛事"。做生斋又叫"归佛"①，是结束"苦海"时的仪式，由神佛的化身和尚或斋嫲通过念经，介绍这个人的善恶表现及忏悔的诚心诚意，和尚当着天地神明给予证明。做归佛以后，师傅要给施主取一个法号。这个法号只能在其死后才能用，并要勒在墓碑上。经济条件许可的家庭，都会到寺庵宫

---

① 归费：即归于佛，归于法，归于僧，象征俗民认拜和尚、斋嫲（女僧尼）做师傅。

里去做这个法事。法事时间与节目的长短,决定于孝家的经济与社会名望,由双方面议,时间可长可短。只做一个下午,称为"救苦"。最简单的是"做半夜光",从晚饭后做到半夜而止。从业和尚乡俗称为"香花和尚"。做斋的仪式伴以歌唱,播放佛曲。民间的佛曲调十分丰富,曲调的结构有的与五句板相似,有的和客家山歌相近,还大量套用民间小调,如《孟姜女》《花鼓调》《锄头歌》等。做斋的法师有男有女,男的叫和尚,女的叫斋嫲,既有出家的,也有不出家的。做佛事就是为"死者"在佛祖面前忏悔思过,并取得其原谅,到阴间不再受苦。做佛事时,挂如来佛主像及其神位,由和尚在佛祖像前敲打小钹、小鼓、小钟念经,孝子孝孙则紧随和尚跪拜于佛祖神前,以求佛祖宽恕先人的一切过错,并引入天堂。佛事科仪各具象征意义,如"拜血盆"以唱为主,斋嫲坐于鼓旁,伴随鼓点唱诵《血盆经》;其主旨在于安慰亡者,劝解生者,追忆往昔,祝福来日。"拜血盆"源自"木莲救母"之传说,佛事的高潮是"打莲池"。香花佛事式的佛教是客家人创设的,是具有地方特色的佛教化道教。传说创始人是粤东兴宁石马村明万历乙卯科(1615)举人何南凤(1588—1651)。何南凤当年在入京会试途中,路遇普门安静禅师,交谈非常相契,即乞求剃度。何南凤法名牧原和尚,民间传其创立"横山堂"教义,传播亦佛亦儒、亦僧亦俗的香花佛事。"横山堂"在闽、粤、赣以及东南亚一带都有门徒。香花佛事集音乐、舞蹈、杂技、文学和佛教仪式于一身,是具有表演性的宗教科仪,为广大群众喜闻乐见,它对生者的劝慰功能甚至大过对死者的超度。做香花佛事,念经如同唱哀歌,上半夜以唱念为主,下半夜以舞为主。仪式中如"打莲池"等宗教舞曲,和尚、斋嫲轮流上场。"顿龙",为法事的最后一项内容,在祖堂后门所对的化胎下五方龙神(又谓五方龙神伯公)处举行。安顿五方龙神,法事即告结束。仪式往往通宵达旦,"和尚矛睡,孝子矛眠"①。

5. 二次葬

在客家民间的丧葬习俗中,"二次葬"是值得注意的一种现象。"二次葬"即对祖先进行两次以上不同方式的埋葬,在粤东北民间叫"做风水"。其中第二次葬是将骨骸挖出择吉日重葬。二次葬不一定选在原坟址,而是根据风水先生所选的位置做墓落葬。开棺后,尸体仍未腐烂(即尸体落葬后一直不会被虫咬),说明这个地方好,族人说该地为"养尸地",则要重新掩土。《乾隆嘉应州志》中指出:"……屡经起迁,遗骸残蚀,止余数片,仍转徙不已,甚至听信堪舆,营谋吉穴,侵坟盗葬,构讼兴狱破产,

---

① "矛"为客方言,即无、没有的意思。

以争尺壤,俗之愚陋,莫丧葬为甚!"① 不过乡贤士大夫认为民间习俗不宜用行政命令的办法加以禁止,而希望读书知礼的读书人带头来改变这种不合实际的风俗。

第三节 岁时节庆

传统节庆民俗,是指一年之中随着季节、时序的变化,在俗民社会生活中所形成的不同的民俗事象。受生态环境影响,粤东北客家民间的岁时节俗具有浓郁的地方特色。

一、春季节俗

一月:时令有立春、雨水,重要的节日有春节与元宵节等

春节乡俗谓"过年",时间指农历腊月廿五至正月初四。其中,正月初一为新年,凌晨,开大门,燃放爆竹,取开门大发之意。是日乡俗敬神祀祖,祭祀时,烧香烛,设牲醴果品年糕等供品,由男性家长率领全家男性,到老祖屋敬祖神,然后才吃早饭。是日除祀祖外,所敬之神,还有"喜神""财神""路头神"等。因不同的神具有不同的方向性,所以迎神仪式要讲究东南西北的方位。是日乡俗不杀牲,三餐素食,俗谓"食斋"。斋戒素食的目的在于"以通神明",俗谓"年初一吃斋当过一年食斋"。除吃敬祖神的斋祭品外,还必须有蒜、葱、芹菜、豆腐,皆用山茶油或花生油烹煮。是日不进园摘菜、不扫地、不赤脚、不讲不吉利语言。这一习俗,反映了俗民讲究征兆。早敬祖神并围桌而吃敬祖斋祭品,象征早得祖德福荫;"吃斋"征兆"消灾",因"斋"与"灾"同音;吃蒜意表会划算;吃葱意表聪明才智;吃芹菜意表勤劳奋勇;豆腐象征"头富"。这一天所有习俗合起来,则表达新年伊始,全家消灾纳福,聪明、勤奋过富裕生活的美好愿望。

初二是出嫁女归宁之日,俗称"转妹家"。

---

① 舆地部·风俗[M]//乾隆嘉应州志:卷一. 广州:广东省中山图书馆古籍部,1991:45.

初三是"穷鬼日"。早起洒扫庭除,将垃圾送于郊野,烧香纸祝祷,以示将食物送给"穷鬼"。

初六为灶神回家之日(腊月二十四日灶神上天过年),恢复其职掌,故需迎接。是晚设牲醴果品敬灶神。

初七为人日。乡俗是日食"七样菜",一般以芹菜、蒜、葱、韭菜、芫荽、芥菜、白菜、菠菜等共煮而食。其中寓意上述已有所涉及。

元宵节俗谓"正月十五"。粤东北客家民间元宵节活动并不都在农历正月十五日举行,而是从正月初九至十九举行,其热闹程度各地不一,如兴宁县便有元宵"闹"过年的说法,其"上灯"风俗更是远近闻名。因土音"灯"与"丁"谐音,故乡俗"上灯"明显带有"上丁"之象征。所谓"上灯"实际就是按本姓本族当年所生的男孩数,在老祖屋祖堂梁树上升挂同等数量的花灯,是各姓各族为当年新添男孩举行的庆祝活动。到了上灯日,全族全姓男性不论老少(女性则不参加)济济一堂,集于老祖屋,共同祭祖升灯,热闹非常。当年添丁(生了男孩)的家庭,必须为"上灯"提供花灯、线带、花酒和敬祖的斋祭品。

农历正月十六日夜有"走百病"之俗。据道光《长乐县志·舆地略·风俗》载:"十六夜,男女游观,曰走百病。"

立春。牛在农耕文明中是相当重要的畜力。对牛的崇拜是地方古俗遗风。其中嘉应州立春日有鞭春牛俗。《乾隆嘉应州志·风俗》记载:"立春先一日,守土官率僚属,迎勾芒土牛于东郊名坊,饰童男,扮故事,以兆丰登。彩棚台阁,周游城市,士女纵观。次日,鞭春打土牛。取其土置牛栏上,牛不疫;以作灶,蕃(繁)六畜。"[1] 其时由县官率领僚属,到县城东门外举行祀芒神、迎春牛的祭祀仪式。事先叫人用稻秆、树枝、黄泥等塑造一座芒神、一头土牛,春牛用竹扎泥糊而成,故称土牛,里面装满谷粒,于前一天将之迎到东门外。立春破晓时分,列队去祭芒神。迎春拜祭活动结束时,由知县带头,每人轮流用"彩杖"鞭打春牛三下,俗称"鞭春"或"打春",以示春耕即将开始。如立春靠近农历腊月十五,鞭打时宜站在牛前,示意春耕宜早。如立春靠近农历第二年正月十五,鞭打时宜站在牛后,示意春耕宜晚些。如立春在农历正月初一前后,鞭打时应与牛并排,示意春耕宜要适时。鞭打春牛时,人们争相上前抢拾"牛身"上掉下的泥块和里面漏出的谷粒。回家后,用那些泥块和水涂于牛栏、炉灶,将谷粒放入谷仓,预祝新一年五谷丰登,六畜兴旺。

---

[1] 舆地部·风俗[M]//乾隆嘉应州志:卷一.广州:广东省中山图书馆古籍部,1991:45-46.

这一天各种娱神娱人活动，增添了浓郁的节日气氛。如民间有扛公王娱神娱人的活动。公王崇信反映了宗族社会中的古典家族结构形式。公王宫不但是社区的信仰中心，而且是宗族间对外交流的窗口，没有这个窗口，宗族就要闭塞得多。透过公王崇信与宗族的互动发现，以公王宫庙宇为中心，社区内各宗族保持着传统的古典形式。《光绪嘉应州志·礼俗》载：迎春时，"各坊节童男女扮故事以兆丰登，彩棚台阁，周游城市，士女纵观"。俗民备香案，烧香烛，放鞭炮，贴上"迎春接福""春临福至"等红笺，名曰"接春"。出于对公王的虔敬，俗民在扛公王巡境、做会"做福首"等活动中，不但重大事情如巡境路线、请戏班等，就连"买水"为公王"沐浴""泡茶"等小事，理事、福首们都经过充分讨论。凡事先定出若干方案，写成纸条，放进签筒，在神灵偶像前或拈阄或跌桮桔定夺，目的在于做到公平、公正、公开，从而使俗众达到心理平衡。仪式所折射的是俗民处理公务的标准，这种古典民主制度的不断完善，正是传统文化得以传承的原动力。

二月：时令有惊蛰、春分

祭社之日为"社日"。社有春社与秋社之分，春社为立春后第五个戊日，秋社为立秋后第五个戊日，一般在春分或秋分前后。祭祀土地神的目的在于"春祈秋报"。黄钊《石窟一徵·礼俗》详细记述了粤东梅州地区社日之俗：乡人共同出资杀猪祭社分肉，名曰"社肉"。又以祭社肉汤在社树下煮粥分食，谓之"食社粥"。社树多为榕树，俗民席地而坐，食酒吃肉喝粥，太阳西斜社散，老少相随而去，体现了淳朴风俗。

农历二月十九日为观音诞辰日。乡村各宗族聚落祠堂牌位右侧都设有观音神位，以供膜拜。是日俗民在祠堂或家里点上香烛摆上糕点、果品等斋盘供奉。

三月：时令有清明、谷雨

农历三月三为北帝诞辰日。北帝，又名玄天上帝，俗谓北帝老爷。粤东北地区多有北帝庙宇，俗民祭祀。

农历三月廿三为天妃神出巡的庙会游行日，长乐县（今五华县）俗谓"三月三"。

清明节俗谓"踏青"。《道光长乐县志·舆地略·风俗》称：清明，"同行谒墓，曰踏青挂纸钱"。祭祀扫墓，乡俗谓"打醮墓"或"挂纸"，前者举族到场规模庞大。扫墓时，需对墓地周围加以清理，妇女们用镰刀割去灌木与杂草。如《咸丰兴宁县志·风俗》载："清明上冢培土，剪荆棘。"俗谓"铲清"或"铲地"。从始祖祭起，故需安排时间依次进行。扫墓时间较长，一般从春分至清明为止，前后达 15 天，也有延至清明后，但最迟不过农历四月初八日，因为民间以为从这一天开始，就闭墓门了。

扫墓时挂在坟墓头上的"纸"是涂有雄鸡血的草纸，俗称"墓头纸"。而在坟场周围也要放12张（闰年则13张）草纸。祭品除三牲果品茶酒外，还有米粄。先拜祭祖宗，再拜祭墓侧的"后土"，故俗有"先正穴再后土"之说。

清明扫墓，除了祀祖外，也有兼及孤魂野鬼者。据《石窟一徵·礼俗》载："俗每遇坟山有无主骸骨，必市罂盛而埋之，称之曰古君子墓。春秋祭扫，必酹之，亦风俗之厚也。"节日食品为"清明粄"，采艾叶、鸡屎藤、苎叶、戢菜和米粉制成，又名"艾糍""艾粄"。

二、夏季节俗

四月：时令有立夏、小满

农历四月八为佛诞日，寺庵要举行"浴佛法会"，信士迎太子出游，故旧有"三月三，太子菩萨出庵"之谚，时间始于农历三月三日，或四月初，至四月八日止。

四月八也是药王诞日，乡间采史君子、鸡矢藤、艾叶和黄果树皮等和米舂成粉，做成药粄祭药王爷，然后吃祭品，俗谓可保平安。

五月：时令有芒种、夏至

农历五月初五为"端午节"，乡俗谓"过节"。令当仲夏各种药草茂盛，药性强旺，正是采药佳时。因此，民间"采各香草烧汤沐浴"。服用菖蒲、雄黄酒。雄黄，药性辛温有毒，主治百虫毒、蛇虺毒。俗民在家门挂葛藤、菖蒲，节日食品为糯米粽子。

"过节"时，出嫁女需转妹家（即娘家）省亲。乡俗有"年初二节初六"之说。节日活动丰富多彩，主要有龙舟竞渡，或扛公王送瘟神等。龙舟活动主要在城乡沿江墟市江面举行，是时沿河两岸彩旗招展，锣鼓喧天，围观者如潮。

历史上粤东民间扛公王送瘟神以程乡县小桑村的"等公王"最典型。时间从农历四月三十日至五月初四。公王在经过住宅或店铺门口时，信主点香燃炮敬拜，神头公则领唱："公王老爷游四方，方方吉利，处处安康，公王爷爷打在某家门前过，何叶李，造龙船，五瘟毒气押上船。"五月公王出巡送瘟神。令当春夏之交的梅雨季节，天气炎热，容易形成瘴气，使人畜中毒，发生人瘟、牛瘟等。为驱瘟逐疫，消灾纳福，俗民把公王抬出来，在各村落的中心地——祖屋点香放炮祭拜。在爆竹硫黄烟雾的杀菌消毒后，瘟疫被控制、消除。公王出巡时首先唱的就是要把"五瘟毒气押上船"，并把"龙船"扔进河里让水冲走，名为"送瘟神"。公王只进祖宗屋，不进私宅。公王轿到祠堂门口前,族中信民手持燃香集中在门前迎候。负责接神者从公王轿里抱公王炉进入厅堂,神头公和伴唱者在旁边唱道:"打起锣鼓阵喧喧,主人出来拜公王,一拜公王来路远,二拜公王来路长,三拜公王端正坐,眯眯含笑坐高堂,四拜公王膝头落地手拈香。左手烧香添福寿,右手烧香保平安,读书郎子烧里香,名标金榜状元郎,耕田郎子烧里香,禾大麦熟谷满仓,生理(即生意)郎子烧里香,本钱虽少利钱长,男女老少烧里香,四时八节永安康,拜了一场又一场,主人出来拜公王……"拜完公王后,神头公念"七保佑十隔除",掌财宝的神头读财宝。

六月:时令有小暑、大暑

农历六月六为"伯公生日"。据《石窟一徵·礼俗》载:"俗以六月初六为伯公生日。无论城市村庄有伯公坛者,皆张彩棚悬灯。穗管弦声沸,百里相闻。城中尤为繁盛,相赛陈设。近城士庶家所藏字画古玩盆景,毕集坛内,亦俗中之雅尚也。"①

六月六俗谓"太阳生日"尝新节。农谚云"小暑小食,大暑大食",意为已进入早稻收获季节,新谷到了小暑,部分成熟,可以收割了;到了大暑,大部分成熟了,就是大收割的时候了。

三、秋季节俗

七月:时令有立秋、处暑

《乾隆嘉应州志·风俗》记载:"立秋日,不操作,妇女不采园蔬,谓之'歇秋'。"②令当夏收大忙之后,农事可稍事休整,故有"歇秋"之俗。歇秋俗谓"做秋","过月半"。"秋"土音在此是"完"的意思。既然农事做完了,当然就要进行庆祝。这一天,俗民不干田园活,叫作"躝秋"。家家都踏(舂)新米粄,煮汤圆或蒸味酵粄,有的杀鸡鸭或买猪肉、牛肉过秋日。俗语云:"秋日勿踏粄,心舅眼耿耿。"秋节主要民俗以"扛公王"游神娱神娱人活动影响最大。如程乡县松源等地的"扛龙源公王"活动。时间从立秋之日起持续到农历九月底,各姓聚落轮流"做秋"过月半。公王进村后,先到各族祖屋停下供族人祭拜,然后放到祖宗祠堂,住两至三天。最后一天早晨要举行盛大的祭礼,宣读"祝文",寓春祈秋报之意,然后全族俗民将公王送回龙源宫。

---

① (清)黄钊.石窟一徵[M]//礼俗:卷四.台北:台湾学生书局,1970:198.
② 舆地部·风俗[M]//乾隆嘉应州志:卷一.广州:广东省中山图书馆古籍部,1991:46.

中元节，乡俗谓七月半"鬼节"。因为十五是信佛教的斋戒日，所以提前至七月十四日操办，沿袭成俗。七月半前后乡俗有"祖先归家"之说，祀典隆重。而在祀家先中，尤重祀新丧者。乡间多设无祀会，在郊外设立义冢厉坛，以祭无祀孤魂。这天还要"放水灯"，即将点燃之小烛黏于小板上，于夜间放置江河中，俗谓"照溺鬼路"。

乡俗多在栽种谷物的田中挂上纸钱"以祈谷"，求田神保丰收，名曰"吊田钱""挂田钱"。挂纸的地方由田地扩及园地故又称"标园"，目的在于求神驱虫害，以保作物生长。其所祀对象田园之神，当属土地神一类。

八月：时令有白露、秋分

农历八月初一乡俗为"大清明"。因这一天安排改葬、祭祀而得名。乡俗流行二次葬，多于此时拾骨装罐安葬。清明未祭者，必祭于大清明。

八月半又谓中秋。民间有祭月之举，往往伴随占卜灾祥等活动，多由妇女主持。如"请菜篮姐神"。

节日有"扛公王"娱神娱人庆典活动。如梅县松口铜琶村谢、饶、傅氏宗族扛金盘宫公王。民间认为金盘宫公王是专管阴间的，负责一方子民百姓的安全，因此不但本社区村民出远门如出南洋要去金盘宫祭公王，祈求保佑出门一路平安，就是松江、松源河过往的一些船工、放排工也会到宫里对公王焚香膜拜，祈求公王保佑一帆风顺。扛公王巡境是社区内最大型的节庆活动。每年农历四月与八月，游神圈内俗民要过祚福节，其时傅、饶、谢各族姓聚落要分别扛公王到各自宗祠供奉。村中扛金盘宫公王偶像巡境是各宗族内的会期节日，与社区其他宗族无关，要请戏班演戏，人神共娱。公王请到宗祠的同时，族中要在祖祠门口禾坪预先搭建的戏棚演木偶戏。公王偶像在祖祠留宿一晚后，第二天就要把它送回金盘宫。

九月：时令有寒露、霜降

农历九月九为重阳节。民间有登高习俗，取崇拜高山之意，属于较为原始的自然崇拜范畴。其中兴宁县民间流传是日祭"石古大王"之俗。

四、冬季节俗

十月：时令有立冬、小雪

农历十月乡村收割稻谷后，乡间酬神保境，以庆当年并祈来年五谷丰登。民间举行扛公王、扮景扮故事及各神诞酬神等欢聚庆典活动，俗谓建斋醮"以禳火灾"。

十一月：月时令有大雪、冬至

客家民间有"冬至大如年""冬朝节昼年夜"的说法，或以冬至为岁首，故过冬至，民间会做"圆粄"，合家团圆而食，谓之"添岁""增岁"。

冬至祀祖是传统节俗，各族姓聚落多有祭祀先人的活动，故《咸丰兴宁县志·风俗》载："冬至，祭家庙。"城乡或祭祀扫墓或祭祠并举。

粤东客家民间冬至还有宰羊进补的习俗。用酒炖大块羊肉，佐以药材，以作冬季进补之用。"冬至前后，市上多售羊肉，用和姜枣及其他药品炖食，谓有补血益气之功，平时罕得食之。"

十二月：时令有小寒、大寒

农历十二月二十四送灶神。灶神又称"灶君""灶王""灶公灶婆""东厨司命"。《光绪嘉应州志·礼俗》载："腊月二十四日楮画灶神灶马为黄疏，焚之，送灶神上天。新正初五日，设酒食，烧灶疏，谓之'接灶'。"

十二月二十五日，俗谓"入年假"。儿童从这天起兴高采烈，而大人们则忙办年货。家家户户自制年糕年点。最普遍的是蒸甜粄，炸煎圆、打米程、炸腐片等。年糕皆为斋品，不混入肉食。甜粄，用上好糯米粉，伴入红糖水糅合用蒸笼蒸熟再切成块而成，一笼甜粄约需连续蒸一个夜晚才能蒸熟。煎圆粄也要用上好糯米粉掺糖水揉成丸，炸成赤黄色即成。米程，用"符米"（也有人叫熟米）浸入盐水中，捞起晒干，先爆成米花，然后倒入溶化的糖浆中加碾凝结，再切成块即成。腐片，将薄豆腐加压，挤去水分晒干，再放入生油锅爆炸至酥脆即成。以上年糕年点，均是大年初一敬祖神必具的斋祭品。

除夕贴门神和对联，男女老幼皆药浴祭祖食团圆饭。药浴时间，一般从除夕下午三点左右开始。沐浴后穿新衣服、新鞋袜。全家老少，挑着"牲仪"到老祖屋敬祖神。敬祖神仪式完毕后，吃团圆饭。这是客家家庭稳固性与和睦性的一种表现。合家食团圆饭时要鸣炮，要摆一桌另祀祖先，即古俗"礼神祀先，赛放爆竹"为"辞岁"。

除夕之夜，全家团聚，通宵达旦，俗谓"守岁"。守岁时，灯火通宵不息。俗谓"点年光"。其时长辈以红纸包新铸未用银钱赐晚辈，俗谓"磧年钱"或"压袋子"，用以压邪求吉。

除夕要预备新年初一饮食。"早餐所食之饭，大抵为除夕晚餐之遗，谓之隔年饭，以示食用不完之意。实则是日行事甚多，无暇早餐，预备准备耳。"食"隔年饭"，取"年年有余"的吉兆。

第四节 客家妇女

客家妇女是客家文化中极具特色的文化事象。清代粤东地区的方志已有关于客家妇女的记载，如《乾隆嘉应州志》载："妇女装束淡素，椎髻跣足，不尚针刺，樵汲灌溉，勤苦倍于男子，不论贫富皆然。"近代以来，随着客家人在中国政治、经济、文化舞台上的重大事件中的影响日增，特别是在太平天国运动、辛亥革命等历史事件中所发挥的重要作用，客家族群也不断引起世人的关注。而客家妇女则以其独具特色的思想性格、社会形象、日常习俗，从清末开始即引起中外文化人士的关注，如英国人爱得尔在《客家人种志略》和《客家历史纲要》中指出："客家人是刚柔相济，即刚毅又仁爱的民族，而客家妇女，更是中国最优秀的劳动妇女的典型……客家民族是牛乳上的乳酪，这光辉，至少有70％是应该属于客家妇女的。"

一、客家妇女的日常生活形象

（一）"天足天胸"

在传统中国社会，妇女多缠足，并在很长一段历史时期流行以小脚为美的社会风气。但是客家地区恰恰相反，人们崇尚"天足"，并成为客家女性的一个显著特征。《清稗类钞》载："客家妇女向不缠足，身体硕健，而运动自如。"黄遵宪《乙亥杂诗》亦云："窈娘侧足跛行苦，楚国纤腰多饿死。说向妆台供媚妾，人人含笑看梨窝。"诗人还在自注中写道："有耶稣教士语余：西人束腰，华人缠足，惟州人无此弊，于世界女人，最完全无憾云。"在太平天国运动中，有很多客家妇女随队参战，她们打起仗来一点都不比男子逊色，就连曾国藩都气得大骂她们"大脚蛮婆"。在粤东梅县传教数十年的美国传教士肯贝尔也曾在其著述中写道："妇女不缠足，通常体健而轩昂，惟其如此，故能过其户外生活，乡村居民，比城市中者更能勇敢自如。"①

客家妇女除不缠足外，亦不束胸。祖籍梅县的世界著名女作家韩素音在其《客家人的起源及其迁徙经过》一文中曾做过这样的描述："客家妇女不缠脚，也不扎胸……一般是体壮高大，缺少仪容较好的名声……但她们却解放了胸部和脚……客家妇女虽然不是迷人的，但由于她们的节俭、勤劳、洁净的生活和生动的辩才而受到称赞。她们用自己的奶喂孩子，轻视虚饰的美，必要时像男人一般地战斗……"② 正因为客家妇女不缠足，1965年，全国人大原副委员长郭沫若在梅县视察时，同时有感于客家妇女的勤劳，才写下了"健妇把犁同铁汉，山歌入夜唱丰收"的诗句，对客家妇女大加赞叹。

（二）"凉帽蓝衫"

关于客家妇女的服饰特色，王增能先生在其《客家妇女服饰》（福建教育出版社，1995）一书中有过生动的描述：

客家妇女穿的是右侧开襟上衣，右襟沿及衫尾四周，缀以花边，宽纹一寸。裤头阔大，裤裆较深，裤脚口亦缀以花边。著的是布鞋，鞋面由两片色布缝成，鞋端略往上翘，状似小船，上面用五彩线绣了花。身上还系着围裙子，用银链子系结，裙子状如"凸"字，其上半部也绣有花卉或图案，如此等等。逢年过节或串亲走戚时脖子上挂着银项圈，手腕上戴着银镯子，打扮起来活像个畲族妇女。

可见，客家妇女的外在形象，主要通过其衣着服饰来表现。具体来说，主要表现在以下三个方面：一是头饰，包括头帕与凉帽；二是衣装，包括大襟衫、大裆裤与围裙，衣服的质地以麻、棉织品为主；三是鞋饰，以绣花鞋与木屐为主。

头饰。首先是盘髻。客家妇女的发型为盘髻。在传统社会中客家妇女婚后头发喜梳成高髻，以帕包头，插上金、银、铜簪。《光绪嘉应州志·礼俗》卷八载："女嫁前一日髻，谓之上头。"在客家地区，挽髻成了区分女子婚嫁与否的一种标志。盘法：先将长发向后梳齐，次将头发卷好束起，盘于头顶偏后之处，成"椎"形发装，蒙以发罩。富家妇女则加上金钗、银簪等饰物。粤东客家地区妇女发髻的式样，大致分为三类：一类是高髻，如望仙髻、凌云髻、朝天髻等，这类多为富贵人家的发式。盘法：先将长发向后梳齐，次将头发卷好束起，盘于头顶偏后处，成"椎"（像球形的槌）形

---

① 转引自政协广东省梅州市文史资料委员会．梅州文史：第一辑［M］．1989：142.
② 据史料记载，在太平天国，洪秀全的妹妹洪宣娇在同清军作战过程中就打了一次大胜仗，并在太平天国地区解除了千千万万妇女缠足的恶习。

发装，蒙以发罩。一类是矮髻，如环髻、堕髻等，这类多为乡镇妇女发式。在头上梳一个歪斜的矮髻，走起路来细步半躬腰，颇有风采。一类是椎髻，是一般平民妇女的主要发式，只将全部头发拢上头顶挽个髻（盘成结），用头绳一拴便成。这类髻梳妆不高不低，朴素大方，梳洗方便。[①] 1944年梁伯聪在《梅县风土二百咏》有诗云："女梳高髻转盘龙，再变妆时发改松。金翠纵然能省却，烫末工介亦很凶。"并自注："旧时妇女梳发，环城用髻套，乡间用帕裹，项背发兜起数寸，名髻尾。后改梳盘龙，名曰圆头。今一律剪发，虽可省金银首饰，而时髦女子仿西式烫松发，工价每至三四百元。"

不少学者都认为，客家妇女的发髻是受了南方土著影响，因为椎髻是古代南方土著广为流行的一种发式。广东地区的"越"人，即属此例。据《史记·陆贾列传》载：南越王尉佗，"魋其发而结之，箕踞见陆生"。南越王尉佗，虽是河北正定人，但他为统治岭南地区而从"越"俗打扮，接见汉朝使者陆贾。可见，越人椎髻之俗自汉朝时就已存在。客家妇女盘髻之俗，当与此有关。

其次是头帕，俗称"东（客家方言，遮戴的意思）头帕"，即包头巾或戴头巾之意。这种"头帕"不像"裙子"，没有带子，只用一块方形布包扎在头上或包结在发髻上，为已婚妇女所常用。黄遵宪笔下的客家妇女形象就是"蓬头赤足，帕首裙身"。头帕的形状和大小各地不一，在梅县、蕉岭等地为方形，平远等地则为长方形。头帕制作精美，四周饰以花边，中间用彩色丝线绣上花鸟图案。戴时将帕折成三角形，包扎在头上或发髻上，用布质宽带系紧，既可遮阳挡风、抵晒御寒防尘，又可作装饰物，起女性帽子之用。系在胸前还可作围裙，干活时可以防脏，赴墟购物时还可用来包裹小物件用。冬季或坐月子时可用于包头，防止受凉。它与畲族妇女的头帕颇为相似。据《石窟一徵·礼俗》卷四载："俗妇女冬日带帕，帕皆青布为之。"这个记载并不很确切，粤东梅州有些地区妇女不仅冬日带帕，甚至有整年都有带帕的。帕的颜色，梅县妇女老者多用青色，年轻者多用蓝色，镶上白边，做工相当精美。平远、大埔等地老年妇女则多戴黑色头巾。客家妇女戴的头帕与畲族妇女戴的很相似，可能是受畲族穿戴习俗的影响。

此外还有凉帽。凉帽又名凉笠，是客家妇女特有的头部装饰品，一般用竹篾织成圆圈，中间空孔，周边垂以布条或绢条，戴在头上显露发髻，以毛锤或竹布横穿发髻使之固定。《石窟一徵·礼俗》卷四载：客俗妇女"暑天田功樵采，则戴凉笠，以竹为

---

① 参考房学嘉. 客家民俗 [M]. 广州：华南理工大学出版社，2008.

之,笠簷缀以青绢或青布,可以障日,名曰凉笠"。

衣装。首先是大襟衫、大裆裤。旧时客家妇女的穿着打扮,最常见的上装是大襟衫,大襟,右衽,配上高竖的领子、精美的布纽扣,长短以"行不露臀,坐不露股"为原则;下装也是大裆裤,少裙装,颜色尚青、蓝、黑色。上衣俗称"衫",为"大襟衫",开襟由领口斜向右肋,沿侧缝直至下摆。穿的裤俗称"大裤裆",上端接四五寸阔的次布做裤头,既有变化之妙,又可省布之实。穿时,将腰宽的多余部分折贴,另用带系腰间。客家妇女也曾着裙,此裙名为"百褶裙",布质,长到脚跟,后愈穿愈短,直至膝下。此制应是受南方土著服饰的影响。因做工繁杂,客家妇女早已不穿百褶裙了。客家人称背心为背搭。《石窟一徵·礼俗》卷四载:"俗妇人称半臂为秋娘背褡。按,《身章撮要》妇人背子,本婢妾之服,以其行直主母之背,故名。今亦习俗相承,俗称秋娘,亦贱者之称。"背心源于隋制,据宋代高承《事物纪原》卷三载:"隋大业中,内官多服半臂,除却长袖也。唐高祖减其袖,谓之半臂,今背子也。江淮之间,或曰绰子,士人竞服。隋始制之,今俗名搭护。"客家妇女的衫裤的特点在于:讲究装饰,如领口、边脚加滚饰,袖口、裤口缀花边等;色泽较鲜艳,青年妇女以穿"士林蓝"为时尚。

其次是围裙,即围身裙,上端呈三角形或梯形,下边为长方形。上端钉以纽袢,扣在上衣头纽上,裙左右两端系以一条特制的带子,扎在背后,把上身围紧,故名"围身裙"。胸前缝花刺绣,周围饰以花边。用于女性,用以蔽胸腹。既可装饰,又便劳作。

衣服的原料,常用麻、棉织品,极少用丝织品,因客家地区素来少蚕桑。但也有少量用土产丝织品制成衫裤者,此织品质粗而耐用,价格昂贵,一般人穿用不起。麻织品,供夏天穿用,故名夏布。《石窟一徵·日用》卷五载:"妇女市苎,绩为夏布,名家机布。家机布者,

客家妇女的日常生活形象

别于市肆机布之谓也。"棉织品,家织土布,以制衣被,耐磨损,有终身使用者。《石窟一徵·日用》卷五载:"夏布家机,不若棉布家机。家机棉布,妇人以之制被,一被竟可终身。公孙宏三十年之供,不足以云俭也。"近代,随着洋布输入,家机布衰落,多以机织各色"洋布"制衫裤。

鞋饰。旧时汉族妇女以布帛裹足,使其变形成弓状,称"裹脚",又称"缠足"。但客家妇女绝大部分并不缠足。究其原因一是因为客家妇女需从事田间劳动,缠足便无法承担;二是受南方少数民族的影响。客家妇女穿的鞋有屐、草鞋、布鞋、绣花鞋与棉鞋等。客家人在晚间回来洗脚后,多穿上屐,用以夜间行走,第二天清晨又脱掉。屐有通风凉爽、经济便宜及便于乡间泥路走动的特点。精美漆花的木屐,更成了妇女的随嫁之物。草鞋,又名"草履""芒履""芒鞋"。早在南朝时,草鞋就广为流行,为一般士人及贫者所穿。布鞋,男式名为"阿公鞋",女式名为"阿婆鞋"。布底布面,鞋面多黑色。鞋式为宽口船型,不用鞋带,俗名"懒人鞋"。绣花鞋,在鞋面上绣图案或花草虫鱼,或用五光十色的小珠子编织而成。这是旧时妇女喜爱和较为精致的鞋样。棉鞋,又名"老人鞋""过冬鞋"。形制与布鞋类似,里面以棉花为絮,多供老人过冬之用。

此外,传统社会的客家妇女除衣着打扮较具特色外,首饰也颇为讲究,有簪子、簪花、毛插、耳环、颈环等饰物,镂花错采。手镯有纽丝手镯、龙头手镯、蒜芎手镯。饰物材料多用银制之,也有少量是用金、玉制成的。另外在衣服的领口、袖口也有一些装饰,如领口、边脚加绲边,袖口与裤口则缀花边,等等。

二、客家妇女的社会文化内涵

(一)"孺人"由来的传说

关于孺人的解释有两种解释:一种解释是古代获取功名的男性的妻子的指称。在不同的朝代,对应不一。唐代称君王的妾为孺人,宋代则为通直郎等官员的母亲或妻子的封号,明清则为七品官的母亲或妻子的封号。正如《礼记·曲礼下》所云:"天子之妃曰后,诸侯曰夫人,大夫曰孺人,士曰妇人,庶人曰妻。"另一种解释是古代对妻的通称。南朝梁江淹《恨赋》:"左对孺人,顾弄稚子。"唐储光羲《田家杂兴》诗之八:"孺人喜逢迎,稚子解趋走。"宋梅尧臣诗《岁日旅泊家人相与为寿》:"孺人相庆拜,共坐列杯盘。"《京本通俗小说·冯玉梅团圆》:"冯公又问道:'令孺人何姓?是结发还是再娶?'"可见,一般百姓人家的妇女也可尊称为孺人。

  客家妇女死后,常常被称为"孺人",这个封号的由来,却是孺人第一种解释的地方化版本。据说与客家妇女在宋元之间的保皇救驾传说有关。传说南宋末帝昺为躲避元兵的追捕,流亡到粤东地区。有一天,他被元兵追赶,眼看就要落入敌手,正值危急关头,恰好前面来了一群上山砍柴的客家妇女,她们手携柴刀,肩荷竹挑,阔步而行。元兵赶到,见前面一穿着奇异的队伍,怀疑是宋王朝救兵布下的疑兵阵,随即退兵,宋帝赵昺因此得救了。为了答谢这些樵妇的救命之恩,宋帝赵昺特准她们死后一律称为孺人[①],予以奖勉。女子死后被称为"孺人"的习俗是否与这个传说有关,还有待考证,但这个慑敌救主的故事,展示了客家妇女骁勇刚健的风采。

(二)"四头四尾"

在粤东客家地区,民间流传着一首歌谣《客家好姑娘》:

> 勤俭姑娘,鸡啼起床。梳头洗面,先煮茶汤。
> 灶头锅尾,抹得光亮。煮好早饭,刚刚天光。
> 洒水扫地,担水满缸。未食早饭,先洗衣裳。
> 上山打柴,急急忙忙。养猪种菜,熬汁煮浆。
> 纺纱织布,不离间房。针头线尾,收拾柜箱。
> 田头地尾,样样在行。砻谷做米,无壳无糠。
> 爱子爱女,如肝似肠。人客来到,细声商量。
> 欢欢喜喜,乐道家常。鸡春鸭卵,豆腐酸姜。
> 有米有薯,计划用粮。粗茶淡饭,老实衣裳。
> 越有越省,唔贪排场。米房么米,甘耐风霜。
> 捡柴去卖,唔蓄私囊。唔偷唔窃,辛苦自当。
> 唔怨丈夫,唔怪爷娘。人人赞赏,客家姑娘。[②]

  这首歌谣描述的就是考察传统社会客家妇女合格与否的"四头四尾"标准:家头教尾(养育子女)、田头地尾(耕田种地)、灶头锅尾(家务劳动)、针头线尾(缝补衣裳)。这是客家妇女必须掌握的基本"妇功"。按客家习俗,只有熟悉了这些"妇功",才算是能干的女性,才能嫁个好丈夫。与此相反,在客家地区,懒惰的妇女,则会被

[①] 宋代县君封号为室人、安人、孺人,明清规定七品封孺人。
[②] 参见梅州市妇联编《梅州妇女志》,1990年,第157页.

人讥笑为"懒尸婆"。客家地区有一首著名的民间歌谣叫《懒尸妇道》，专门用来讥笑和嘲讽懒惰的妇女：

> 懒尸妇道，讲起好笑。半昼起床，喊三四到。
> 日高半天，冷锅死灶。水也不挑，地也懒扫。
> 发披髻秃，过家去嬲。讲三道四，呵呵大笑。
> 田又不耕，又偷谷枭。家务不管，养猪成猫。
> 上墟出入，一日三到。煎堆扎粽，样样都好。
> 么（无）钱来买，偷米去教（交换）。老公打哩，开声大叫（音叫，哭）。
> 去投外家，目汁（眼泪）像尿。外家伯叔，又骂又教。
> 爷骂无用，哀（娘）骂不肖。归不敢归，嬲不敢嬲。
> 送回男家，人人耻笑。假话（说）投塘，瓜棚下嬲。
> 当年娶她，用银用轿。早知如此，贴钱不要。

这首民间歌谣生动、形象地说明了能干对于客家妇女的重要性。

清人温仲和在其纂修的《光绪嘉应州志·礼俗卷》中称：

> 州俗土瘠民贫，山多田少，男子谋生，各抱四方之志，而家事多任之妇人。故乡村妇女，耕田、采樵、织麻、缝纫、中馈之事，无不为之。洁之于吉，盖女工男工皆兼之矣……古乐府所谓"健妇持门户，亦胜一丈夫"，不啻为吾州之言也。

清人黄遵宪曾经在他的《李母钟太安人百龄寿序》中对客家妇女勤劳俭朴的特点亦做过精辟的论述：

> 客民……其性温文，其俗简朴，而妇女之贤劳，竟为天下各种类之所未有。大抵曳趿履，戴叉髻，操作等男子。其下焉者，蓬头赤足，帕首裙身，挑者负者，提而挈者，阗溢于闹肆之间，田野之中，而窥其室，则男子多贸迁远出，或饱食逸居无所事。其中人之家则耕而织，农而工，豚栅牛宫，鸭栏鸡架，牛牙贯错，与人杂处。而篝灯砧杵，或针线以易屦，抽茧而贸织，幅布而缝衣，日谋百十钱，以佐时需。男女线布，无精粗剧易，即有无赢油，率委之其乎。至于豪家贵族，固稍暇豫矣，然亦井臼无分亲人，针管无不佩也，酒食无不习也。无论为人女，为人妇，为人母，当人太母，操作亦与少幼等。举史籍所称纯德懿行，人人忱为之而习安之……吾行天下者多矣，五洲游其四，二十二行省历其九，未见其有妇女劳动如此者。

黄遵宪历任驻日使馆参赞、驻英使馆参赞、新加坡总领事、美国旧金山总领事，长期的外交生涯和世界性的文化视野，使他站在了思想界的最前沿。他这段对客家妇女的概括，对客家妇女勤劳的赞美是很有说服力的。其实早在黄遵宪19岁时，在写给其妹妹出嫁的一首诗中就已经表达了他对客家妇女勤劳的赞美:"就中妇女劳,尤见风俗纯。鸡鸣起汲水,日落犹负薪。盛妆始脂粉,常饰惟綦巾。……客民例操作,女子多辛苦。"①

也许有人认为,客家妇女的勤劳只发生在贫困家庭里,她们是因为生活所迫而不得不勤劳节俭的。事实上,许多出身书香门第、豪门富家中的客家妇女同样勤俭。清乾隆十年(1745),蔺墧(河南阳武人,进士)在他所纂修的《大埔县志·风俗篇》中云:"妇女妆束淡素,椎髻跣足,不尚针刺,樵汲灌溉,勤苦倍于男子,不论贫富皆然。"黄遵宪在他的诗集《乙亥杂诗》中,首先论及客家妇女的美德:"世守先姑《德象》篇,人多《烈女传》中贤。若倡男女同权论,合授周婆制礼权。"诗人还在这首诗的附注中写道:"妇女皆勤俭,世家巨室,亦无不操井臼,议酒食,亲缝纫者,中人之家,则无役不从,甚至务农、经商、持家、教书,一切与男子等。盖客人家法,世传如此。五部洲中,最为贤劳矣。"清末举人兴宁人罗蔼其在其《客方言》中,用诗吟咏嘉应州和大埔县的客家妇女:"大埔客族如吾嘉,女勤耕种躬锄耙,纫缝缉绩兼纺纱,又复井臼樵权桠,农忙不顾婴咿呀……"

客家妇女的勤劳节俭不仅在赣闽粤边客家地区保持,就是远徙四川甚至海外的客家妇女亦是如此。早期的四川客家研究者锺禄元在其《蜀北客族风光》中认为:

> 客家人的妇女最勤苦莫过的,她们一般的体格都很健康,在未出阁时,读读书习习绣,有时协助母亲或学烹饪,或学纺织,一天到晚忙个不休,极少赋闲享乐的……她们习惯了劳动,并不以为苦。我们知道,寻常一般妇女,大都愿作男子的玩物整日涂脂抹粉,除了替丈夫生育子女外,衣食住行,一切都仰给于男子。惟有客家妇女,刷洗了这个耻辱,她们不但不依靠丈夫,大都能独自经营家庭生活的,她们因肯劳动,一切都有办法。如穿衣她们则自己种棉,自己纺织,自己制缝;食的问题,也是一样的就解决了,纯粹是"自耕而食,自织而衣"。再加上从事农村副产,如养鸡、鸭、鹅、蚕或喂兔、羊、猪等,每年的收入也非常可观。她们的经济,满可以自给自足的。②

香港文化人余柯也在其《客家的又来及对历史文化之贡献》一文中指出:"客家妇女真可作今天西方'妇解'的榜样。……客家妇女把独立生活、女性温柔都糅合在一起了。"③

---

① 参见黄遵宪:《送女弟(三)》,载《人境庐诗草》卷一。
② 锺禄元. 蜀北客族风光[J]. 文史教学月刊,1941(3).
③ 余柯. 客家的又来及对历史文化之贡献[J]. 广州研究,1986(3).

客家妇女的贤良淑惠还体现在对子女的家庭教育上。母亲作为子女的第一位老师，这在人类社会是普遍现象，这方面客家妇女表现得尤为突出。流传于粤东客家地区的童谣云："蟾蜍罗，哥哥哥，唔读书，么（无）老婆！"说的是不读书的人娶不到老婆。又云："月光光，秀才郎，骑白马，过莲塘……"以月亮比喻秀才郎，意在说明只有读书人才能娶到漂亮的老婆。客家妇女虽因种种原因本身受教育不多，但长期受习俗及生活氛围的熏陶，她们大都聪慧、精明、热情、大方、有礼。她们将一代代传承下来的童谣、寓言、故事、山歌等再传授给子女，让子女从小就受到民间文学的熏陶。她们将自己耕田种地的经验传给子女，如："清明前后，种瓜种豆""鸡宿迟，会下雨；鸡早宿，好晒谷""冬至出日头，过年冻死牛""谷雨在月头，秧多不要愁；谷雨在月尾，寻秧不知归"；等等，让子女掌握农时，掌握生存的技巧。他们将生活的经验传给子女，让他们会精打细算过好日子。她们将古老的凝聚着客家民系精神的习俗传给子女，让子女在传承这些富有人情味的仪式中获得精神的寄托。她们将做人的道理教给子女，如：勤劳方面有"坐吃山崩""辛苦钱万万年""早起三朝当过一工"，以及"唔怕穷，就怕朝朝睡到日头红"等；节俭方面有"省比赚好"，"一餐省一口，一年省一斗"；计划方面有"吃唔穷，穿唔穷，无划无算一世穷"；传统方面有"宁卖祖宗田，不忘祖宗言"等；更为重要的是崇尚读书方面有"唔读书，么（无）目珠"，以及"积钱不如教子，闲坐不如读书"等。这些富于人文精神的教育，形成了客家地区浓厚的耕读之风，这些都是客家妇女直接家教的功劳。另外，即使生活再困难，客家妇女也要送子女读书，所谓"讨食也要缴子女读书"，俗称"喉咙省出缴子读，只望孩儿美名扬"。

三、客家妇女现象的历史成因

客家族群一直以来被界定为汉民族中保持中华传统文化最为完整的一个民系，客家文化也被誉为"中国传统文化的活化石"。从客家妇女的文化表现去观察，可以发现其中所蕴含的却是反传统的文化内涵，似乎是与汉文化完全截然不同的另一种文化模式。

然而细考客家文化形成的历史过程，恰恰可以印证以汉文化为主要载体的中华文化在几千年形成、发展过程中的"滚雪球"轨迹。发源于中原地区的儒家文化在向周边地区传播过程中，正是不断吸纳、融合不同区域的本土文化，才为儒家文化注入了源源不断的发展动力，经过五千年的传承，使得中华文化成为一种海纳百川、有容乃大的文明,至今屹立在世界的东方。客家妇女"现象"就是一个最好的例证。

影响客家妇女思想、行为的主要因素是复杂的。从历史文化的积淀来看,上层部分则是儒家礼教文化(以宋明理学为主),而底层部分应是草根文化或曰本土文化。

(一)岭南地区土著"女劳男逸"社会分工的沿袭

历史上的岭南通称为"百越之地"。"百越"又作"百粤",有东越、闽越、瓯越、于越、西越、骆越、南越之分,大致包括浙江南部,广东、福建、广西全部,安徽、江西、湖南、贵州的部分地区以及越南的大部分。其中闽西、粤东又是百越中"七闽"部落的领域。据《周礼》记载,"闽"是南方土著"蛮"的一支,"七闽"则是指闽的七个部落,后来转义为七闽部落的分布地。赣南不属于七闽的领地,它"春秋为吴越地。战国越灭,为楚地"。但为楚地只是政治上所属,所居的主要仍是越人。

直到秦代,粤东、闽西、赣南居住的都是统称为"百越"的岭南土著。汉武帝时,闽粤国和南海国被灭,人民被迫迁移到江淮,一部分不愿迁移的人逃匿于深山密林中。此后直至唐代中叶,赣闽粤交界区域的情况在史书上记载很少。据文献所载,自唐初至宋末,赣闽粤交界区域以及邻近的郴州、吉州、漳州、泉州、广州等地,土著的势力均很强大,汉人的势力基本上尚未进入这一区域。这些地区土著的名称有俚、骆越、越人、夷僚、蛮夷、峒蛮、蛮蜑、峒寇、峒僚、山越、畲、輋、傜、蜑等多种叫法。这些不同称呼的土著有的是古代越族特别是闽越族的后裔,有的则是盘瓠蛮迁入赣闽粤边区演化而来的。他们中有些是当今畲族的先民,有的则成为客家人的先民。

宋代以后,客家先民在赣闽粤这块土地上,与土著长期劳动、生活在一起,文化互相涵化,习俗互相影响,今天在很多方面虽已难分彼此,但仍然可以看出客家文化习俗的许多方面都受到本土文化的影响。根据学者们的研究,本土文化对客家妇女的影响是多方面的,如饮食、服饰、婚嫁、丧葬、文艺、神灵崇拜、民间信仰等领域的"奇特"习俗,均是受本土文化影响所致。其中,服饰方面的高髻、船子髻、三把簪,葬俗方面的捡骨葬,文艺方面的山歌渊源,宗教信仰方面的三山国王、蛇神、猎神、石崇拜和树崇拜,等等,都来源于岭南土著的文化传统。此外,饮食方面的绿荷包饭、稜米,丧葬方面的买水浴尸,婚嫁方面的转亲、抢婚,宗教信仰方面的婆太崇拜,生产生活习俗方面的天足、女劳男逸,命名习俗中的郎名和法名,等等,也都是岭南土著习俗的承传,或受到岭南土著文化的强烈影响。

不少学者认为客家妇女的这一特质是受岭南土著"女劳男逸"习俗的影响。在宋代,岭南已流行"女劳男逸"之风。宋周去非《岭外代答·蛮俗门》记载:"余观深广之女,何其多且盛也。……妇人则黑肌充肥,少疾多力。城郭虚市负贩逐利,率妇人也。……为之夫者,终日抱子而游,无子则袖手安居。"南宋晚年任官于广东西路的李曾伯,对邕州所属武缘、宣化两县风俗写道:"樵苏种获,与夫负贩趁墟,皆付之妇人;而为丈夫者,却抱哺炊爨,坐守茅庐,盖其气力反妇女之不若。"①

女劳男逸在岭南地区很常见。北宋乐史《太平寰宇记》卷二五九《循州·风俗》载:"织竹为布,人多僚蛮,妇市,男子坐家。"循州在粤东,长乐、兴宁、龙川等县都在宋代循州境内。这则史料反映古代粤东僚蛮妇女既做家务又干农活,有的还做生意,揭示其时其地僚蛮妇女在社会经济生活中起到了比男人更重要的作用。这样的一幅社会生活风俗图画,为近代以来客家妇女勤劳能干,提供了一个最合理的解释:那就是受其先民岭南土著风俗影响所致。

因此,在明清客家地区的文献记载中,客家妇女大都沿袭了岭南土著"女劳男逸"的习气。明代的惠州地区,"妇人为市,男子坐家"②已成为当地男女社会性别分工的一种常态。屈大均《广东新语·女语》卷八"长乐、兴宁妇女"条载:"其男即力于农乎,然女作乃登于男。厥夫畲,厥妇播而获之,农之隙,昼则薪丞,夜则纺绩,竭筋力以穷其岁年。盎有余粟,则其夫辄求之酤家矣。故论女功者,以是为首。增城绥福都亦然。妇不耕锄即采葛,其夫在室中哺子而已。夫反为妇,妇之事夫尽任之。谓夫逸妇劳,乃为风俗之善云。"清代另一学者吴震方《岭南杂记》云:"至于惠州水城门外,妇女日日汲江水而卖,大埔、石上、丰市妇女挑盐肩水,往来如织,雇夫过山,辄以女应,红颜落此,真在羼提劫中矣。"广东的兴宁、长乐(即今五华)、增城、惠州、大埔等地,均是客家人聚居地。《广东新语》《岭南杂记》均成书于清朝康熙年间。屈大均、吴震方记述了当时客家妇女"竭筋以穷其岁年"的辛勤之状,举凡耕锄、采薪、纺织、肩挑、雇工等等,无所不为。可见,客家"夫逸妇劳"之习,由来已久。

(二)近代客家人下南洋的结果

明清以来,客家地区人口剧增,"八山一水一分田"的山区环境,使得客家地区人地关系显得尤为紧张。据《光绪嘉应州志·食货》统计,明洪武二十四年(1391)梅县共有1686户、6989人,人均占有田地、山、塘29.6亩,到嘉靖十一年(1532),人口增至3097户、38366人,人均占有田地、山、塘8.8亩,不及明初的1/3。这种情

---

① 参见(宋)李伯曾:《可续斋存稿·后集》卷七。
② 参见《嘉靖广东通志》卷二○《风俗·惠州府》。

况到清代中叶更为严重。《光绪嘉应州志·丛谈》记载"嘉应、镇平不下三十万户，一岁所收，仅备三月"。于是，人地关系紧张导致粤东客家地区社会生态剧变，"州俗土瘠民贫，山多田少，男子谋生，各抱四方之志，而家事多任之妇人，故乡村妇女耕田、采樵、缉麻、缝纫、中馈之事，无不为之"。为了谋生，青壮年男子纷纷远离家乡，到周边的湖广、江西、四川及江浙一带经商、做工，寻求生计。特别是鸦片战争以后，汕头、香港等沿海地区沦为通商口岸，许多人漂洋过海，到东南亚一带谋生，南洋成为客家人的主要谋生地。

  自海禁大开，民之趋南洋者若鹜。始至为人雇佣，迟之又久囊橐，稍有余积，始能自为经纪，其近者或三四年五七年始一归家，其远者或十余年二十余年始一归家，甚有童年而往，皓首而归者。当其出门之始，或上有衰亲，下有弱子，田园庐墓概责妇人为之经理。或妻为童养媳，未及成婚，迫于饥寒，遽出谋生者往往有之。然而妇女在家，出则任田园、樵苏之役，入则任中馈、缝纫之事，古乐府所谓"健妇持门户，亦胜一丈夫"，不啻为吾州之言也。其或番银常来，则为之立产业、营新居、谋婚嫁、延师课子，莫不井井有条。其或久贼远游，杳无音信，亦多食贫攻苦，以俟其归，不萌他志。凡州人之所以能远游谋生，亲故相因依，近年益倚南洋为外府，而出门不作悯悯之状者，皆赖有妇人为之内助也。向使吾州妇女亦如他处缠足，则寸步难移，诸事倚任婢媪，而男子转多内顾之忧，必不能怀远志矣。其近山诸乡，妇女上山樵采负薪入市求售，以谋升斗者，尤为勤苦。①

  可以说清代以来客家地区男性劳动力的流失，导致客家地区女多男少、性别比例严重失衡，自然而然地将客家妇女驱赶出家庭，承担起大量的农业劳动，成为乡村的主要劳动力。她们或在田间耕作，或在山间伐薪，或在市肆贩卖，无所不能，成为维系客家乡村社会运转的主要角色。

  徐珂编撰《清稗类钞·风俗类》记大埔妇女：

  日出而作，日入而息，自奉俭约，绝无怠惰骄奢之性，于勤俭二字，当之无愧。至其职业，则以终日跣足，故田园种植，耕作者十居七八。即以种稻言之，除犁田、插秧必用男子外，凡下种、耘田、施肥、收获等事，多用女子。光、宣间，盛行种烟，亦多由女子料理。种烟晒烟等法，往往较男子为优。其余种瓜果、植蔬菜等事，则纯由女子任之。又高陂一带，产陶颇多，其陶器之担运，亦多由女子承其役。各处商店出进货物，或由此市运至彼市，所用挑夫，女子实居其半。其余为人家佣工供杂作者，

---

① 参见《光绪嘉应州志》卷八《礼俗》。

亦多有之。又有小贩，则寡妇或贫妇为多。又除少数富家妇女外，无不上山樵采者，所采之薪，自用而有余，辄担入市中卖之。居山僻者，多以此为业。又勤于织布，惟所织者多属自用耳。总之，大埔女子，能自立，能勤俭，而坚苦耐劳诸美德无不备具，故能营各种职业以减轻男子之担负。其中道失夫者，更能不辞劳瘁，养翁姑，教子女，以曲尽为妇之道，甚至有男子不务正业而赖其妻养之者。至若持家务主中馈，犹余事耳。

从以上记述中可以看到，清代以来客家地区妇女除了担负家庭中常规性家务活外，举凡田园劳动、经商负贩、挑担佣工等无所不能，在很大程度上是近代客家地区社会环境变迁的结果。

（三）荒凉的气候与贫瘠的土地造就了客家妇女的"钢筋铁骨"

人地关系理论认为，人类的社会实践和观念意识中长期孕育出来的价值观念、思维方式、道德情操、审美情趣等等，都是对特定的自然、社会环境的一种文化适应。客家妇女的行为特征亦然，同样离不开自然环境的影响。

客家人所生活的大本营地区即赣闽粤三省交界的山区，直至唐宋时期一直为"瘴疠之区"，"人烟罕至""山高水冷""林菁深密""瘴气熏人"诸如此类的词语多是对这一区域的描述。赣南直至明初仍是地广人稀的烟瘴之区。闽西汀州府"崇山峻岭，在山谷斗绝之地，西邻赣吉，南接潮梅，山重水远，率多旷野"[1]。地处粤东客家地区的梅州，直至清代生存环境仍是一种"穷山恶水"的图像——"十分之八属山岭起伏峻陡之地，无平原广陌，其因多在山谷间，高者恒苦旱，下者恒苦涝"[2]，许多地方"林菁深密，野象横生，鳄鱼肆虐，瘴气熏人"，景象十分荒凉。明代大儒杨士奇在其《送张玉鸣序》[3]中描述："赣为郡，居江右上游，所治十邑皆僻远，民少而散处山溪涧，或数十里不见民居，……而岩壑深邃，瘴烟毒雾"，其中的兴国县"山深谷邃，绝少平原，求方里之地可画一井者，十不得一二焉。且近邑之田水低土高，得雨常丰；六乡之田，雨多常歉，兼以山溪瀑流，时苦冲决"[4]。以上对于赣闽粤客家地区的环境描述，足见客家人生活的山区环境之困苦。

客家人所处多为山区，山多田少，土瘠民贫，决定了客家族群在农业生产活动中

---

[1] 参见《临汀志·土产》。
[2] 参见《乾隆嘉应州志·水利》。
[3] 参见《同治赣州府志·风俗》。
[4] 参见《康熙兴国县志》卷四。

付出多，产出少，因此，在环境恶劣、资源匮乏的山区，单单依靠男人的"耕耘"无法维系家庭的生存，客家人必须改变汉人社会"男主外，女主内"的男耕女织的性别分工模式，妇女和男人一样走出家庭，深入田间地头参加农业生产活动，才能满足果腹蔽体之需。久而久之，形成了客家妇女"出得厅堂、入得厨房、相夫教子"、里里外外一把手的社会形象。

第五节 饮食文化

客家俗语云："日求三餐，夜求一宿。"足见饮食于客家族群的日常生活之重要性。在客家文化形成发展的漫长历史进程中，客家族群创造了极具区域和族群特色的，包括饮食观念、饮食礼仪、烹调技术、菜肴品样、饮食器具及有关人物轶闻、历史掌故等诸多方面内容的饮食文化，成为人们探究客家族群独特历史文化和精神世界的一个重要"窗口"。

一、客家饮食文化的形成

客家饮食文化的形成与客家族群形成的历史及其生存的自然、人文环境息息相关，是客家文化的日常生活影像，其形成的背景大致包括如下几个方面：

（一）对中原饮食文化的传承是客家饮食文化形成的源头

"群雄争中土，黎庶走南疆。"据20世纪30年代客家研究的奠基者罗香林考证，历史上北方的中原汉人由于战争、饥荒等社会变乱而向南方迁移，最终定居于赣闽粤交界山区。此后又向云贵川等周边省份及海外播衍，从而形成了一支个性鲜明、分布广袤的客家族群。总体而言，客家人主要生活在封闭、落后、人烟稀少的山区，所谓"逢山必有客，无客不住山"。长期封闭的聚居生活使得他们的生活习俗、语言、饮食习惯等得以世代相传。"日久他乡是故乡"，虽然受移居地的自然环境、生活方式和当地土著文化影响，客家人逐渐产生了适应新的生存环境的文化认同感；但是深受中原文化熏陶的"祖根意识"仍是客家人无法违逆的一块心结,他们在接受当地生活方式、生活环境和食材现实的同时,巧妙地把北方中原的饮食习惯、烹饪手法融入其中。于是,具有古中原特色的菜肴风味也自然地保留了下来。今天粤东客家地区标志性的食物——酿豆腐,则是客家饮食文化秉承中原饮食文化的鲜活证据。关于客家酿豆腐的来由,民间普遍认为源于习惯在北方吃饺子的客家人,来到南方山区,苦于当地不产小麦,无法制作饺子,因思念故乡的饺子而采取的一种变通的饮食。中秋吃月饼的习俗也有类似的来历。历史上,汉民族在中秋节流行烙一种有象征团圆、类似月饼的小饼子的习俗。烙饼内包含糖、芝麻、桂花和蔬菜等,外压月亮、桂树、兔子等图案,并以此祭月。之后,由家中长者将饼按人数分切成块,每人一块,如有人不在家即为其留下一份,表示合家团圆。不过在客家地区,人们对于中秋吃月饼的来历却有独特的解释。客家地区民间有这样一个传说:南宋时,北方一些汉人不满金人入侵中原,准备组织反抗,但是金人控制很严,为了传递消息,统一行动,就把写有"八月十五杀鞑子(指金兵)"的字条藏在月饼中,用送月饼的方式联络群众。后来,八月十五成为一个民间的纪念日,无论南方、北方,都继承了八月十五互送月饼的传统。由此可见客家地区吃月饼的习俗,强调的不是团圆的象征,而是为了纪念久居中原的客家人反抗异族"高压统治"。

(二)独特的自然地理环境是客家饮食文化形成的基础

客家族群生活的赣闽粤山区,山高水冷,低湿雾重,食物喜温热,忌寒凉,故多用煎炒,少食生冷,菜肴多呈现"烧(热)、香"之特色。山区生活劳动强度大、劳作时间长,需要较多脂肪和盐分补充大量消耗的热能,故饮食又多喜"咸、油"。客家地区山岭重叠,交通不便,所需食材多为就地取材,用以入馔的食材都是家养禽畜,加之以山区资源的贫乏,客家人常常因陋就简,充分挖掘客家山区的自然资源,用以制备咸菜、菜干、萝卜干等耐吃耐留的食物,故又喜食"陈、野、杂"。

历史上,客家地区多为"荒蛮、瘴疠"之区,长期的生活经验积累,形成客家饮食中的保健观念。主要表现在客家食物、药物和补品的调理上。客家人会根据季节的变换调整食物习惯,如"冬至羊、夏至狗"。客家人在传统观念中一向以阴阳对立的模型来判断个体的存在是冷是热,因此,冬天气候冷时,他们则多使用热性食物补充,如用温性的羊肉滋补身体以抗寒。客家人嗜好的家酿糯米酒,也具有滋补作用。夏天则多吃凉性食品,如仙人粄。客家人注重饮食保健,在取料上注重配料在食疗中的相辅相成,充分利用药物的保健功能,把一些药物当成平常食物食用,如枸杞、沙参玉

竹、天麻、土茯等都常出现在客家人的饭桌上。客家人还把一些药茶当成家庭普遍饮用的饮品，如消暑怯痧的"布惊仁茶"、去滞止泻的"萝卜苗茶"，充分体现了客家人"天人合一"的中庸思想。这同时也是客家地区药店、凉茶店随街可见的原因。

（三）南方土著饮食习俗与客家饮食文化的融合

人类学的文化传播理论启示，不同民族或族群间文化的影响和融合是双向互动的。客家文化在形成过程中既传承了祖居地的中原汉文化传统，又吸取了沿途的诸多文化特色，更善于与聚居地的土著文化相融合，这便形成了客家文化海纳百川的多元一体的特性。客家人所生活的南方山区，历史上多为畲瑶之地，现存的很多饮食文化多受其影响，形成了极具南方少数民族特色的文化特征。

首先是食材的采借。最为典型的为客家人很重视的棱米，就是从畲族学来的。杨澜《临汀汇考》卷四《物产考》载："汀人……又有棱米，又名畲米。畲客开山种树，掘烧乱草，乘土暖种之，分粘木粘二种，四月种，九月收。"说明棱米本为畲民特产，后来却成为汀州客家人重要的粮食作物之一。

此外，客家地区最具特色的风味食物，如盐焗鸡、老鼠干、鱼生、擂茶等，都是客家人不断向当地畲、瑶等土著居民学习的产物。僚人是岭南地区的土著居民，历史上闽西宁化一带，正是僚人分布最集中的地区之一。当时的岭南土著自古就有吃田鼠的习惯。因而宁化制作和食用老鼠干的习俗，应是客家人从僚人的饮食习俗采借而来。当然这种学习是一种借鉴和改造："蛮撩"吃"蜜哪"是生吃，茹毛饮血；客家人的老鼠干是精心制作的美食，包含着丰富的烹饪学、营养学、药用食物学知识。

在食器方面，客家传统社会喜欢用竹筒装饭，以方便出外劳动时携带，发展到现在许多食肆流行竹筒饭（用竹筒盛米蒸熟而成，简称竹筒饭）。这种习惯应该源于当地土著居民越人的"绿荷包饭"。唐代柳宗元有诗《柳州峒氓》为证："郡城南下接通津，异服殊音不可亲。青箬裹盐归峒客，绿荷包饭趁虚人。"诗中所言"绿荷包饭"就是古代百越民族的重要饮食风俗，说明客家地区的"竹筒饭"应该是从越人所学，以适应生活在山区的客家人的劳作之需要。

二、客家饮食文化的特色

"一方水土养一方人，一方人制作一方风味"。客家人运用本地居民擅长和习惯的独特技艺，既保留有中原饮食传统，又融合了当地山区原汁原味的饮食习惯，制作出了适合客家人食用的风味菜肴，从而形成了别具一格的客家饮食文化。

（一）食材多、杂

客家食品原料主要以稻米、畜禽、山珍、果蔬为主。客家地区主要是南方山区，以生产稻米为主，旱作主要有玉米、红薯、芋头、木薯、黄豆、黄粟，畜禽为猪、牛、羊、鸡、鹅、鸭，水产有河鲜、塘鲜，还有种类繁多的山中飞禽、走兽、蛇虫、瓜果、菌藻，以及根、茎、花、叶、实。由此，形成客家菜品种丰富的特色。粤东梅州客家名菜如酿豆腐、盐焗鸡，梅菜扣肉、豆腐干、姜油鸡等等，都是客家人利用上述原料制作的佳品。梅州的风味小吃则以当地盛产的大米、豆类、薯、芋为主要原料，伴以白糖、红糖等甜料，经巧手加工而成，具有浓郁的乡野风味，其中尤以"粄"和"糍"最具特色。客家菜肴的调味品也独具特色，姜和萝卜是客家人最常使用的烹饪原料，单萝卜就可以制成各种不同风味的菜肴，如萝卜粄、萝卜糕、萝卜丸、萝卜醋熘鱼等。客家人尤其对姜情有独钟，客家妇女坐月子吃的鸡酒、小吃鸭松羹中姜是主料，有时炒牛肉、牛双肮只用姜丝做辅料，蒸鱼、汤圆、番薯糖水、炒南瓜也加姜调味，甚至在温热的客家糯米酒中加姜。这些风味特色的菜肴不仅仅是美食，而且是防病、治病的绿色健康营养食品。客家人开发的食材多、杂，正所谓"地尽其用"。

（二）味重"肥、咸、香、烧、陈"

山高水冷、山区重体力劳动形成了客家饮食"咸、肥、烧"特点，以补充力气，祛除寒凉；客家人崇尚节俭，有限的荤类食材多用来腌制以备年节待客所需，多余的蔬菜则多制成咸菜以备年荒和不时之需，如梅菜、萝卜干等，因此客家饮食多"陈、香"。咸：客家菜偏咸，甚至有"吃在客家，咸是一绝"之说，客家人认为"咸便香"。肥：客家菜普遍用油很重，肉食多选五花肉甚至纯肥肉，馅料多用半肥瘦，有的菜半油半汤，如酿豆腐、梅菜扣肉；有的地方炒"老鼠粄"之类，油多如汤，总之，以香口为佳。熟：一是多吃熟食，甚至少吃凉拌菜；二是不论肉食或是蔬菜，都要"赶烧"（趁热），忌生冷不熟。陈：喜吃干、腌菜、肉食亦如此。年节往往提早宰杀禽畜，或卤或腌或晒，以"陈"料待客，与爱吃鲜活的其他菜系如潮州菜等大为不同。

（三）烹法古老而精妙

据统计，烹制客家菜常使用的方法有50种以上，而且方法独到，形成了客家饮食的一大特色。客家菜的制作除运用其他菜系常用的煎、炸、炒、烧、焖、炀等以外，还继承了古老的石烹、竹烹（竹筒田鸡饭、竹筒排骨等），并首创了盐烹，盐焗鸡便是由此法而制成。"酿"也是非常富有客家特色的制作工艺，就是将调好味的馅置于另一种食物当中。客家人几乎无所不酿，如酿豆腐、酿茄子、酿苦瓜等，最终形成一系列"酿"菜。客家菜制作工序复杂，如我们熟悉的客家名菜——酿豆腐，所用的豆腐是客家人用自制的石磨把黄豆磨出豆浆，加入卤水或石膏点化降解沉淀而成的。"以味为核心""以养生为目的"是客家食文化的根基，因此客家菜肴多煮焖而少烧烤，大部分地区都是用温火烹制食品。其中炒类虽用旺火，但它炒的程度也只限于去生，绝没有到焦的地步。正因为如此，烹制客家菜的时间一般比较长，吃起来比较脆烂，营养、味美。许多客家小吃的做法也很复杂、精巧，如独具客家特色的"粄"，其制作过程是先把米浸泡，再磨成米浆，用碓舂踏出来，再文火蒸熟。客家菜肴制作的独特性的形成是经过长时期积淀的，客家人在长期的迁徙过程中，吸收了沿途的烹饪技艺，在定居岭南以后，根据岭南一带的气候条件、地理环境、物产等特征，把中原的传统烹调技艺、沿途吸收的烹饪技法以及当地的烹饪技术加以融合渗透、兼收并蓄，创造出独具特色的客家菜烹饪技巧，展现出其独特的魅力。

（四）文化内涵丰富

客家饮食历史悠久，文化底蕴深厚。客家饮食习俗中包含了许多风土人情、历史掌故、名人轶事，同时也是客家族群的性格、观念以及审美情趣等丰富的内心世界的体现。一是客家人平素饮食节俭，不事奢华，而待人接客则十分大方，讲究"六碗八盆十样"，菜肴实惠量足，盛器多用盆、钵、大碗，有古民遗风；二是尊老知礼。客家人设筵用八仙方桌，依辈分排座次，席间礼规繁多，吃鸡以鸡头敬老，上座留空位于已故先祖，以示敬礼，席间小辈给长辈敬菜、敬酒，等等；三是追求吉祥。如客家人筵席第一道菜上鸡，有"无鸡不成筵"之说，既取"鸡、吉"谐音，又取鸡为掌管人间吉祥之鸟之意。客家人的这些饮食习俗反映出浓厚的传统文化观念。

客家许多民间美食的命名或制作过程也包含许多故事，除了平时广为人知的"笑粄"（发粄），酿豆腐等客家菜肴外，客家饮食习俗中蕴涵着深厚的思想文化底蕴。客家地区流传久远的"挟食"习俗,就是客家人重孝道的传统美德的鲜活反映。在粤东兴(宁)梅(县)一带,凡喜庆宴请,参加宴饮的客家妇女会将自己舍不得吃的佳肴挟在预先准备好的盛器里,以便带回家去给亲人长辈吃,这种习俗谓之"挟食"。为什么会有这种风俗呢?据说古时候,有个妹子叫小凤,她嫁到西村,过门不久丈夫和公公相继去世,家境贫寒,婆媳相依为命。有次村里朱富伯大寿,要小凤去帮厨,席间小凤看见丰盛的佳肴舍不得吃,只喝些汤,把肉挟在空碗里。散席后,想带回去给婆婆吃。不料走到家门口,一个趔趄,一碗菜全倒掉了。小凤难过之极,婆婆连忙劝说:没关系,把肉拾起来洗净煮热再吃就是了。有一天,雷电交加,小凤以为给婆婆吃了"倒地肉",雷公要打她,在家遭雷打会殃及婆婆,于是冲出村外的古树下等候雷公劈。婆婆得知,连忙追去,只见"轰隆"一声,大树倒地,小凤却躺在银堆上。婆婆叫醒小凤,惊喜交集,说不出话来。自此,小凤过上了幸福的日子,并时时接济邻居,而"挟食"的习俗便蔚然成风。这一客家人古朴的敬老饮食习俗,讴歌了客家人尊老爱幼、善良朴实的优秀传统美德。

(五) 药食同源,注重养生保健

古人云"养生之道,莫先于饮食",而客家人在这方面有着丰富的实践经验。客家菜讲究合理搭配,讲究效用,有多用药材调理阴阳,根据时令增减食物品种等习惯。如艾草板,也叫清明板,是客家人清明时节常吃的一种小吃,客家人的这种饮食习俗,是因为清明为农历的三月,在传统社会地处岭南山区的客家地区每到这个时期是瘴疠最为盛行的季节,也是最容易患上各种疾病的季节,而艾草板中的艾草具有去湿热、除百毒等治病功能。

许多客家食品,有着良好的食疗保健功能。如:五叶神具有人参的作用而没有人参的副作用,能把低密度脂肪转变为高密度脂肪供人体使用;千斤拔补气固表;牛奶树茎有清热、滋阴降火、健脾开胃、溢气生津、祛湿化滞、清肝润肺等作用。粤东客家民间善于应用中药的食疗保健作用,在日常生活中,许多客家人会选用药食配合普通食品,如生地土茯、生姜、山楂、淮山、芡实、杞子、天麻、红枣、百合、冬虫草等等。民间还把食物的功用主治与药物等同起来使用,如:牛肉能补脾胃益气血,牛肉作用等同黄氏;鸡肉功用比作党参,等等。客家人平日饮食注重营养全面、荤素相结合的观念包含着现代营养学思想。平衡膳食结构、注重药食功效保健,形成了客家文化的另一特色。这也反映出客家人在千百年的生活实践中,勤于探索养生之道,善于总结保健经验,注重利用自然潜藏的科学道理。

三、客家饮食文化的传承与发展

饮食作为一种文化,它是环境的产物,也是历史积淀、文化交融的结果。在社会经济快速发展与转型,文化生存的土壤不断发生改变与变迁的新形势下,如何顺应潮流,引领客家饮食文化更好地传承与发展,成为新时代的一个文化课题。传承客家饮食文化应该在继承传统、保持特色的同时,不断创新、勇于开拓,以延续客家饮食文化的生命力。

(一)不断挖掘客家饮食中的健康理念,迎合现代潮流

现代人追求"绿色、健康、营养、品位",消费者也注重对口味的细分,以客家土特产为背景的绿色食材、保健食品以及原汁原味的家常菜在追求返璞归真和崇尚自然饮食风尚背景下受到了追捧,所以,传承和发展客家菜首先要利用好客家山区空气好、水质好等绿色环境资源,大力发展蔬菜、水果种植业和水产、畜牧养殖业,以健康、丰富的动植物资源作为发展客家饮食的资源支点,充分展示客家菜的绿色环保食材理念。"食材好,食才好"。同时要在烹饪手法和烹饪理念上深挖传统,走健康、营养的烹饪之路。客家菜的一大特色便是食物的原汁原味,其原因除却在烹饪过程中较少添加佐料外,便是在烹饪方法上保存了许多古老的烹饪方法。如客家菜烹饪方法以"煮、煲、蒸、烩、炖"居多,既保持事物原有的香味,又不轻易破坏食物本身的营养成分。此外,客家菜还特别注重养生保健,讲究效用,典型的如客家地区的各种药膳汤。

(二)去"粗"存"精",改变客家饮食"粗大"形色

在中国八大菜系或十大菜系中,客家菜占无半席之位。长期以来客家菜只是客家人果腹充饥的粗茶淡饭,登不得大雅之堂,以致客家菜在台湾被称为"妈妈菜"。客家菜的提出只是近几十年由于客家文化研究"热"的出现而带出的一个菜名,很长时间客家菜都是隐蔽在东江菜的称呼里。现在我们提到客家菜,蹦出的一个形象便是"没有看相",给人一种粗大的印象,如大块的梅菜扣肉、大块的酿豆腐、红焖肉等。此外,在装盘上非常淳朴,传统都是大碗装盛。所以传统客家地区的筵席有"八大碗""十大碗"之说,以食物的量足来显示主人的盛情和大方。客家菜在今后的传承、发展中要重创新、包装精致的发展之路。如传统客家菜有"肥、咸、香、熟、陈"的特色,

可以保留"香"的传统特色,剔除"肥、咸、陈";同时,在菜品的外在形象上去粗存精、做精做细,从装盘包装加强品位与档次。另外,要对行业管理者进行培训,吸收现代管理理念,对产品进行文化包装,形成品牌,满足现代人对食物"色、香、味"的视觉、嗅觉、味觉的三合一需求。

客家民间发粄

客家民间笋粄

(三)注重文化营造,彰显文化魅力

随着人们生活水平的提高和社会文明的进步,人们对饮食文化的追求由浅层次向更深层次发展,促使饮食文化逐渐摆脱对物欲的单纯追求,升华为一种精神享受,向往一种在饮食活动中吃出品味、吃出文化的饮食情趣。因此,我们必须用客家传统文化打造客家菜文化底蕴,全方位展示客家菜文化特色。

目前,大部分客家餐馆缺乏客家文化的装饰,使得客家菜的文化背景单调、杂乱。在餐馆设计方面,设计者可以加入客家文化元素,形成较强的氛围,通过建筑形式使宾客和社会公众感知其具备客家文化品位,从而使餐馆具有历史文化的人文美,传递更为丰富的文化信息和内涵,让顾客在心灵上产生共鸣。还有,我们知道有许多客家菜,是每个菜都有一个典故,随着历史的变迁,已蒙上了神秘的色彩。我们要抓好这些耐人寻味的客菜典故的收集整理,编印成册,在顾客就餐席间,或让服务员即席介绍,或随席赠送"小册",既推介客家菜,又让顾客带走文化,留下美味和回味。

客家饮食文化具有特殊的形成历史,积淀了深厚的文化底蕴,具有相当的生命力。现代社会,时过境迁,从农耕社会过渡到工业社会,再进入当代信息社会,客家饮食文化要适应新时代的变化,迎合现代市场需求,满足消费者的各种需求,就必须与时俱进,在理论和实践层面,加强挖掘、整理,在继承传统、保持特色的基础上不断创新、开拓,丰富、发展和提升客家饮食文化的内涵,实现客家文化更好地传承与发展。

拓展阅读：

李泳集：《性别与文化：客家妇女研究的新视野》，广东人民出版社，1996

谢重光：《客家文化与妇女生活：12—20世纪客家妇女研究》，上海古籍出版社，2005

房学嘉：《客家风俗》，暨南大学出版社，2015

宋德剑、罗鑫：《客家饮食》，暨南大学出版社，2015

宋德剑：《民间信仰、客家族群与地域社会：粤东梅州地区的重点研究》，暨南大学出版社，2015

方言及其熟语

客家方言也称为"客家话"或"客方言"。就汉语的七大方言来说，这种命名与众不同，其他方言（即北方方言、吴语、湘语、赣语、闽语、粤语）的命名都和通行的地区相关，唯独客家方言的命名和讲这种方言的人有关。之所以有这样的名称，是因为它的形成和别的方言不太一样，"它是由于集团性的人群迁徙而形成的'移民集团'的方言"[①]。在以往的地方志中，多把客家方言称作"山话"，这是着眼于它的通行地域，反映

---

① 李新魁. 广东的方言[M]. 广州：广东人民出版社，1994：446.

了与"山"相关的内容。客家山歌描绘的"山中山谷起山坡,山前山后树山多。山间山田荫山水,山人山上唱山歌",正是客家方言所反映的内容。而操这种话的人——客家人,也就是地道的"山民"了。

操客家方言的人有一种强烈的语言心理:"宁卖祖宗田,不忘祖宗言。"从广东迁徙出去的客家人,无论是在四川、广西,还是在香港、台湾,甚至海外特别是东南亚一带,都能用自己所讲的客家方言和原居地客家人进行交流。其根本的原因就是客家人把语言看作民系的标志,坚定不移地使用和保留它,因此迁徙者虽历经多代但仍能"守其语言不变",与迁出地的客家方言没有什么大的差别。这种有意识地顽强保留方言母语的语言心理,在别的方言区罕见。

本章将重点介绍客家方言的形成、分布及其与周边方言的关系,客家民间流行的谚语与歇后语等熟语。

第一节 客家方言的分布

一、基本情况

客家方言主要分布在我国的江西、福建、广东和广西、四川、湖南、海南、香港、台湾部分地区，总共 200 多个县市。其中主要的区域是江西南部、福建西部和广东东部、中部、北部，这一带是赣闽粤边区，是客家人最集中的大本营地区，因而也是客家方言最流行的地区。东南亚的印度尼西亚、马来西亚、新加坡、泰国、越南、菲律宾以及美洲的华侨、华裔中也有不少讲客家方言的。

就使用人口来说，江西约有 800 万，广东约有 2300 万，福建约有 300 万，湖南约有 300 万。加上广西、四川、海南、台湾、香港以及海外华人、华裔的客家方言人口，总计 4400 万。[①]

从表现来看，对客家方言的称呼在各地不尽相同：在广东称为"客话""客家话""客家语"。在梅县还称为"阿姆话"（阿姆：母亲，本字是"阿婆"）和"山话"。在广西称为"新民话""麻介话""㑨话"（粤西、海南也称"㑨话"，粤西还有"大㑨"和"小㑨"之分）。在四川称为"土广东话"。在湖南称为"广东话"或"客家话""客边话""客姓话"。在江西称为"广东话""客籍话""河源声""怀远话"等。"阿姆话""麻介话""㑨话"是以客家方言的特殊词（亲属称谓词、代词）来命名的；"客家话""客边话""客姓话""客籍话""新民话""怀远话"是以说这种话的移民的特殊性来命名的；"广东话""土广东话""河源声"是以移民的来源地来命名的；"山话"是从客家方言的地理环境来命名的。这些名称从不同角度反映了客家方言的某种特性。现在，人们习惯称之为"客家话"或"客家方言"（简称"客方言"）。

[①] 谢留文，黄雪贞. 客家方言的分区 [J]. 方言，2007（3）.

二、广东境内的分布情况

广东境内的客家方言,主要分布在粤东、粤中、粤北和粤西较为偏僻的山区地带。

(一) 粤东

在粤东地区,客家方言主要分布在梅州市及邻近的潮汕一带,包括梅州市区、梅县、蕉岭、平远、兴宁、五华、大埔、丰顺、揭西等地,揭阳、饶平、普宁、惠来、潮阳、陆丰、陆河、海丰等县市也有一部分地区使用客家方言。

梅州市是客家方言的中心区域,具有客家方言的典型特征,而且对外扩张,与它有地缘关系或移民关系的地方都有它的影响。原《中国语言地图集》将该区分为嘉应小片和兴华小片。嘉应小片包括梅州市区、梅县、蕉岭、平远;兴华小片包括兴宁、大埔、丰顺、五华。从语音和词汇看,兴华小片可进一步分为大埔、丰顺片和兴宁、五华片。

无论在学界还是民间,梅县话都是客家方言的代表,是不少外地客家人维持或仿效的对象。其中原因有:第一,地理位置的原因。梅县所在的嘉应州(即今梅州),从明代至清代以及进入民国之后,一直是粤东地区重要的州府之一,而梅县是嘉应州的政治、文化、经济中心,一直是州(府)治所在地。第二,移民的原因。近代几百年间,许多地方的客家人,都是梅县一带居民迁移出去的。在他们心目中,梅县始终维持着近代客家主要聚散地或祖居地的地位。第三,客家意识的原因。梅县所在的嘉应州,一直是粤东地区重要的州府之一。这一带是客家意识最早出现的地方,目前仍然是客家意识最强烈的地方。相比之下,赣南、闽西客家地区客家意识产生较晚,是从梅州一带流传过去的,现今也不如梅州强烈。第四,方言本身的原因。梅县所在的梅州市客家方言内部一致性很强,各县(市、区)之间用客家话交流没有什么问题。梅县话在本地区有典型性,民间以之为"标准"。

潮汕一带的各县(市),客家方言往往与潮汕方言比邻分布或交叉分布,客家方言受潮汕方言的影响较大。饶平县与大埔交界的地区如上饶、上善、饶洋、建饶、新丰等镇基本上使用客家方言。揭西县河婆镇以北的地区,是客家方言流行区域。揭阳市与揭西接壤的几个乡镇如玉湖、白塔、新亨三镇的一部分和龙尾镇使用客家方言。陆丰、陆河、海丰三县的北部山区使用客家方言。普宁市的客家方言主要分布在本市西南部山区与陆河及陆丰市接壤的地带。惠来县的客家方言分布在与普宁接境的北部山区,例如青山乡、河林乡等地。潮阳市的一些山区使用客家方言,当地称为"半山客",受潮汕方言的影响尤大。

(二)粤中

粤中的客家方言主要流行于河源、惠州两市,即和平、连平、龙川、东源、紫金及源城区,惠东、惠阳、博罗及惠城区。珠江三角洲一带不少县市也有一部分地区有分布,例如深圳、东莞、增城、中山、顺德、南海、珠海、三水、四会、高明、鹤山、开平、新会、台山、恩平。

河源、惠州两市的客家方言既有早期的客家方言(有的地方叫"蛇话",它们也是客家方言),又有晚期来自粤东梅州的客家方言。惠州市客家方言区与粤方言区相连,受粤方言影响较大。

珠江三角洲一带的客家方言,处在粤方言的包围中。广州市沙河一带及郊区,有客家方言分布;花都区也有分布,主要在北兴镇及芙蓉嶂一带。从化客家方言分布在东部的吕田。东莞客家方言主要分布在东南部清溪一带与惠阳、宝安两县相接的丘陵地带。增城客家方言主要分布在荔城、永和、福和、镇龙、小楼、派潭、正果等乡镇,分"程乡话"(以正果镇为代表,居民来自旧称"程乡"的梅县)和"长宁话"(以派潭镇为代表,居民来自旧称"长宁县"的新丰县)。[①]中山客家方言主要分布在五桂山区和合水一带。三水客家方言主要分布在六合、迳口和大塘等处。台山客家方言主要分布在赤溪区和田头区。赤溪区曾单独立县。

(三)粤北

粤北与粤中、赣南在地域上相连成片,也是客家基本居住地之一。从使用方言的情况来看,粤北地区估计有400万以上的人口以客家方言为主要交际用语。主要分布在韶关市、清远市各县(市),其中始兴、翁源、新丰是纯客家方言区,南雄、乳源、曲江、乐昌、英德,仁化、连州、连南、连山、阳山、佛冈、清新各县市一部分地区也有分布。其中南雄、乳源、乐昌、曲江、英德各县(市)以客家方言为主要的交际语,其余各地以非客家方言为主要交际语。[②]

从来源来看,粤北客家方言主要来自赣南和闽西。清新、佛冈等地,除了来自闽

[①] 王李英. 增城方言志(第二分册)[M]. 广州:广东人民出版社,1998:8,55—56.
[②] 庄初升. 粤北客家方言的形成和分布[J]. 韶关大学学报(社会科学版),1999(1).

西，还来自粤中惠州和粤东梅州一带。

（四）粤西

粤西客家方言分布在湛江、茂名、阳江三市，包括廉江、化州、信宜、高州、电白、阳西、阳春各县的一部分地区。除上述七县（市）有外，雷州半岛的徐闻、海康、遂溪小部分地区也有分布。多为近50年来从粤西各地客家人迁徙时带入的。

粤西客家方言称"𠊎话"，有"大𠊎"和"小𠊎"之分。"大𠊎"是指纯客地域较广，人口较多较集中，受粤方言影响较小，因而方言成分较纯的客家方言，如廉江塘蓬、石角，化州的兰山、中垌，信宜的茶山、钱排，高州的新垌、马贵，电白的沙琅、望夫，阳春的三甲、八甲等镇客家方言。"小𠊎"是指粤客居民穿插地带的受粤方言影响较大因而方言成分不纯的客家方言，如廉江高桥、雅塘等镇的客家方言。

粤西客家方言是明末清初以来闽西和粤东、粤北客地的居民或直接或间接地向粤西移民而形成的。[①]

三、福建境内的分布情况

福建境内的客家方言主要分布在闽西地域相连的长汀、连城、上杭、武平、永定、清流、宁化七县。这七县客家方言大体可以分为三片：南片的上杭、永定、武平和粤东地区相连，且明清以后有粤东客家人倒流入居三县，所以三县方言与粤东客家方言比较接近；北片是清流、宁化两县，彼此也较为接近，杂有一些闽方言的成分。中片的连城话和长汀话则游移于两片之间，其中的连城话特殊成分较多，县内差异也大，五六种小方言之间交流还有困难。相对而言，长汀话与南片较为接近，又由于长汀历来为州府所在地，那里的方言音系比较简单，有些地方受到官话的影响，南北两片的人都比较容易听懂，因而在闽西客家方言中比较有代表性。此外，明溪县西部、南部大半个县，诏安县的秀篆、官陂、太平，平和县的九峰、长乐，南靖县的曲江，龙岩市的大池、万安，它们大多数是纯客乡或客家人占多数的乡镇，也有客家方言分布。在闽中、闽北和闽东则有一些大小不一的客家方言岛。[②]

---

① 李如龙. 粤西客家方言调查报告[M]. 广州：暨南大学出版社，1999：1—2.
② 李如龙. 闽西七县客家方言语音的异同[M]//客家方言研究. 广州：暨南大学出版社，1998.

四、江西境内的分布情况

江西境内的客家方言既有被称为"老客家"的赣南本地话，又有明末清初从闽西、粤东迁来的客家移民带来的客籍话。这种内部差异与居民的迁徙时间、来源、路线有密切的关系。① 全境的客家方言主要分布于南部赣州地区的赣州郊区、赣县、南康、大余、崇义、上犹、信丰、龙南、定南、全南、寻乌、会昌、于都、瑞金、兴国、宁都、石城等18个县市。吉安地区的吉安、遂川、泰和、井冈山、永丰、万安、永新、宁冈，宜春地区的靖安、奉新、宜丰、万载、铜鼓，萍乡市的莲花，九江地区的修水、武宁，抚州地区的广昌，上饶地区的横峰等地都有客家方言。此外，贵溪、铅山西县的畲族乡也属客家方言岛。

第二节 客家方言的特征

一、客家方言的语音特征

这里以梅县话为例，介绍客家方言的语音特点（标注国际音标，送气符号用"h"表示，声调标调值）。

浊音清化平仄皆送气。如：白 p^hak^5、备 p^hi^{53}、大 t^hai^{53}、驼 t^ho^{11}、求 k^hiu^{11}。

非敷奉常用字有 p、p^h 读法。如：肥 p^hi^{11}、斧 pu^{31}、吠 p^hoi^{53}、冯 $p^huŋ^{11}$。

微母今白读有 m 声母的读法。如：蚊 mun^{44}、尾 mi^{44}、望 $moŋ^{53}$。

泥来母逢今洪音 n、l 有别。如：脑 nau^{31}、老 lau^{31}、南 nam^{11}、蓝 lam^{11}。个别来母字读"n"，如：揽 nam^{31}、颅（头颅，俗写作"头那"，"那"即"颅"）na^{11}。

部分古来母字今逢细音读 t。如"里背（里面）"之"里"读 ti^{44}。

知组三等字知章昌母字有个别字读 t、t^h 声母。如：知 ti^{44}、啄 tuk^1。

---

① 刘纶鑫. 客赣方言比较研究 [M]. 北京：中国社会科学出版社，1999：28—37.

精组不分洪细,见组分洪细,尖团不混;不论洪细,精组为 ts、tsʰ、s,见组为 k、kʰ、h。

部分邪母字读清塞擦音。如:谢 tsʰia⁵³、徐 tsʰi¹¹、袖 tsʰiu⁵³、寻 tsʰim¹¹、松(松树) tsʰiuŋ¹¹。

部分书母字读清塞擦音。如:赊 tsʰa⁴⁴、鼠 tsʰu³¹、始 tsʰɿ³¹、试 tsʰɿ⁵³、深 tsʰəm⁴⁴。

部分见母字读如溪母字。如:菊 kʰiuk¹、箍 kʰu⁴⁴、鸠 kʰeu⁴⁴、估 kʰu⁴⁴、沽 kʰu⁴⁴、俱 kʰi⁵³、戈 kʰo⁴⁴、襟(大襟衫) kʰim⁴⁴、级 kʰip¹、厥(晕厥) kʰiat¹。

部分溪母字读 h 或者 f。如:坑 haŋ⁴⁴、溪 hai⁴⁴、起 hi³¹、器汽气弃 hi⁵³、去 hi⁵³、肯 hen³¹、糠 hoŋ⁴⁴、渴 hot¹、苦 fu³¹、裤 fu⁵³。

部分匣母字读 f 或 v。如:禾 vo¹¹、黄 voŋ¹¹、湖 fu¹¹。

晓母合口字读 f 声母,韵母为洪音。如:虎 fu³¹、花 fa⁴⁴、火 fo³¹、慌 foŋ⁴⁴。

影母逢今洪音不读 ŋ 声母。如:安 on⁴⁴。

同摄之内(山、蟹等摄)一二等不同范围内有不同读音。如:肝(一等) kon⁴⁴;艰(二等) kian⁴⁴;该(一等) koi⁴⁴;皆(二等) kiai⁴⁴。

遇摄字"五"有白读音 ŋ 的读音。

宕摄开口一等唐韵与江摄二等江韵字相混。如:江 koŋ⁴⁴、唐 tʰoŋ¹¹、帮 poŋ⁴⁴。

部分江摄字读如通摄。如:窗 tsʰuŋ⁴⁴、双 suŋ⁴⁴、浊 tsʰuk⁵、镯 tsuk¹、泥(游泳呛到水) tsʰuk⁵、涿〔淋(雨)〕 tuk¹、琢 tuk¹、啄 tuk¹、朦(虫子叮咬后皮肤轻度的红肿) pʰuk⁵。

曾摄开口一等字与梗摄开口二等字(文读)不分。如:曾 tsen⁴⁴、朋 pʰen¹¹。

梗摄字白读音为 aŋ、iaŋ。如:耕 kaŋ⁴⁴、病 pʰiaŋ⁵³。

四等韵有读洪音的,齐韵字最典型。如:泥 nai¹¹、弟 tʰai⁴⁴。

部分歌部字保留古音,读 ai 韵母。如梅县话:我(白)(方言字作"𠊎") ŋai¹¹、荷(挑) kʰai⁴⁴、"拖(红薯苗拖藤)" tʰai⁴⁴。

部分鱼部字保留古音,读 a 或 ia 韵母。如:颅(即指头的"头那"之"那") na¹¹、据(手脚冻僵) kia⁴⁴、摸(抚摩) mia⁴⁴、距(跨越) kʰia⁵³。

无撮口呼。如:雨 i³¹、芋 vu⁵³。

古阳声韵—m、—n、—ŋ 韵尾三分。如:咸 ham¹¹、闲 han¹¹、行 haŋ¹¹。

入声韵保留—p、—t、—k 韵尾三分。如:鸭 ap¹、辣 lat⁵、格 kak¹。

声调为六类,平入各分阴阳,上去杂为二调,即:阴平、阳平、上声、去声、阴入、阳入。

古入声字今声调按清浊分读两调，有阴入、阳入声调。

次浊入声有两个走向，或与清声母同调，或与浊声母同调。如：日 ŋit¹、月 ŋiat⁵。

部分全浊上声常用字读归阴平的。如：被 pʰi⁴⁴、弟 tʰai⁴⁴、淡 tʰam⁴⁴、断 tʰon⁴⁴ 等。

部分古次浊平声、古次浊上声读阴平的。如：毛 mau⁴⁴、蚊 mun⁴⁴、拿 na⁴⁴（以上为次浊平字）、马 ma⁴⁴、买 mai⁴⁴、尾 mi⁴⁴（以上为次浊上字）。

部分古阴上字今读阴平。如：表（手表）piau⁴⁴、组 tsʅ⁴⁴、估 kʰu⁴⁴、普 pʰu⁴⁴、企 kʰi⁴⁴、巧 kʰau⁴⁴。

这些语音特点，少数是上古语音特征；大多数是宋代语音特征，与宋代韵书《广韵》和元初韵书《中原音韵》（反映了宋末元初的语音面貌）吻合处多。其中的原因是，客家方言大致形成于宋代，保留了较多的宋代语音特征。

二、客家方言的词汇特征

（一）单音词比较丰富

特别是动词和形容词。如梅县话例子：食（吃）、寻（寻找）、知（知道）、愿（愿意）、吓（吓唬）、徛（站立）、行（行走）、惊（害怕）、饥（饥饿）、闲（空闲）、暖（暖和）、恶（凶恶）、净（干净）、阔（宽阔）、寒（寒冷）、暗（黑暗）等。

（二）保存比较多的古语词

例如，梅县话亲属称谓词：

阿公：祖父。唐李延寿《南史·颜延之传》："尝与何偃同从上南郊，偃于路中遥呼延之曰'颜公'，延之以其轻脱，怪之，答曰：'身非三公之公，又非田舍之公，又非君家阿公，何以呼为公？'"元李文蔚《同乐院燕青博鱼》第一折："（燕二云）你不是歹人，是贼的阿公哩！"南戏《杀狗记》第二十出："（外）是谁？（丑）阿公，我是安童。"

阿婆：祖母。此词本指母亲，如《乐府诗集·横吹曲辞五·折杨柳枝歌二》："阿婆不嫁女，那得孙儿抱。"唐以降指祖母，唐李延寿《南史·齐本纪下·郁林王》："帝谓豫章王妃庾氏（帝之叔祖母）曰：'阿婆，佛法言有福生帝王家。'"元揭傒斯《梦两雏》诗："雨声断道风惊屋，阿婆独抱诸孙哭。"

阿姊：姐姐。此词为古北方方言词。北朝民歌《木兰诗》："阿姊闻妹来，当户理

杨恭桓《客话本字》封面

红妆。"后代沿用，唐白居易《和李势女》："抚背称阿姊，归我如归乡。"李商隐《骄儿诗》："阶前逢阿姊，六甲颇输失。"

阿哥：哥哥。宋无名氏《宣和遗事》后集："如今阿哥被灵州同知使往燕京下文字，不久亦须此来。"《二刻拍案惊奇》卷三七："走到间壁，叫声'阿哥'！"《官场现形记》第八回："难末，倪又勿懂哉。倪格娘有个过房儿子，算倪的阿哥，从前也勒一爿洋行里做买办格。"

其实，传统意义上的客家方言研究主要就是对客家方言古语词的研究，例如，黄钊的《石窟一徵》、温仲和编的《光绪嘉应州志》卷七《方言》、杨恭桓所撰《客话本字》、清末学者章太炎的《岭外三州语》，以及集诸书之大成者的民国初年罗翙云的《客方言》，这些著作收录了许多古语词。

（三）存在一些表现方言特色的语词

例如，以"牯"表示动物的雄性，以"嫲"表示动物的雌性，用"猴哥"称呼猴子，用"蚁公"称呼蚂蚁，用"鼻公"指称鼻子，用"笠嫲"表示斗笠，用"番豆"表示"花生"，以"倈"称儿子，用"细人"称呼小孩子，用"等郎妹"指童养媳，用"斋嫲"表示尼姑，用"家官"指称家公，用"四六货"指神经不正常，等等。一些避讳词语也较有特色，如：梅县话称报丧为"报生"，治丧叫"做好事"，送丧叫"上岭"或"还山"，二次葬挖尸骨叫"捡金"，棺材叫"长生板"，死人穿戴的分别称为"寿衣""寿鞋""寿帽"，猪血叫"猪红"，还有餐桌上的鱼"翻过来"要说"顺过来"。

（四）对粤语和潮汕话一些词语的借用

广东的客家方言由于与粤语和潮汕话比邻或混杂，所以也借用了一些粤语和潮汕话的词语。例如，梅县话"番枧"（肥皂）、"大褛"（大衣）等就借用了粤语词。梅县话的例子还有：耕田（种田）、手扼（手镯）、猪粉肠（猪小肠）、猪脷（猪舌头）、啱啱（刚好）、火水（煤油）、遮（雨伞）、蚀底（或蚀本）（吃亏）、云吞（馄饨）。江西的客家方言借用了周围赣语的方言词，如馄饨说"清汤"，福建的客家方言借用了闽语的方言词，如馄饨说"扁食"。

（五）引进了部分外来的词语

客家方言对于外来的东西，多加"洋"或"番"表示，如梅县话"番薯"（地瓜）、"洋油"（煤油）等，有的则加"红毛"或"荷兰"表示，如梅县话"红毛泥"（水泥）、"荷兰葱"（洋葱）、"荷兰薯"（马铃薯）等。以上是意译词。此外，还有音译词，例如，"□[1]西 [la^{11} si^{44}]"（领带）（印尼话：dasi）、"短□敨 [ton^{31} kat^5·te]"（拐杖）（印尼话：tong kat）、"罗蒂 [lo^{11} ti^{53}]"（旧称饼干或面包）（印尼话：roti）。[2]

（六）客家方言与外方言有一些鉴别词

颜森在区分客家方言与赣方言时（《江西方言的分区（稿）》）列举的鉴别词有：食（吃）、鸟（交合）、偓介（我的）、係（是）、生鱼（活鱼）。谢留文在将客家方言与赣方言比较时（《重读〈临川音系〉》）列举的鉴别词有（原文称为"客方言特色词汇"，音标中的数字指调类）：偓(我)、m^2（不）、係（是）、阿 mei^1（母亲）、妹家（娘家）、子嫂（妯娌）、nen^{56} 牯（乳房）、膣排（女阴）、鸟（交合）、倈（儿子）、核（担）、叫（哭）、镬燃（锅巴）、la^2 k^{h}ia^2（蜘蛛）。温昌衍则提出了 100 条外区罕见词（即"特征词"），也属于鉴别词。

（七）客家方言词汇内部一致性较强

例如，在粤东梅州地区，据初步研究，2/3 的词语完全相同或基本相同，如太阳、月亮、雷，各点都说"日头""月光""雷公"。同时，内部差异性也比较突出，约 1/3 的词语内部有差异。例如，五华话的"□[lau^{44}]（阴平）"，"偷情"的意思比较明显，而梅县话里的"□[lau^{44}]（阴平）"，"偷情"的意思不明显，主要是"同""和"的意思。

（八）与普通话词汇比较，有以下异同（以梅县话为例）

1. 形同义同

这类词与普通话词语词形相同、意义相同，只是读音不同，约占总数的 50%。[3] 如

---

[1] 此处方框（"□"）是表示方言中有音无字（即写不出本字）的符号，后同。
[2] 黄雪贞．梅县方言词典［M］．南京：江苏教育出版社，1995：20.
[3] 根据我们的研究，《汉语方言词汇》所收的 1230 个词语中，梅县话词语与普通话说法相同（含完全相同和部分相同两种情况，下同）的词语，共 617 个，占总数的 50.16%，可供参考的是，广州话与普通话说法相同的词语共 704 个，占总数的 57.24%，潮州话与普通话说法相同的词语共 523 个，占总数的 42.52%。

"风""云""露水""雪""海""江""今年""明年""后年""大后年"。①

2. 形同义异

这类客家方言词与普通话词形相同,但含义不同,包括以下几种情况。

(1) 义大式(含"义宽式")。客家方言的词义范围比普通话大(或义域更宽)。如:

学:客家方言的"学",除了具有与普通话相同的"模仿""学问""学科""学校"等意义外,还有"告诉"或"投诉"等含义。如:"有件事学你知"(有件事告诉你、有件事要向你投诉)。

爱:客家方言除了普通话的"疼爱""喜爱"等意义,还有"要"的意义。

唇:客家方言除了普通话的"嘴唇"意义,还有"边沿或器物的口"的意义。

脚:普通话的"脚"只指"人或动物的腿的下端",客家方言指"人或动物的整条腿",义域更广。

(2) 义小式(含"义窄式")。客家方言的词义范围比普通话小(或义域更窄)。如:

饭:普通话的"饭"包括"干饭""稀饭",客家方言的"饭"仅指"干饭",稀饭叫"粥"。

谷:普通话"谷"指各种谷类作物,而客家方言"谷"只指稻谷。

米:普通话指稻米,也指去掉壳或皮后的种子,如小米、高粱米、花生米,客家方言只指稻米。

杀:普通话杀人、杀动物均可叫杀,客家方言的"杀"仅指杀人,杀动物说"治"(音迟)。

(3) 交叉式。客家方言词义和普通话词义比较,两者既有共同义项,又都有各自不同的义项。如:

自然:普通话"自然"有四个义项(《现代汉语词典》第 7 版):①自然界。②自由发展,不经人力干预。③表示理所当然。④连接分句或句子,表示语义转折或追加说明。客家方言的"自然"有六个义项(《梅县方言词典》):①自然界。②自由发展,不经人力干预。③表示理所当然。④不勉强,不局促,不呆板。⑤身体舒适。⑥心情好。可以看出,在前三个义项上,客家方言与普通话相同,在后面的义项上,客家方言与普通话不同。

---

① 温昌衍. 广东客闽粤三大方言词汇比较研究 [M]. 北京:中国社会科学出版社,2014:416.

烧：普通话"烧"的含义（《现代汉语词典》第7版）：①使东西着火。②加热或接触某些化学药品、放射性物质等使物体起变化。③烹调方法，先用油炸，再加汤汁来炒或炖，或先煮熟再用油炸：红~鲤鱼。④烹调方法，就是烤：~鸡。⑤发烧。⑥比正常体温高的体温。⑦过多的肥料使植物体枯萎或死亡。⑧因财富多而忘乎所以。其中的义项，客家方言"烧"具备第①、②、⑤、⑥、⑦个，不具备第③、④、⑧个，而具有另外的含义："热""暖和"等。

（4）全异式。客家方言词义和普通话词义完全不一样。例如以下客家方言词，都与普通话不一样，如：

烧水：温度高，但未沸腾的水；后生：年轻；坝：河旁平地、沙滩；风车：使米粒和谷壳分离的器具；伶俐：清洁、干净；豆腐：豆腐花。

3. 形异义同

这类客家方言词与普通话词形不同，但含义相同。有以下几个表现。

词形完全不同。如：日头：太阳，火蛇欻：闪电，天弓：虹，澜丫：围嘴儿，屋下：家里，阿嬷：母亲，阿婆：祖母。

词形部分不同。如：猴哥：猴子，月光：月亮，星欻：星星，雹：冰雹，星欻：星星，叶欻：叶儿，姑母：阿姑。

语素相同，但词序不同。如：人客：客人，鸡公：公鸡，尘灰：灰尘，闹热：热闹，鞋拖：拖鞋。

4. 无对应词

一些客家方言词在普通话中找不到相对应的词，或者必须用短语来表达，常常特指有地形地貌、仪式、物产饮食等的词语。[①] 例如下面的一些饮食类词语。酿豆腐：客家名菜，将豆腐切成较大的块，中间塞入肉馅等。腌粉：拌粉，将米粉用开水烫熟后捞起，放入配料搅拌做成。粄：米制糕点的总称。发粄：用大米做成的发糕，放在小碗里蒸熟，有的地方叫"碗糕"。老鼠粄：用黏米粉做成粄团后在特制的"老鼠粄擦"（一种很多孔的刷子）上来回刮擦而制成的，因其形状像老鼠尾巴而得名。甜粄：用糯米粉和糖做成的粄。黄粄：蕉岭、平远两地山区村民到山中砍回山布惊（山牡荆）、山苍木（即樟科植物山鸡椒）、杨梅枝等十多种杂木做燃料，烧成灰后用热过的水过滤，形成灰水，将上等糯米放入灰水中浸泡一昼夜，晾干后入饭甑（一种蒸米饭等用的炊

---

① 李如龙. 汉语方言学 [M]. 北京：高等教育出版社，2007：153－154.

具）蒸，熟后放入碓（一种舂米的用具）中舂成糊状，放在案板上切成一块块，再用手揉成长条而成。清明粄：清明节前夕做的粄，用艾草、苎叶、鸡矢藤、白头翁、狗贴耳（鱼腥草）、枸杞叶等草药加上大米做成的粄，用艾草做的叫"艾粄"，用白头翁做的叫"白头翁粄"，用苎叶做的叫"苎叶粄"，但一般都会同时使用几种草药做粄，统称为"清明粄"。味酵粄：稻谷收获时节做的粄，做法是：大米磨成浆后与少量的土碱水拌匀，用开水冲浆，盛入小碗蒸熟就成，因蒸熟的粄四周膨胀，中间下凹，正好放佐食的调味品，因此叫"味酵粄"。笋粄：形似北方饺子，但又大一些，粄皮用树番薯（木薯）粉和煮熟捣烂的芋泥混合而成，而馅的主料是竹笋，其他配料随个人的口味，熟后的笋粄成半透明状。

其他的例子。萁：蕨类植物，晒干后做燃料用；岃（岁）：较低矮的山；嶂：较高的山；软坳：起伏的山峦；辞神：扫墓结束时，临行前又在墓前跪拜一次的礼仪。

三、客家方言的文化特征

客家方言体现出来的是"山居稻作"的文化特征。这可以从纵向和横向两个角度来看。从纵向来看，客家先民未迁出中原地区时，生活空间是平原地带，农业种植以小麦为主。迁入大本营地区后，生活空间是山区，农业种植以稻子为主。从横向来看，虽然南方多山且种植水稻，但南方别的民系几乎都靠近大江、大湖或大海，或处于平原地带，有发达的"江湖文化""海洋文化"，与客家民系相比，他们的商品经济都较发达。可以说，没有任何一个方言区的文化背景像客家方言一样有浓厚的"山居"文化和"稻作"文化内涵。具体表现在：

（一）客家方言词汇中与山区生活和稻子种植相关的词语异常丰富

例如，"山岭"类词语、"树木"类词语、"山区动物"类词语、"山区建筑"类词语、"稻田"类词语、"农具"类词语、"禾"类词语都很多。有的词语颇具特色，例如，贬称、戏称乡下人为"山巴佬""山牯""山精""山精山怪"；很边远、很偏僻、很闭塞、很多山说成"系山""蛮山"，即"山"有形容词用法；对动物称"哥"，如"蛇哥""猴哥"，体现了与山区动物朝夕相处建立的和谐关系；"禾"类词语中有"畲禾""旱禾"，反映了客家稻子种植除了别地常见的水田种植，还有别地少见的旱田种植。

（二）客家方言中有一批其他方言区罕见的"山居稻作"特征词

该类词对内有很强的"一致性"，对外则有很大的"排他性"。通过深入分析该类词所反映的社会内容,可以发现这些内容集中体现在"山居稻作"上。例如"崠(山脊)"、"屋崠(屋脊)"、"岩(悬崖突出)"、"湖(小水坑、积水洼地)"反映了客家山区地理特点是山多湖少。有的词语反映出客家人由于常年与农作物打交道而对农作物及用它制作的器具有细微观察和独特的称说,如:"精(谷物籽实饱满,与'冇'相对,如'精谷')";"芋(音 ia^2)(芋头刺激皮肤)";"秆扫(扫把)"。其中"精"的"饱满的"一义应是从它的"纯正、完美、精华"义引申而来。[①] "芋"本为名词,因它对皮肤有刺激性,在今客家方言里产生了"(芋头)刺激(皮肤)"这一动词义,读音为古音,与《广韵》平声虞韵羽俱切有关;指扫把的"秆扫",反映了早期的扫把是用"秆"即稻草做成的(现在多用竹枝、芦苇做成)。

(三)客家方言中有不少熟语反映出客家人"山居稻作"的生活特征

例如,周围多山林、野兽;"禾"即"稻子"在农业生产中占主导地位,有番薯、芋头等对它进行补充;"牛"是必不可少的役使家畜,鸡、狗、猫在日常生活中有重要性。这些特征,表明客家文化的"山居稻作"特色。以梅县熟语为例,以上生活中的物象几乎都涉及了:一是居住环境与野生动物:山、树、蛇、虎、猴子、老鹰等;二是农作物与家畜家禽:禾、芋头、番薯、牛、鸡、狗、猪、鸭、猫等。这些山区常见的物象构成了梅县熟语中使用频率很高的表达符号,与它们相关的熟语是丰富的、大量的。下面以"山""树""禾""牛"为例,各引数例相关熟语予以说明。

山。例如,眼大不见山:比喻粗心大意,连眼前之物也看不见。摸目上山——唔知高低:摸目,瞎子,瞎子爬山,看不见地势的高低,比喻不懂事理。一山更有一山高:比喻天外有天,强中更有强中手。一斗转唐山:唐山,华侨称祖国或祖籍地,原意为在海外发了财,就回家乡,引申为一下子发了大财。

树。例如,斜树难倒:体质弱者,多注重保养,故其寿年往往不短。树身生得正,唔怕风来摇:犹言"身正不怕影子斜"。人怕伤心,树怕剥皮:比喻人受刺激过甚而伤心,其损害犹如树被剥皮。

禾[含"米""秆(稻草)"]。例如,早禾莫莳隔夜秧,番禾莫莳隔夜田:早禾,早稻,番禾,晚稻。说明早稻的秧苗当天拔的要当天插完,晚稻则要当天犁好的田地当天就插上秧苗,这样才能有利作物的早生快长。人怕老来穷,禾怕寒露风:人到老年,经济拮据,日子将不好过;犹如晚稻扬花吐穗期,遇上寒露冷风的侵袭,会造成

---

① 《广韵·清韵》:"精,正也,善也,好也。"《字汇·米部》:"凡物之纯至者皆曰精。"

歉收甚至失收。食老米：比喻失业或丢职。落雨天挍秆，紧挍紧重：落雨，下雨。挍，担。秆，稻草。紧，愈，越。在雨中挑稻草，必然越来越重。比喻负担愈来愈重。

牛。例如，再好草冈也有瘦牛：比喻自己不思进取，顺境也会变成逆境。唔知牛死还系藤断：犹言"不知和尚先死，还是袈裟先烂"。食生牛肉：受人诬赖，一时难于辩白，而不得不忍受吃亏。牛牯拖唔平：牛牯：公牛，比喻食物不可能绝对平均或公平。牛角唔尖唔过冈：比喻没有一定本事，不敢外出谋生。

以上这些物象在客家生活中常见，对客家人的生活有着重要影响。以牛为例，客家人常把它看成重要家产，因为耕田离不开它。因此客家人特别怕牛发瘟疫。别的地方用来祈求丰收的"鞭春牛"仪式，客家人用来祈求牛不染瘟疫。明《嘉靖惠州府志》卷五《地理》风俗条载："迎春：先日各里社扮戏剧鼓吹，导土牛迎于市，观者塞途。乡落不知干支之义，视牛色辨雨晴。以麻豆、赤米掷牛，云散瘟疫。"温仲和《光绪嘉应州志》卷八《祀俗》亦载："立春：先一日，守土官率僚属迎沟茫、土牛于东郊。各坊饰男童扮故事，以兆丰登。彩棚台阁，周游城市，士女纵观。次日，鞭春打土牛，取土置牛栏上，牛不疫。"这固然表明大本营地区历史上瘴气逼人，气候炎热，耕牛容易发生瘟疫，更表明客家人极其依赖耕牛而要它强健、安康。

形成客家方言"山居稻作"文化的背景，有两方面的因素起了决定作用：

一是客家大本营地区的地理地形。客家大本营地区的地理特点是多山，客家谚语将此描述成"八山一水一分田"。文献于此有不少说明。明《嘉靖赣州府志·形胜》引历代文人文辞曰："赣地最广大，山长谷荒。"府志卷一《地理》中，则辑录了前人有关论述，如"山宽而田狭"。所以客家山歌唱道："山中山谷起山坡，山前山后树山多。"客家先民来到之后，只有因地制宜，"有客必住山"。这样就可以理解如下诸多问题：为什么客家话又叫"山话"①？为什么客家民歌叫"山歌"？为什么客家守护神叫"三山国王"？为什么把客家人叫作"山居之民"②、"山人"（客家山歌："山间山田荫山水，山人山上唱山歌"）、"半山客"（潮客比邻区潮州人称客家人）？等等。

二是客家先民的生活经历。客家先民的主体是中原汉人。他们途经长江中下游一带，并在那里有相当长的生活经历，学会了水稻种植，掌握了水稻文化。后来进一步南迁至大本营地区，将水稻文化带入新的居住地，并发展成客家"山居稻作"文化中的稻作文化。此时的稻作文化，与原先的水稻文化已经不完全一样：水稻文化中只有

---

① 李新魁. 广东的方言［M］. 广州：广东人民出版社，1994：475.
② （清）杨澜《临汀汇考》：瘠土沙土皆可种（薯芋），一亩之地可收十余担，山居之民以此代饭，可省半岁之粮。

"水稻"种植,稻田是"水田",处于平原地带;稻作文化中还有"旱稻"(畲禾)种植,稻田主要是"梯田",位于山坡上。旱稻即畲禾,是畲族在长期的开荒种山过程中培植出来的稻类作物。由于这种旱稻适宜山间种植,而且高产耐旱,故客家先民进入大本营地区之后,很快从畲族那里学到了这种旱稻的种植方法。据明清时期大本营地区各州县的地方志文献记载,这种"畲禾"在当时闽西和粤东北各地都有普遍的种植。①"梯田"是山区的主要耕田形式,它自谷地逐级而上,直至半山。客家地区的耕田主要是"梯田",有人认为它产生了"梯田文化",并成为客家文化的一个特质,此诚如一些学者所言:"宋以后客家人大量迁居岭南,……梯田文化固然应运而生,并作为客家文化一个特质,随着客家人四处迁移而流布各地……"②

由此引申开来,可以发现,其实一些客家文化与民间风俗事象,均与"山居稻作"文化背景相关。如流行于客家民间的"二次葬",不少研究者认为产生和盛行这一风俗的主要原因之一是"惑于风水"。这种心理的实质,多少反映了生活贫穷而环境险恶的客家人,常常把更多的希望寄托于神灵、风水。又如客家妇女的天足现象,其实也是"山居稻作"生活的需要,即以便出远门走山路和上山下田劳动等。再如粤东客家地区的围龙屋,往往利用山坡丘陵,依山而建,因此结构多是前低后高;屋内房间数十百间,可以住上几代数十上百户人家;最外围墙很高,窗子却开得很小,因此显得壁垒森严;前面有晒谷场,俗称"禾坪"。另外,闽西客家民居建筑"群体住宅"和"土楼",赣南民居建筑"厅屋式"和"土围子",也与"围龙屋"有类似特点,建筑材料都以木材为主,"山居"色彩鲜明。

至于历史上客家民间的"重农轻商""崇文重教"、强烈的母语意识,客家地区山歌的流行与传承,对"三山国王"的供奉,等等,从中亦可看出与"山居稻作"的微妙关联。客家山区交通不便,不利商业流通;以稻子种植为主的农业生产产生的是自给自足的小农经济,商品经济较难产生。时至今日,客家农村地区的商品经济仍然不发达,不少地方还有物物交换的商业行为,例如用鸭毛、破凉鞋去换糖果等。这种交换行为客家人称为"较"(交换),意为物物相易时比较其价值是否相当。不少学者都注意到了历史上客家民间通过崇文重教以改变恶劣的生存环境的现象。在汉民族各民系中,大概只有客家人才有一种顽强保持母语的心理意识,所谓"宁卖祖宗田,不忘祖宗言"。有人认为这是客家人崇祖返本的观念的产物,其实主要还是"山居稻作"背

---

① 王东. 客家学导论 [M]. 上海:上海人民出版社,1996:224.
② 司徒尚纪. 广东文化地理 [M]. 广州:广东人民出版社,1993:93.

景下的客家人，为了保持民系团结而形成的语言固守心理。众所周知，客家地区盛行山歌。[①] 有人认为，客家山歌是客家先民迁入大本营地区以后，接受了畲瑶等少数民族山歌形式才产生并逐渐充实起来。其实并不尽然，汉族有悠久的民歌传统，如《诗经》中的"国风"。客家先民完全可能将这一传统带入大本营区，并在"山居稻作"文化环境下把它发扬光大。"山间山田荫山水，山人山上唱山歌。"没有"山"，就没有"山歌"。我们甚至还可以从客家始奉和独有的"守护神"三山国王民俗事项中联想到"山居稻作"的背景：客家地区多山，地势险恶，生活贫苦，山自然很容易产生"山神"并得到人们的普遍信奉——客家人需要从"山神"那里得到保护、获得心安。

从本质上说，由客家方言引申出来的"山居稻作"文化，是山区小农经济的文化体系，是一种山区农业文化。随着客家地区商品经济的发展和客家人的海外迁移，新的文化形态"商业文化"和"海洋文化"必然会产生并融入客家文化、丰富客家文化。但这并未改变"山居稻作"文化的本质，因为客家主体居住的环境和生产方式依然未变，他们仍生活在山区，仍然从事稻作生产。

第三节 客家方言的形成及其与周边方言的关系

一、客家方言的形成

客家方言是南下至江西的北民带来的北方话在楚语一支——傒语的底子上形成的，时间在客家先民迁入赣南、闽西之前（即唐末五代以前）。

包括赣南客家方言区在内的今江西省，远古时期属扬州；春秋时期分属吴、楚、越三国（因此史称江西为"吴头楚尾"）；秦汉时大部分地区属豫章郡。

---

① 据《嘉靖惠州府志》记载：当时的惠州一带，"乡落之民，每遇月夜，男女聚于野外浩歌，率俚语"。惠州府属各县也是如此。如兴宁县（今兴宁市），"男女饮酒混坐，醉则歌唱"。再如长乐县（今五华县），"饮酒则男妇同席，醉或歌唱，互相答和"。又如龙川县，"月夜男女浩歌"。转引自王东. 客家学导论[M]. 上海：上海人民出版社，1996：223.

东汉时的豫章郡空前繁荣。据公元 2 年和公元 140 年的人口统计资料，当时全国总人口减少，但是豫章郡人口由公元 2 年的 351965 人猛增至公元 140 年的 1668906 人，户数由公元 2 年的 67462 户猛增至公元 140 年的 406496 户。当时全国 100 多个郡中豫章郡的人口名次由 53 位跃居第 4 位。在扬州的 6 个郡中，则由第 5 位跃居第 1 位。① 可以想象，当时一定有一个豫章郡方言（我们不妨称之为"原始赣语"）。由于豫章郡与今湖南等地属南楚，② 在扬雄的《方言》中，豫章郡方言也就属"南楚方言"。

南北朝时，九江、豫章一带居民仍是"楚人"，称作"傒"。《余嘉锡论学杂著·释伧楚》："扬、徐之地，江淮之间，本属楚境。永嘉丧乱，幽、冀、青、并、兖州及徐州之淮北流民相率过淮，亦有过江者。于是侨立郡县以司牧之。其地多中原村鄙之民，与楚人杂处，谓之'杂楚'。吴人薄之，亦呼'伧楚'。别目九江、豫章诸楚人谓'傒'，而于荆州之楚，以其与扬州唇齿，为上游重镇，独不受轻视，无所指目，非复如东渡以前，统骂楚人为伧矣。"当然，"傒"人不是纯楚人，其中夹有不少的北方人，因为早在东汉末年，就有不少的南下北民迁至江西。晋永嘉丧乱后更有不少北民南迁至江西尤其是浔阳郡即今九江一带，朝廷为此还先后在那里设置侨郡西阳郡、新蔡郡、安丰郡、松滋郡、弘农郡、太原郡等。

"傒"人的语言是"傒语"，与当时的"正音"即通语有差别。《南史·胡谐之传》："胡谐之，豫章南昌人也。……建元二年，为给事中、骁骑将军。上方欲奖以贵族盛姻，以谐之家人语傒音不正，乃遣宫内四五人往谐之家教子女语。二年后，帝问曰：'卿家人语音已正未？'谐之答曰：'宫人少，臣家人多，非为不能得正音，遂使宫人顿成傒语。'""傒语"与"正音"的差别应该不大，否则，很难"二年后""遂使宫人顿成傒语"。这与上述说到的"傒"人不是纯楚人，其中夹有不少北方人的情况有关。因为在这种情况下，"傒语"不可能是纯楚语，里边肯定有不少北方话成分。这使得"傒语"与当时的通语即以北方话为基础的"正音"有了联系的纽带。

由于后来北民一批又一批继续南迁至江西（赣北、赣中），傒语受到北方话潮水似的冲击，使本来属于楚语一支的傒语，急速向当时的北方话靠拢，形成今客、赣方言的前身——客赣方言母体（由于它形成于今赣北、赣中的赣方言区，我们可以称之为古赣语），今江西方言，无论是赣方言还是客方言，都有很多的历史通语词（古代汉语词、近代汉语词）及少量北方方言词，便是明证。当然，当时的傒语绝不可能完全被

---

① 梁方仲. 中国历代户口、田地、田赋统计[M]. 上海：上海人民出版社，1980：16—24.
② 《史记·食货志》："衡山、九江、江南、豫章、长沙，是南楚也。"

北方话完全替代，其中的一些成分必然会遗留下来。由于历史文献没有记录有关傒语的具体内容，我们无法确定今天的客赣方言中哪些是傒语成分。但既然傒语是楚语的一支，我们可以将客赣方言中的楚语成分暂且看作傒语成分，如"土狗""寒螀"等。

总而言之，南下至江西（赣北、赣中）的北民带来了北方话，在楚语一支——傒语的底子上形成了古赣语，时间在客家先民迁入赣南、闽西之前（即唐末五代以前）。

唐末五代至宋初，客家先民（主要部分属于上述古赣语区居民，小部分属于客家第一次南迁后滞留在颍淮汝汉诸水间的居民。根据罗香林等的观点，后者也有补充到赣方言区的。从这一点上说，客家先民与今赣方言区先民同宗同源）为避黄巢战乱，迁入赣南、闽西山区（即客家第二次大迁移），他们在吸收原山区方言及民族语言某些成分的基础上，在闭塞的山区地理环境中发展了所带来的古赣语，使之成为客家方言（后来又随移民延伸至粤东、粤中）。留在赣北、赣中的古赣语在近江方言的影响及后来北方话的数度冲击下，发展为现代赣语——现在的赣方言。

二、客家方言与周边方言的关系

（一）客家方言与赣语的关系

因为客家方言和赣方言都来源于古赣语，它们之间也就有天然的紧密关系。特别是在语音上几乎没有很大的差异，历来为研究者所注目。有的学者还据此认为，客、赣方言难以分为两区，是同系方言。例如，首次讨论客赣方言关系的罗常培在研究江西临川话时发现临川和梅县方言有七项共同的语音特点，因而认为客赣方言是"同系异派"的方言。[①] 这些语音特点都涉及音类，管的字都是成批的。此外，尚有个别字（词）有特殊的语音，在客赣方言有一致的表现，例如，"剩（剩余，遗留）"（早期字作"賸"）音"以证切"，"择（挑选、选择）"声母同透母（词音多为 [t^hok^8] 或 [$t^ho?^8$]），保留了"古无舌上音"的特点。

从词汇来看，客家方言和赣方言也有紧密关系：一方面，两者有不少的"关系词"；另一方面，一些客赣方言差异明显的词，个别地方赣方言尤其是五代时就开始从江西迁来的湖南、福建等地赣方言及江西境内偏僻、闭塞地方的赣方言的说法同客家方言。例如，对于以下几对通常认为的客赣方言鉴别词：唔/不、食/喫、鸟/戳（交合）、生（鱼）/活（鱼）、偓/我，一般认为前者见于客家方言，是客家方言说法，后者

---

① 罗常培. 临川音系 [M]. 北京：科学出版社，1958：2.

见于赣方言,是赣方言的说法,① 可是部分赣方言点也能见到前者即客家方言的说法。

也许上述词都是古赣语词,后来的客家方言把它们完整地保留下来了,后来的赣方言则只个别点有所保留,大部分点被后起的说法所取代,这种表现在江西境内的赣方言点尤为明显。这种现象有时也发生在客家方言个别点,如地处闽、赣交通要道上的宁化,说"不"不说"唔",早期说法"唔"已被"不"取代(可作旁证的是,客家方言的"系",在宁化也已被"是"取代)。

赣方言后来词替代古赣语词的现象,在某些赣方言点还在发生,有的正在进行中。表现为早期的说法已很少用,而多用后来的说法。例如安义赣方言,两连襟多说"连襟"、少说"两姨丈",盛饭多说"添饭",少说"载饭"("两姨丈""载饭"为早期说法)。

以上说明客、赣方言有紧密关系。不过还没有紧密到"密不可分",词汇之间尚有很大差异。罗杰瑞正是主要根据客、赣方言的词汇差异对罗常培从语音角度得出的论断不以为然,认为客赣方言关系肤浅。他举六点为证②:

(1) 歌部字,客家有[—ai],赣方言只有[—o]或[—ɔ]。

(2) 客家话否定词同闽、粤,赣方言否定词和北方及中部的方言相近。

(3) 客家话动物性别标于词尾,赣方言可标于词头,也可标于词尾。标在词头是受北方话的影响。

(4) "儿子"的说法,赣、湘、粤一致,客家显得独特。

(5) "鼻"字,赣方言来自入声,客家和粤、闽都来自去声。

(6) 系词,客家用中古的"系",赣方言用"是"。

若结合李如龙、张双庆先生及练春招博士的研究结果来看③,罗杰瑞的观点基本上站得住脚。也就是说,客、赣方言词汇仍有很大差异,这种差异保证了客、赣方言可以分为两区。温昌衍发现以下事实对此有很好的证明:①客家方言特征词100个"外区罕见词"赣方言罕见;②客粤方言40个关系特征词、客闽方言12个关系特征词赣方言罕见;③14个语音特征词在赣方言中所见者为少数;④从面上来说,客粤方言关系特征词多于客赣方言关系特征词,两者比例是40∶20;⑤从方言片看,南片客家方

---

① 颜森. 江西方言的分区(稿)[J]. 方言,1986(1).
② 罗杰瑞. 汉语概说[M]. 张惠英,译. 北京:语文出版社,1995:196.
③ 李如龙,张双庆. 客赣方言调查报告[M]. 厦门:厦门大学出版社,1992;练春招. 客家方言词汇比较研究[D]. 暨南大学中文系博士学位论文,1998.

言即粤东、粤中客家方言与赣方言没有关系特征词，36个南片特征词赣方言同见者为0。① 如果客、赣方言要合为一区，那么与客家方言关系特征词多得多的粤方言怎么办？尤其是客家方言的南片与粤方言的紧密程度远远超过其与赣方言的紧密程度，它怎么能与赣方言合而与粤方言分呢？

造成上述词汇差异的主要原因，是因为客家方言处于赣南、闽西闭塞的山区环境中，与赣方言相比，能保存更多的古赣语的成分。赣方言则主要处在交通便利的江边（长江下游、赣江下游）、湖边（鄱阳湖），容易受它的北方的方言（即上文所说的近江方言和北方话）的影响因而丢失了很多古赣语的成分，增加了许多它的北方的方言的词汇（今属官话方言的九江市话是个明证）。因此，罗杰瑞认为它同时具有北方和南方方言的特点。② 从这里来看，张光宇（1999）说的"异地分居之后，词语随地而异"的现象③，很符合客、赣方言的实际。

而客、赣方言最终分区的主要原因也在这里：赣北、赣中等地的古赣语因为处在开阔的近江、近湖地带而以开放方式发展演变，形成现代赣语——现在的赣方言；随客家先民进入赣南、闽西的古赣语由于处在闭塞的山区而以封闭方式发展演变，形成现在的客家方言；方言差距拉大，客、赣方言最终一分为二。

客、赣方言的关系，从以上可以清楚地看出来。

最后补充一点，就是：赣南客家方言由于与赣方言相邻，受赣方言影响较大；赣方言的萍乡片、吉安片在明末清初的客家移民浪潮中接纳了不少客家人，受到客家方言不小的影响，有不少的客家方言成分。这加深了客、赣方言的关系。

（二）客家方言与粤方言的关系

据语言学者研究，粤方言的形成包括五个历史层次：第一个层次是先秦时期，特别是战国时期，有大量的楚人来到岭南，带来楚语。后来南楚方言出现，这是粤方言的前身。今粤方言中仍保留了部分南楚方言词，如"睩、睇、娃"。第二个层次是秦汉时期。秦始皇于公元前214年发兵50万平定岭南，此后有较多的北人定居岭南。后来秦将赵佗及子孙五世治粤，建立了相当稳固的南越王朝。中原汉语在岭南得到传播，原来与楚语相近的粤方言转变为与中原汉语更为接近。土著民族语言即百越语的许多成分也在粤方言中沉淀下来。第三个层次是在晋代，大批士民迫于战乱而向南迁徙，

---

① 温昌衍. 客家方言特征词研究 [M]. 北京：商务印书馆，2012.
② 罗杰瑞. 汉语概说 [M]. 张惠英，译. 北京：语文出版社，1995：180－181.
③ 张光宇. 东南方言关系综论 [J]. 方言，1999（1）.

他们所带来的中原汉语,又给正在形成的粤方言增加了新影响,使粤方言接受了更多汉语共同语的特点。第四个层次是在唐代,粤方言逐渐成为一支独立的方言,有自己相对独立的语音体系和词汇系统以及语法结构。第五个层次是在宋代以后,宋代的粤方言,大概已与现代的粤方言相差无几。它所用的语音和词汇,可能已经奠定了粤方言的基础。其中的第三个、第四个层次,应是粤方言形成的最重要层次。在此之前尽管已经有汉人入迁岭南,但所占比例恐怕不高。元人陈大震《大德南海志》(残本)记载:"广州为岭南一都会,户口视他郡为最;汉而后,州县沿革不同,户口增减亦各不一,大抵建安东晋永嘉之际至唐,中州人士避地入广者众,由是风俗变革,人民繁庶。至宋,承平日久,出聚愈盛……"田方等人所著的《中国移民史略》也认为:"从整个广东地区来看,自6世纪末至14世纪初期的800年间,由于全国经济的逐渐发展,使广东的人户继续增加,尤以宋代增加最速……总计由隋至元,广东的人口由131280户,增至548759户,共约增至548759户,远远超过了全国人口增加的速度(0.5倍)。"[①] 唐开元四年(716),张九龄奉诏开凿了大庾岭,这一直是沟通五岭南北的要塞。早在秦代就已有人越此南下,例如,秦、汉两代都曾挥师南下,其中就有一路出豫章、越大庾岭、下浈水而取番禺(今广州市番禺区),此时因新路的开通更是完全沟通了长江水系和珠江水系,成为唐宋以来五岭南北最重要的交通要道。自此,北人入粤者多取此道。入粤人口日益增多,由隋至唐天宝年间,广东人口增加了1.6倍。[②] 尤其是处于大庾岭路南端的今粤北南雄一带在唐五代时吸收了大量内地移民。据《旧唐书·地理志》载:唐玄宗天宝年间,韶州所领六县浈昌(后称宝昌,即今南雄)、始兴、曲江、乐昌、翁源、仁化户数为3.1万户,连州更达3.2万户之多,其绝对数虽次于广州的4.2万户,然人口密度则远远过之。至北宋末年时,金人大举入侵,中州人民流离失所,一部分人跟随隆裕太后逃至赣南,有的更南越大庾岭。南雄珠玑巷一带成为他们避乱港湾。至南宋末年,元将吕师夔率大军连陷南雄、韶州,那些从岭北越岭而来的氏族,有的又不得不再事南迁,流播到珠江三角洲一带。郝玉麟《广东通志》载:"珠玑巷在南雄府保昌县沙水寺前,相传广州梁储、霍韬诸望,俱发源于此。"据估计,"珠玑巷移民后裔约占今日整个广府民系人数的60%以上,不少于2000万人"。可以说,珠玑巷移民是广府系民系的主体部分。

从上述可以看出,粤方言的形成与客家方言的形成有紧密的关系。这种关系一是

---

① 李新魁. 论广州方言形成的历史过程 [J]. 广州研究,1983 (1);李新魁. 广东的方言 [M]. 广州:广东人民出版社,1994:47,62—63.

② 练春招. 客家方言词汇比较研究 [D]. 暨南大学中文系博士学位论文,1998:111.

通过早期的楚语（或南楚方言）建立的，表现为粤方言前身与客、赣方言母体古赣语的前身"傒语"都属楚语（或南楚方言）。二是通过越大庾岭而来的粤北地区的珠玑巷移民建立的。由于珠玑巷移民的先人与客家先人（包括"古赣语区先人"）同源，都主要为晋永嘉丧乱后至宋末的南迁北人。因此，一方面，他们带来的北方话主要是晋至隋唐间的古代汉语，构成粤客方言的共同来源。另一方面，珠玑巷移民先人经过江西路段即鄱阳湖—赣江—赣州—章江—大余时，无论是未分化时的古赣语还是分化后的赣方言、客家方言，都会对他们的语言产生影响，甚至古赣语或赣方言、客家方言就是他们所讲的语言或语言的一部分，无论哪一种情形，都使得客家方言和粤方言之间有共同的方言成分。

当然，造成客、粤方言紧密关系的原因除了上述历史上曾经同源的根本原因外，还有其他两个原因：一是相互渗透的原因。一方面，粤方言凭借优势地位不断向邻近的粤中粤东粤北各小片客家方言渗透方言词，而后其中的一些越过省界渗透到邻近的闽西片小片、赣南小片；另一方面，客家方言也有一些词渗入粤方言。二是有共同的底层语言——百越语。由于南岭的阻隔，今粤方言区早期盛行的百越语，其汉化速度应是很缓慢的。与赣北、赣中赣方言区的平原地带相比，今赣闽粤交界的客家方言山区地带通行的百越语的汉化速度也应很缓慢。因此，很可能在赣方言区的早期百越语受北方话的强烈冲击而损失殆尽的时候，今粤方言区和客家方言区早期仍有百越语保留，其中的一些成分为后来的粤方言和客家方言同时继承下来，成了客家方言和粤方言的共有成分，如"kuai^3（方言字作蚓）青蛙"。

就词语来看，我们曾经用1230个词条对客家方言与粤方言（广府话）进行比较，结果发现，其中的712个词语（占总词数的57.89%）客、粤方言说法相同，说明两者关系很密切。例如，月光（月亮）、头先（刚才）、上昼（上午）、下昼（下午）、年初一（大年初一）等。[①]

（三）客家方言与闽方言的关系

客、闽方言之间的关系早就有人注意到。例如罗杰瑞就认为"闽语、客家话关系密切"，并引用客闽方言共有的语音特点和10个共有的方言词为证，如鸡迟（即"鸡虱"）（鸡虱）、膣（阴平）（女阴）、澜（唾液）。[②] 张光宇也认为"闽客方言关系密切无

[①] 温昌衍. 广东客闽粤三大方言词汇比较研究 [M]. 北京：中国社会科学出版社，2014：137.
[②] 罗杰瑞. 汉语概说 [M]. 张惠英，译. 北京：语文出版社，1995：212.

从否认"①。从特征词角度来看客、闽方言也有比较密切的关系。产生这种关系的主要原因是两者早期历史上曾经有一部分居民来源相同。前面已谈到，客家方言是古赣语分化出来的，而古赣语又主要是晋永嘉丧乱之后南迁的北民带来的北方话发展演变的结果。南迁的北民与闽方言区先民有关系，张光宇对此有详细说明。他首先引述了罗香林《客家研究导论》归结出的当时移民迁移的三条路线：①秦雍（即今陕西、山西一带）等州的难民，多向荆州（即今湖北一带）南徙，沿汉水流域逐渐徙入今日湖南的洞庭湖流域，远者且入于今日广西的东部。②并司豫诸州的移民，则多集于今日安徽及河南、湖北、江西、江苏一部分地方，其后又沿鄱阳湖流域及赣江而至今日赣南及闽边诸地。③青徐诸州的移民，则多集于今日江苏南部，旋后沿太湖流域徙于今日浙江及福建的北部。为便于讨论，他把青徐移民的出发地叫作中原东部，把内陆移民的出发地叫作中原西部。张光宇指出："闽客方言之间的异同可从移民路线获得理解。闽方言先民的中原背景以出自中原东部（主要是山东）者为大宗，出自中原西部（主要是河南）为小宗。"而客家方言的先民主要是中原西部的并司豫诸州的移民。因此，古代司豫方言是客闽方言的"共同背景（或背景之一）"②。另外，刘纶鑫也认为，唐末大量北民（即上述所说的司豫诸州的移民）南迁至赣南，并进而到达闽西宁化石壁。到了宋末，这些移民再大举南迁至粤东或闽南。③ 很显然，入迁闽南的移民促成了客闽方言的联系。

若从小片看，闽方言中闽南话与客家方言关系最深。对此，李如龙已经做了比较全面考察和分析。他还指出，这里面既有移民掺杂的历史原因，也有就近接触的地理原因。其中历史原因又主要在于：①唐末之后的客家第二期迁徙中，有的移民到达闽南；②此之前也有入闽的北人（戍漳将兵及仕宦之家），他们所说的话（后来的闽方言）与唐五代入闽的北人所说的话当时可能比较接近因而后来的客、闽方言也比较接近。④

从上述可见，客、闽方言关系密切主要是因为闽南话地区的先民与客家方言地区的先民有相同来源的结果。前面提到，客、赣方言都是从古赣语发展而来的。因此，有些客、闽方言词在赣方言中也有体现，这些词很可能是闽方言与古赣语的关系词。例如，"工（天，量词）"，该词是近代汉语词。《通俗编》收有此条，曰："《律例》：

---

① 张光宇. 东南方言关系综论 [J]. 方言，1999（1）.
② 张光宇. 东南方言关系综论 [J]. 方言，1999（1）.
③ 刘纶鑫. 客赣方言比较研究 [M]. 北京：中国社会科学出版社，1999：6-9.
④ 李如龙. 方言与音韵论集 [C]. 香港中文大学吴多泰中国语文研究中心，1996：245-246.

'一日以百刻计，一工以朝至暮计。'"早期客家文献《一年使用杂字文》中有用例："做孝子，背弓弓，不敢剃头满百工。"粤中较少说"工"，多说"日"。

客、闽方言产生密切关系，除了上述原因外，还有另外两个次要原因：一是共同习得了闽越族语言，具有百越族底层词。二是客家方言主要是闽西粤东粤中片有渗入的闽方言词。

当然，客、闽方言的差异性是明显的，因为闽方言先民中的大宗是出自青徐诸州后来经过太湖流域的移民，与客家方言先民即出自司豫诸州的移民不同。

一些研究者曾经用1230条词语对客家方言与潮汕闽语进行比较，结果发现：其中的555个词语（占总数的45.12%）两者说法相同。如乌阴天（阴天）、当昼（中午）、马牯（公马）等。① 这说明客家方言和潮汕闽语也有较紧密的关系，不过，远没有客家方言与粤方言的关系那么紧密。

第四节 客家方言中的熟语

客家方言有许多熟语，包括成语、惯用语、歇后语、谚语等。以梅县话为例，成语如：安耳斗柄（比喻胡编乱造），养蛇食鸡（犹言引狼入室）；惯用语如：鬼打鬼（指狗咬狗，黑吃黑），打乓嘴（说空话）；歇后语如：火烧月历——无日子（月历，日历；日子，暗指时间。形容时间极为紧迫）；谚语如：人怕老来穷，禾怕寒露风（人到老年，经济拮据，日子将不好过，犹如晚稻扬花吐穗期，遇上寒露冷风的侵袭，会造成歉收甚至失收）。这些熟语在日常生活中为人们所习用，结构比较固定，意义比较完整，具有鲜明的口语性、通俗性、形象性，不少富于哲理，含义深刻。本节介绍、分析其中的主体：谚语和歇后语。

一、谚语

客家谚语是流传于客家地区的形象、通俗而含义深刻的语句，是客家人生产生活

---

① 温昌衍. 广东客闽粤三大方言词汇比较研究[M]. 北京：中国社会科学出版社，2014：153.

经验的总结，是在客家人的生产生活基础上形成的，极具地方特色。以下从形式特点、修辞手法、思想内容、意义类别四个方面进行分析。①

（一）客家谚语的形式特点

客家谚语在形式上有以下四个特点：

1. 在语音上，注意押韵，注意平仄

（1）注意押韵。包括同音字押韵和同韵字押韵。同音字押韵，是指在一句谚语中，前半句的最末一字与后半句的最末一字同音，形成同音押韵。这种同音字押韵声韵调全同，有的是同一个字，有的是不同的字。如：立夏小满，河满缸满；树老根多，人老话多；人要虚心，火要空心。以上谚语的前一句最末一字与后一句最末一字均属同音。

同韵字押韵，是指在一句谚语中，前半句最末一字与后半句最末一字同韵（但不同音），形成同韵押韵。如：为老不尊，教坏子孙（韵同为 un）。

（2）注意平仄。如：多赊成债，久债难摧（声调是平平平仄，仄仄平平）；一人得道，猪狗升天（声调是仄平仄仄，平仄平平）。平仄在客家谚语中没有如古代律诗那么讲究相对立使用，但大都平仄交替，使得谚语抑扬顿挫，有比较强烈的音乐美感。这种平仄交替在以下谈对称性及对偶时还能看到。

2. 在字数上，客家谚语以 10 字为多

客家谚语在句子长短上，均以简短为主要特征，它能把较多的信息以较少的语句表现出来，而这较少的语句又能用较少的字组织而成。其字数以 10 字占最多（上句、下句各 5 字），8 字次之，14 字居三，30 字以上的有，但很少。

（1）10 字的谚语，例如：

食过黄连苦，方知甘草甜。

山中无老虎，猴哥称大王。

（2）8 字的谚语，例如：

大人用讲，细人用揞。（细人：小孩）

人情要长，数目要短。

（3）14 字的谚语，例如：

莫在人前夸海口，强中还有强中手。

---

① 参见陈淑宜《浅析客家谚语》。

受得香火成得神，受得委屈成得人。

(4) 30字或30字以上的谚语，例如：

霜降在月头，卖撇棉被来买牛；霜降在月中，十个牛栏九个空；霜降在月尾，冻死老虎尾。（撇：了）

3. 在短语数量上，有的由一个短语构成，有的由两个短语构成，有的由三个或三个以上的短语构成

(1) 由一个短语构成的谚语，例如：

番薯芋子半年粮。

好食唔留种。（唔：不）

家家灶额一般乌。（灶额：用砖土等垒成的生火做饭的灶台）

(2) 由两个短语构成的谚语，例如：

相打望人拖，官司望人和。

打在子身，痛在娘心。

蛇有蛇路，人有人计。

(3) 由三个或三个以上短语构成的谚语，例如：

立冬前犁金，立冬后犁银，立春后犁铁。

春露晴，夏露雨，秋露蒙蒙做大水。（做大水：发大水）

4. 在结构上，客家谚语注意对称、紧缩

(1) 两个或两个以上的短语组成的客家谚语，结构上往往有对称性。这种对称的形式，有宽对和工对之分，宽对只要求前后字数相等。例如：

眉重早当家，须黄发达迟。（眉重：眉毛浓密）

鱼怕旱塘，人怕浪荡。

工对是前后两个部分不仅数字相等，而且讲究修辞效果，形成比较工整的对称。例如：

人多无好食，猪多无好糠。

菜老筋多，人老病多。

以上谚语前后两个部分在结构上分别相同，前后有重复的词语，可看作排比式谚语。以下是对偶式的谚语：

养猪靠糠，种田靠秧。

患难易同，富贵难共。

(2) 客家谚语具有紧缩性，其方法有以下两个。

一是在紧缩时，略去某些可省略的成分。例如：

冬至萝卜小人参。（是"冬至萝卜相当于小人参"的紧缩，省略了"相当于"）

人穷断六亲。（是"因为人穷所以断六亲"的紧缩，省略了"因为……所以"）

二是采取"意合"的办法，只出现与表义关系最密切的主要词语。例如：

七红八白。（指农历七月种植胡萝卜，八月种植白萝卜）

光松暗杉。（指松喜向阳，杉喜背光而长）

(二) 客家谚语的修辞手法

客家谚语生动、简练，是因为客家谚语运用了多种修辞手法。所用的修辞手法主要有以下几种。

1. 比喻

有的客家谚语运用了比喻的修辞手法，使抽象的事物、事理变得具体、形象。例如：

春雨贵如油。（将春天的雨水比作油一样贵，道出了春雨的珍贵）

人求我，三春风，我求人，六月雪。（通过比喻，形象地道出了"人""我"求人时的不同境遇）

2. 借代

有的客家谚语运用了借代的修辞手法，可以引人联想，使表达收到形象突出、具体、生动的效果。例如：

借钱时桃园三结义，还钱时刘备借荆州。（用"桃园三结义"代指称兄道弟，用"刘备借荆州"代指赖着不还，加深了人们的印象）

床上添双脚，要食又要着。（用"脚"代指人，即添一个人）

茅寮出状元。（用茅寮代指贫穷之家，用状元代指在学业、事业上取得卓越成绩的人）

3. 比拟

有的客家谚语运用了比拟的修辞手法，使听者产生联想，体味深意，表达效果因而加强了。例如：

清明前，打扮田。（指清明前开始春耕）

清明后，打扮豆。（指清明后开始给豆类松土、锄草、上架等）

八月半，禾打扮。（指八月半前后要开始耘田）

以上分别将"田""豆""禾"比拟为可以打扮的人。

4. 夸张

有的客家谚语运用了夸张的修辞手法,使表达的意思更突出、鲜明,给读者更强烈、深刻的印象。例如:

口食山崩,坐食山空。(食:吃。意为只吃不做的话连山都会被吃崩吃空)

刀可以割肉,话可以断骨。(言语很多时候是极其锋利尖锐的,以致都可让人骨断掉,告诫人们慎言行事)

5. 排比

有的客家谚语运用了排比的修辞手法,因而句子前后贯通,结构紧凑,语势强劲。例如:

雨打秋,加倍收;雷打秋,对半收;风打秋,会无收。

春发东风雨连绵,夏发东风高系船,秋发东风禾白穗,冬发东风雪满天。

6. 对偶

客家谚语的对偶不是非常严格的对偶,它不避同字相对。从内容上看,可分为正对、反对、串对三种。例如:

冷铁难打,冷言难听。(正对)

人勤地生宝,人懒地生草。(反对)

忍得一时之气,免得百日之灾。(串对)

对偶使客家谚语在句式上结构整齐,形式工整;在内容上对比强烈,前后呼应。

7. 对比

对比手法在客家谚语中运用得很多,通过对比,给人们留下深刻而难以忘怀的印象。对比常常与对偶同用。例如:

多叫一声叔,少走十里路。("多"与"少"对比,"一"与"十"对比)

朋友易得,知己难求。("难"与"易"相对)

(三) 客家谚语的思想观念

客家谚语包含了客家人丰富的思想观念,反映了客家人的精神价值观。主要如下:

1. 勤劳节俭

早起三朝当一工,早起三年当一冬。(早起三天胜过一工,早起三年胜过一个冬

季。勉励人要爱惜光阴，充分利用时间做事，如此才容易成功）

食死老公眠烂席。（讽刺只会依赖老公供养的懒妇）

后生唔做家，老欻正知差。（年轻时不节俭，到老就会后悔）

2. 自立自强

好女唔贪嫁时衣，好男唔贪爷田地。（意指好的儿女是不需要父母的帮助，而能靠自己的力量开创事业和生活）

敢食三斤姜，敢顶三下枪。（比喻敢作敢为敢担当）

牛角唔尖唔过冈。（比喻没有一定本事，不敢外出谋生）

3. 务实求效

看山倒樵，看菜傍饭。（比喻从实际出发，看待和处理问题）

打蛇打七寸。（七寸是蛇的要害，比喻做事要能掌握关键）

打屁安狗心。（原是说先放屁来安慰饥饿的狗，后指说些不实际的话来敷衍应付）

4. 遵时守序

打得更来夜又长。（比喻时间拖长了，可能发生不利的变化，故凡事应及时进行）

莳田莳到立夏节，唔当上山去拗蕨。（莳田：插秧。唔当：不如。拗蕨：采蕨。说明早稻插秧宜在谷雨前，立夏就太迟了）

盲学行先学走：谓小孩未学走先学跑，容易跌倒。（比喻做事秩序颠倒，不容易成功）

5. 崇文重教

家有千两黄金，不如藏书万卷。（指书比黄金重要）

唔读书，瞎眼珠。（指不读书、不识字，如同睁眼瞎）

读书肯用功，茅寮里面出相公。（指用功读书，贫苦人家也能出人才）

6. 孝亲敬老

还生食四两，当过死后祭猪羊。（还活在世上时可以吃到四两肉，胜过死后吃整只猪羊。劝人及时行孝）

千跪万拜一炉香，唔当生前一碗汤。（对死去的父母虔诚礼拜，不如生前恭敬地侍奉一碗汤。劝人行孝要及时）

蔗就老来甜，姜就老来辣。（比喻上了年纪的人，经验较为丰富）

7. 扬善抑恶

修心当过食斋。（比喻做好事胜过吃素修道）

行得夜路多，必有遇鬼时。（夜路走多了总会遇见鬼，用来比喻坏事做太多总有被发现的一天）

恶人自有恶人磨。（再凶恶的马也有很凶的人来骑它。用以比喻不管是如何凶狠的人，还是会有人可以制得住的）

8. 看重情义

只爱人情好，食水也唵甜。（爱：要。唵：很。说明交往重在情谊，而不在吃吃喝喝上）

你有春风，我有夏雨。（比喻礼尚往来，投桃报李）

莫饮过量之酒，莫贪不义之财。（劝诫人们不要贪杯损害健康，也不应以非法手段敛财）

9. 以和为贵

官司好打，狗屎好食。（官司可打，狗屎可吃。意谓不要随意打官司，是劝人以和为贵之意）

话唔好讲死，事唔好做绝。（指说话、做事都要留有余地，即凡事多留一步给别人）

讲笑讲伤慈，搵痒搵角皮。（角皮：皮肤弄破。比喻说笑话如说得过分，往往使人难堪，甚至伤和气）

10. 求稳避险

眠倒打唔跌。（比喻立于不败之地）

天晴防落雨。（比喻在事故或灾害发生前，就应采取预防的措施，特别是指有钱不要乱花，要有所积蓄）

南蛇穿竹篱，唔死殷身皮。（比喻经历险境必有严重后果）

11. 精明灵活

人爱灵通，火爱窿空。（指一个人的头脑要灵活才能发挥聪明才智，犹如火要通风，炉火才会兴旺一样。比喻人要知变通，不可固执）

出门看天色，入门看面色。（出门要观察天色以了解天气，进门要观察人的脸色以了解其情绪）

食唔穷，着唔穷，无划无算永世穷。（吃不会吃穷，穿不会穿穷，计划失当就会一辈子穷。比喻正常吃穿不会穷，没有良好的规划才会陷入贫困）

12. 团结互助

万众一条心,黄土变成金。(指团结力量大)

一人有难大家帮,一家有事百家忙。(指有困难时大家要相互帮助)

轻霜打死单根草,狂风难毁万木林。(比喻团结互助的重要)

以上是客家谚语体现出来的客家人的12个比较突出的思想观念。除此之外,客家谚语还体现出其他的思想观念,例如:

追求公平:食得平,使得行。(比喻若报酬或分配公平、合理,就能调动积极性)

注意食疗:三日唔食青,行路片重轻。(说明要经常吃青菜,才有益于健康)

崇尚礼仪:问路不施礼,多走几十里。(问路时要有礼貌)

讲究人品:唔贪郎田地,只贪郎精致。(说明嫁夫首选不在对方的财产多寡,而在对方的人品高低)

强调肚量:盲做生理,先学肚量;盲曾出门,先学谦让。(说明要懂得做人须有肚量,知道谦让)

重视后代:财多唔当身体健,官大唔当子孙贤。(说明子孙贤最重要)

崇宗敬祖:宁卖祖宗田,不卖祖宗言。(指不忘祖宗的语言)

热爱故土:离人难分,故土难离。(说明不愿意离开故土)

这些思想观念的背后有着深厚的传统文化,即山区农业文化。这种文化背景下的生活往往不太理想,如生活艰辛、贫穷,生命受到威胁,生产效率低、经济落后,等等。为了战胜苦难,解决温饱或者获得更理想的生活,就需要勤劳节俭,自立自强,务实求效,遵时守序,精明灵活,团结互助,也需要崇文重教(学而优则仕,这是改变艰苦生活的一个好途径);而孝亲敬老、扬善抑恶、看重情义、以和为贵是中华民族的传统美德,在继承了传统农业文化的客家地区,很自然地得到了较好的传承;另外,山区小农文化下的客家人也会自然而然地产生"求稳避险"的观念。

值得指出的是:这些思想观念,都是客家民系的传统观念,在别的民系或多或少也存在,只是在客家地区表现得更为突出。它们基本上都属于客家优秀文化。当然,这些山区农业文化下形成的思想观念也带来了一些消极的影响或后果,例如,视野不够开阔,心胸有些狭窄;在意小范围的团结,容易内斗;太过求稳,不敢创新、冒险;太过务实,睿智、改革不够;太过重农,重商有限;太过功利,大作为不够;等等。所以,客家人在继承优良传统的同时,应该摒弃其消极的负面。

（四）客家谚语的意义类别

客家谚语包含社会生活的方方面面。从意义角度来看，主要有以下类别：气象谚、农谚、规诫谚、生活常识谚。其中又以气象谚、农谚为最多。

1. 气象谚

气象谚是指关于气象的谚语。例如：

雷公先唱歌，有雨也无多。（未雨先打雷，下不了多少雨）

朝霞夜雨，夜霞无点水。（早晨红霞满天则预示这一天会下雨，傍晚出红霞，预示无雨）

南闪三日，北闪对时；东闪西闪，无水洗板。（南方闪电，则三日内必下雨；北方闪电，则一天都下雨；东西两方闪电，则天旱）

日看东南，夜看西北。（观察晴雨，白天看东南，夜间看西北，方有所得）

春暖春晴，春寒雨聚。（春天天气温暖的话，则预示天晴，若寒冷则会下雨）

立夏起北风，十口鱼塘九个空。（立夏这天刮北风，预示将会天旱）

夏至唔过唔热，冬至唔过唔寒。（夏至过了才会真正热起来，冬至到了天气才会真正冷起来）

一场春雨一场暖，一场秋雨一场寒。（春天下一场雨暖一次，秋天下一次雨寒一次）

以上气象谚可使人们得到有关天气、气候及其变化的知识，对人们预测、预知天气和气候有帮助。

还有一种气象谚与动物行为相关，它对人们预测天气也是有帮助的。例如：

蛇过道，雨将到。（蛇爬在道路中间，雨便将要来临）

狗食水，天将雨；猫食水，天将晴。（狗喝水，预示将会下雨，猫喝水，预示天气将会转晴）

2. 农谚

农谚是指关于农业生产的谚语。例如：

清明前，打扮田。（指清明前开始春耕）

清明后，打扮豆。（指清明后开始给豆类松土、锄草、上架等）

谷雨莳田立夏止。（莳田：插秧。谷雨时节就可开始插秧了，到了立夏时节就不适宜插秧。）

芒种前好种棉,芒种后好种豆。(芒种前是种棉的好时机,芒种后是种豆的好时机)

瞎目秋,番薯芋子有;光目秋,米谷有。(瞎目:夜间,光目:白天。夜间立秋,地瓜芋头会有好收成;白天立秋,稻谷会有好收成)

这些农谚往往与节气有关,它可让人们不违农时,及时耕作。

从表现来看,气象谚和农谚数量很多。这是因为客家地区以农业为主,农业是整个客家经济的主要生产部门,农民占整个客家地区人口的大多数,客家人经过几百年的繁衍生息,所以积累下来的气象谚、农谚极其丰富。

3. 规诫谚

规诫谚是指对旁人、后人进行规劝警诫的谚语。例如:

唔学唔知,唔问唔晓。

钱财越花越少,学问越问越多。

六十六,学唔足。(以上是教人要勤奋学习)

弹打出头鸟,掌打多嘴人。(教人要慎言行事)

人情一把锯,你有来,我有去。(教人要礼尚往来)

这些谚语均是劝诫人们怎样行事、处世才是合理的行为,给后人以启发、教训。

4. 生活常识谚

生活常识谚是指有关人们日常生活各种知识的谚语,主要是与衣、食、住、行和医药卫生保健有关。有关衣、食、住、行的,例如:

省了一尺布,去撇一条裤。(量衣做裤应合尺寸,莫要因小失大)

买唔起子孙田,做唔起子孙屋,子孙自有子孙福。(留给子孙的东西重要的是精神财富,不是物质生活方面的东西)

久住难为人。(在别人家里长住,会给主人家带来诸多不便)

有关医药卫生保健的,例如:

食药三年会行医。(一个人病久了会懂得许多医疗方面的知识)

病人怕肚胀。(生病的人肚胀是不好的征兆)

冬食萝卜夏食姜,唔劳医生开药方。(饮食也要注意季节性)

饭后三百步,唔用上药铺。(饭后散步有益身体健康)

二、歇后语

歇后语是由近似谜面和谜底的两个部分组成,前一部分是谜面,后一部分是谜底。

平时说话，常常只说前一部分，而将后一部分藏着不说，让听话人去猜测、体会，所以显得幽默、风趣，歇后语的名称也正由此得来。

客家方言歇后语很丰富，多姿多彩。主要有以下表现：

（一）数量大、类别清晰

客家歇后语数量大，根据初步统计，陈庆忠《客家话词典》所收歇后语达 240 条，黄火兴《梅水风光——客家民间文学精选集》记录到的则有 500 多条。考虑到其中有漏收现象，所以实际语言中的歇后语肯定还要多。

从类别来看，客家歇后语类别清晰，可以分为以下两类：

1. 喻意歇后语

它的前一部分往往是一个比喻，后一部分字面上是对前面的解释，实际上言在此而意在彼，另有含意。例如：

巴掌生毛——老手。[表面上说的"老的手（即长毛的手）"，实际上暗指"对于某种事情富有经验的人"]

阿婆嫁孙女——无主无意。（指做事情拿不定主意。阿婆：祖母）

坳上伯公——两头食得。（指两边都得到好处。伯公：土地神）

床底下破樵——撞板。（指碰钉子，遇到困难。樵：柴）

钉屐用钻欻——多此一举。（比喻多余的举动。屐：木屐，钻：锥子）

2. 谐音歇后语

前一部分说出一件具体的事情，后一部分加以解说，这是运用谐音双关的手法，表达出深层的意思。例如：

背囊上搔痒——倒爪。（"爪"谐"找"，"倒爪"即"倒找"。意为指反过来垫钱）

雨涿灯笼——净骨。（净：谐"尽"；雨涿：雨淋，雨打。意为尽是骨头，骨瘦如柴）

丈人佬个菜地——岳园。（岳园：谐"愕然"，丈人佬：丈人，个：的。意为愕然）

炙欻装酒——唔在壶。（壶：谐"乎"，炙欻：熬中药用的瓦罐子。意为不在乎、不在意）

猪脷傍酒——双舌。（舌：谐"蚀"，猪脷：猪舌头。意为损失大，蚀本）

竹篙晒衫——袖来。（袖：谐"就"，竹篙：竹竿，衫：衣服。意为就来、立刻来）

老公泼扇——妻凉。（妻：谐"凄"，泼扇：扇扇子。意为凄凉）

（二）取材广泛，描述对象多种多样

客家歇后语前一部分取材广泛，描述对象多种多样，特别是以各种常见的物体、物象及人物为描述对象。

（1）以动物为描述对象的。例如：

狗食猪脷——噍舌嫲。（猪脷：猪舌头，噍：咀嚼，舌嫲：舌头。意为胡言乱语）

老鼠缘桁——慢上梁。（缘：爬，桁：檩条。即慢商量）

鸡公生卵——做唔到。（卵：鸡蛋，唔：不。指事情无法办到）

脚鱼上岭——狂爬。（脚鱼：甲鱼。即使劲往上爬）

满塘鲫鱼欻——无个鲤。（鲤：谐"理"，个：这。意为没这道理）

牛牯相斗——角打角。（角：谐"各"，牛牯：公牛。即各打各）

乌龟撞石头——硬碰硬。（意为用对付强硬的办法对付强硬的人）

蚊欻脚——无髀。（髀：大腿，这里谐"比"；蚊欻：蚊子。即无比，不能比较）

蜈蚣虫——手多脚多。（比喻喜欢指手画脚，多管闲事）

这类例子非常多。这和客家人的生存空间——山区有关。有的例子反映了客家人观察细致，如最后两例。

（2）以农作物或其他植物为描述对象的。例如：

番豆剥壳——还有衣。（衣：花生仁的皮，这里谐"医"；番豆：花生。指还可医治）

冇谷沉水——假精。（冇谷：空心的、不饱满的谷子。即假惺惺）

十月芥菜——上芯。（上芯：谐"伤心"。即伤心）

辣擦欻——唔成柿。（柿：谐"事"，唔：不，辣擦：像柿子而小。即不成事，不会成事）

麦管吹箫——小气。（意指气量小）

黄泥捞杉树——入土。（即入土埋葬）

（3）以人物为描述对象的，牵涉面很广。

①有以历史人物为描述对象的，例如：

皇帝相打——争天。（争：本为"争抢"的"争"，这里谐指"相差"的"争"。意为差得远）

孔夫子手巾——包书。（书：谐"输"，手巾：毛巾。即包输）

张天师失印——无法。（意指无法，无办法）

②有以生理上有某种缺陷或疾病的人为描述对象的。例如：

驼背佬上楼梯——中等。（驼背佬：驼子。指属于中等的）

哑吱读书——无话。（哑吱：哑巴。即没说的）

③有以大人、小孩为描述对象的。例如：

阿兰嫁阿瑞——乱点鸳鸯谱。（阿：前缀，此处用于人名前）

大伯个俫欸——家兄。（家兄：谐"加凶"，个：的，俫：儿子。即加凶，更加凶）

④有以各种行业、各种不同身份的人为描述对象的，例如：

木匠挍枷——自造。（挍：荷，此处为"戴"的意思。即自作自受）

唔做和尚——无经念。（念：谐"验"，唔：不。即没有经验）

圣公跌倒脚——无法。（圣公：巫师。即没有办法）

⑤有以身体部位为描述对象的，例如：

巴掌生毛——老手。（指对于某种事情富有经验的人）

鼻公好插香——高傲。（指人高傲，瞧不起人）

多手指猜拳——出六。（指出丑、出洋相）

（4）以生活器具为描述对象的。例如：

喇叭断管——坏笛。（笛：唢呐。即坏透了，多指后果严重）

烂灯笼——吊框。（框：谐"腔"。意为唱高调）

老洋油桶——点火就着。（洋油：煤油。比喻一个人容易动火）

三脚凳欸——唔稳当。（唔：不。意指办事不老成）

十三两秤欸——假正斤。（斤：谐"经"。即假正经）

剃头刀欸——净钢。（意为本事有限）

（5）以地理为描述对象的。例如：

火烧岽冈——空死。（岽冈：山冈。即白死）

清水潭几个石头——一眼看穿。（比喻极易识破的阴谋诡计）

丈人佬个菜地——岳园。（岳园：谐"愕然"，丈人佬：丈人，个：的。意为愕然）

（6）以鬼神或与鬼神相关的事为描述对象的。例如：

伯公背驼牛——斗神唔倒。（伯公：土地神。指打不倒神）

半山岽上丢佛欸——废神。（废：谐"费"，岽：山冈。即费神）

门神拿来卷灶神——画里有画。（画：谐"话"。即话里有话）

新庙转火——入神。（意为聚精会神，心无旁骛）

阎王讲古——鬼话连篇。（讲古：讲故事）

(7) 以某种农事为描述对象。例如：

沙坝开田——大荒。（大荒：谐"大方"，沙坝：沙滩。即大方）

镬头斫菜——铁锄园。（铁锄园：谐"忒迟延"；镬头：锄头；斫：砍，割。即太迟了）

萝卜挷撇——窟还在。（挷撇：拔完了。即窟窿还在）

天井种菜——无园。（园：谐"缘"。即无缘分）

以上介绍的歇后语，题材丰富。实际中的题材还要更多，以上只是主要的。其中的描述对象，有的是现实中确实存在而且是在客家地区常见的，例如：

番豆剥壳——还有衣。（指还可医治。衣：花生仁的皮，这里谐"医"；番豆：花生）

牛牯相斗——角打角。（角：谐"各"，牛牯：公牛。即各打各）

蚊欸脚——无髀。（髀：大腿，这里谐"比"；蚊欸：蚊子。即无比）

鸭嫲蹄——无凹。（凹：谐"㘝"，争辩；鸭嫲：母鸭。意为无可辩驳）

井底撑船——难开篙。（篙：谐"交"。即难开交，忙得不可开交）

床底下破樵——撞板。（指碰钉子，遇到困难）

这部分歇后语体现了客家人想象力，客家歇后语因此变得更形象、更生动。

（三）注释方式多，语言技巧多

从前后两个部分的关系来看，后半部分总是对前半部分进行注释，注释的方式也多，例如：

1. 描写状态

阿七哥打鸟欸——闭欸咕。（指死了）

穿底米升——量唔得。（量：谐"凉"。意指热得很，凉不了）

钝刀破竹——想唔开。（唔：不。意指思想不通）

2. 做出判断

二三四五——缺一。（一：谐"衣"。即缺衣）

六七八九——少十。（十：谐"食"。即少食，缺吃的）

六月天光着棉裤——唔识时务。（着：穿，天光：天景。即不识时务）

3. 说明结果

半夜上云——黑天。（即乌黑的天空）

老公泼扇——妻凉。(妻:谐"凄"。即凄凉)

萝卜挷撒——窟还在。(挷撒:拔完了。即窟窿还在)

4. 说明原因

寿仙公吊颈——嫌命长。(寿仙公:老寿星,吊颈:上吊。指一个人把生命当儿戏)

年初一唔烧火——掂粄。(粄:糕点,谐"板";掂板:不慌不忙。即掂板,不慌不忙)

从表达来看,客家歇后语中运用了较多的语言技巧。首先是运用了修辞技巧,主要是运用比喻和谐音双关。

运用比喻的,例如:

钉屐用钻欸——多此一举。(屐:木屐,钻欸:锥子。比喻多余的举动)

东莞腊肠——又粗又短。(比喻东西又粗又短)

运用谐音双关的,例如:

茶罂装酒——唔在壶。(壶:谐"乎"。即不在乎)

冷镬炒饭——无气。(气:谐"去"。即没有去)

水桶装鲩——屈鱼。(鱼:谐"你"。即委屈你)

就歇后语的前一部分来说,还有运用拟人和夸张的。运用拟人的,例如:

火烟无脚——气上天。(意为怒气冲冲)

阎王讲古——鬼话连篇。(讲古:讲故事)

运用夸张的,例如(含夸大和缩小):

巴掌生毛——老手。(指对于某种事情富有经验的人)

井底撑船——难开篙。(篙:谐"交"。即难开交,忙得不可开交)

针头上削铁——净钢都有限。(指本事有限)

除了修辞技巧,客家歇后语有时还运用文字技巧,例如:

子字无横——了字。(字:谐"事"。指事情得到了结)

大字无横——人字好。(字:谐"事"。指人际关系好)

两个山字——请出。(请出去,即解雇)

三字直写——看川。(川:谐"穿"。即看穿)

多种技巧的运用,使客家歇后语生动、有趣。

(四) 客家特色鲜明

客家歇后语,客家特色鲜明。

首先是在用词上,使用了大量的客家方言词,以上述第一部分的 12 条歇后语为例,里面的客家方言词就有:阿婆:祖母,冇谷:空心的、不饱满的谷子,欸:名词后缀,伯公:土地神,涿:淋(雨),个:的,樵:柴,笠嫲:斗笠,斟嘴:亲嘴,钻:锥子,唔:不,丈人佬:丈人,炙欸:熬中药用的瓦罐子,衫:衣服,竹篙:竹竿,泼扇:扇扇子。

其次是在谐音上,反映了客家方言的语音特征。就上述例子来看,反映的特征就有:

十三两秤欸——假正斤。(即假正经。"斤"与"经"同音,反映了客家方言 ing 混同 in)

沙坝开田——大荒。(即大方)

炙欸装酒——唔在壶。(即不在乎。"荒"与"方"同音,"壶"与"乎"同音,反映了客家方言合口呼前的 h 声母与 f 声母混同了)

镬头斫菜——铁锄园。(即太迟了。"铁锄园"谐"忒迟延","锄"与"迟"同音,反映了客家方言"锄"读同"迟",即"锄"的韵母同"迟"的韵母,也为舌尖元音)

再次是在选材上,反映了客家地区的物象。例如,有的歇后语反映了客家的"岽(山冈)":

半山岽上作缺——堵坳。(堵:谐"赌",坳:谐"拗",作缺:堵缺口。即赌拗)

点火上山——照岽。(照岽:谐"照应",多指财物上的关照。即照应)

山上点火把——照岽。(岽:谐"应"。即照应)

有的反映了客家地区的"伯公(土地神)":

两节伯公——脱神。(即休克)

生须伯公——老神。(神:谐"成"。即老成)

无鸡欸祀伯公——卵来。(卵:谐"乱"。即乱来、胡作非为)

以上反映的是客家地区常见的物象。此外,有的歇后语反映了客家地区特殊的物象。例如:

万秋楼灯笼——有夏字。(夏字:谐"下数";下数:规矩。因梅城万秋楼主人姓夏,故灯笼上有"夏"字。即有下数、有规矩)

跛脚公王——废神。(废:谐"费"。公王:客家地方神。因梅县泮坑公王跛脚残

废，故有此说。即费神）

这里的"万秋楼""跛脚公王"都是客家地区的特殊物象。

最后是在内容上，反映了客家的风俗文化。例如：

食老蟹——好名声。（意为好名声）

黄泥捞杉树——入土。（杉树：这里指杉树做的棺木。意即入土埋葬）

大葬地坟——无改。（客俗，大葬地坟就不再改动。即不会改变）

坟前烧纸宝——骗死人。（意即骗死人）

前一例反映了客家的饮食文化，后三例反映了客家的丧葬文化。

拓展阅读：

李如龙、张双庆：《客赣方言调查报告》，厦门大学出版社，1992

李新魁：《广东的方言》，广东人民出版社，1994

侯复生：《客家话字典》（普通话对照），广东旅游出版社，1994

黄雪贞：《梅县方言词典》，江苏教育出版社，1995

练春招：《客家方言词汇比较研究》，暨南大学中文系博士学位论文，1998

刘纶鑫：《客赣方言比较研究》，中国社会科学出版社，1999

谢留文：《客家方言语音研究》，中国社会科学出版社，2003

谢留文、黄雪贞：《客家方言的分区（稿）》，《方言》2007年第3期

温美姬：《梅县方言古语词研究》，华南理工大学出版社，2009

温昌衍：《客家方言特征词研究》，商务印书馆，2012

温昌衍：《广东客闽粤三大方言词汇比较研究》，中国社会科学出版社，2014

书院与科考教育

"千家弦颂和潺湲，万户芸窗对翠微。"粤东梅州客家地区素有"文化之乡"的美誉，崇文重教之风经久不衰。不过让人难以想象的是，至少在宋以前，这里的文化教育仍荒芜寂寥。若将考察的视域拓展，我们会发现，梅州客家地区的文化教育情形，与其他客家人聚居的地区大同小异。

客家地区的科考教育到底是如何发展起来的？本章将以粤东梅州客家地区为个案，围绕客家文化教育的发展历史，主要介绍：客家地区教育的兴起，私塾、书院等民间与官方的教育机构对客家地区教育发展的影响，历史上梅州地区明清时期科考的繁荣与"人文秀区"的形成，客家民间科甲望族传承的深层原因，晚清新式学堂的创办与现代教育的崛起，颇具特色的现代女子教育等内容。

第五章 书院与科考教育

第一节 客家教育的兴起

一、客家文教气象掠影

梅州客家地区崇文重教之风始于宋,盛于明清,持续至20世纪40年代。早在南宋,知县方渐即曾云:"梅人无植产,特以为生者,读书一事耳。"由此可见,梅州人喜欢读书,在宋时便已成风。明末清初乡贤李士淳在《重修儒学开文澜门改建启圣祠记》中亦云:"古之梅州,人文素扬,士习犹古,元魁接武,翰苑檀场。"清代知县王之正的描述更为形象:"士喜读书,舌耕,虽困穷,至老不肯辍业。"清代另一知县王仕云在《望杏坊记》中写到自己在任程乡知县五年,但见州城士人著书好古,发奋上进:"且户育家弦,俨然海滨邹鲁。"王仕云赞叹程乡县署"左则桂乎是攀(即攀桂坊),右则杏焉在望(即望杏坊),发莲炬而接槐堂",人文气象蔚然。州城气象如此,嘉属各县崇文重教之风亦不逊色。《乾隆嘉应州志》谈及兴宁风俗时这样写道:"大抵士夫之家,敦礼让,重廉隅,以干谒为耻。稍足自给,益淳谨俭朴,必谋一书房,延师教子弟,故文风日益盛。"重礼仪、修养与教育,是州志描述兴宁民间风俗的几个关键词。

清顺治十年(1653),清朝首次在程乡等县举行岁试、开科取士,试场就设在兴宁学宫明伦堂,由督学钱朝鼎主考,当时参试者除兴宁、长乐(今五华)、程乡、平远、镇平(今蕉岭)等县士人外,还有龙川、连平、和平、长宁、永安(紫金)五县士子。在非州、府的地方开科取士,足见当时嘉应州文教的影响。

清雍正十一年(1733),随着后来被称为嘉应五属的科甲联翩,人才辈出,文教地位的不断提高,程乡县升格为直隶嘉应州,隶属广东省布政司,直接管辖从潮州府中分出的平远、蕉岭,以及从惠州府分出的兴宁、长乐。

清乾隆十五年(1750),嘉应州河北籍知州王之正有感于全州教育之发达,建"人

文秀区"牌坊于署前街。在此前后，科考时代梅州客家地区的文教达到鼎盛。

清末民初，曾在粤东嘉应、潮汕等地区传教50余年的法国天主教神父赖理·查斯曾在他编就的《客法大辞典》中这样惊叹当年嘉应州的教育盛况："全境有六七百个村落，也就有六七百个学校，这真是一个骇人听闻的事实，按人口比例来说，不但全国没有一个地方可以和它相比较，就是较之欧美各国也毫不逊色。"

1965年，郭沫若来梅州考察，称赞梅州"文物由来第一流"。

特别值得关注的是，辛亥革命以降，梅州客家地区孕育了近30名院士，如中国病理学奠基人之一的梁伯强、我国物理化学奠基人之一的黄子卿、世界十大结构工程专家之一的李国豪、高分子化学家王佛松、第一个获菲尔兹奖的华裔人士丘成桐、金属矿产资源专家古德生、建筑工程专家江欢成、自然地理学科带头人之一的郑度、制浆造纸专家刘焕彬、医学真菌学专家廖万清等；涌现了340多位大学校长，如华北军政大学校长和南方大学校长叶剑英元帅、中山大学第一任校长邹鲁、杭州国立艺术院（中国美术学院前身）院长林风眠、中国政法大学校长刘复之、东北大学校长张如心、同济大学校长李国豪、武汉大学校长侯杰昌、吉林大学校长李元元、华南师范大学校长潘炯华等。

以上这些，均可谓以书院为代表的客家文教发展起来后栽培出来的丰硕成果。

二、从刘元城到侯安国

现在一般谈到历史上梅州客家地区的教育历史，都从宋代刘元城或侯安国说起。其实，在他们之前还有一个不应忘记的重要人物，就是程旼。程旼可以说是梅州教育草创时期的代表人物。但由于程旼的教育实践活动缺乏文字记载，而主要还是通过民间一代一代传续下来，因此梅州的教育正史几乎都不怎么提他，而把梅县学校教育历史的起始定格于宋代的两个人物，一个是刘元城，一个是侯安国。

北宋哲宗元符元年（1098），谏议大夫刘元城贬谪梅州，于城内聚士讲学。李士淳在《重建松江书院序》中曾这样高度评价刘元城建书院之于梅州教育的贡献：潮州地理，负山抱海，形胜甲天下，……但由于僻处南荒，因此自唐以前，声教罕通，文物未显，山川灵异之气，大半被湮没在丛生荆棘、瘴雾、山岚与海市中。自韩昌黎（韩愈）出守潮州，命天水进士赵德为之师，读书人才开始知道学问，人争响化，文明日辟，风气渐开，山川之色亦因此灿然一新。数百年后，元城刘公谪官梅州，建书院于梅城东南隅，集聚士人，讲学其中，士习民风，豁然大变，从此梅州之山川人物，才逐渐与全潮并峙。李士淳认为，开辟全潮之山川者，昌黎公也；开辟梅州之山川并播传昌黎公之芳名者，则为元城刘公也。李士淳的评价，已将刘元城与梅州的教育发起紧密地联系在一起。

谈及梅州的教育发起要说起的另一个重要人物，是继刘元城之后近两百年的侯安国。宋宝祐元年（1253），福建侯安国来梅掌教，提倡经学，并鼓励梅人读书。史载福建宁化人侯安国登乡贡进士，后教授梅州，见此地风俗醇美，"遂隶籍于城东攀桂坊居焉"。侯安国以《春秋》授门徒，文风日盛；教授蔡蒙吉应童子科、登进士，为宋忠臣，其最著也。时人以安国教泽渊源，比之文翁赵德。

从刘元城到侯安国，期间近两百年，客家梅州地区的教育逐渐发展起来。

第二节　书院与客家教育的发展

一、粤东客家书院概况

就岭南三大民系的地理分布情形而言，客家民系确实没占什么地利，所谓"逢山必有客，逢客必有山"，历史上客家人基本上在山区。因此，谈到历史上梅州客家地区书院兴衰的原因，不少文章都认为与梅州"八山一水一分田"的地理环境有关，认为正是这种恶劣的生存环境使梅州客家人崇文重教，大力发展教育。但这只是问题的一方面。其实，客家地区崇文重教蔚然成风，从另一角度来看，恰恰是客家地区文化教育发展起来后客家人反思自身生存环境与寻找生活出路的结果。而作为对梅州客家地区文化教育兴起与发展功不可没的书院，尤为值得关注。

据考证，历史上梅州客家地区先后有 44 所书院。其中，官立的 32 所，民间创建的 10 所，官府与民间合办的 2 所。官立的占了约 3/4。这一数字充分体现了地方官府对书院建设的重视。客家书院这种以官立为主的现象，也与本地经济欠发达、邑人难有余资，以及本土硕儒少、聚徒讲学难成气候等情形有关。

梅州客家书院情况一览表

编号	书院名称	创建年代	地址	性质	创建者
1	梅城书院（元城书院）	宋宣和三年（1121）	梅县	官立	谪臣刘元城
2	神童书院	明永乐年间（1403—1424）	梅县	民间	举人蔡克弘
3	周溪书院	明弘治二年（1489）	梅县	官立	知县刘彬
4	双忠书院	明嘉靖元年（1522）	梅县	官立	督学魏校
5	锦江书院	明天启元年（1621）	梅县	官立	知县林欲昂
6	七贤书院	清顺治二年（1645）	梅县	官立	知县戴长治
7	松江书院	清顺治九年（1652）	梅县	民间	乡贤李士淳
8	先贤书院	清顺治十年（1653）	梅县	民间	乡贤李士淳
9	立诚书院	清顺治年间（1644—1661）	梅县	民间	乡贤李士淳
10	培风书院	清康熙二十二年（1683）	梅县	官立	知县王吉人
11	义学书院	清康熙二十五年（1686）	梅县	官立	知县王吉人
12	九贤书院	清康熙三十四年（1695）	梅县	官立	知县曹延懿
13	程江书院	清雍正十一年（1733）	梅县	官立	知州王元枢
14	东山书院	清乾隆十一年（1746）	梅县	官立	知州王者辅
15	培南书院	清乾隆十一年	梅县	官立	知州王者辅
16	培风书院	清乾隆十五年（1750）	梅县	官立	知州王之正
17	梅东书院	清光绪元年（1875）	梅县	民间	邑人公建
18	崇实书院	清光绪五年（1879）	梅县	民间	邑举人黄鸾藻、张麟宝等
19	探花书院	明嘉靖十五年（1536）	兴宁	官立	知县方述鼎
20	汪公书院	清顺治初	兴宁	官立	不详
21	文昌书院	清康熙九年（1670）	兴宁	官立	知县刘贵荣
22	韩苏书院	清乾隆四年（1739）	兴宁	官立	知县施念曾
23	墨池书院	清嘉庆十六年（1811）	兴宁	官立	知县仲振履
24	养正书院	清嘉庆十六年	兴宁	官立	不详
25	文峰书院	清嘉庆十七年（1812）	兴宁	官立	知县仲振履
26	东山书院	明隆庆五年（1571）	五华	官立	按察使张子宏
27	金山书院	清乾隆二十年（1755）	五华	官立	知县戴琪
28	三江书院	清光绪二十年（1894）	五华	民间	士绅古海帆、李星楼、张笃臣、古芸史、陈星坡等

续表

编号	书院名称	创建年代	地址	性质	创建者
29	方正书院	清康熙十四年（1675）	蕉岭	官立	不详
30	昌黎书院	清康熙年间（1662—1772）	蕉岭	官立	知县蒋弥高
31	四贤书院	清康熙年间	蕉岭	官立	知县程梦简
32	桂岭书院	清乾隆十年（1745）	蕉岭	官立	知县陈必元
33	茶阳书院	明嘉靖九年（1530）	大埔（县东二里）	官立	知县方琦
34	汇川书院	明嘉靖二十六年（1547）	大埔	官立	知县曾广翰
35	湖山书院	明崇祯十三年（1640）	大埔	初为私办，雍正年间改为官立	不详
36	茶阳书院（新）	清道光九年（1829）	大埔（神泉公馆旧址）	民间	合邑官绅
37	启元书院	清同治十二年（1873）	大埔	官立	总兵方耀
38	安墩书院	清乾隆十一年（1746）	丰顺	官立	知县葛曙
39	鹏湖书院	清乾隆五十七年（1792）	丰顺（安墩岭麓）	官立	知县秦泰与诸邑绅
40	蓝田书院	清道光二十七年（1847）	丰顺	民间	邑绅丁日昌
41	鹏湖书院	清同治九年（1870）	丰顺（原丰顺粮仓旧址）	官立/民间	知县冯宝封倡同县绅
42	北胜书院	清光绪二十二年（1896）	丰顺	官立	知县刘钰
43	毓秀书院	清光绪年间（1875—1908）	平远	民间	举人李廷东
44	凤山书院	清乾隆三年（1738）	平远	官立	知县龙廷标

二、地方吏治与书院情怀

梅州客家地区书院的发展，与整个中国书院发展的历史大趋势分不开，尤其是与历代地方官员的重视密切相关。宋元之后中国书院官学化倾向日益突显，换言之，即地方官员对书院建设与发展非常重视，其中有如下几个方面的原因：一是历史上的地方官吏，基本上是儒官，读书人本色；关注文化教育，开通民智，基本上可说是出于他们的本能。对于教化普及比较迟的岭南，这些官员更是投之以热情。二是到了明清以后，地方知府知县莅临郡邑，多以创建书院为良吏政绩的象征。三是与当时统治阶级的思想认识及相关政策有关。如明代推行"治国以教化为先，教化以学校为本"的国策，"内设国学，外设郡学及社学，且转宪臣以董之"。这种思想认识对推动包括书院等在内的教育发展具有重要意义。与此同时，在生活上，朱元璋即位之初，还规定地方学校师生"月廪食米，人六斗，有司给以鱼肉"，国子监生员更是"厚给廪，岁时赐布帛文绮，袭衣布靴。正旦元宵诸令节，俱赏节钱"。国家筹备专款解决学生的学习、生活困难，以让学生安心学业，由此在全国出现"无地而不设之学，无人而不纳之教"即全民办教育的气象。这种历史发展的大趋势，亦可看作对历史上梅州客家地区的书院兴衰缘由的一种解释。

当然，梅州客家地区书院的创建与发展，也多少与其特殊的政治地理位置有关。据史料记载，梅州地区自隋唐五代以来，"荆榛未辟，瘴雾迷人"，是历代贬官迁谪之地。历史上，瘴雾迷人、文化落后的岭南，一向被视为仕途失意官宦的贬谪流放之地。从北宋哲宗元符元年（1098），谏议大夫刘元城贬谪梅州，于城内创建书院，聚士讲学开始，延至明、清，不少贬谪梅州的朝廷官员，都将自己理想寄托在振兴当地教化育人之中，并以此转移因仕途不得志带来的落寞心情。清乾隆十一年（1746），嘉应州知州安徽天长人王者辅在攀桂坊东山右麓倡建东山书院，同时在南口圩倡建培南书院。王者辅早年（雍正六年，1728）授任广东海丰县令期间，勤政爱民，治邑如理家。史传王者辅生性耿介，憨直不屈，被称为"怪尹"。后因触怒上官，被判监禁4年。出狱后，被广东巡抚延请入幕，并以人才保荐，王者辅才得以发往甘肃军前效力，并立功。乾隆元年（1736），王者辅以军功授固安（今河北）县令，依然不改刚直之性，被称为"铁匠"。王者辅平素俭约，每餐仅一个菜，外出常以烙饼裹胡葱充饥。乾隆二年（1737），升为顺天府（今北京）同知（知府的副职），王者辅立书院，建营房，政绩辉煌。乾隆五年（1740），王者辅升迁为宣化（今河北）知府，却因"执法不阿，为揭帖所陷"，于第二年降职至广东，任惠州知府。乾隆九年（1744），王者辅补授嘉应州知州。到任之初，王者辅见历年积案2000余宗，即明咨暗访，在任内基本查清积案，并妥善处置。乾隆十一年（1746），王者辅支持整修状元桥，并倡建东山、培南两书院。此外，王者辅还迁建千佛塔，兴建城北窑溪、合溪坝二桥，造福乡民。后又因文武官僚不和而失官。乾隆三十七年（1772）前后，王者辅又因办案差错，谪戍吉林。王者辅的流放生活持续了8年，乾隆四十四年（1779）左右他在吉林去世。身后别无账物，仅遗藏书75柜。像刘元城、王者辅这些具有代表性的儒官个案，对我们了解贬官与梅州客家地区书院的历史很有启发意义。

刘元城梅城书院（元城书院）（1121年建）　　　王者辅东山书院（1746年建）

即便是正常就任的历代地方官，如刘彬、刘熙祚、刘广聪、曹延懿、王仕云、王吉人、王之正、戴琪、周克达、仲振履等，也很重视建设书院、发展文化教育。如：

明孝宗弘治年间（1489），江西永丰进士刘彬为程乡令，忧念百姓疾苦，端正读书人习气，建濂溪书院（即周溪书院）以讲学，并捐出俸余以买学田收租，供东西南三社学之费。

明嘉靖二十六年（1547），大埔知县曾广翰在大埔三河坝倡建汇川书院。

崇祯八年（1635），江南武进举人刘熙祚任兴宁知县，首建书院，并召集众多士人来书院讲学，兴宁人文顿起，政教一新，学使由此奏请提兴宁为中县，兴宁学额也从此逐渐增加。

清康熙二十七年（1688），山东邹平人刘广聪（进士）任程乡县令后，增修七贤书院，延请侯汝耕讲学，一时从游者众，"户外履满"。

康熙辛未（1691）春，江南太仓州举人曹延懿任程乡令，下车拜谒圣庙，感觉这种格局气象不利科考，遂起建凌风楼，并祀周濂溪等于七贤祠，改为九贤书院。曹延懿还添建义学，每月两课，亲授生徒，自辰至酉而后散，程乡文风由此大振。

雍正十二年（1734），江南宣城拔贡施念曾任兴宁知县，莅任数月，政治一新。乾隆元年（1736），朝廷以其现任者身份继供原职。施念曾见县学官万仞坊前沟水汇积，乃开半月形大池，再于池外一挖沟渠，疏透污水于关外，从此学宫泮池水渐清。此外，施念曾还鼎建义学旧址，奉祀韩文公、苏文忠公，题额曰"韩苏书院"。

乾隆十五年（1750），知州王之正倡修《嘉应州志》，并改建城内东北隅双忠书院为培风书院，祀九贤神像于楼上，定名为九贤祠。为解决书院膏火资费，王之正还捐俸银四百两，买城西街第五甲尾铺三间各两栋，其中两间并带地基，每间租银八两，

· 183 ·

每年分四季交纳。

乾隆二十年（1755），时任长乐（今五华）知县戴琪，在县署（华城）北门外禅定寺左修复并重建金山书院。

乾隆四十四年（1779）秋九月，新任镇平知县周克达，即以培风劝学，因时草创为守土之责。周克达见前任县令建课艺斋十间，日久倾圮，于是与当地学博郭君筹谋移置于镇山之麓。移建银资无着落，又集合地方绅士商议，并遴推举人何清凤、邱鸣岐，贡生古声扬、董其役，选地于城隍庙侧，择日开工，并于次年（1780）五月竣工，改为桂岭书院。

嘉庆十六年（1811），兴宁知县仲振履重修韩苏书院，并改名墨池书院；重修罗探花祠，并以祠设探花书院；又改水口司公馆为养正书院，翌年又改名文峰书院。

光绪二十二年（1896），丰顺知县刘钰倡建北胜书院。

…………

由此可见，虽然书院兼具官学与私学性质，但就梅州客家地区而言，历史上，如果没有地方官员的重视，书院的创办就不可能有这样的景象。

三、书院发展中的地方乡绅

历史上梅州客家地区的书院，由当地乡绅等地方人士发起倡建的虽然不多，但从中我们还是可以看到乡绅等地方人士对客家书院发展的贡献。如上面提及的镇平县令周克达动议移建桂岭书院，若没有地方人士的积极响应，将难于成就。

关于历史上乡绅等地方人士对客家书院发展的贡献，我们还可以看到：

明永乐年间，庚子科（1420）举人蔡克弘在梅县松源创建神童书院，奉祀乡贤蔡蒙吉。

清康熙二十年（1681），大埔县合邑士民在茶阳神泉公馆旧址建新茶阳书院。道光九年（1829），大埔县合邑绅士又将（潮州）府城开元寺右旧大埔公馆改建为书院，前后两堂，上堂祀文昌帝君，左右两正间两从屋，堂后仍有隙地，并置田租店铺以垂永久。

道光二十七年（1847），中国近代革新家、"不世之才"丁日昌和各乡绅耆在丰顺汤坑倡建蓝田书院。

光绪年间，平远县举人李廷东在东石镇灵水村倡建毓秀书院。

光绪二十年（1894），地方士绅古海帆、李星楼、张笃臣、古芸史、陈星坡等在长乐（五华）安流上游周、琴、棉三江汇合处倡建三江书院。

而更重要的一个现象是，在书院讲习、教授生徒的，大多数都是德高望重、学富五车的乡绅等地方贤达。换句话说，没有他们的支持和贡献，作为文化传播与兴教育才的书院事业，同样很难发展起来。

下面我们简单选几个有一定代表性的案例来了解一下历史上乡绅等地方人士对客家书院的贡献。

1. 结缘书院的"岭南夫子"李二何

在推动客家书院发展的历史长河中涌现出来的地方人士中，最引人注目的是明清之际的通议大夫、吏部右侍郎兼翰林院编修李士淳。李士淳，号二何，1585年出生于梅县松口洋坑村祥安围。李二何生而颖异，孝顺父母、与兄弟友爱，十一二岁，即能下笔成文。李二何少年时父母长年在外教书谋生，如失怙恃，恰如《诗经》之所云："无父何怙，无母何恃。""二何"一典即从此出。李二何早年读书阴那山，常引范仲淹先忧后乐之语以自砥砺，因寺前三棵古柏而名书室为"三柏轩"。明万历三十七年（1609），李二何在省城乡试中，高中头名举人，后开五龙馆教授生徒，四方来者，多所造就。其时适逢灾年饥荒，李二何捐出自己赴京会试津贴花银兑换官粟，赈济饥民。"为绅士倡，仍为邑令划发仓策"，救活饥民无数。万历四十七年（1619），李二何深感梅溪出口处"山川文峰欠佳"，募资兴建元魁塔，后十年方建成。崇祯元年（1628），李二何中进士。崇祯四年（1631），李二何任山西翼城县令，惠民训士，每月朔望亲往明伦堂，召集诸士讲学课文。他还捐俸银130两建翔山书院，为生徒讲学，一时翼城文风大振，诸士联翩科第，中举人者20余人，其中6人登进士。邑人称颂李二何开辟之功，并建李夫子祠以纪念。崇祯八年（1635），李二何调任山西曲沃知县，又建乔山书院，捐俸银100两作为本县科举诸生书卷资费，并一如任翼城时那样讲学课文。后曲沃一连三科考中"榜眼"，时人称誉李二何为"岭南夫子"。因治行卓异，李二何被"召入对策称旨，钦取第一，授翰林院编修，充东宫讲读六年"。崇祯十六年（1643），分校礼闱（校阅试卷的考官），所选拔者皆为海内英才。崇祯十七年（1644），李自成入京，李二何与宫中太子朱慈烺等一同被俘，"身受刑笞，不污伪命，潜归故里"。南明隆武（1646）时，为詹事府詹事，奔走筹饷以盼复明。后来永历皇帝即位，李二何官拜吏部右侍郎兼翰林院侍读学士。清军入粤，李二何与赖其肖等人起兵于潮州，事败回归故里，筑室于阴那山灵光寺三柏轩隐居。历史上，粤东客家民间一直流传这样一个故事：李二何当年护卫宫中太子朱慈烺逃离京城南下，太子后来眼看复明无望，在李二何劝说下于阴那灵光寺剃度出家，后又辗转至嘉应州城东郊深山古寺祥云庵。另外，流行于粤东客家民间的"太阳生日"这一民俗，据说也源于朱慈烺出家后每年农历三月十九日举行的纪念其父亲崇祯皇帝殉国的祭祀仪式。此是后话。

顺治九年（1652），李二何卖田数百亩，"得价五百金，买地于梅州之松口"，重建松口书院，中建正堂三间，后起书楼一座，旁构院舍一百二十间，每月朔望即召集耆老士民，申明乡约，教化民风；"春秋则聚俊秀生童，课文讲艺，说诗敦礼，仁让相先，少长有序，仿昔人几塾里庠三物宾兴之制"。李二何还祈望"显官贵人，居士先达，大发继往开来之心，期立天地生民之命，倡议捐金，撮土成山"，以保障书院费用。顺治十年（1653），李二何又于嘉应州城东攀桂坊倡建先贤书院，奉祀地方贤哲，以垂后世。据方志史料记载，顺治年间，李二何还在梅县松口倡建耆英讲院（即后来的立诚书院），讲学造士，从学者如云。李二何兄李士濂，号匪何，自弟中元魁直至步入仕途，严于律己，从不干预公务，乡里称其为理学名儒。匪何长子李椅承续伯、父之业，在松口建松溪书院，"有志力学之士，皆得肄业其中"。顺治十二年（1655），李二何病逝于松口书院。生前著有《阴那山志》《三柏轩文集》《诗苑》《古今文范》等。"所为古文，如健马脱缰，横行万里，不受控制。其序所著《古今文范》，尤注重于知人论世尚友"，为学者所宗。综观李二何一生，亦仕亦隐，但始终不忘办学造士。

2. "历主书院"的留馀堂张氏裔孙

在推动客家书院发展的地方人士中，值得关注的另一个案是嘉应城东三坑村的留馀堂张氏。历史上的留馀堂张氏所属族系不仅是嘉应州城里的大氏族（攀桂坊张家围张氏望族），也是当时的"名族"。清光绪十三年（1887），工部右侍郎广东学政臣汪鸣銮视学粤东，盛赞"粤东民物殷繁，人文极盛"。这期间留馀堂之书香翰墨显然给他留了深刻印象。在其后来奏举张其翻为绩学耆儒之疏中，汪鸣銮称许当年的"学海堂名宿"张其翻"中岁谢官归（田）"后，"历主书院，成就后进甚多。地方利弊，遇事讲求于义利之辨，介然不苟"。这"历主书院，成就后进"，同时也不妨看作是对张其翻等留馀堂读书人在乡里"谨庠序之教，申之以孝悌之义"善行的一种褒奖。在一百多年的历史岁月中，这些从留馀堂走出去的读书人，一方面官任他乡，造福一方，另一方面，卸任回归故里后，仍不忘回报乡梓，办义学，建书院，通民智。传说张其翻从陕西做官返乡，两袖清风，什么东西都没带，只带回许多的书籍和心爱的石头。《粤学海堂志》载在卢坤于道光十四年（1834）督两广期间，推举学海堂专课生，张其翻居第二。光绪十一年（1885），张其翻补为学海堂学长。张其翻另还曾掌教潮州韩山、城南书院,嘉应州崇实、培风书院。在当年为《张彦高先生所著书序》,汪鸣銮言及张其翱"中岁谢官归,专意撰述,今年且八十,精神强固,犹主坛席,为诸生讲述不倦"。张其翱次子张麟定,也就是留馀堂张氏的第二代举人,任湖北京山令期满后,即告病还乡,主持并主讲培风书院;张麟定兄长张麟宝清光绪五年(1879)还在家乡与其他乡贤一起倡建崇实书院,效法学海堂,专课经史,以苏息民气。十八世孙张麟安(岁进士)(张其翱之四子)当年亦曾主讲崇实、培风书院,张麟寯(张其翱之五子)曾为广州府学教谕兼东山师范学堂监督。张其翱子孙五代从事教育,历时约140年。近人梁启超尝云自阮元道光四年(1824)在越秀山创设学海堂后,"学风大播于吾粤",而作为现代学堂前身的书院之创设,从此亦于粤蔚然成风,让江浙士人从此对往昔被视为混沌蒙昧的百越之地拭目以待。而众多饱读经书的名士宿儒亦通过书院言传身教以辅治教化,敦品励节,使始于私人讲学,使曾经一度穷以应试科举的书院成为民间社会教育施行的主要场所。以此作为我们讨论留馀堂读书人用心于书院事背景,或许更能凸显其意义。

历史上,梅州客家地区的崇文重教之风气繁盛,而自明清后尤甚,此中不应忽略包括留馀堂读书人在内之身体力行。中国历史几千年,知识分子处以求志,出必待时,一直恪守"穷则独善其身,达则兼济天下"的人生信念,"居庙堂之高则忧其民,处江湖之远则忧其君",修身、齐家、化乡、治国而平天下。这些,我们都可以从留馀堂读书人的身上看到。

3. 一屋六书院的兴宁坭陂进士第

在考察历史上梅州客家民间人士对书院发展的贡献时,还有一个值得介绍的个案是兴宁坭陂镇汤一村三槐堂(客家地区王姓的堂号之一)王氏对书院意义的另一种理解。这座始建于清乾隆二十五年(1760)、历经两代人建成的客家围龙屋,计有房300间、28个天井、3个主厅、2个化胎、6条巷屋、6间书院、2个禾坪、1口池塘、1个跑马场。围龙屋第二代、王萍宇之五子王杞薰武功高强,所使大刀重达125公斤,堪称"天下第一刀"。王杞薰以清嘉庆六年(1801)辛酉科武进士,钦点为御前侍卫。"三槐堂"围龙屋从此改为进士第。但虽以武进士受此荣耀,三槐堂王氏却仍视读书为根本,崇文重教,在主屋右边建了6间书院,每间书院均有2栋2厅4房1天井,北有斗门进出,西设一门与横屋相通,为六房子孙读书习武之所。6间书院如一字连排,书院与横屋之间天街宽阔,长约百米,宽约20米,供子弟习武、嬉戏之用。源于"私学"的中国书院功能,在进士第得到了最原生态的体现。这种情形,

同时还表现在镶嵌于进士第全屋的联文上面。进士第全屋对联计23副，均自拟，并已世代相传沿用二百余年。联文或记事，或劝勉，或抒怀，或描景，对仗工整，寓意深刻，彰显进士第人文脉络。如上厅：传家孝弟承先绪，华国文章启后贤。上厅下角：东鲁雅言诗书执礼，西京明昭孝弟力田。中厅上柱：念先人积善馀庆支分六脉孰为士孰为农孰为商贾正业维勤方无忝祖宗之遗训，在后嗣报本返始祀享千秋告以忠告以孝告以节廉大端不愧庶可称子孙之能贤。内拱门：圣代即今多雨露，人文从此际风云。

四、书院人才对本土教育的反哺

书院的创办带动了本土教育的发展，培育的人才成就后反过来推动当地教育的发展。一方面，科举时代，尤其是到了清代，书院的大规模发展为国家培养输送了大量科举人才；另一方面，这些中举以后的士人成就后只要有机会，即反哺故里，致力乡里教育与人才培养。这种良性互动的例子可以说是俯拾即是，如：《乾隆嘉应州志·懿行》提及李士濂"持心敬谨，竖品端方，与弟李士淳勉期远大，明道兴学，四方师事者尝百余人"；《乾隆嘉应州志·乡贤》提及李士淳晚年遁归故里后，"建耆英书院以造士"；州志还提及李士濂子李梒建松溪书院，"有志力学之士，皆得肄业其中"。为了更深入了解这一情形，这里我们再举两个比较典型的例子，一个是"一腹三翰林"的清代大埔百侯杨氏家族，另一个是"公孙三翰院"的清代嘉应州李氏家族。

清代康乾时期，大埔百侯杨氏家族在当地的影响已举足轻重。我们以"三翰林"的祖父辈作为考察的起点：杨士薰虽不过是顺治甲午（1654）拔贡，但笃学励行，家居教授子弟，并以此传家。其子杨之徐（康熙戊辰（1688）科进士）康熙三十八年（1699）归田后承父志，"杜门课子，诗文自娱"。雍正二年（1724），杨之徐五子杨缵绪被革职回家，杨之徐希望儿子以自己在京师所学，给族中弟侄讲经论史，扶植后辈，并终于成正果：不仅弟弟黼时、演时分别在乾隆元年（1736）和乾隆十年（1745）登进士榜，均点翰林，"同堂弟侄，数以科甲仕宦，联翩继起"；而且外甥邱元遂在他的点拨下，6岁能文，13岁考中秀才，被当时广东学政惠士奇称为"神童"，后于21岁中举，乾隆元年（1736）35岁时中进士。乾隆十二年（1747），乾隆知杨缵绪为官清廉，两袖清风，赐款为杨缵绪建九厅十八井的府第。杨缵绪晚年致仕归家后，一如其父，"杜门日课子孙，读书作文"，其弟演时中进士选庶吉士授翰林院编修后，不久亦告假归家，闭门讲学，并自撰一副对联自勉：容膝易安，且喜藏书万卷；力田有获，何如教子一经。杨黼时也在成就举业后不惜躬亲教授子侄、村童。在几代人的共同努力下，杨家举业日旺：杨缵绪的三个儿子，两个中举，一个副榜，杨黼时的四个儿子德征、德瑞、德邵、德彰全部考中举人，荣称为"同堂七魁"，御赐"七叶衍祥"的匾额。现存大埔百侯杨氏谱牒资料记载杨士薰"孙曾以下成进士者五人，三馆选二分登贤书者十八人，贡监青衿七十余人"，有"岭南望族"之美誉："科名甲第相望，……蔚为粤中望族。"后来潮州府知府周硕勋聘请杨演时主持龙湖书院，文风由此大振。其时，潮州适逢修府志，演时竭力协助，搜集文献，以助成书；凡潮属利弊，太守悉访之，绝不以私干，周益重其品，认为"杨君真道学人也"。杨演时还出任过广西秀峰，福建鳌峰书院。值得一提的还有其教育学子的宗旨：为学务将圣人道理从心体验，徒摭拾辞章，猎取科名，无裨也。

另一个颇具代表性的是"公孙三翰院"的清代嘉应州李氏家族。《崇正同人系谱》记载李象元生平气度谦和，乐善好施，兄友弟恭，对于族中"贫者为之婚嫁，或给屋以居"。其弟弟嘉元死后，李象元视其子如己出抚育之。李象元"性好聚书，手不释卷"，族中有后学前来请教学业，他总是孜孜不倦，却从不收取分文。李象元告老还乡后所建"御书楼"，以"赐砚堂"为堂号。① 御书楼既为李象元寓所，又是其子孙后代读书治学之场所。后因子孙日繁，族中来求教者太多，李象元又在家中创建四合院风格的上、下学堂，作为宗族子弟读书求学的场所。其中上学堂称作"选精馆"，下学堂称作"梅花馆"。上、下学堂与李象元学生为其建造的尊礼堂（地址均为现在梅州城隍庙街）一起，为族中子弟乃至村中孩童提供了习文练武、读书强身的地方，成为当时嘉应州城一道亮丽的文化教育风景。传说李氏族中子弟繁多之时，李象元忙不过来，还另请邻近蓝屋不第秀才蓝钦奎当塾师，并对其文章加以点化，蓝钦奎进步既快，后于雍正十一年癸丑科（1733）中进士，官至山西巡抚。李象元倾心扶掖后学的佳话还

---

① "御书楼"堂号为"赐砚堂"。其中还有一个典故：康熙三十八年（1699），李象元被任命为山东乡试副主考，这在科举时代特别是清朝士林中常被看作是一大肥缺。不过李象元对此并不以为然，并赋诗明志，警示自己。到山东后，李象元"严绝请托，有以厚利陷者，屹不为所动"，并且与其他考官焚香盟誓，对考卷谨慎鉴别，"凡去取高下，商榷往还，至再至三"，唯才是举。其时任文华殿内阁大学士兼礼部尚书山东人赵国麟，屡次赴考，均因家贫未疏通考官，加之其形象欠佳（背微驼），无功而返。李象元后来从纷繁考卷中发现其为文挥洒自如，沉稳雄健，于是坚持选取其为解元（第一名）。依清例，典试主、副考对取卷名额有规定，而李象元仅择录赵国麟一人，其余十七人都让正主考选录。正主考对此颇为诧异，李象元解释道：赵国麟虽然五官有些缺陷，但颇有奇才，因此特录取他。此举在京师众臣中传为美谈。据李象元之子李业为其父撰拟的墓志铭介绍，康熙四十一年冬的一天，康熙皇帝询问近臣有关各省科举大考典试清廉的情况，众臣皆答李象元参与的山东乡试最为公正廉明，所选士人皆"宿学名儒"。康熙皇帝听后颇为高兴，特赐李象元松花绿石砚一方以嘉勉。李象元珍爱有加，并在砚上撰"异韫辉山，文明是弼"等字。同时将所建"御书楼"取堂号为"赐砚堂"。

学诗堂

没完：为了让宗族、村社更多的后学者有机会接受教育，康熙五六十年代（1711—1722），李象元又在上、下学堂附近建一占地 400 多平方米的私塾"学诗堂"，并将自己集聚的经、史、子、集，音韵、训诂，医药、星象等书籍摆置其中，潜心培育后学。据说李象元长子李端（雍正元年（1723）癸卯科进士）、外孙叶承立（乾隆乙丑科（1745）进士）及宗族、村社中的秀才、举人等科甲人才，都在学诗堂启蒙开学。李氏家族中还有其三个儿子、四个侄子、四个孙子均考取举人，"门中弟子中多有后来官居显位，取得重要成绩者"。温仲和后来在《光绪嘉应州志》中赞赏嘉应州因为李象元，"郡邑化之，文明日起"。

第三节　儒学与发达的民间教育机构

历史上，在构成地方教育的官学体系中，除了官立书院，还包括儒学、义学与社学等教育机构。它们对当地教育繁荣发展同样起着举足轻重的作用。这种情况在梅州客家地区我们也可以看到。而与以书院、儒学等为主体的官府教育体系比较，历史上以私塾为代表的民间教育活动更为发达。

一、儒学、义学与社学

儒学在清代有府、州、县学之分，因与孔庙一起，也叫作学宫。学宫的功能繁多，教习是其中重要的一部分。早期的儒学，由当地学政、教谕、训导等承担着对生员（通过童试的儒生或童生）的管理和教育，生员只有通过这里组织的课考或季考后方可肄业，获得参加以后各级科举考试的资格。在地方教育历史上，儒学一般早于书院而建，是最具代表性的官府之学。现在梅州城内的儒学——学宫（孔庙），由宋崇宁三年（1104）知州滕元发初建于梅城西区，至南宋淳祐六年（1246）便迁到州署前的南门考院，即现在的凌风路。其他各属县的儒学后来也陆陆续续建起来，如兴宁的在宋嘉定间始建设于县东百步，咸淳四年（1268）主学卢龙跃重修，元末被兵毁，明洪武四年（1371），县丞刘昭辅创建于县东南，明成化三年（1467）冬，知县秦宏奏报朝廷核准重建县城，后巡安御史改建儒学于旧岭东道地（今兴民中学校址）。丰顺的儒学则设在县城北门外偏西原吴六奇大平公馆旧址，乾隆十年（1745）建成。明嘉靖六年（1527），大埔县知县欧淮建儒学于茶山之麓，嘉靖二十四年（1545），平远县知县王化在县署东顶建本县儒学。蕉岭的儒学建在官署之西。

而作为儒学补充的义学与社学，在普及与发展当地教育方面起着重要的作用，特别是在清代，为书院培养和储备了大量人才。元明清三代普遍设立社学。明代社学广泛设立。明太祖洪武八年（1375），各级地方官吏兴办，洪武十六年复设社学后，民立的逐步增加，不少以宗族为单位设立。清初顺治九年（1652）曾沿袭明制，明令各省道的府、州、县置社学，每乡一所，择"文义通晓、行谊谨厚"者为社师。历史上，梅州地区的社学开设比较早也比较集中的是梅县。至明宪宗成化十七年（1481），知县刘彬（江西吉之永丰进士）在县城附近东、西、南三处设东社学、西社学、南社学各一所。刘彬为官廉以持己，衣食车马之奉，省约如寒素时，还捐出俸余以市学租，供东西南社学之费。社学比较繁荣的是蕉岭，旧志记载历史上蕉岭12个乡，乡乡有社学。至清代，程乡县增加了7所，重点分布在离县（州）署比较远的雁洋、金盘、西阳等乡镇。除梅县外，至清代，兴宁县城已有维城、富谷等社学，大埔县已有茶阳社学、端蒙社学（在今三河坝）、湖寮社学、乌槎社学（在今古野）等8间社学。平远的崇文社学，万历四年（1576）由知县刘孕祚（广西宣化人）捐百五十金修于城隍庙之左，并设社学田岁收入以赡养师生。县志记载刘孕祚"次第修学，尤首重学宫，缔造文庙"，发展地方教育。

义学：明清时期为民间孤寒子弟设立的教育机构，经费主要来自官款、地方公款或地租，免费入学。其实在历史上，早在宋即有义学之名，但只是以宗族为单位设立，限于教授本族子弟。这其中南宋末由乡贤蔡蒙吉创建的松源义学是为梅县最早设立的义学。清代，由于政府的提倡而广为设置。顺治八年（1651），元侯葛公（即葛三阳）奉命知程乡县令，即留心民瘼，矢志修举。葛三阳见学宫之颓圮，神祠之荒落，慨然于中，而力以兴复为己任。康熙末辛丑春，江南太仓州举人曹延懿任程乡令，期间不仅改建九贤书院，还添建义学，每月两课，"自辰至酉而后散"。迨至明、清，梅县先后有知县郑懋中、刘彬、林欲昂、王仕云、王吉人、王元枢以及地方人士李士淳等对教育的重视与扶持，城乡书院、社学、义学、私塾不断增加。光绪十六年（1890），全县已有社学10所，义学6所，蒙馆、村塾数百间。其分布地方，除城区外，辐射到雁洋、畲坑、松源、锦州、扶贵和南口等。除梅县外，在当地官员的倡议和支持下，其他各县的义学创办也不落后。如兴宁知县李清宏于康熙三十三年（1694）在原汪公书院基础上建设的兴宁义学；康熙四十六年（1707），云南蒙自举人尹文炽任兴宁知县，政尚简易，重士爱民，捐修义学，延师课士，置田以资膏火。大埔县的正蒙义学、育德义学和主善义学等，丰顺的蓝田义学、良乡义学和留隍义学等，都有一定的代表性。

这里要特别提一下当年程旼率族入粤结庐的平远。程旼当年与平远邑人和睦相处，办私学启蒙当地土著，传播中原文化，教化民风，开梅州客家地区私学风气之先。此后历代平远知县，莫不以此为自勉。万历四十三年（1615），福建莆田县（今莆田市）人李允懋知平远县令，留心民瘼，兴起文教，每月朔谒先师庙。谒毕即坐儒学明伦堂，训教生员辈以礼仪文章。李允懋常以小学诲人，每云以四书为训，后平远邑县试必重小学，实自懋始。崇祯十二年（1639），番禺岁贡谢长文任平远邑教谕，"雅好著述，博通典故，纂修邑志，旁搜书录，编稿、镌刻、记载明备，又捐俸实增学租，创建省牲所，饬躬励行，丕振儒风"。史料记载以名进士任平邑县令的山西榆次人李邺，"惠爱士民，于书院添设膏火，每月朔望必诣生童，勖之循循然，如父兄训其子弟"。雍正六年（1728）抵任的平远知县江南上元人黄大鹏，"尝捐俸设立义学社学，不时亲诣考课，生童沐作养者甚众。在任三年，士乐弦诵，民登衽席，野鲜追呼之，役庭无敲扑之声，五谷丰登，斗米数十钱，实开邑来所仅见者也"。平远一小小县邑，社（义）学竟有如此气象，有迹可循。

五华县长乐学宫·大成殿

梅州城东周溪·文祠·北社学

这样，书院与私塾、义学、社学、学宫等构成了中国古代教育相对完整的体系：

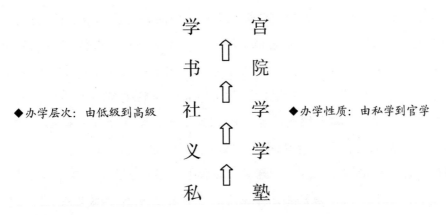

以上教育形式，既相互关联又相对独立。社学、义学乃至私塾，与书院均为讲学场所，界线有时并不很清晰，如历史上嘉应州城的东、西、南、北社学，均为明知县刘彬主事嘉应州之时所建，其中建于弘治二年（1489）的北社学，开始为周溪书院，至康熙十二年（1673），方被知县王仕云改为北社学。又如建于嘉靖二十六年（1547）大埔汇川书院（在三河坝），左边便是建于1542年的端蒙社学。清朝初期，满族入主中原，为了防止汉人群聚结党，复活民族思想，对书院人才培养并不信任，极力抑制书院发展，下令将各地书院改为义学，代替行使书院的教育功能。如建于嘉庆十六年（1811）的兴宁墨池书院，早期便是兴宁义学。嘉应州知县王吉人于康熙二十二年（1683）倡建的培风书院，早期门内左右各五间均是义学。

二、源远流长的私塾教育

清代康熙二年（1663）的《长乐县志·社学论》曾这样谈到私塾教育在一个人成长过程中的重要意义：

学记曰：玉不琢不成器，人不学不知道，君子化民淳俗，其必繇学乎？古之教者，家有塾，党有庠，里有序，谓夫人离龆将长之时，正有造有德之基，故易着训童牛礼垂文执驹。盖欲预以制之也。公羊注曰：十月事讫，父老教于校室，八岁学小学，十五岁学大学，其有秀者移于乡学，乡学之秀者移于庠。繇此言之，小学大学皆里塾之教也。

其实私塾教育与书院发展之间有一种良性循环的关系。或者说后者是前者的投影，即作为民间教育行为，私塾教育的创办者，常常是从书院带动当地教育发达起来后培养出来的科甲人才。

与以儒学、义学与社学为主体的官学体系比较，历史上以私塾为代表的梅州城区民间教育活动更为发达。据梅州市梅江区委宣传部编撰的《梅江私塾》(2014)统计，历史上梅州城区先后共有学塾269间，用"星罗棋布"来描述当时嘉应州城的私塾景象，实不为过。其中，除了翰林李象元家族的私塾上下学堂、学诗堂别有一番故事之外，上市红杏坊、下市攀桂坊各大望族的私塾更是引人注目：上市红杏坊孙氏的私塾活泉书室，黄泥墩黄氏望族的德明私塾，梁氏大族的私塾鹤和楼，侯氏的私塾上学堂友于堂、下学堂勤慎堂，梅峰居、储才书室、岁荐侯屋私塾，下市攀桂坊黄氏大族的私塾桐花书屋、花萼居、静居堂、汪波学堂、光黄学堂、恬生学堂、友筠别墅、桂里小学、余居私塾，张家围张氏望族的私塾旋溪书室、初思堂，置身其中，仍能够想象当年弦歌翰墨的情景；从张家围迁居到三坑口留馀堂的张氏后裔建的私塾咏花书屋、西农望岁居、松林精舍，更是留馀堂人"历主书院，成就后进"的历史见证。此外，历史上嘉应州城杨氏望族的老杨氏私塾、传精学舍、新杨氏私塾，江北黎屋巷黎氏私塾馀庆书屋、凤尾阁邓氏私塾云台书室、金山街芹洋半岛福长村曾氏私塾下学堂和儒学堂，城北曾龙岃曾氏私塾寸耘家塾、江南榕树堂刘氏私塾笃庆居、三角镇叶氏的研经精舍、三角镇寮背岭官塘头梁氏私塾蒙洋学堂、东升圣人寨"五代相连科甲"的梁诗五望族私塾"山中天"，三角镇湾下侯氏的私塾撷经书室、礼耕书室、三馀书室、燕诒居、老兴文，梅塘村侯氏的继善楼私塾，泮坑熊氏的私塾崇德书轩、乐泮山房、梅花书屋，等等，均是历史上梅州客家地区在书院创办带动下发展起来的民间教育的有力佐证。建于清嘉庆元年的孙氏族人建私塾活泉书室（嘉应州更楼下即上市红杏坊），不仅培养了"一里同榜三进士"黄仲容、林丹云、张敦道，还熏育了许多具有现代文化思想的才俊：如孙氏七世孙孙波庵，逢清末废除科举，投新学，毕业于两广师范学堂，后成为著名教育家。孙波庵所生四子，长子亢曾，留学英国，后任台湾师范大学校长；次子睿曾，精通书法油画；三子馥曾，早年留学法国攻读博士，曾任中国驻联合国教科文组织代表；四子雄曾是华南师范大学著名教授。孙波庵孙辈亦多为硕士、博士，且大多从事与教育、学术相关工作。有500多年历史的梅县南口侨乡村，自明嘉靖年间以来，即先后创办了兰馨堂私塾、毅成公家塾、细（小）学堂、笃才学校等4间私塾，培养了像潘毓刚这类世界级的量子化学家。

其他县属的私塾创办也盛况空前。如林云谷曾这样描述蕉岭县"遍地私塾"的情形："……清时雍乾嘉道年间，蕉岭县考，岁应童生试者常一千七百余人。每村俱有家塾。一二百户之村，即有塾六七处，盖二三千金之产，苟建居室，必应家塾，以训同姓子弟。塾大者亦许外人合读。邑中除桂岭书院为义学外，再无公费学校。外以家塾而论，则不止二千余所。蕉岭男子，清代极少文盲，私立学塾普设之功也。"大埔的情况更了不得。山脊栽松柏，家贫好读书。清嘉庆初年大埔县令曾感叹"潮之属，土瘠赋薄莫如埔，濯磨自喜亦莫如埔"，认为潮之各属（大埔当时仍隶属潮州

梅县区最后一批秀才梁伯聪、民国著名教育家梁浣春故居

府），土地贫瘠、赋税之薄，大埔首当其冲，然而论读书习文之风气，潮之各属却不如大埔。《乾隆大埔县志》曾这样描述："乡塾献岁延师开馆，腊尽解馆，几于寒暑不辍。至于蒙馆，则虽三家之村，竹篱茅舍，古木枯藤，蒙茸掩映，亦辄闻书声朗朗。"大埔百侯私塾尤为发达。据调查，至近代教育改制之前，萧氏和杨氏的私塾分别在20座和30座以上。杨缵绪建通议大夫第时，另在左侧30米处建兰台书室，面积达1600平方米，供子孙及村童读书。乾隆十二年（1747）丁卯科乡试中，杨氏家族有7人同时中举被称为"同堂七魁"。

私塾作为发达的民间教育形式，与亦私亦官的书院及主要还是属于官学范畴的义学、社学、儒学构成了既相互关联又相对独立的关系，承担着不同阶段人才培养的功能，为梅州客家地区教育的发展做出了巨大贡献。而尤为值得注意的是，这些私塾的创办者及其裔孙，大多数与书院存在千丝万缕的关系：一方面，从某种意义上说，他们的成长成才，强烈的崇文重教意识，首先就是在书院教育推动下发展起来的教育熏染的结果；另一方面，他们成才成就后，又通过不同的方式与途径参与到以书院活动为代表的教育事业中来，无论身处何方，或发起、倡设书院，或主讲于书院，育才造士。

通过上面的考察不难发现，以历史上梅州客家地区为例，在中国教育与人才的过程中，私塾、义学、社学、儒学与书院实际上是浑然一体的体系，它们共同构成了具有中国特色的教育与人才培养机制，是一份宝贵的文化教育遗产。

第四节 明清科考与科甲望族的形成

一、客家教育的鼎盛时期

以书院为考察的轴心,儒学、义学与社学构建起来的官学体系,不仅与书院共同繁荣地方教育与文化传播,更重要的是,随着科举在日常生活中占据着重要地位,这些官学还为书院教育和储备了大量的人才。

据梅州市政协文化和文史资料委员会编的《梅州进士录》(2013)统计,在科举时代,梅州中式士子,登科第者,秀才16479人(含廪贡4917人,武生等324人),举人1783人(含武举人546人),各类进士283人,其中会试、殿试正榜进士247名(含原籍、寄籍外地进士,其中翰林33名),钦赐翰林15名,明通进士21名。另有一个现象值得关注的是,历史上梅州的进士80%都集中在清代。据《光绪嘉应州志》记载:清嘉庆二十年(1815),嘉应州属考秀才的童生有万余人。

据梅县方志史料记载,从宋代至清代,梅县人(包括现在的梅县区与梅江区)参加童试考取秀才的有3500余人,经乡试考取举人有的681人(内有解元17人),经殿试考取进士的有112人(含翰林19人)。从清乾隆至嘉庆年间,广东乡试接连五科的第一名(解元)均为嘉应州人,被称为"嘉应五虎":乾隆己酉(1789)解元梁念祖(梅县人)、壬子(1792)解元宋湘(梅县人)、甲寅(1794)解元叶钧(梅县人)、乙卯(1795)解元丘卓霖(大埔人)、嘉庆戊午(1798)解元李汝谦(梅县人)。据《登科录》记载,清乾隆十七年(1752)壬申恩科,广东全省考上进士者11人,梅县一县就占了5名,"同科五进士"(李江、曾凤翔、温伯魁、曾殿川、李逢雍)从此传为美谈。光绪二十四年(1898),杨源(字季岳,今梅江区人)中进士,成为嘉应州最后一名进士。

据咸丰六年(1856)《兴宁县志》记载:宋有进士5人,明有进士3人,清(至咸丰）有文进士11人，武进士10人；文举人（乡举）：宋有1人，元有1人，明有25人，清（至咸丰）有104人；武举人：明有5人，清（至咸丰）有82人。

据道光二十五年（1845）《长乐县志》记载：五华县邑从明世宗至清道光二十三年（1843），有武进士10人；武举人106人，其中仅宋时便有举人11人，明神宗时五华诗人孔麟《循州诗》所咏"人文蔚起多金榜"，名不虚传。乾隆三十七年（1772），长乐县华城黄埔人李威光，殿试钦点武科状元；乾隆五十五年（1790），长乐棉洋洛阳围人曾琼诽考取武科进士，钦点、钦授蓝翎侍卫，他们分别留下了"狮子滚球"、"捵地割葱"（李威光）、"当考官拒贿选贤"（曾琼诽）的美谈。

"千家弦颂和潺湲，万户芸窗对翠微。"这是人们对历史上大埔崇文重教景象的曼妙描述。嘉靖五年（1526）大埔始置县，但其文教却后来居上。罗香林在《客家研究导论》中称："有清一代，广东的科甲，以嘉应本州及大埔为最盛。"据方志资料记载，乾隆十年（1745）乙丑科的大埔"同科五进士"：杨演时、杨成梧、陈可奇、杨文振、杨缵绪；乾隆二十六年（1761），广东学政根据府试情况，将潮州府学25名学额分拨各县，后统阅潮属九县文卷，发现"大埔称最"，遂将其中11名拨给大埔，同时又因"人文最盛"的标

五华武状元李威光故居

准，再增拨大埔学额15名。刘伯骥也在其广东书院研究中指出：从光绪年间广东学政徐琪奏报当时广东各属岁试情况看，当地的教育程度与书院分布的情形密切相关。如光绪十九年（1893）奏报，"东江文风则以嘉应为最优，潮州平时首推海阳潮阳揭阳三县，然此外大埔一县，实可抗衡，即丰顺等小邑，读书亦具有识力"。事实也是如此。据大埔地方教育史志资料：明清时期，大埔人文鼎盛，儒生秀才遍布，计有贡生392人，举人257人，奖给举人7人，进士42人，明通进士6人，翰林15人（其中钦赐翰林4人）。以上位居光禄大夫、太仆寺卿、太子少詹、按察使、翰林院编修、检讨、知府等中高官者有多人，如张裕葡萄酒创始人张弼士曾是光禄大夫（为纪念这一荣誉，张弼士还将自己在家乡建造的房屋称为"光禄第"），中国首任驻日公使何如璋曾是翰林院编修。特别值得一提的是素有"科举之乡"百侯镇。该镇自明以后文化鼎盛，科

甲仕宦，联翩继起，阖郡震惊。仅明清两代就有进士（含明通进士）23人，其中翰林5人，文武举人134人，是粤东地区的"文献之邦"，并以书院山长众多（可曾看前面有关内容），对周边地区文化产生了巨大的带动与辐射作用。其中杨姓获得"同榜十秀才""同堂七魁""同榜三进士""一腹三翰林"的美誉。杨、萧等大家望族世代以读书、为官、教书为业。科举人才的不断涌现，百侯学子们广交文友，教读四方，推动了大埔及粤东社会文化的发展，使百侯的社会地位和影响日益显重，逐渐成为粤东地区的地域性文化中心。作为清代粤东地区的科举重镇，百侯古镇留下了众多规模宏大、雕刻精美的名人故居、仕宦官邸、书斋等文化建筑。

二、粤东科甲望族英华采撷

1. "岭南首第""一门三贵，旷世盛闻"

"岭南首第"是指宋朝以来广东第一个中进士者古成之。古成之生于世宦之家，其父古延绥任职信安（今广东开平、广宁一带）县令，致仕来梅，见此地民风淳朴，风光秀丽，遂居焉，为梅州古氏开基祖。史载古成之自幼聪慧，苦读经书，于宋太宗雍熙二年（985）一举成名，时督府劝驾诗中有"寰中有道逢千载，岭外观之只一人"之句，即为赞赏古成之。北宋太宗端拱二年（989），古成之参试上榜，成宋广东进士第一人。先后在河北、山东、四川任职，均以惠民为本，政简刑清，百废俱兴。宋仁宗宝元元年（1038）九月十七日，古成之卒于四川绵竹县任所。古成之不仅为官善治，文章亦堪称一流，为南粤首倡，清代吴澹庵编的《广东文征》，将古成之《汤泉记》列于首篇。古成之逝世后，祠祀于广州学宫，今广州中山四路一古建筑，原即是"古氏书院"，中有试馆，院内悬挂有同治十年（1871）状元梁耀枢撰写的"岭南首第"牌匾，可见古成之当时之影响。另外河源、惠州一带均建有书院以资纪念。

"一门三贵，旷世盛闻"是指古成之三个曾孙古革、古堇（字仲达，号林泉）、古巩（字仲逊，号丹泉）兄弟三人于北宋哲宗绍圣四年（1097）同登丁丑科进士，哲宗皇帝高度赞誉古门家风。古革登进士第后，初任琼州府学教授，掌教琼州府城、琼台书院，振兴发展当地文教，转化民心，深受黎民爱戴。因善治闻于朝野，古革又先后任浙江新昌知县、广东端州知府，均政绩斐然。北宋宣和年间，古革在梅城马石下建新宅，将大觉寺旧宅周边土地赠寺作为院产，大觉寺念其善举，设檀樾牌位以奉祀。古堇登进士第后，任广西象州知府，授中议大夫，扶耕立学，天下太平，深受官宦器重、百姓拥戴。北宋末，时逢乱世，古堇回到梅州老家，拟与兄革图议光复大计，未酬,遂回河源老回龙岭定居。古巩登进士第后授中顺大夫,官广西宾州知府,为官清明。北宋徽宗年间,金兵攻陷东京,社会动荡,古巩辞官回归故里,负母(杨太夫人)骨骸迁居长乐县(今五华县)黄砂嶂邱山虾子塘,在深山结庐定居,成为长乐县古氏始祖。古巩卒于南宋绍兴二十六年(1156),寿85岁。当朝宣抚使吴璘撰挽联:施仁发政治黄堂,树立功勋辅圣皇。群邑士民俱感德,清中耿耿迈龚黄。

梅城西区大觉寺

2."一朝三家三代同进士"

宋朝嘉应州中进士的读书人中,有8人出自两家:古成之,端拱二年(989)进士;子古宗悦,皇祐五年(1053)三礼出身(进士);曾孙古革、古堇、古巩兄弟,绍圣四年(1097)进士,他们有关事迹见前面介绍。另一家是梅县松源蔡氏家族:蔡若霖(今梅县松源金星村人),南宋宁宗嘉定四年(1211)辛未科进士,任钦州州官时,端严持重,清正廉洁,体恤民苦,深受州人爱戴,任满致仕,州人挽之不留;告老还乡后修饰松源故居,建曾井宫室。蔡若霖子蔡定夫,南宋淳祐四年(1244)甲辰科进士。史料记载蔡定夫"立志不骄,专好读书,子史百家,毕窥堂奥,典坟经传,咸熟于胸",时值元兵来侵,国家多事,蔡定夫"惟将君陈孝友,施政于家,雍睦一室,和好四邻,更训子弟曰:'忠孝廉节,国家至宝,尔等不可不善体此四字也'"。蔡定夫之子、蔡若霖之孙蔡蒙吉,南宋理宗宝祐四年(1256)丙辰童子科进士。其有关史迹见本书前面介绍。另外,宋代登进士榜首,还有大埔县(光德人)张芷、张昌裔、张雷一家三代。张夔,北宋徽宗重和元年(1118)戊戌科进士,官授广东茂名县知县,清廉正直,宋高宗特赐诏褒奖,并在宫中屏风上书写:"南有张夔,北有周昕。"张夔后来先后任廉州(今广西合浦)知县、新州(今广东新兴)知州,均政声远传。张夔儿子张昌裔为宋徽宗宣和六年(1124)甲辰科进士,先后任容州(今广西容县)、琼州

(今海南琼山)通判,牢记其父"慎勿与人交水火,好留名节重邱山"的教导("与人交水火",即索贿受贿),奉公守法,清廉自律。张夔曾孙张雷,是南宋宁宗嘉定七年(1214)甲戌科进士,授广州南海西蔚,未赴任,后改授滕州(今山东枣庄滕州)司理参军(掌狱讼刑讯之事),任满升为从政郎,得到皇帝召见,授象州(今广西象州县)通判。

3."父子进士"("丝纶世美"牌坊)

这里的"父子进士"特指明代大埔饶相与饶与龄父子。饶相(1512—1591),大埔茶阳城里人,嘉靖十三年(1534)年举人,第二年(乙未科)进士,官授中书舍人,外任于云贵,为官清廉,嘉靖十七年(1538)升户部员外郎,监山东、河南漕运,奏请朝廷整顿漕运并得到核准。嘉靖三十四年(1555)因父病请辞回乡,父亲去世后不再复出,家居30余年,筑祠堂,修族谱,设义田,办义学,上书请求蠲免全县无名租赋,并建议在县城门户三河坝建城。地方官员力荐饶相大才可用,均被饶相坚辞。饶与龄(1543—1595)为饶相长子,万历元年(1573)举人,万历十七年(1589)进士,官授试政都察院,掌帝后诏令,宣朝廷德政,后以双亲年老请归,万历十九年(1591),父亲饶相病逝,在几守制三年,片纸不入公门,乡里有私事请托他至官府说情者,送钱数百缗(古代货币计量单位,十串铜钱一缗,一般每串一千文),饶与龄正色坚辞。万历二十三年(1595)服阕补为中书舍人,到任两月,死于任所。平生重操守,饱读诗书,虽长于官宦之家,生活却俭朴,淡泊处世,体恤贫弱,凡有借贷而无力偿还者,烧其借券,不再追索。万历三十八年(1610),茶阳城内饶氏宗族为纪念饶相与饶与龄父子进士,建"丝纶世美"牌坊(在现大埔中学正门前)。"丝纶"之义,取自《礼记·缁衣》"王言如丝,其出如纶"。后人以"丝纶"喻帝王昭旨。饶氏父子任中书之官,执掌帝王诏令,世有美誉,因此"丝纶世美"为牌坊命名。牌坊采用花岗岩构架,高12.5米,宽4.66米,三间十二柱三楼,牌坊正楼飞檐高翘,有屋盖,明间屋脊下石质斗拱间雕刻有"双龙腾云"匾,双面阴刻"恩荣"两字。枋额正反两面分别阴刻"父子进士""丝纶世美"字样。最

"父子进士"("丝纶世美"牌坊)

底层的一条石浮雕，正面双龙戏珠，背面双龙衔花，两端均装饰有双龙图案。两次间石枋镌刻有浮雕，右侧双狮滚球，左侧花鸟动物，镶麒麟石雕匾。牌坊中间上下两块横匾匾额记载父子两人的官职履历等内容，上横匾两旁镶嵌有人物石雕匾。1989年被广东省人民政府定为文物保护单位，2013年被国务院宣布为全国第七批文物保护单位。

4. "同堂七魁""一腹三翰林""三代八进士"

典出清代大埔百侯杨氏家族。至乾隆年间，大埔百侯镇在以顺治十五年（1658）戊戌科进士肖翱材、康熙二十七年（1688）戊辰科进士杨之徐为首的士人的带动鼓励下，成为全县科举终于繁荣昌达的地方，尤其是杨氏家族，更是被称誉为"岭南望族"。所谓"同堂七魁"，指的是在乾隆十二年（1747）丁卯科乡试中，杨氏家族有7人同时中举：杨缵绪儿子杨德基、杨锡恩，杨黼时儿子杨德徵，杨茂时儿子杨必诜，另外三个杨振纪、杨缙铨、杨宫捷，均是杨缵绪叔伯儿子。而在"同堂七魁"之前的康熙六十年（1721），杨之徐与妻子饶氏所生的五儿子杨缵绪点了翰林。杨之徐本人亦因此赢得"父子进士"的称誉。杨之徐的孙子杨允玺是雍正八年（1730）庚戌科进士，其家被称为"三世科甲"。杨之徐与妻子饶氏所生的六儿子杨黼时是乾隆元年（1736）丙辰科进士，授翰林院编修，七儿子杨演时是乾隆十年（1745）乙丑科进士，授翰林院编修，"一腹三翰院""杨氏三株"之称誉由此而来。杨士薰两个孙子杨演时、杨文振乾隆十年同捷南宫，"同榜二进士"；另一个孙子杨缵烈则在同年考中明通进士，至此诞生了"三代八进士"。三儿子杨缵绪曾经出任陕西按察使，饶氏被人称为"按察婆"。民间流传：一日，"按察婆"回乡探望（一说是乾隆皇帝下旨召饶氏进京朝见后，饶氏荣归故里），取道江西庐陵，行至吉水（客家人聚居县份）地带，忽报前面有一群人拦路，当头一人擎起"天下第一"大牌，高声喊着："来往人等，过此境地，文官下轿，武官下马！""按察婆"命停轿传话探问原委，有士绅上前回话："此乃贵地，隔河两宰相，五里三状元，十里九进士，文官下轿，武官下马，理所当然。何处官太夫人，敢不下轿？""按察婆"听后笑了笑，传出话来："隔河两岸各一天，十里阔地无关联；各乡各姓不同祖，怎比我一腹三翰院！"拦路人吓得立即让路，列队送行。从此，饶氏对诗退挡轿的故事在民间流传开来。

5. "公孙三翰院""三代四翰林"

这是后人对清代广东程乡（今梅州市梅江区金山街道）人李氏书香望族的赞誉。李象元是康熙三十年（1691）辛未科进士三甲出身，官授翰林院检讨，是清代嘉应州第一个被授翰林的读书人,其文章学问曾被称为"粤东之最"。李象元在翰林院时曾轮值南书房,授命撰写《五经集说》,著有《赐书堂诗集》。康熙四十一年(1702)十一月,康熙皇帝御临南书房,拟题《梅须逊色三分白》,李象元所作七律深得康熙皇帝赞赏:"梅花雪片共含春,素质清姿各自新。疏瘦寒葩堪比玉,霏微冷艳更离尘。同承天泽原无竞,静玩瑶华却有真。调鼎资梅耕赖雪,容颜虽异德仍均。"李象元"南书房御试第一"文名誉满京中儒林。康熙皇帝后来将自己手书的王昌龄诗《斋心》赐李象元,并题条幅:"寻章摘句,华丽辞藻,非帝王之所本,

御书楼

朕二十余年,兢兢业业,未尝刻少释。万机自警,有始无终之诮,念兹在兹也。政事稍暇,颇好书射。历年以来,所积临摹赐卿等观看。"这就是李象元告老还乡后将所建寓所命名"御书楼"之由来。李象元长子李端,雍正元年(1723)癸卯科进士,选翰林院庶吉士,官居江苏荆溪县令。李端长子李逢亨,乾隆十六年(1751)辛未科中进士,选翰林院庶吉士,故有"公孙三翰院"的佳话。另外,李象元侄子李直,雍正五年(1727)进士,授翰林院检讨,故又有"三代四翰林"之美誉。

6. "五代连科甲"

"五代连科甲"的说法出自梁诗五侄孙、同盟会会员、南社诗人梁拓凡儿子梁辟村一篇描述清代嘉应州城鼎盛人文的读书偶记:"其时,读书人以三堂称盛,即禄善堂黄,圣人寨闲初堂梁,三坑留馀堂张。梅县虽为嘉应州治,亦为僻州县,向无大富大贵。禄善堂有科甲,但非直系,亦不是数代相连,唯黄公度父子最有名。留馀堂有科无甲,桂苑联亦只三代。独吾家五代相连科甲,较之丙村井塘温姓,七科七举,尤为难得。"这里的"吾家",指的就是梅江区三角镇东升圣人寨梁屋梁诗五家族,从其高祖开始至梁诗五本人,连续五代蝉联科甲:高祖梁德隆,清乾隆四年(1739)中进士;曾祖梁鸣冈,乾隆十七年(1752)中举,授江西赣州同知;祖父梁念祖,乾隆五十四年(1789)高中解元,成为清乾隆至嘉庆年间梅州"五科连解"之首;父亲梁光熙,

咸丰元年（1851）举人，曾任青海西宁训导；梁诗五，清光绪十五年（1889）中举。据说梁诗五高祖梁德隆先后授江西南康、瑞金等地知县，因爱民如子，惩恶有方，被称为"赣州十二属能员第一"；乾隆十五年（1750）转任雩都知县后，还创设书院以振兴当地文教。祖父梁念祖自幼无书不读，尤为精通《周易》、"三礼"，中举后任河南汲县知县等职，亲民如子，造福一方，深

圣人寨"闲初堂"

受爱戴。梁诗五中举后颇受朝廷重用，曾先后出使日本、德国、比利时等国，任公使馆参赞兼商务官员、长崎领事官等。梁诗五毕生官至二品，并被朝廷授予宝生勋章。与此同时，梁诗五致力教育，不仅掌教广州羊城应元书院达14年，育人无数，著述甚丰，还参与编修《光绪嘉应州志》，协助丘逢甲创办"岭东同文学堂"，支持、推动嘉应女学的创设，并在当时颇有影响的《岭东日报》上发表《劝办嘉应女学堂说》，在舆论上为叶璧华①创办女校助力，鼓励其夫人协助叶璧华办好梅县第一间女子学校——懿德女校，并把自己女儿梁筠端姐妹送入女校读书。1905年科举废除、新学兴起后，梁诗五别出心裁地用客家话创作《方言上学歌》，鼓励适龄孩童上学，从而在一定程度上推动了梅州客家地方教育的发展。

7. "兄弟父子同登科，三代官费博士家声"

这是后人对清代嘉应州三坑口留馀堂张氏后裔科甲的描述。留馀堂张氏从十七世至二十世，在1822年以后不到80年的时间，先后出了7位举人：张其翰、张其翱兄弟同为举人，其中张其翰为道光壬午科（1822）举人，张其翱为道光甲午科（1834）举人；张其翰子张麟宝、张麟定也是举人，其中张麟宝为咸丰壬子科（1852）举人，张麟定为道光己酉科（1849）举人。"兄弟父子同登科"，即此之谓也。此外，另有张其翰孙张资溥为光绪己丑科（1889）举人，张其翱孙张衡皋为光绪辛丑科（1901）举人，张淑皋宣统二年（1910）保和殿廷试，被授予第一等第三名。"三代官费博士家

---

① 叶璧华：粤东女诗人，嘉庆二十一年（1816）丙子科举人叶轮之女、道光二十年（1840）庚子科进士李载熙之媳。

留馀堂

声",则指十九世张淑皋官费留学日本、博士,其子张资珙则官费留学美国、博士,其孙张天开官费留学英国、博士。有关留馀堂张氏后裔科甲功名的介绍,见本章相关内容。

8."一里同榜三进士"

嘉应州更楼下活泉书室(孙氏族人建私塾,建于清嘉庆元年,1796)黄仲容、林丹云、张敦道三人同年同榜考中进士。黄仲容(今梅城黄泥墩人),道光三年(1823)癸未科进士,授翰林院编修,先后任江西、广西道监察御史,坚持原则,所陈漕运利弊,为时人称赞。黄仲容还精于小楷,有"黄小楷"之誉,为当时京城十大书法家之一,其黄泥墩寓居"课芸厅"三字即为其亲笔题,传说清代嘉应州官每年到附近山川亭祭祀,经黄仲容寓居,都要驻足观赏。惜此三字在"文化大革命"时期被涂上灰砂,后经其裔孙擦拭,"芸"字方才露出。黄仲容晚年在惠州丰湖书院、潮州城南书院讲学,造士无数。与黄仲容同榜进士林丹云(今梅城西郊人),于道光六年(1826)补绥定府大竹县知县,修立义学,捐建书院,体恤孤贫,以廉明著称。传说林丹云卸任之时,当地绅耆送匾联,万人卧辙攀辕遮道挽留。林丹云晚年自置居庐并自题门联:明心自爱常临水,问舍还依旧结庐。同榜三进士中的第三人张敦道(今梅城西郊人),授江苏常熟知县,著有《石溪草堂诗草》。

9."上市梁,下市黄"(一说"上市黄、梁,下市张、黄")

这是近人对历史上嘉应州城人文鼎盛景象的描述。其中"上市",指的是嘉应州城西区黄泥墩,此地曾名"望杏坊"(取自唐代诗人高蟾"天上碧桃和露种,日边红杏依云栽"诗句之意),清末改名"红杏坊"。"上市梁",指的是梅州近代著名的女教育家梁浣春娘家梁氏,一个人才辈出的书香官宦之家。梁浣春曾祖父梁慎桢是嘉庆十六年(1811)的进士,官至内阁中书、礼部郎中,后人称为礼部郎公;祖父梁心镜是道光二十八年(1848)举人,官授福建,人称刺史公;梁浣春叔父梁国瑞是光绪十五年(1889)举人,候补光禄寺署正;梁浣春的亲侄子梁伯强早年留学德国,后来成为中国科学院学部委员(相当于院士);她的堂弟、嘉应州历史上最后一位秀才梁伯聪,是著名教育家,早年掌教梅州中学,培养了中国现代美术大师林风眠、中国现代象征主义诗歌早期代表诗人李金发等人才。建于光绪二十九年（1903）的梁氏私塾鹤和楼，曾是当年嘉应州城里的一道文化景致。"上市黄梁"中的黄，是指清代，由潮（澄海前溪）入客（家）驻扎在此的黄氏十一世兄弟三人伯和、伯广、伯深。黄氏家族很快成为远近闻名的书香望族，从这里先后脱颖而生了一批饱学之士：进士黄慎斋、翰林黄仲容，文举人黄仲宣和黄维耀、武举人黄维振，贡生黄仲安等人。此地各大塘边，至今仍屹立着曾经见证当年鼎盛人文的太史第、醉经居、醉经楼、岁贡第、都察院等一座座颇具人文气息的客家围屋。"下市黄"主要是指攀桂坊黄氏家族"禄善堂黄"。攀桂坊黄氏开基祖黄恬生裔孙中，仅黄遵宪高祖父黄润四代人（即"禄善堂黄"）一百年间，即英才辈出：儿子辈中的黄学陶、黄学锦是贡生，黄学诗是国学生；延至黄遵宪一辈，先后走出了一个进士、八个举人：道光二年（1822）壬午科举人黄俊，曾任山东知县；道光十五年（1835）乙未科举人黄际虞，曾任福建仙游知县；同治元年（1862）壬戌科举人黄敬元，铨选知县；咸丰六年（1856）丙辰补科举人黄洪藻（黄遵宪父亲），曾任广西思恩（今武鸣）知府；同治二年（1863）癸亥科进士黄基；同治九年（1870）庚午科举人黄鸾藻（黄遵宪叔父），曾任广东信宜县（今信宜市）训导；光绪二年（1876）举人黄遵宪，光绪十五年（1889）己丑科举人黄遵楷（黄遵宪弟弟）。除黄润一脉外，黄恬生裔孙中成就举业者大有人在：如康熙二十九年（1690）庚午科武举人黄立中、康熙三十五年（1696）丙子科武举人黄朝凤，乾隆二年（1737）丁巳科明通进士黄佥，历任江南芜湖、来安知县，授石城教谕，乾隆二十一年（1756）丙子科文举人黄梅，乾隆四十二年（1777）丁酉科武举人黄奎举，先后在嘉庆十八年（1813）和嘉庆二十二年（1817）乡试登榜的黄学猷、黄学古等。不过在"禄善堂黄"众多举业成就者中，独占鳌头、彪炳千秋的显然还是黄遵宪。黄遵宪四岁就读宗族私

梅城上市红杏坊一角

塾桐花书屋，即表现出非凡之才：启蒙老师李伯陶曾以本州著名乡贤、有"神童"之誉的蔡蒙吉诗句"一路春鸠啼落花"命题私塾生童作文，黄遵宪对曰"春从何处去？鸠亦尽情啼"，让塾师大吃一惊；于是塾师隔日再以杜甫诗"一览众山小"为题命塾生赋文，年仅10岁的黄遵宪又写下"天下犹为小，何论眼底山"，可谓语出惊人。"下市张黄"中的张，主要是指攀桂坊张家围张氏书香望族。崇祯八年（1635）任程乡县令的陈燕翼，曾在张家围张氏祖堂（是开基祖张肩一所建，张氏后裔称肩一祖堂）落成时，赠匾"寿朋文种"（肩一祖堂后来因此也叫"文种堂"，寓意张氏代代相承、相继如种的文才）。张氏裔孙果然不负厚望，鲤跃龙门，人才辈出。张肩一的五个儿子，均以文学著名。"碧桃红杏飘书带，日依栏干望几回。旧雨不逢排闼至，先生今为看花来。"这是当年张琚为县令陈燕翼（号醴泉）过访张氏宗族私塾时写下的诗句，红杏书香溢于字里行间。据统计，从张肩一二儿子、崇祯十二年（1639）己卯科举人张琚开始算起，攀桂坊张家围张氏裔孙（包括后来从这里迁居出去的张氏裔孙）先后出了两个进士、二十多个举人，近百个监生、奉生，另有一批文化名人。乾隆四年（1739）己未科进士张云翮曾任四川射洪知县，乾隆十六年（1751）辛未科进士张云蒸曾任贵州永丰即现在的贞丰知州。而从攀桂坊张家围迁居城东三坑口留馀堂张氏的开基祖十六世张应谦，其裔孙之书香文墨更是成为当年嘉应州城的一道亮丽风景。史料记载留馀堂裔孙读书中举后官至四品者两人（张其翰、张其翃兄弟），身后功名录入《光绪嘉应州志》者五人。其中十八世孙张麟定还参与编修了《光绪嘉应州志》。而黄遵宪等作序的《梅水诗传》，仅留馀堂张其翰等的诗作，辑录便达238首（其中张其翰30首，张其翃80首，张麟宝12首，张麟定31首，张麟安47首，张麟寓8首，张养重3首，张资溥19首），几乎占《诗传》"初集"篇目的1/10。二十世孙张资平是"创造社"的"四大金刚"之一，也是中国现代言情小说开山祖。另一个由张家围张氏望族衍生出来的现代文化名人是敦本堂张屋的张棣昌，20世纪50年代的音乐家，著名的电影词曲家。据统计，张棣昌曾先后为30多部电影谱写了插曲和背景音乐，由他作曲的电影《我们村里的年轻人》插曲《人说山西好风光》、《幸福不会从天降》（又名《樱桃好吃树难栽》），《神秘的旅伴》中的《缅桂花开十里香》，《党的儿女》中的《兴国山歌》，等等，经久不衰，半个多世纪来一直为人们喜爱。

10．"五代文武科甲之家"

"五代文武科甲之家"是指镇平（今蕉岭）新铺镇蔼岭村锺琅家族。锺琅（字遇宾）于清乾隆五十七年（1792）中壬子科乡试举人，任南海教谕，其子锺李期（子仙根),嘉庆十五年(1810)庚午科举人,官至电白县教谕;孙锺孟鸿,咸丰六年(1856)丙辰进士,历任刑部主政等职;曾孙锺应泰、锺应同是光绪年间举人,前者历任湖北枣阳、保康、宜昌等知事,后者官至安徽泰和知事;玄孙锺子英(字殿臣),光绪十五年(1889)己丑科进士,官至香山守备。锺孟鸿母亲为嘉庆二十四年(1819)举人黄香铁妹妹,自幼受到良好的启蒙教育。锺孟鸿后来与宋湘、黄基被称为岭南三大学者,民间流传其轶事颇多:据说素有神童之誉,天资过人。一次嘉应州学台亲到私塾探访,有意试他文才。学台出了一上联"双塔隐隐,七层四面八方"要他对下联。适逢孟鸿未到,学台便问在场学生能否对上,不料个个瞠目结舌,连连摇手。正值此时,孟鸿赶到,问明缘由后即与学台说:学台大人,此联不用我对,学生们已经对上了。学台惊问何解?孟鸿答曰:孤掌摇药,五指三长两短。学台听后点头称赞:果然名不虚传。后来孟鸿年老归省,在家筑藏书阁,横额"末经巢"为其同寅、近代洋务运动领导者丁日昌所题。孟鸿于末经巢常与宋湘、黄基读诗论文,著有《柳风馆存稿》。

三、科考时代的"世姻之雅"

在粤东梅州地区的书香望族中,联姻注重门当户对,以保证能够代代相传,同时也因此让子孙后代有切磋读书心得的对象。

在"上市黄梁,下市张黄"的史话中,不仅洋溢着氤氲的诗书文化气息,更有让人津津乐道的书香望族之间的"世姻之雅"。梁浣春叔父、廪生梁国睿是黄遵宪的妹夫;攀桂坊黄氏第二十三世孙黄眉(字少初)娶的是上市梁氏家族的才女梁浣春。黄遵宪高祖父黄润娶的是乾隆三十一年(1766)钦赐翰林锺锠(今梅县西阳直坑村人)的孙女,曾祖父黄学诗娶的是本州城城隍庙康熙三十年(1691)辛未科翰林李象元孙女,祖父黄际升娶的是乾隆五十四年(1789)己酉科解元梁念祖的孙女(梁念祖的玄孙女即梁诗五的四女儿梁华鋆,则是当年蕉岭咸丰六年丙辰进士锺孟鸿之孙锺钧梁之妻,五女儿梁筠端是诗人丘逢甲儿子丘念台的妻子,六女儿梁蕊庄则是著名世界量子化学家潘毓刚的母亲)。黄遵宪堂叔、同治癸亥科(1863)进士黄基祖父黄学锦娶的是乾隆十八年(1753)癸酉科举人刘凤歧①的孙女。而据《留馀堂张氏族谱》载,留馀堂先世十二世祖张存介、梅州城区楼下塘保昌堂张氏开基祖夫人李氏,为明翰林院编修嘉应松口李士淳之孙女;张其翮之长孙张润皋夫人黄氏,则为在勤堂人境庐主人黄遵

---

① 刘凤歧:梅城东郊司马第刘屋人,曾任江西新淦县(今新干县)知县。

宪之妹，而黄遵宪之孙黄能立夫人张翠云，又为留馀堂二十世张秉经之孙女。另据留馀堂谱牒材料，我们还可知张其翃夫人乃清乾隆六十年（1795）乙卯举人李梦珠（梅县松口人，曾任湖北崇阳县知县）之女。一个没有良好风气的宗族，要培养出一个深明大义的国之器才，是不可想象的。

"上品无寒门，下品无士族。"中国社会，特别是魏晋以降，对名门望族的讲究，如"上市黄梁，下市张黄"书香望族之间对以门当户对为基础之所谓"世姻之雅"的崇尚，从另一个侧面来看，实乃包含着对一个家族风尚亦即所谓家风家法的看重与认可。留馀堂先祖取"留馀"为堂名即已可见一斑："积善之家，必有馀庆"，"凡事必要留有馀地"。现存留馀堂张氏谱系材料记载张其翃当年曾亲自拟写留馀堂厅联：孝友一家庶可承忠厚延绵之泽，蒸尝百世其毋忘艰难缔造之勤。此联可谓与留馀堂先祖之典训相得益彰。《光绪嘉应州志》记载张其翃"尝训其子孙曰：处己待人，总当务实，实即诚也。诚字博大精深，不易下手，实字问心即是也。勉强行之，久久渐熟，受益不少"，并由此可见张其翃所学之平实。州志还记载张麟宝晚年积功授知县补缺，"用赏戴蓝翎"，受朝廷奖赏，但麟宝不以利禄动心，"家居奉母以孝闻"。忠诚务实，孝顺父母，淡泊名利，行善积德。留馀堂如此家风，推之于世，则造福于世。梁诗五高祖梁德隆晚年辞官归里，两袖清风，囊中空如，并教训儿女：不义之财，一文不取，此言可让你们终生受用。由此看来，"世姻之雅"并不简单是一个茶余饭后的日常话题，在对中国传统婚姻观念的继承的背后，反映出来的是以中原文化为主体的中国传统文化在漫长的历史长河中对梅州客家地区民风教化的熏陶。这也是客家地区崇文重教的另一种表达形式。

类似的还有流传于大埔百侯杨氏家族与当地大户之间的婚姻、嘉应州"翰林女儿翰林母，翰林媳妇翰林妻"的故事。

大埔百侯杨氏家族杨士薰之妻，乃顺治十五年（1658）戊戌科进士、当时大埔最有社会身份的萧翱材之姊。萧翱材晚年作《训子文》："守身莫如慎、进业莫如勤、持家莫如俭、与人莫如谦。"相传杨缵绪之父杨之徐年仅10岁即执笔写策论，出语惊人，康熙乙卯年（1675）中举人，为同榜年龄之最小者。杨之徐继配饶氏，身出"父子进士"之饶家大族。传说杨之徐一日前往茶阳探友，路经一屋。门前晾晒一草席，隐隐有三条龙形，甚奇，叩门而问，方知该屋主有一女年十八，自小遗尿，皮肤粗糙有鳞片，急求婚，当即应许。选定佳日出嫁，天降暴雨，茶阳河水暴涨，人们都说是"龙女出嫁"。另一种说法，是说杨之徐在茶阳设馆授徒时，知饶员外之女饶氏貌虽不扬，但才思敏捷，会吟诗作对，为人知书达理，于是慕其德才，迎娶为妻。传说饶氏出嫁时，县令梦见一条母龙带着三条小龙从城墙游出。饶氏嫁后既做贤妻，又当良母，注意对儿子进行良好的教育。她的三个儿子5岁就能读《三字经》，8岁就能吟诗作对。兄弟三人先后考中进士，选入翰林院，名闻遐迩，为神州少见。而饶平刘姓财主来杨家"借书种"的传说，则几乎成为杨之徐娶妻的另一种版本。相传杨黼时有一小女未嫁。当时饶平县有一位姓刘的财主，为了"传书种"，特地来百侯寻娶媳妇。有人介绍说翰林杨黼时有个最小的女儿未嫁，于是刘财主找上门去说亲。杨黼时不愿把小女嫁到相距较远的饶平，但出于礼节又不便当面拒绝，便用委婉的办法出难题给刘财主，说如果明日能挑100箕甜粄作为订婚礼便答应。他估计在这时间短、数量大的情况下，刘财主肯定难办到，这样便可达到不辞而退的目的。没想到，刘财主却马上答应。刘财主当日回程时，一路布置农家为其蒸甜粄，用高价定购。回到饶平后又布置家家户户蒸甜粄，据说当夜饶平县内碓声不停。第二天100箕甜粄如期完成，即派专人送到百侯。杨黼时见随行而来的未来女婿相貌端庄，谈吐得体，便答应了这桩婚事。满姑嫁到饶平县刘家后，生下两个儿子，一个名桃，一个叫李，长至学童后被送到百侯外公家读书。结果，兄弟俩同时考中举人，轰动当地。当地人认为这是百侯的书种传过来的结果，对百侯非常佩服。《光绪饶平县志·选举志》载故事中的桃、李两兄弟，为刘映华、刘映春，他俩于嘉庆三年（1798）同时考中举人，轰动当地；映华还于道光二年（1822）考中进士。

流传于嘉应州"翰林女儿翰林母，翰林媳妇翰林妻"的故事，可以说是大埔"按察婆"饶氏对诗退挡轿故事的变文故事。只不过在这个变文故事中，我们看到更多的则是有关"世姻之雅"的话题。相传清雍乾年间，嘉应州知州刘某，胸无点墨，却官气十足，自诩是一州"当权"，五属之尊。为显官威他经常借故出巡，出入坐八抬大轿，侍从数十人，前呼后拥，大轿前还赫赫挂着"五品正堂"腰灯。百姓见之，退避三舍，惧之如虎狼。谁要是回避不及，便被加挡道之罪，轻则杖责，重则下狱。这家伙且是贪赃枉法、鱼肉乡民之徒，众皆痛恶。一日，刘州官又乘蓝尼银顶玻璃官轿出巡，隶卒前行，执事鸣锣开道，仪卫高举"肃静""回避"旗牌，吆喝声声，似虎啸狼嚎，官轿横冲直撞，好不威风！适在窄巷中，州官大轿遇着迎面而来的一乘小轿，里面端坐着一女人。轿夫惶恐地对轿中女人说："州官大轿来了，快退避吧！"那女人却说："别理他，尽管往前走，我今天就是要撞撞他，为百姓争口气的！"两轿相距咫尺，州官随从喝道："哪个斗胆，敢不回避!?"那女人冷冷地回言："请问来人是什么前程，摆这么大架势？"州官不耐烦地从轿中探出头脑，盛气凌人地吼道："吾乃直隶嘉应州五品正堂，汝是何人，竟有眼无珠！"女人掀开轿帘，正色地答道："回州官老爷，小妇人乃翰林女儿翰林母,翰林媳妇翰林妻是也。"原来她是陈鹗荐之女,李象元之媳,李端之妻,李逢亨之母。刚才还趾高气扬,不可一世的刘州官听到回答,头猛然缩将进去,脸如土色,冷汗淋漓,瘫痪在轿,此刻才清醒地意识到自己不过是贡生出身。忙令偃旗息锣,将坐轿倒抬出巷,众人见之,无不称快。① 故事中的四个翰林,分别是"公素三翰院"中的李象元、李端、李逢亨,还有一个是陈鹗荐(今梅县程江镇程江村人),康熙三十二年(1693)癸酉科解元,康熙三十九年(1700)庚辰科进士。陈鹗荐是清代继李象元后嘉应州第二个翰林。故事中的女主角即是陈鹗荐的女儿。据方志史料记载,陈鹗荐入翰林后因母老乞归家,居30年,勤课儿孙,扶掖后进,化导乡族,解息纷争,设舟楫,修桥路,建书院,自拟对联"孝友为家政,诗礼属世传"。陈鹗荐文章德行为乡人所敬仰,常有远人前来拜访。而论及家规家法,李象元的也有其可圈可点精彩之处,如方志史料记载其"家法严整,内外肃然,疾革犹训诫子孙做官勿受非分钱"。李、陈两家联姻,可谓门当户对,是典型的"世姻之雅"。

第五节 新式学堂的创办与现代教育的崛起

一、晚清书院的困境

尽管在明嘉靖、万历、天启年间,统治者出于维护政权的考虑,曾三次禁毁书院,特别是魏忠贤对东林书院,拆毁殆尽,几乎片瓦寸椽不留,但书院始终表现出一种顽强的生命力。有研究者认为,从唐末至20世纪初,书院教育之所以能够持续1000多年,主要原因有两个:一是理学家标榜其可以替代以科举为目的的功利教育的理想。二是印刷普及后识字大众的增加,政府教育(即所谓的"官学")无法承担如此繁重的教育任务。这是有一定道理的。换句话说,在这1000多年的时间里,就教育功能而言,书院教育在一定程度上消化科举制度弊端的同时,又与政府教育共同承担了国民教育的重任。嘉应州于光绪五年(1879)由邑绅倡办的崇实书院,"课士章程仿省城学

---

① 资料来源:梅州市政协文化和文史资料委员会编《梅州进士录》。

海堂、菊坡精舍成规，课分四季，题别六门，考古之学曰经、曰辞章，通今之学曰舆地、曰掌故、曰天文算法"。从中我们可以看出，崇实书院的课士内容，已不完全是为了应对科举考试，同时还在努力与时俱进，表现出洋务运动后中国读书人逐渐认同与接受"中学为体，西学为用"的精神趋向。

但书院发展到清末，大势已去，气数殆尽，这又是一个事实。前些年有一研究清末（1902—1911）梅州客家地区教育研究的硕士学位论文（罗国兵，山东大学，2009）从相关史料中整理出光绪三十年（1904）前后嘉应州各属的科考应试试题（见下表），指出其中虽然也有一些试题具有时代气息，关注近代中国的命运，如光绪三十年五月初四日的嘉应岁试试题和光绪三十年（1904）六月初九日的嘉应州初复试兴宁、长乐二县试题，但更多的考题都是无济于事的八股试题。

光绪三十年（1904）前后嘉应州各属的科考应试试题

试题来源	题型	试题考试时间	试题出处
嘉应岁试	四场题：泰西各国工艺论；泰西诸国富强优劣论	光绪三十年（1904）五月初四日	汕档案卷号 E548
大埔县试二复题	汉武帝诏举茂材异等，可为将相及绝国论	光绪三十年四月中旬	汕档案卷号 E547
兴宁县试二复题	子贡问曰：有一言而可以终身行之者乎一章义	光绪三十年四月初七日	汕档案卷号 E547
丰顺县试	君子周而不比，小人比而不周义；不贵异物贱用，物民乃足义；君子欲讷于言而敏于义；所宝唯贤则迩人安义	光绪三十年五月十五日	汕档案卷号 E548
州试平远、镇平二县	圣人人伦之至也义；由仁义行非仁义也义。通场次题：能自得师者王义	光绪三十年五月	汕档案卷号 E550
嘉应州试兴宁县	宽则得众信则民任焉义。又考长乐县题：不戒视成谓之暴义。通场次题：君子以厚德载物义	光绪三十年六月初二日	汕档案卷号 E550
嘉应州初复试兴宁、长乐二县	泰西诸国教育宗旨，各有偏重，中国今日国亟兴教育，当以何国为法，何国为不宜法？能斟酌其异同。得失而详言之欤策	光绪三十年六月初九日	汕档案卷号 E550

续表

试题来源	题型	试题考试时间	试题出处
嘉应州试	州试首场题目：已冠，子夏为吕父宰问政一章义；未冠，不患人之不知己，患其不能也义。通场次题：慎乃俭德，惟怀永图义	光绪三十一年（1905）三月初三日	汕档案卷号E562
长乐县三复试题	王大令先命一题：中国铸金币得失论。移时另换一题：宗教哲理消长关系论。通场次题：权利义务释义	光绪三十一年三月上旬	汕档案卷号E562
州试平远、长乐二县	首题：为机变之巧者无所用耻焉义，食之以时用之以礼，财不可胜用也义。通场次题：博闻强识而让敦善行而不怠谓之君子义	光绪三十一年四月初五日	汕档案卷号E564
州再复平远、长乐二县	十五日州再复平远、长乐二县文童题：中兴名将优劣论	光绪三十一年四月十五日	汕档案卷号E564
嘉应州试	君子病无能焉不病人之不己知也义	光绪三十一年三月廿六日	汕档案卷号E564

范福潮在《改造科举制：清末新政的第一步》①中认为：科举制的弊端并不在于考试方法（"三试"，即乡试、会试和殿试），也不在于考试内容（八股文），而在于它有悖于现代教育的宗旨——西方现代教育是由政府推行的平民教育，办学宗旨是为社会培养各类所需之才，而中国传统教育是典型的精英教育，是为科举服务的，其宗旨是为朝廷培养和选拔官员。私塾、书院、县学、府学可以为"三试"培养出足够的生员，但培养不出现代国家所需要的各种专业技术人才。这种情况必然对绵延千年的书院产生巨大的冲击。到清朝中后期，书院基本上已与科举形成合谋，官学化倾向日益严重，书院的山长由上官同僚互相推荐，有名无实，也导致有些书院山长品格猥琐，无心教书育人。与此同时，书院也日益成为科举的附庸，生员以追逐科举功名为唯一目标，以学八股文为唯一学习内容。所有这些，都使得书院早期作为私学与科举抗衡，读书人通过书院讲习切磋学术以完善自我精神人格的一面逐渐被湮没。书院一方面在不

---

① 范福潮.改造科举制：清末新政的第一步［N］.南方周末，2014-08-23.

断偏离自己的初衷，另一方面又无法应对日益开放日新月异的现代世界。在这种情况下，其黯淡无光的晚景是必然的。1840年的鸦片战争、1894年的甲午海战都把中国无可选择地推向世界，通过变革创新以救亡图存，成为具有世界眼光有识之士的共同目标。

一般认为，清末民初之际书院发展更迭，大概经过如下几个时期。主张变通书院制度时期：光绪二十二年（1896），第一次取消书院制度时期：约光绪二十三年五月至二十四年六月间（1897.5—1898.6），书院制度之最后挣扎时期：光绪二十七年（1901年之前），第二次取消书院时期：光绪二十七年。光绪二十四年（1898）5月22日，在戊戌变法维新派的大力倡议下，清廷下令各省府厅州县的所有书院一律改为兼习中、西之学的学堂，省城大书院改为高等学堂，郡城书院改为中学堂，州县书院改为小学堂。但随着变法的失败，慈禧太后认为新学堂与旧书院并无实质差异，于是下令恢复书院。1900年，八国联军攻占北京，改革旧政之呼声此起彼伏，救亡图存之热情不断高涨。光绪二十六年（1900）清廷发布上谕："书院义塾与学校相辅而行，常年修脯膏奖，地方皆储有息款，足为经久之计。尤宜责成地方官，认真整顿，慎选名师，严定教士之法，讲求有用之学。……经此决申谕之后，各直省督抚、学政，务宜将学校书院，加意整饬，责成教官山长，痛除积习，勤思教育。其有司训不职、主讲不称者，随时撤参，以宗惩儆，用副朝廷维持士习，培植根本至意！"这大概是朝廷对书院寄予的最后一线希望。奈何书院已积习难返，纵有回天之力，亦难挽狂澜。八国联军攻占北京，清廷逃迁西安。慈禧太后为保住政权，被迫宣布变法，实行"新政"，于是时任湖广总督的张之洞、两江总督的刘坤一抓住机会，联

清代嘉应州三大书院课艺

合上奏清廷《筹议变通政治人才为先哲》，强烈要求改革积习深重的书院，朝廷终于接纳张、刘建议，于光绪二十七年下诏改书院为学堂。于是在后来一两年内，全国大部分书院陆续转制为学堂，延续了上千年的书院，至此"寿终正寝"。

晚清书院的命运，其实也是梅州客家地区书院的命运。春江水暖鸭先知，作为身处于近代世界风气走向之先的广东的客家地区，在千年书院何去何从这一点上，反应更及时。

二、《敬告同乡诸君子》

就梅州客家地区而言，在晚清书院变革与新式学堂建立过程中，首值一提的重要人物就是黄遵宪。光绪二十九年（1903），黄遵宪一方面邀集地方人士，创立"嘉应兴学会议所"，自任会长，亲自实践，从行动上支持和推动近代教育的改革；另一方面，发表《敬告同乡诸君子》一文，极力提倡新学，建议兴办启蒙小学堂、师范学堂、实习学堂、讲习会等，从思想认识上更新人们的观念。翌年（1904）二月，黄遵宪还自献资金在州城东山书院创办"东山初级师范学堂"，派门人杨徽五、从堂侄黄之骏等赴日本弘文学校学速成师范，资助堂弟黄遵庚以及自己四儿子黄季伟、孙子黄延豫留学日本，并开设成人文化实习班"嘉应犹学会"，试图解决新式学堂建立之后的师资问题。上面提到的这些人可以说是攀桂坊历史上的第一批留学生。

《敬告同乡诸君子》是梅州客家地区近代新学发起的宣言书。黄遵宪在文中就如何兴办新学谈了如下一些问题：师范教育于人才培养的重要性；在东山书院基础上开办师范学堂；为嘉应各乡培养师范人才的计划（包括师资、经费、场地、生源、教材的解决）；新学校的课程设置及其意义；教师的教学方法；所培养学生的前景，等等。文章还呼吁各属县开设兴学机构以促进新式教育的发展。《敬告同乡诸君子》在新旧交替时刻为梅州客家教育的转型与发展及时指明了方向，使鼎盛人文得以薪火相传。而东山初级师范学堂的建立，在为客家书院转型做出典范的同时，也为1913年叶剑英、冯懋度等师生、乡贤在这里创建东山中学打下了扎实的基础。

附：黄遵宪《敬告同乡诸君子》（节选，参考陈铮编《黄遵宪全集》，中华书局，2005）

……

凡兴办学务，必须有师范生，有教科书，有地方，有款项，四者缺一，不能兴学。而师范生非教育不能成。故鄙人之意，必须先开师范学堂。现在修理将竣之东山书院，即拟作师范学堂。鄙人已拣派二人往日本弘文学院学师范,前商之温慕柳太史,松口派二人。明年夏间可以卒业回国。又拟聘一日本人能通华语者,或他省人学小学师范已卒业者,与之偕来,作为教师。所望吾乡诸君子,各就己乡中拣择端谨有志、聪颖自爱之士二三人,开具名单,缄送兴学会议所,此事关系极要,务祈加意拣择,必求文理明通、品行俱优者,方可录送。如不得其人,将来膺教师之任,谬种流传,贻误不小。准于今年年底截止,过期不收。俟明岁开学时,传集就学,以一年卒业。现拟章程,来学之师范生不收学费,惟在堂食宿,每月应备饮食费约三四元之间耳。又新修学堂,约计寄宿寝室可容六十余人,学生之自修室,约可容一百五六十人。如报名人数过多,尚须挑选方可收录。教科书者,准人生必需之知识,定为普通之学,而又考核学生年龄之大小,度其脑力、精力之所能受,分时分课,分年分级,采择各书籍中之精要,编为一定之书,以施教者也。中国向无此名,即如史书一类,若《廿四史》,若《通鉴》,若《纲目》,卷帙太繁,以之施教,即不切于用,其他类此。近年有志之士,始从事编辑。现在虽无十分完善之本,如南洋公学、澄衷蒙学、文明书局、大同学校,各处新刻本,比之旧本,已为远胜。此类书以新刻者为佳。拟俟今年年底,集购各本,精心选择。俟择定后,将书目普告于众,即由上海等处购回,以应诸君子之求取。

……

东西各国小学校中,普通应有之学,曰修身,曰伦理,曰国文,曰算术,曰历史,曰舆地,曰理科,以天然物及自然现象启诱儿童,凡动物、植物、矿物曰天然物,一切地文学中各事为自然现象,又有人身生理之学等类。曰体操。务使儿童健全无病,俾易于发荣滋长。又有手艺一科,英、法、美等国均重之,日本初行而中止,今复编入学制,别有附加二科曰画图、曰唱歌,则习与不习,听其自便者也。综其大纲,曰德育,曰智育,曰体育。今以之比较中国旧时教法,旧法第令读书,然以高深之理,施之稚昧之年,或怖其言,如河汉之无极,或塞其心,如冰炭之相容。而今则事事有图,明白易晓,使儿童欢喜信受,其益一也;所学皆切实有用之事,无用非所习、习非所用之弊,其益二也;既略知己国历史,又兼通五洲之今事,无不达时宜、不识世务之患,其益三也;分年月日时而授课,必使编定之书次第通晓,乃为卒业,无卤莽耕耘、灭裂收实之诮,其益四也;统贫富贵贱之子弟于一堂,而一同施教,俾人人得以自奋,无上品无贱族、下品无高门之嘲,其益五也;无智与愚,无过与不及,自就学逮于毕业,人人均能有成,无学者牛毛、成者麟角之忧,其益六也。至于教师授业,有循序渐进之阶段,有举一反三之问答,有相观而善之比较,皆有章程,有次第,其法由心理学考求而得,学者试验而来,尽美尽善,非吾今日所能殚述。以鄙人之所期望,小学卒业而后,其上焉者,由此而入中学,入大学,精进奋发,卓然树立,可以增邦家之光,闾里之荣,其次焉者,亦能通

算术,能作书函,挟有谋生之资,粗知涉世之道,亦可以立身,可以保家,此固势有必至,理有固然者。鄙人深知东西洋各国小学校学务之重、学制之善,用敢殚竭其平日之所知所能,披肝沥胆,一一陈献于我同乡、我同胞诸君子之前,愿诸君子同心协力,亟起而图之也。

……

普及小学,系专为大局计。惟有心向学之士,现在年既长成者,无地就学,非特向隅,亦深惜其玩时而弃日。鄙人尚拟设一学堂,名曰补习学堂,兼综各科而择行之。又拟设一讲习所,略仿专门学校,俾分科肄业,以期速成,容后再与诸君子妥商举行。

嘉应兴学会议所会长　黄遵宪谨启

三、现代学堂的创办

刘伯骥认为,以光绪十五年(1889)广雅书院建立、分设经史理文四科、兼及时务为标志,现代学堂雏形始显。后四年张之洞在湖北创立自强学堂,后六年李鸿章在天津开设北洋大学。又后两年陈宝箴在湖南创立时务学堂,接着,上海南洋公学创立。这些学堂虽仍属于书院性质,但风气已开,"渐由技术教育之提倡,进为治术教育之改良"。而在梅州客家地区,新学的兴起亦早于清末书院废除之前。主力是曾经科甲仕途、致力书院教育的有识之士,如黄遵宪、丘逢甲、温仲和、萧惠长(兴宁人)等。据方志史料记载,同治五年(1866),瑞士巴色传教会在长乐县(今五华县)长布源坑开办嘉应州第一间西式小学。后增设中书馆(中学),它是嘉应州第一间中学,它与旧式学馆、书院、私塾不同,实行班级制,学科是人文、自然、体育同时并举。

光绪二十四年(1898)戊戌变法失败后,黄遵宪被罢官归里,与温仲和、饶芙裳等创办嘉应兴学会议所,竭力提倡新学,新式中、小学校相继创办。光绪二十七年(1901)清廷下诏改书院为学堂,客家书院也陆续转制为学堂。其中除了东山书院于光绪三十年(1904)由黄遵宪改办为东山初级师范学堂、同时新设立嘉应中学堂外,其他书院也陆续改为学堂,如光绪二十八年(1902),德、法、瑞士教会派牧师里梅,与地方人士吴登初、黄墨村等将崇实书院改为务本中西学堂。

光绪二十九年(1903),梅东书院由谢益卿、温仲和、饶芙裳等改办松口高等小学

教士在乐育务本中西学堂传教、教书

堂（1906年改建为松口公学，即松口中学前身）；光绪三十一年（1905）二月，州人饶芙裳，在家乡松口组织"兴学会"并亲任会长，倡办松口公学，并督促各堡兴办初级小学，为此选派饶一梅、梁少镇等赴日留学，学习办学经验。此外，松口大宗学校、丙村三堡公学、畲江彬文公学、西阳公学、隆文启文高等小学堂和松源成达高等小学堂亦相继开办。为办好新学，州内一些县曾派人赴广州两广学务处练习所师范馆进修。光绪三十二年（1906），培风书院由叶璧华改办懿德女校。同年，嘉应州撤销学务公所，另行设立劝学公所，作为地方教育行政机关，全州掀起办学高潮。如：州城开办城内中学堂于学宫内，饶芙裳在松口官坪秦氏宗祠设"师范讲习所"。

其他各属县情况。

兴宁：光绪三十年，兴宁县人肖惠长、罗幼山、王蔚奇、陈少岳等创办的兴城兴民学堂开学，学生100余人，并聘请丘逢甲为学校首任监督。1906年，兴宁县设立劝学公所，开办官立师范科（后改为兴宁公学堂）；同年，辛亥革命元老何子渊与萧惠长等人在学宫内创办兴宁县立一中，是中国第一批示范性高中。

五华：光绪三十一年，长乐（今五华县）在学宫开办师范传习所，华城教会创办乐育小学；锡坑士绅创办端本小学。清宣统三年（1911），五华知县于子谦办长乐官立中学堂，民国三年（1914）改名五华县立中学校。

蕉岭：光绪三十年，丘逢甲在镇平桂岭书院创办镇平初级师范传习所，招收闽、粤学生100余人。1906年，"传习所"改为"镇平县官立中学堂"，即蕉岭中学前身。

平远：1906年，在县城开办速成师范传习所。这一年，大埔、平远、镇平三县先后成立教育会，是嘉应州最早设立的教育研究机构。

大埔：光绪二十年（1894），温敬廷在百侯首办初级学堂；光绪二十七年（1901），

高陂两社（古野、桃花）仰文公立高等小学问世，光绪三十一年（1905），启元书院改为高等小学堂。同年，大埔在县学宫基础上创办第一间中学乐群中学，后改为省立大埔中学（1914）。至宣统三年（1911），全县有小学堂71间，其中高等、初等、两等小学堂分别有11间、47间、13间。

丰顺：1902年，丰顺县丰良鹏湖书院改为县立高等小学堂。1905年，汤坑蓝田书院改为蓝田高等小学堂，鹏湖书院改为官立小学堂；同年，设立县师范传习馆，由李唐任馆长兼监学，招师范生80名，学习年限一年，毕业后安排到小学堂任教员。

另据《梅州市教育志》（1989）载，在清末废科举、兴新学后，至清宣统三年，梅州城乡各县在原有书院、社学、义学和私塾基础上，建有小学堂803间、中学堂9间（嘉应官立、务本、梅东中学堂和东山初级师范学堂；兴宁县兴民官立中学堂；长乐中学堂；大埔有乐群中学堂；平远、镇平官立中学堂）。民国期间，在地方有识之士推动下，乡、村、族姓纷纷以公产、尝产、族产作为办学经费，旅外侨胞亦纷纷捐资办学，从而促进梅县教育事业的发展。民国元年（1912），梅县嘉应官立、务本、梅东中学堂和东山初级师范学堂合并，改为公立梅州中学；兴宁、长乐、大埔乐群、镇平、平远官立中学改为县立中学（学制都为4年），当时各县学学堂有较大发展，全区有831所，比清末增加28所，学生有7.868万人。民国四年（1915）全县有小学518所，中学4所；民国二十四年（1935）小学增至543所，中学15所；民国三十七年（1948）小学达744所，学生5.39万人，中学34所，学生1.2万人。先后开办的高等院校有乐育神学院、嘉应大学、南华学院。抗日战争期间，中山大学文学院和医学院、中华文化学院、省立岭东商校等亦先后迁来梅县，形成小学－中学－大学的教育体系。1935年，广东省教育厅考查全省国民教育，梅县列居第一。1945年，国民政府教育部报告全国普及教育情况，江苏武进名列第一，梅县列居第二。

四、女子教育的崛起

根据梅县地方志编纂委员会编《梅县志》介绍：清末，在戊戌变法维新思想影响下，女子教育问题开始引起梅县开明人士的重视。光绪三十二年（1906），女诗人叶璧华在城内原培风书院创办懿德女子学校，开办时有学生30多人，教学以文学诗词为主。

此前一年，即光绪三十一年（1905），梁浣春以在梅城北门外黄竹洋曾氏的"耕耘小筑"为校舍，开办私立女子学校，有学生30余人，设国文、算术、常识、手工4门课程。光绪三十三年（1907）春，廪生梁玉麟（梁浣春之父）和肖凤秋又在梅城市塘唇曾井附近的育婴堂开办嘉善女校（后改为公立第一区立女子学校），开设国文、刺绣、缝纫等课程，学生有五六十人。1911年秋，嘉善女校与城西公学合办妇女工艺传习班，不收学费，一个月为一期，传授手工工艺。当时，梅县县政府发给"热心公益"奖状，表扬嘉善女校。1912年，梁浣春辞去嘉善女校长职，在梅城下市开办桂里女子小学。1915年，梅县在培风书院旧址建立梅县县立第一高等女子小学，聘请梁浣春任校长。

1918年，为解决女子教育师资问题，梁浣春争取当地教育部门支持，在原校园基础上创办梅县县立女子师范学校，聘请劝学所所长温柏心、省立梅州中学教师梁伯聪等兼课。据方志史料记载，县立女子师范学校第一届毕业学生20多人，

广东省立梅州女子师范学校校刊封面

全被各乡小学聘请为教师。1926年，年逾花甲的梁浣春引退杏坛，其时，女子教育在梅县已蔚然成风。1949年，享年86岁的梁浣春在恩元第辞世。1929年县立女子师范改为县立女子中学，1936年改为广东省立梅州女子师范学校。

与此同时，民国元年（1912），德济医院女助产士赫求光（德国人）在喜迪堪会支持下，于黄塘创办心光女子小学（盲女院）。同年，由美国基督教浸信会女西差会、中国华南客属浸礼会及太年会在梅县城东挖子里创办广益女子小学，1929年，广益女子中学改为县立女子中学。

1915年，梅县在松口育婴堂开办松口女子学校，招收高小和初小学生。

1924年，县立女师教员杨恒昭（女）在梅城下市大溪唇杨家祠创办恒业女子职业学校，设缝纫、编织、刺绣等工艺

嘉善女校师生旧照

课程。

  1925 年,乐育中学曾一度分设一所女子中学,后并入其本校。民国十五年（1926）,彭精一、罗四维在石扇创办一所女子中学,借关岳庙为校址,是梅县农村的第一间女中,民国十七年（1928）并入梅北中学。

  据统计,至 1932 年,梅县共有女子学校 7 所,其中:中学 2 所,学生 111 人;小学 5 所,学生 673 人。1936 年,县立女中改为省立梅州女子师范学校。1941 年秋,梅县第一区立女子小学改办为县立女子初级职业学校,不收学杂费,学制 2 年,程度与初中相等,课程设有国文、算术、珠算、公民、尺牍、历史、地理等科,教具有衣车 3 辆,绣床 10 架,还附设小学。原在下市的恒业女校于 1950 年停办。

  另外,民国元年,德国慈善团体"喜迪堪会"捐资创建梅县私立心光女子小学,校址设于梅城下黄塘。开办时收养盲女 20 余人,校长采姑娘（德国人）。其后由教会以及华侨慈善人士陆续捐资支持办学和扩建校舍。1932 年,心光女校更名为"心光盲女院",院长柏恩慰,有盲女 59 人。1940 年收养盲女增至 80 人。每月所需经费 600 元,由梅县县政府月拨 22 元和教会津贴一部分,其余不足由社会慈善人士及在院盲女用手工劳动编织工艺品出售所得维持。

拓展阅读:

  刘伯骥:《广东书院制度》,"国立"编译馆中华丛书编审委员会,1978

  程志远、王洁玉、林子雄、谢维怀整理:《乾隆嘉应州志》（上、下卷）,广东省中山图书馆古籍部出版,1991

  罗国兵:《清末梅州教育研究（1902—1911）》,山东大学硕士学位论文,2009

  刘奕宏、黄智:《寻韵攀桂坊》,广东高等教育出版社,2012

  曾令存:《客家书院》,暨南大学出版社,2015

  邱远、刘安华、唐汉芳:《客家古邑河源传统书院考略》,北京理工大学出版社,2015

第六章

诗文与诗人群体

  文学无疑是文化的重要载体与显现形式。认识和了解客家文化，离不开对客家地区文学历史的考察。考虑到客家民间文学的庞杂，我们在这里重点考察文人文学的创作。由于各种原因，至少在粤东客家地区，文学的创作与繁荣主要体现在诗文方面。本章主要介绍：粤东客家诗文的由来、发展与流变；从明后期到晚清，直至20世纪二三十年代诗坛上的客家诗文创作与诗人群体；"五四"时期张资平的小说创作等内容。

第一节 客家诗文的发展与流变

一、客家诗文的背景

客家先民或由于饥荒,或由于兵燹,又或由于政府奖掖等原因,他们远离故土,迁居客地。客家的历史,是一部苦难的漂泊史。这决定了客家文学发展的独特性。从现存史料看,客家先民移居粤东地区的,虽说有远在五代以前者,但人数极少,就是宋朝初年移居此处的,数目亦非常有限。宋末元初的第三次客家人大迁移,基本上也只是到达现今粤东客家地区的周围。因此,明朝以前,粤东客家地区大抵仍近于化外之地,客家人在这里仍只是少数,无法保持个体的特殊属性,无法形成一种新兴的民系。而客家族群在粤东地区的壮大,应是明清之际的事情。不断迁移漂泊的动荡,一场场惨烈的兵燹,使粤东客家地区文籍荡然无存。今存地方史志虽然仍可见到点滴明朝中期以前的客家人诗文,但都是靠历代口头传述而来的片言只语。从中,我们难以窥见历史的全貌。因此,明中期以前的粤东客家诗文的历史,是一部残缺的历史。可以征考的文学发展脉络,是从明末清初开始的。

粤东客家的文学潮流自异于国朝,如宋代是词这一文学形式兴起和繁荣的时代,而粤东客家地区并没有词的诞生。元代新兴繁荣的文学形式为戏曲,明代崛起繁荣的文学形式是长篇小说,但粤东客家地区,一直到晚清时期都没有戏曲作家,除了晚清时期黄岩《岭南逸史》这一部小说传世之外,亦未见有其他小说作品。至于散文,在地方文献中遗留下来的客家先贤的文章虽然为数不少,但除温训的古文尤擅胜场外,其他大都属经学论文、碑记、信札等文字,整体上均质直而少风趣,在岭南未形成影响,更遑论于大江南北。总体而言,粤东客家文人,大都努力于诗,于狭义文章,较不注意。即或是晚清时期,尽管"小说界革命""文界革命""戏曲界革命"之类的文学运动接连兴起,但粤东客家地区的文人,仍只钟情于诗这一文学形式。这种情况,一直到"五四"以后创造社"四大金刚"之一张资平的出现,才有些改观。但在总体走势上,仍未偏离诗歌领域,如20世纪二三十年代在文坛上较有影响的李金发、蒲风等,均为诗人。因此,粤东客家文学史,可以说是一部偏执的诗歌发展史。对此,不少研究者已有所觉察。如康有为在《人境庐诗草序》中云:"嘉应先哲多工词章者,风流所披,故诗人妙绝。"著名客家学者罗香林在其《客家研究导论》中亦云,"岭东客家艺文,多以诗名"。当代学者陈平原先生认为:"黄遵宪与丘逢甲不以政论和小说见长,而以诗歌著称于世……不同于'神秘主义'、'浪漫主义'和'狂放气魄特征的岭南文化。"[①] 这些评述,都在一定程度上道出了粤东客家地区独钟于诗的特殊历史文化景观。

二、客家诗文的发展与流变

若从宏观上考察粤东客家地区诗歌发展的历史,可以发现其有一个明晰的兴起——发展——高潮的轨迹。

一般来说,明朝以前,迁居到粤东的客家人还不多,应试服官的学子更少,加之迭经劫乱,著述无可征考,因此,明朝之前的粤东客家文学,几乎是一片空白。明朝初期,粤东客家地区,每为寇盗所困,学子无法肆情于文艺,故那时的诗人,亦无可称述者。明朝中期,粤东客家学子又大多醉心于理学,他们留下来的文献,大多为理学文章,缺少应有的文学色彩。所以,总体来说,粤东客家地区的诗坛,在明中期以前,宛如荒芜的一片空地,即或其中点缀着一些前人耕耘的痕迹,但整体给人的印象仍然是苍茫的。

明后期到清康熙年间,粤东客家地区诗道开始兴起,这一时期出现了一些在当地较有名气的诗人,如李士淳、李楩父子,张琚、张玠兄弟,李象元、李端父子,颜鸣皋、颜鸣汉兄弟,等等。这一时期的诗人,呈现出家族化的色彩,他们的诗歌多表现出缺乏创新的传统色彩。他们的诗作虽然未对岭南文学产生影响,但为以后粤东客家地区诗道的勃兴,奏响了先声。因此,这一时期,可以说是粤东客家地区诗歌创作发展的酝酿时期。

清朝中期,是粤东客家地区诗歌创作的发展时期。这一时期,诗歌创作在粤东客

---

① 陈平原. 乡土情怀与民间意识[C]. 2000年1月汕头"丘逢甲与近代中国"学术研讨会论文.

家文人中蔚然成风,"几乎人人能诗"①,"客人以诗名者,大小不下百家"②。最为时论所重的,有宋湘、李黼平、王利亨、黄香铁、温训等诗人,他们的诗作,已不再如前期一般体现为对传统的趋同,而是有着个性化的追求。

晚清是粤东客家地区诗歌创作最为鼎盛的时期。这一时期涌现了以黄遵宪、丘逢甲等为代表的庞大的诗人集团,他们共同致力于诗歌的革新,并由此带动了全国诗界革命的潮流,使粤东客家地区成为全国诗歌革新的圣地。这种情形,一直延续到20世纪20年代初诗坛上被称誉为"中国象征诗派第一人"的李金发。其后,在30年代诗坛上以蒲风为代表的"中国诗歌会"的粤东客家诗人群体(除蒲风外,还有杨骚、任钧等),除在诗中饱含着一种贯穿于故乡诗歌先驱者们的感时忧世的家国情怀外,诗人们对诗歌创作大众化风格的追求与探索,仍可看作晚清粤东客家诗人们诗界革命的继续。

第二节 前明遗民诗人与康乾盛世诗人

一、明清易代之际的遗民诗人

明末清初时期,粤东客家族群人口规模还比较有限,生存环境还相对恶劣。加之明清易代之际的动乱,生活在粤东的客家人,其面临的主要还是如何扎根、生存的问题。沉重的生存压力使绝大部分客家人无暇肆情于文艺,因此,这一时期粤东客家地区的诗人不多,其中较著名者,简略介绍如次:

李氏父子。李士淳、李楩父子,是明末粤东客家地区名声显赫的文人。李士淳(1585—1665),字仲垚,号二何,程乡县(今梅县)松口洋坑乡人。其"总角能文,下笔千言立就",与其兄匪寄居于阴那山粲花馆,发愤读书。"尝引范文正公'先忧后乐'之语,以自砥砺"③。万历己酉(1609)乡试中解元,崇祯戊辰(1638)中进士,先后任职山西翼城与山东曲沃,后应诏入京殿试,授翰林院编修,充东官讲读。崇祯

---

① 黄遵宪.梅水诗传序[M]//陈铮.黄遵宪全集.北京:中华书局,2005.
② 罗香林.客家研究导论[M].兴宁希山书藏版,1933.
③ 《乾隆嘉应州志》:卷六[M].广州:广东中山图书馆古籍部出版,1991.

十七年（1644）李自成攻陷北京，崇祯在煤山自缢，李士淳与太子朱慈烺被俘。清兵入关，李自成败走，李士淳乘机携太子潜遁南归，将太子安置于其早年读书之阴那山秘密进行反清复明活动。至今粤东客家地区还有许多关于其与太子避难阴那山的传说，阴那山灵光寺中曾有法名为"大山和尚"者，据云即为明太子朱慈烺也。李士淳晚年在家乡课士育才，著书立说，直至81岁高龄辞世，有《三柏轩文集》《阴那山志》《诗苑》等著作。李士淳的儿子李楩亦是一位被时人称许的诗人。李楩，字其础。崇祯己卯（1639）举人。事亲孝，色养备至二十余年；亲殁淡于仕进。仪容秀伟，品端望重，尤嗜古好学，属笔思如涌泉，工书法。有《声堂法帖》《函秘斋诗文集》行世。

除了李士淳、李楩父子外，李二何的哥哥李匪何亦是当时较有名的文人，《乾隆嘉应州志》中亦有录其传与诗作。

张氏兄弟。张玸、张琚昆仲，是明末粤东较著名的客家诗人。张玸，字台玉，崇祯甲申（1644）选贡出身，授职东莞县（今东莞市）学博，清兵入粤时，与东莞进士张家玉等共谋抵抗，不幸殉节。遗著有《苍苍亭集》《寓闽录》等。张琚，字居玉，崇祯己卯举人。与李楩友善，两人均不愿为官。张琚一生，结庐于城东周溪，周溪乃因其旋绕周回而得名，亦称为旋溪，张琚一生在此讲学，训子侄，故时人号之为"旋溪先生"。张氏兄弟出身书香世家，其祖父守约曾为化州学博，家中有丰富藏书，加之兄弟互相师友，这一切，使他们成为当时粤东较有影响的诗人。

林丹九。名际亨，字一桂，明末举人。明亡而不愿事清，据镇平（今蕉岭）长潭，存明祚。迨母去世，乃慨然曰："国亡母殁，可以死矣。"服明衣冠，投崖而死，允称忠孝两全。

就明清易代之际的诗人而言，李士淳的诗作留存下来的不多，内容均为对阴那山风物的吟咏，但由于其携明太祖潜归阴那山的特殊经历，他的这些对阴那山风物的吟咏中，都含蓄地流露出前明遗老特有的心迹，例如：

小歇石

铁桥过去便桃源，石上桃花不记年。

寄语中原车马客，风尘暂此一停鞭。

此诗咏阴那山景点小歇石，"寄语中原车马客，风尘暂此一停鞭"一联，不着痕迹之中，含蓄地表达了希望明太子朱慈烺静待时机，以图再起的意涵。又如：

阴那灵雨

阴那灵光寺前有三柏树，大可数围，唐僧惭愧祖师手栽，水旱祈雨屡应。

五指峰前白鹤旋，空中锡卓祖居先。

桥横曲洞三株树，路入曹溪一洞天。

听法缘深禽解语，住山岁久俗如禅。

甘霖愧负苍生望，灵雨分膏且插田。

这首诗情景交融，其中"甘霖愧负苍生望"一语耐人寻味，曲折地传达出反清复明理想绝望之下的无奈。

李士淳生活后期秘密进行反清复明活动，曾筹饷银二万两支持南明唐王。清王朝为巩固其政权，多次征召明朝遗老。顺治十年（1653），有司一再敦促李士淳奉召，李士淳以老病为由坚拒，并以"南山秀色喜长在，北阙征书莫再来"一语作答，这一切都说明了李士淳对明王朝的依恋。当然，作为明朝遗老，因为承担着保护明太子的秘密使命，决定了其不能公开、激烈地表达此一心迹，因此，其诗歌当中的政治意涵，总是以很隐晦的方式曲折地传达，需要我们细心地品味。

至若张玿，亲身投身反清斗争而殉节。李楩与张琚两人相互友善，皆立志不仕清朝，他们遗留下来的诗作同样不多，但均从不同的侧面传达出前朝遗民的特有情绪，例如：

游阴那山
李 楩

五峰青削瞰罗浮，咫尺岚光冻欲流。

幽壑有天皆作瀑，痴云无处不成楼。

石流藓字还能读，雨冷藤花觉易秋。

薄暮月钟随叶渡，遥问僧影静山陬。

凌风楼怀古
张 玿

箕尾精灵果在无？山河依旧片城孤。

也应风雨崖门泪，哭到今朝血亦枯。

怀张台玉
张 琚

三子襟期共一丘，钓竿烟水慕羊裘。

我来台上君千古，尚冀诗留采石头。

上列三首诗，或写景，或怀古，或怀人。张玿的诗借用"箕尾精灵"喻南宋忠臣文天祥，吊古伤今，表达对国事的忧伤及效法前贤、以身许国的情怀。张琚则在诗中深情地怀念抗清死节的兄长张玿，热切地希望兄长的业绩如同羊祐碑一般万古流芳。

李楩之诗虽然纯为写景，但境界空寂悲凉，字里行间流露的亦是遗民的心曲。李楩的友人黄渊曾经说过，李楩之诗可以"退敌"，良心未泯，人气犹存者读之，可以改弦易辙。① 可以推想，李楩之诗，应是有强烈"反清复明"倾向的，只可惜这些诗作未能流传下来。黄渊的评论，虽然针对的是李楩之诗，但对于李士淳、张玿、张琚这些明清鼎革之际的诗人，亦是大概适用的。

而林丹九虽仅存《长潭》一绝：

负崖依险聚苍生，心与寒潭一样清。
任是史官编不到，山灵知道此孤贞。

但其高风劲节，溢于言表，300余年后读之，犹为之起敬。

二、康乾盛世中应试服官的诗人

进入清朝以后的康乾盛世时期，在粤东客家地区诗文创作上较有影响的诗人，以李象元家族、颜氏昆仲、陈鹗荐等人为代表。他们都是康乾盛世的应试服官者，因为生活的时代环境不同，所以他们现存的诗作虽然不多，仍可看出其思想情调上与明清易代之际的遗民诗人有明显的差异。

李象元家族。在康乾盛世时期，在粤东客家地区诗文创作上较有影响的诗人，首推李象元及其家族成员。李象元（1661—1746），字伯猷，号惕斋，程乡（今梅县）人。康熙三十年（1691）辛未科进士，官翰林院检讨。《乾隆嘉应州志》云其为清朝科举登第的第一人，称其"学问文章"为"粤东之最"。李象元还特别重视家族子孙的教育，其子李端，雍正元年（1723）癸卯科进士，选翰林院庶吉士；其侄李直，雍正五年（1727）丁未科进士，选翰林院庶吉士。李氏家族"三代皆进士，一门四翰林"，成为一时的佳话，他们在诗文创作上均有一定的成绩，是当时较为著名的客家文人。

颜氏昆仲。康乾以还，在粤东客家地区喜欢写诗的文人中，颜鸣皋、颜鸣汉昆仲是最有特色的两位。颜鸣皋，字丹崖，嘉应州人，乾隆戊辰科（1748）武进士，官至福建台澎总兵。颜鸣皋本为儒士，因久困科场，遂弃文就武，苦练骑射，其虽登武榜，但诗文写作未曾放弃，其诗歌创作，颇得时人称赏。在颜鸣皋中武进士15年后，其弟颜鸣汉乾隆二十八年（1763）亦成了武进士，曾任宫廷侍卫，官至福建水陆提督，颜

---

① 参见黄渊《逍遥阁集》（残本，版本信息不详）。

鸣汉亦如其兄一样喜好诗文，后人称"其诗格高语健，廻越恒流"①。后世粤东诗人廖道传评曰："吾梅三百年来，诗人踵起，而武将工文翰者，以颜氏鸣皋、鸣汉两军门为最，流风负馀韵，乡人尤艳称之"②。

陈鹗荐。清康乾间，粤东客家地区的诗人值得一提者还有陈鹗荐。陈鹗荐，字飞仲，康熙庚辰（1700）进士，官庶吉士。其生平真实无妄，为文风格高隽，写诗只是其馀事也。著有《一经堂稿》。

以李象元家族、颜氏兄弟、陈鹗荐等为代表的一批诗人，他们都生活在清以后康、雍、乾时期，是康乾盛世之中得以应试服官的幸运者。不同的时代，不同的生活际遇，决定了他们的诗歌在思想情调上与李士淳等前代诗人有很大的不同。今存他们的诗作，从题材上看，多为咏物、写景、怀古等传统题材。让我们先来考察他们的咏物诗：

咏梅
李象元

梅花雪片共含春，素质清姿各自新。
疏瘦寒葩堪比玉，霏微冷艳更离尘。
同承天泽原无竞，静玩瑶华却有真。
调鼎资梅耕赖雪，容颜虽异德仍均。

薯田笔峰
陈鄂荐

长田焕彩笔峰高，梅水文章重雅骚。
变幻横空新泼墨，烟云出岫旧挥毫。
宫中凤幂长相伴，殿角鸾笺几学操。
宗匠还惊风雨至，百花洲畔涌波涛。

李象元咏梅诗，描绘的是梅与雪同承天泽，梅调鼎味、雪助农耕的盛世和谐景象。陈鹗荐所咏薯田笔峰，在嘉应州"城四三十里，插空独立，秀拔千寻"，是嘉应州境内的文笔山。诗歌在咏物的同时，洋溢着得意文人的风发意气。与明清之交的诗人总是借咏物寄托气节风骨相比，这一时期客家诗人的咏物诗，总是呈现出强烈的盛世气象。

康、雍、乾时期的粤东客家诗人，留下不少吟咏风光景色的诗篇，他们诗中的自

---

① 张榕轩. 梅水诗传：卷一 [M]. 光绪二十七年刊本.
② 黄伟经. 客家名人录 [M]. 广州：花城出版社，1992.

然风物总是幽美迷人,饱含着诗人在太平盛世下的怡然自适,例如:

锦江秋色
李象元

怡神何必定春光,秋至天高四望长。
二水合来成五色,百花中秀兆千祥。
久疑地僻时皆夏,且喜风清袖两扬。
寥落浣花吟杜老,何如盛世醉重阳。

题家恒轩万竹堂
颜鸣皋

万竹碧玉傍虚堂,无数清阳覆短墙。
中有藏书千百卷,夜来书韵出横塘。

白云山
陈鹗荐

危崖盘曲磴,幽赏历崔嵬。
丹灶已寥落,白云空去来。
洞猿排树啸,巢鹤破烟回。
欲采涧中药,菖蒲花未开。

上述诗篇,均给我们描绘了一种迷人的境界,与明清易代之际的诗人笔下那种空寂悲凉的景色绝然不同,字里行间流露出的是"盛世醉重阳"的满足。

康、雍、乾粤东客家诗人的咏史怀古之作,有的借历史人物表达自己强烈的功业意识,如颜鸣汉的《咏鲁仲连》:

鲁连一布衣,高妙世无偶。
掉舌却虎狼,千金辞不受。
辩非亚仪秦,气岂髡衍有。
一书感燕将,聊城不复守。
独惜单屠聊,无计善其后。
飘然东海间,清风亦不朽。

有的则借咏史表达历史的沧桑之感,如李象元的《甲子门怀古》[①]:

---

① 原注:宋端宗至此,有石遗像,海门有石六十,应甲子之数,故名。

(一)

　　苍茫寒日照残碑，宋代龙舟此地维。
　　天下更无容跸处，海隅暂有觐颜时。
　　遍求车驾臣心苦①，一遁孤城主势危②。
　　自去碙州氛雾满，崖山消息至今悲。

(二)

　　巨石嶙峋对海门，谁湔苔藓纪君恩。③
　　江山易洒遗民泪，风雨难归战士魂。
　　幼主蒙尘由积弱，孤臣誓日尚图存。
　　汴杭运数终三百，空使朝衣湿泪痕。④

三、遗民诗人与康乾诗人的异同

(一) 从遗民心态到盛世之音

　　明末到清康乾时期的诗人，他们的诗集大都散佚，他们现存的诗作散见于其他地方文献之中，题材不外乎写景、咏物、怀古之类。若将李象元的二首《甲子门怀古》与前面所述张玿的《凌风楼怀古》相对照，我们可以感受到彼此视角的不同。虽然同时吟咏南宋灭亡的历史，张玿借以表达的是效法前贤、以身许国的民族感情，李象元表达的只是传统的历史沧桑之感。张玿诗的蕴涵着国家灭亡的无奈与悲伤，李象元则将王朝的更替归结为运数。可见，以李士淳、李梗、张琚、张玿、林丹九等为代表的明清易代之际前明遗民，与以李象元家族、颜氏昆仲、陈鹗荐等人为代表康乾盛世的应试服官者相比，由于他们生活的时代环境不同，因此，其诗歌基调在整体上经历了一个由遗民心态向盛世之音转变的过程。

(二) 趋同的正统诗风

　　李梗曾与同好结社，在其为友人黄渊《逍遥阁集》所撰的序言中，曾较具体地谈

---

① 原注：文山收兵海丰，遣兵偏访车驾。
② 原注：宰相陈宜中见时事不可为，托名借兵遁占城。
③ 原注：石上镌"君恩如照"四字。
④ 原注：时行朝庶事疏略，惟陆丞相秀夫俨然，正笏立朝，一日在行中凄然泣下，以朝衣收泪，衣尽湿。

到其对诗文的看法，他认为：一方面，诗与文有共同的要求，即"二者非才不可；非深情至性，实有郁于中而勃于外不可；非好学深思迟（等待）岁月以俟机感（灵感）不可。"但另一方面，诗与文又有明显的不同之处：文章可以用许多词汇说出心里的意思，而诗则无法做到这样；文章不受韵脚的限制，而诗必须受到韵脚的限制，如果不合韵，虽有妙语，也只得割舍，绝不可牵扯弥缝；文章可以单行，诗则必须注意对偶，如果不能取配，则难免会发生默默十年，辗转反侧，像文王思念后妃那样。李楩的这些见解仍然是传统的。至于明末到清康、雍、乾这一阶段的其他诗人是如何看待诗歌创作的，限于史料，我们无法了解；但从他们现存的诗作来看，都是在传统诗教指导下的创作，诗歌风格基本趋同，均呈现出正统的色彩，很难谈得上艺术创新。

首先，从前述的诗作中，我们可以明显地感受到，不论是前期诗人笔下抒发的遗民心态，还是后期诗歌中的盛世之音，都非常注意理性和情感的融合、节制和净化，情感抒发均显得委婉、含蓄，我们很难从他们的诗中看到强烈的宣泄。可以说，这一时期的诗作，情感基调具有共同的特征，即"直而温，宽而栗，刚而无虐，简而无傲"①。其美学宗旨是以温厚和平，怨不怒、哀不伤、乐不淫为致思起点的，与温柔、敦厚的传统诗教是完全契合的。

其次，在诗歌形式上，此一时期的诗歌，正如李楩所认识的一样，普遍注意其与散文的区别，注重押韵、对仗，强调声调的抑扬顿挫与韵律的和谐，有不少诗作，在这方面达到了颇高的成就，如李象元《太平乡看汤泉》一诗：

　　汤泉水之别，引我到深村。

　　樵寮林常密，行稀径仅存。

　　松声催晚冷，岸石带春温。

　　蕉苎田间屋，烟生未闭门。

全诗对仗精工，音韵和谐。总之，从明末到清乾隆时期的诗歌，在形式上均符合传统诗教："诗言志，歌咏言，声依咏，律和声"②的要求。从另一个角度来说，这一时期的诗歌在形式上缺乏突破与创新。也正因为如此，尚存的此一时期诗作，全属近体诗，没有相对自由的古体诗。

不同的诗人、不同的人生际遇，使他们的诗歌内容有所不同，但风格是趋同的，是传统的，这种对传统诗教的趋同，是粤东客家地区诗道兴起初期的特征。

---

① 尚书·舜典［M］//陈戍国．尚书校注．长沙：岳麓书社，2004．
② 同上书．

（三）烽烟静里漾微波

> 客家诗客少蹉跎，嗣响旋溪本未多。
> 二李一陈堪屈指，烽烟静里漾微波。

这是李象元的一首诗，这首诗可以看作对从明末到清乾隆时期粤东客家地区诗歌创作概况的总结。李象元对这一时期的主要诗人概括为旋溪（即张琚）和二李一陈（即李士淳、李楩、陈鹗荐）。这一概括虽未必完全客观、准确，但其指出这一时期"客家诗客"由于"少蹉跎"而"本未多"的事实是符合实际的。他们的诗歌创作，虽然亦不乏佳作，但从整体而言，在岭南诗坛并没有很大的影响，只是"烽烟静里漾微波"。而这与岭南诗坛发展的历史也是相符合的，康熙、乾隆以前，岭南诗坛虽然看上去颇为繁荣，但并没有产生有影响的大诗人，诗歌的总体品格不高，成就也不大。岭南诗坛如此，作为偏僻山区之粤东，其诗歌创作相对滞后亦是自然、合理的。这一时期粤东客家诗人的创作，虽然只是在茫茫诗海中激起一阵轻轻的涟漪而已，但为以后该地区诗歌创作的繁荣打下了基础。因此，这一时期可谓粤东客家地区诗歌繁荣的酝酿时期。

第三节　"梅诗三家"与"程乡三友"

如果说从明末到清康、雍、乾时期是粤东客家地区诗歌创作的一个酝酿时期，那么清朝嘉、道时期则是一个发展期。在这一发展时期里，出现了以"梅诗三家"（宋湘、李黼平、黄香铁）和"程乡三友"（李光昭、颜崇衡、徐青）等为代表的一批卓有成就的诗人，他们在诗歌创作中各有自己的艺术个性追求。这一时期的诗坛，要比前一阶段热闹许多。

一、各具特色的"梅诗三家"

黄遵宪在其《梅水诗传序》中云：粤东客家地区，"嘉道之间，文物最盛，几乎人人能诗"①。确实，从乾隆后期开始，到嘉道时期，粤东客家人以诗名的，大小不下百家。而最为时论所称许的，有宋湘、李黼平和黄香铁，被后人称为"梅诗三家"。

（一）纯任自然的宋湘

宋湘（1756—1826），字焕襄，号芷湾，嘉应州（今梅县）人。少年聪慧，9岁即学为文，下笔有奇气。及长，凡八应童子试，始得取为生员。其后入读省城粤秀书院。乾隆五十六年（1791）被广东学政陈桂森聘为幕宾。翌年参加广东乡试，获中解元。乾隆五十八年（1793）入京应进士试，不第，滞留京城附近的直隶三河县署读书。嘉庆元年（1796）再应进士试，不第，遂在京考取镶黄旗官学教习。嘉庆四年（1799）终于获中进士，选翰林院庶吉士，同年十月请假南归。嘉庆六年

宋湘故居

（1801），主掌广东惠州丰湖书院，至嘉庆八年（1803）转回广州任粤秀书院讲席。九年冬，回京参加例行的庶吉士散馆考试，考得二等，授翰林院编修，开始了长达九年的第二次京华生涯。其中除嘉庆十二、十三年（1807、1808）先后被派往四川、贵州担任乡试主考外，过的是翰林院悠闲清苦的生活。嘉庆十八年（1813），宋湘被外放为云南曲靖知府，并先后署理广南、顺宁等府知府，担任过迤西道、迤南道道员，共在云南供职13年，政声颇著，《云南通志》将其收入《循吏传》。道光五年（1825），宋湘升任湖北督粮道，翌年因押解粮食进京途中染病，以病终。

宋湘的诗随着他的生活经历而呈现出不同的内容。第一阶段是其在京城生活的七年，这一时期科场失意，生活清贫，诗的内容多抒写个人的感伤与苦闷，故作者将此一时期之诗名之为《不易居斋集》。第二阶段为其中进士并选为庶吉士，南归广东主掌丰湖书院时期。这一时期功名如愿，暂时告别了贫病交加的生活，心情萧散自得，诗作多为徜徉湖山的山水田园诗作，汇集为《丰湖漫草》与《丰湖续草》。第三阶段是其再次返京，供职翰林院时期。这一时期生活闲散，诗歌多为交酬唱和之作，对于这些酬应之作，作者亦心自薄之，多被弃之，仅录存诗50余首，名之为《燕台剩沈》。第

---

① 陈铮. 黄遵宪全集［M］. 北京：中华书局，2005.

四时期是其出守云南直至去世。这一时期其广泛接触了社会现实，诗歌题材丰富多样，社会矛盾、民生疾苦、边塞风物等均被形诸诗中，分别汇成《南行草》、《滇蹄集》（三卷）、《楚艘吟》等。

宋湘性格亢爽，襟抱豪迈，开朗不羁，因此，其论诗，主张一空依傍，不主故常。他坚持"我诗我自作，自读还赏之；赏其写我心，非我毛与皮"。他反对模拟前人：

（一）

涂脂傅粉画长眉，按拍循腔疾复迟。

学过邯郸多少步，可怜挨户卖歌儿。

（二）

学韩学杜学髯苏，自是排场与众殊。

若使自己无曲子，等闲铙鼓与笙竽。

（三）

三百诗人岂有师，都成绝唱沁心脾。

今人不讲源头水，只问支流派是谁。

正是由于宋湘"我生作诗不用法，纵横烂漫随所之"①，因此，他的诗"哀乐无端，飞行绝迹"，变化多端，有的慷慨豪宕，雄浑苍莽，如《大江》：

东诸侯长朝天子，百谷王门走江门。

天起风云挟气力，地开吴楚出旗幢。

无愁儿女沙淘尽，有恨英雄浪打降。

谁奏铜弦铁绰板，万山明月入船窗。

而有的又清隽冲淡，如《西湖棹歌》：

东江水长西江落，南堤北堤有水关。

生小西湖撑艇子，不愁风浪只愁闲。

遍读《红杏山房集》，宋湘诗歌的风格是多姿多彩的：读到其《鹦鹉洲》"从古异才无达命"的感叹时，让人为之一哭；读到其"灵风尚带三挞怒，芳草难消一赋愁""黄鹤白云今夜别，美人香草古来愁""野棠花开一路雪，山鹧鸪鸣千涧秋""艰难恩尽负，天地我何人""孤舟一江水，秋叶万重山"等句时，又让人为之激昂慷慨；读到其"行船半日不三里，细雨篷窗看菜花"（《江行》），"若问老夫今日事，春风扶上督粮船"

---

① 宋湘. 答李尧山詹簿寄画竹[M]//红杏山房诗钞. 梅县剑英图书馆藏版.

（《到湖北粮道任》）及"晴云湿树鸟喃喃"（《登寺阁》），等等句时，又感其何其风流自赏。不主故常，不事结撰，纯任自然，抒写自我是宋湘诗歌始终的追求。

（二）精心磨琢的李黼平

李黼平（1769—1832），字绣子，号著花居士，嘉应州（今梅县）人。李黼平是与宋湘同一时期的另一位著名粤东客家诗人。李黼平14岁就精通乐谱及声韵之学。渐长，潜心考证训诂之学。19岁时，以诗赋被学使赏识，取为附学生员。嘉庆三年（1798）在广东乡试中举，在此前后，游学于粤东粤中一带，九年后，即嘉庆十二年（1807），他在会试中中了进士，选翰林院庶吉士。在翰林院期间，李黼平关心民疾，针对当时江南漕运因河狭船多，辗转困难的情况，依据自己游历所见，上疏建议取道山东胶州、莱州，由海道运输漕粮。因条陈被废置，自感才智得不到发挥，一度请假回粤，执教于广州粤华书院。此时，其将自己在家乡读书及游历各地时所写诗作印行，名之曰《著花集》，取唐人"寒梅著花未"之意。并榜其居为"著花庵"，自号"著花庵主人"，又号"著花居士"。嘉庆十五年（1810），散馆，分授江苏昭文县知县，期间为政仁厚，因动用漕粮赈灾亏欠，又无力填补亏空，被革职入狱六年，嘉庆二十一年（1816）出狱后，因经济拮据无力返乡，滞留当地教馆任教三年以筹资返粤。

李黼平的诗作内容主要有三种：一是抒发个人际遇的感怀；二是描写壮游各地的山水胜概；三是吊古伤今的咏史之作。这些诗作，真实记录了诗人一生的心路历程。

假如说不事结撰、随心所欲是宋湘诗歌的特色，那么，与宋湘相友善的客家诗人李黼平却表现出相反的特征，他的作品磨琢而出，光色精奇，如：

雁寒嗷嗷度居庸，居庸迢迢云万重，乘风一夜到幽朔，征人不来双泪落。寒上秋正深，雪霰何襫襫。寄书百无语，但道久栖迟。栖迟关外从头说，石路崚嶒马蹄裂。寒烟古树不见人，乃是统幕蒙尘之故辙。沙场折戟供摩挲，乌鸢衔肉愁云多。风声乍吹独石水，雨色不见温汤河。云山连联接上谷，多少英雄下鸡鹿。汉将朝为虎落屯，胡人夜上龙堆哭。丈夫不遇蓬蒿行，枉叹胸怀逾甲兵。飞书驰檄有不用，却与馕尉相逢迎。边城蒲桃酒未煮，当歌几回亲摘鼓。豹房伎学黄额妆，马市儿能白题舞。回飙数声闻夕霞，座中低头苦思家。独衣北斗望京国，每到燕然山月斜。燕然山金台色，故人好在长相忆。残衫破帽及早归，鸡黍留君共君食。（《得南垣宣化书》）

李黼平的诗，大多像这首诗一样，精整雅饬，精心磨琢，不少地方，颇近韩愈奇险排鼙之风。李黼平诗歌的这一特点，让人觉得典瞻有余而生趣殊少，因此，其"自谓生平以诗示人，人多不喜，只叶石亭、吴蠡涛二先生喜之"[1]。

（三）自然与精工之间的黄香铁

黄香铁（1788—1853），原名钊，字谷生，粤东镇平（今蕉岭县）人。其父母谋生于江浙一带，清乾隆五十二年（1787），生黄香铁于苏州。幼聪慧，10岁能诗。清嘉庆二十四年（1819）乙卯科中试举人，充国史馆缮书，后授大挑知县。不久因淡于荣利，不屑为字，求改教职，道光元年（1821），掌潮阳县（今潮阳市）龙湖书院。道光七年（1827）掌教潮州城南书院，道光十七年（1837），官潮阳县儒学教

黄香铁故居铁耕楼

谕，道光二十三年（1843）为翰林院待诏。晚年归乡，构筑"铁耕楼"，自称"识字耕田之舍"，潜心编撰内容丰富的地方志《石窟一徵》。黄香铁工于诗，有《读白华草堂诗集》三集传世。其一生虽然为官越来越小，从大挑县知县（七品）到潮阳儒学教谕（八品）再到翰林院待诏（九品），诗集却刊刻了一集又一集，时人曾赠其一联曰："七品八品九品，官愈做愈小；一集二集三集，诗日积日多"。黄香铁的诗：从内容上看，政绩时弊、乡情民俗、名山恶水、天灾人祸、时令节气，无不入诗；从形式上看，古体今体，律诗绝句，乐府民谣，无所不包。《读白华草堂集》收诗1062首，是较为高产的客家诗人。

黄香铁比宋湘小31岁，比李黼平小19岁，对宋湘和李黼平均极为敬仰、崇拜，其诗歌兼有宋湘的自然与李黼平的精工的特点。"精美在外，质朴在内"[2]，这是时人对黄香铁诗歌的评价，亦是对其诗歌特点最准确的概括，如《鄂渚》：

烟火帆樯夕照馀，东川门户限南徐。

月华新树栖乌鹊，风信传冰上鲫鱼。

千古英雄争此地，一时名士读何书？

---

[1] 黄绍庭. 清园诗话 [M]. 梅县泰丰兴印社刊印本，1916.
[2] 陈作舟. 读白华草堂集序 [M] // 黄钊. 读白华草堂集. 清道光年版.

楼头吹下梅花笛，醉到洲前老捕鱼。

这首怀古之作，用典不露痕迹，清健中呈现自然之致，风神颇似宋湘。但细心体会，诗句又十分严谨，"由炼入工，以毫得健"，"得一句必走商，易一字，常屡质"①。其他如：

早发温沟

不待晨鸡唱，征夫已夙兴。

马蹄裹寒铁，人面裂春冰。

柝警严霜迈，乌啼缺月升。

天明催早食，双眼尚薯腾。

秋夜独坐

窗纸觉霜侵，宵寒独拥衾。

昏灯含睡意，落叶聚秋心。

掩卷转无赖，开樽空复斟。

哦诗当夜寂，壁剑忽龙吟。

自广信至瑞洪

水落全湖瘦，沙洲郭索行。

老鱼吹夜火，零雁守寒更。

月露铺绵气，风潮折荻声。

拥衾偏不寐，诗骨欲争鸣。

以上诸诗，皆自然而又精工。而其《题家香昙苍崖铁笛图》：

天风浩浩撼崖木，老魑骇走瘦鸮哭。

水底雌龙亦变声，海天幻作无情绿。

铁笛山人鱼白衣，乘云不共黄鹤飞。

宴然独坐海峰顶，眼看苍凉天四围。

朱唇入破元霜冻，古愁谱出梅花弄。

初吹但遏月穿云，再吹已惊猿归洞。

是时众窍号笙竽，冰尸出舞天吴趋。

金支翠旗影飘忽，珠绡雪练光纷铺。

---

① 陈作舟．读白华草堂集序[M]//黄钊．读白华草堂集．清道光年版．

忽然一声山石裂，万怪须臾纷变灭。

天空海阔白茫茫，手捻藐宝尺八铁。

立冬十月海水寒，龙愁鼍愤声悲酸。

悬君此画当素壁，如向洪涛巨鳌看。

此诗的起句："天风浩浩撼崖木，老魈骇走瘦鸮哭。水底雌龙亦变声，海天幻作无情绿。"结句："忽然一声山石裂，万怪须臾纷变灭。天空海阔白茫茫，手捻藐宾尺八铁。立冬十月海水寒，龙愁鼍愤声悲酸。悬君此画当素壁，如向洪涛巨鳌看。"皆声堪裂石，颇得宋湘与李黼平之神韵。

黄香铁留下的诗作颇多，其风格亦多种多样，但自然之中呈现出精工之美，应是其诗歌的共同特征。

二、工于七古的"程乡三友"

程乡是清代嘉应五邑之一，李光昭、颜崇衡、徐青正是出生在这片土地上的文人逸士。他们在清代的嘉庆、道光年间，都是蜚声岭南的著名诗人。当时的顺德学人温谦山编辑《粤东诗海》，将程乡之李光昭、颜崇衡的诗歌订为《程乡二妙集》，后来又因为李光昭结识了徐青，更合刻《程乡三友集》。南海翰林谢兰生将三人称作"程乡三友"，于是，"程乡三友"便成为李光昭、颜崇衡、徐青这三位诗人的代称。当时齐昌（今梅州兴宁）都司汤贻汾（江苏常州籍的诗人、画家）谓"程乡得一诗中龙，李秋田（光昭），龙头；徐又白（青），龙腹；颜湘帆（崇衡），龙尾"。

李光昭，字秋田，廪生著有《铁树堂诗钞》《铁树堂诗附钞》传世，目前均保存完好。另外，从文献来看，李光昭还著有《铁树堂文钞》《霜灯八影》《鸿雪二痕集》《聊复尔尔草》等著作。

李光昭七古尤工，多豪健之作。如《阿芙蓉歌》：

熏天毒雾白昼黑，鹄面鸠形奔络绎。长生无术乞神仙，速死有方求鬼国。鬼国淫凶鬼技多，海程万里难窥测。忽闻鬼舰到羊城，道有金丹堪服食。此丹别号阿芙蓉，能起精神委惫夕。黑甜乡远睡魔降，昼夜狂嬉无不得。百粤愚氓好肆淫，黄金白银争交易。势豪横据十三行，法网森森伴不识。荼毒先侵五岭人，遍传亦不分疆域。楼阁沉沉日暮寒，牙床锦幔龙须席。一灯中置透微光，二客同来称莫逆。手执筠筒尺五长，灯前自借吹嘘力。口中忽忽吐青烟，各有清风通两腋。今夕分携明夕来，今年未甚明年逼。裙屐翩翩王谢郎，轻肥转眼成寒瘠。楼阁还如蜃气销，乌衣巷口斜阳白。屠沽博得千金赀，迩来亦有烟霞癖。渐传秽德到书窗，更送腥风入巾帼。名士吟馀乌帽欹，美人绣倦金钗侧。伏枕才将仙气吹，一时神爽登仙籍。神仙杳杳隔仙山，鬼影幢幢来破宅。故鬼常携新鬼行，后车不鉴前车失。

此诗中段"楼阁沉沉日暮寒，牙床锦幔龙须席。一灯中置透微光，二客同来称莫逆。手执筠筒尺五长，灯前自借吹嘘力。"绘声绘影，情景逼真。结尾"渐传秽德到书窗，更送腥风入巾帼。名士吟馀乌帽欹，美人绣倦金钗侧。伏枕才将仙气吹，一时神爽登仙籍。神仙杳杳隔仙山，鬼影幢幢来破宅。故鬼常携新鬼行，后车不鉴前车失。"唤醒痴迷，尤有深意。

李光昭虽擅长七古，多豪健之作。其他诸体亦具备，美不胜收，如《寄内子》三首：

> 依然病骨瘦娉婷，香雾空蒙宝髻馨。
> 昨夜梦中曾见汝，花荫小立看双星。
>
> 忆别寒梅蕊蕊晨，楝花飞尽又残春。
> 此中天气多蒸燠，不必裁衣寄远人。
>
> 菽水高堂待汝为，娇啼儿女复牵衣。
> 贫家阿妇难为力，几日停梭不上机。

此三首与其豪健之七古相比，又显得何其旖旎也。

从诗歌流传的影响来看，作为龙头的李光昭影响巨大。著名学者钱锺书在《谈艺录》中对三位嘉应籍客家诗人作了评述，除宋湘、黄遵宪外，第三位就是李光昭。钱锺书是从《楚庭耆旧遗诗》中看到李光昭的诗歌作品，对他的《诗禅吟示同学》颇为赞赏，认为音节略有瑕疵，但想象力丰富，笔法纵横。[①]

（一）龙腹徐青

徐青，字又白，又作友白，廪生。徐青老而未遇，且以株累削诸生籍。后再出应试，遂拔冠其曹，补博士弟子员。著有《聿修堂诗集》。徐青刻苦工诗，尤擅长于七古，且专学韩愈，得其神髓，而自拟于孟郊。

徐青亦尤擅长于七古，其最著名之作应系《别母西行是夜宿马口》：

溪流激激船头入，寒虫如对离人泣。乍看斜日照篷窗，溪风吹射双眸涩。欲眠不

---

① 钱锺书．谈艺录[M]．北京：中华书局，1984：257．

眠悄起立，天宇苍茫四山禽。我行孔迫何所营，龙蛇畏冻春犹蛰。小时娇慧得母怜，一日相睽便愁悒。妄冀年年膝下欢，岂知长大乃窘急。从今定拟别离多，其奈风波未惯习。安闲不是丈夫身，此去前途须汲汲。

徐青此诗如韩愈的七古一样，有一种刚劲之气，像散文一样直说的句法较多，颇得神髓。

（二）龙尾颜崇衡

颜崇衡，字湘帆，又字药孙，嘉应人，嘉庆丙子（1816）优贡。颜崇衡亦尤擅长于七古，著有《绿萍山馆集》《虹桥草庐集》，已经失传。今存有其《题喻少白海天楼诗词钞》七古一首：

张融赋海词源溢，镇东将军为辟易。千秋吟管遂寥寥，谁召东风吹入律。祥凤云中鸣一声，喜闻白也诗无敌。白也意气凌沧洲，波涛入笔翻蚴蟉。西江宗派不可以限量，爱道珠海海上天南楼。楼窗展八面，楼景罗四周。书有海经与志十洲外国诸纪传，琅环密册纷纷投。振衣一望天贴水，摇柱撼轴坤灵愁。彗星守职磨镜面，笑视人海渺小同浮沤。秦汉求仙射蛟不到处，远及聂耳、穷发、黑齿诸岛恍惚俱冥搜。大气浑涵廓灵注，使我赞赏恇怯难回眸。我居潮海乡，往来多海商。我闻七洲南出万里荡，蛟蜃亦等溪涧鳞介常。鰕须鳅目硋行柁，撑天旗蠹神鳍张。又闻黄海混沌如洪荒，沸海蒸腾如探汤。梵家本说火轮界，触者漆黑阴焰扬。动海洪涛自摆激，泠海六月飞水霜。日月不照名黑海，三日偷渡费干粮。佛云须弥之山在海上，高有八万四千由旬阿育王。响钦载籍尚缺耳闻补，被公一观收入三十韵字推擅场。奇人奇思拓奇境，古所少只今谁倡。词虽博取体严谨，宫商一例归三唐。海天楼上摩挲几岁月，驱役群灵笔如铁。若得郑笺疏出取材宏，一束衍波成部列。吾将携琴开卷向尔冯夷海老一朗吟，定有天风海涛来荡决，不则白昼鲸鱼掣。

细读此诗，汪洋恣肆，有天马行空，不可羁勒之概。作者之诗才，于其中可见。

三、其他嘉道客家诗人

嘉道时期，粤东客家人以诗名者，不下百家，除"梅诗三家"与"程乡三友"外，其他难以尽数。今择其要者，简略介绍如下：

温训（1787—1850），字宗德，一字伊初，别号登云山人。长乐（今五华县）人。道光乙酉（1825）选拔贡生，壬辰（1832）举于其乡。平居恬淡，一志于学。古文尤擅胜场，一时许为必传。诗亦托体杜韩。有《登云山房文稿》四卷，《登云山房时艺》一卷，《梧溪石屋诗文钞》六卷。

温训诗多沉郁古茂之作。其古体以古文之气行之，纵横恣肆，雅近韩愈，韩愈所言"横空盘硬语，妥贴力排奡"，正可作为其古体诗之评语。限于篇幅，不能多录。今录其近体数首，以见一斑。例如：

山居（五首其四）

雷轰藏岭腹，竟日雨漫漫。
忽见云村外，斜阳表远峦。
雄虹明古涧，飞瀑下危滩。
大笠谁家子，溪头把钓竿。

归牧

牧子一枝笛，晚吹牛背凉。
大江流浩浩，野草绿茫茫。
幽谷炊烟白，茅檐落日黄。
暮归山犬喜，摇尾出苔墙。

鹦鹉洲怀古

萋萋芳草水滔滔，鹦鹉洲边咽怒涛。
终古才人多枉死，从来奸蜮惯推刀。
幼安自作冥鸿远，叔夜难教脱兔逃。
毕竟疏狂招物忌，悔将掺鼓闹儿曹。

挽李秋田

憔悴老诗翁，吾生浪迹同。
正欣归白社，何意梦青枫。
四海谁知己，千秋有此公。

以上诸近体诗皆字字雄整，非凡手所能。

王利亨，字寿山，号竹航。乾隆己酉（1789）举人。嘉庆辛酉（1801）进士，官山西忻州知州。后由庶常改官广灵令，擢忻州牧，政声卓越。中年奉讳归，遂不出。主韩山讲席十余年。王利亨性乐易雅淡，诗、文、字、画、箫、笛、琴、棋，无不通晓。著有《琴籁阁诗钞》八卷。

古今论诗喜秀淡者，以健为粗。喜豪健者，以秀为弱。其实健秀各有佳处。而王利亨之诗，有的显得轻秀，例如：

黄叶（二首其一）

秋容瞥眼易销魂，几曲长林看欲昏。
细雨一帘香稻岸，寒烟满路老梧村。
金鸦小立浑无影，白雁斜飞略有痕。
合把丹铅摹一幅，王濛谱里好重论。

题江村晚景

烟云明灭掩长堤，老树虚亭竹径低。
此是江村风景好，乱鸦围阵夕阳西。

有的则显得豪健，例如：

大同道中

竿木随身老戏场，悬鞍总辔逐时忙。
牛羊沙碛烧痕紫，臠箠山川夕照黄。
桐梓囊馀高格在，骅骝枥下壮心长。
霜沟雪涧行将遍，又上层楼看大荒。

登雁门绝顶二首

山门早欲近山曹，况有危楼结构牢。
目极龙堆诸塞广，足凌马邑乱云高。
河流远绕黄如线，岳色晴分碧似毛。
此地登临泂旷阔，云中鼓角倍雄豪。

山回谷转辟重阍，马首苍茫暮霭昏。
城堞阴流秦鬼泪，旌旗黑闪汉兵魂。
风声喷薄雷霆怒，石势狰狞虎豹奔。
此日边庭归管钥，幽并何用划关门。

王利亨所著《琴籁阁诗钞》，淘汰未至，一篇中时亦利钝互见，整体而言，其诗多盘空硬语，可谓警句络绎，如："牛羊沙碛烧痕紫，臠箠山川夕照黄。"（《大同道中》）"城堞阴流秦鬼泪，旌旗黑闪汉兵魂。"（《登雁门绝顶二首》）"一城斗大兼如水，负郭山童半不毛。六职兼权人托命，一官虽小德如天。"（《署斋杂感》），这些诗句，皆苍莽险峭，不落平庸。尤其是"城堞阴流秦鬼泪，旌旗黑闪汉兵魂"一句，令人咋舌，戛戛独造。

杨懋建,字掌生,号尔园。道光辛卯(1831)恩科举人,官国子监学正。杨懋建淹通经史,贯串百家,自天学、地学、国书、掌故及中西算法、历代乐律无不精,工诗、古文、词。生平著作等身,可惜未有刊印,率多散失。今尚有《留香小阁诗词钞》。

今读其《留香小阁诗词钞》,觉得其诗皆凄艳幽秀,可谓玉茗风流,去人未远。例如:

拟王右丞山居秋暝

一碧凉于水,幽襟渐觉秋。
鹤闲因鹭语,萤细学星流。
梦醒帝江舞,心虚人海舟。
何当二三月,携酒听犁留。

素馨坟踏青

葬花绝好此埋忧,花落花开诉旧游。
歌舞可怜终北胜,绮罗无赖付东流。
曾经故国春如海,不断生香梦亦秋。
四百卅峰仙路近,瘦梅凉月忆罗浮。

雨丝风片奈何天,花不生天总惘然。
雪海忽明春荡影,秋香未歇玉生烟。
棠梨难醒金钗梦,蕉叶空传扇子仙。
消息降王无处讯,花间三月莫啼鹃。

春痕

春痕如梦奈何天,絮别旗亭已来年。
为底有情皆眷属,羡他无事即神仙。
湔裙忍负重三约,调瑟谁安五十弦。
小阁留香开绛帐,故应香火语前缘。

桃叶桃根古渡头,绿波谁荡木兰舟。
已伴好梦随春去,忍说华年似水流。
顾影徘徊孤镜冷,背人掩抑四弦秋。
香天翠海春无赖,不耐伤心莫倚楼。

吴兰修,字石华,嘉庆戊辰(1808)举人。官信宜县学训导。生平博稽史籍,工诗、古文、算学及考证,而最擅长者倚声。古文多通达治体之作,诗亦清丽。著有《宋史地理志补正》《南汉记》《南汉事略》《金石志》《荔村吟草》《桐花阁词》《端溪砚史》等书。

吴兰修的近体诗诗笔秀丽,大多以丰韵胜,多芊绵清丽之作。如其《题桃花燕子小幅》:"风流谁复问南朝,曾过秦淮旧板桥。燕子不归花落尽,一帘寒食雨潇潇。"风流旖旎,不输张绪当年。又如其《赏雨茅屋诗应宫保厚山夫子教》(四首其三):"曾随杖履一经过,古壁垂垂长薜萝。果熟渐闻禽语密,荷深常觉雨声多。但令人有耕田乐,谁道今无击壤歌。看取秋来香米熟,都伴社日醉婆娑。"亦复神似陆放翁。

而其《严州即事》一绝云:"大星如斗入江流,万迭寒云冻不收。未许卧龙春睡稳,夜深吹笛过扬州。"又显得英气逼人。可见,吴兰修的近体诗,面貌是富于变化的。吴兰修的古体诗亦颇有成就,较著名者有七古《媚川都》并序一诗:

> 伪刘采珠之地也,隶役凡二千人。每采珠,溺而死者,靡日不有。所获既充府库,复以饰殿宇。潘公美克平之后,于煨烬中得所余玳瑁珍珠以进太祖,令小黄门持视宰相,且言恶珠危梏之状。开宝五年,诏废。媚川都选其少壮者为镇江军,老弱者听自便,至今东莞县濒海处,往往犹有余珠。

> 刘王大醉龙王愁,欲将海底穷冥搜。珠池宝气人早识,往往蜃市围重楼。鱼服健儿足缒石,直下沉渊五百尺。千人性命悬一丝,蹈危况与蛟龙敌。蛟龙怒起波涛翻,海天冥冥白日寒。骊珠径寸不可得,转令骨肉悲生还。欲乞王怜王不应,飞符又下催输令。进奉深宫十斛珠,断送穷黎万家命。闻道骄王方宴欢,黄金作屋珠为阑。愿化鲛人为君泣,便令顷刻堆千盘。无端铁骑惊春梦,阿房一炬真堪痛。玉库凄凉扫劫灰,尚有残珠四十瓮。降王智巧殊可怜,戏龙结束为鞍鞯。尚方匠作皆惊伏,博得官家百万钱。喧传下诏珠池改,还家幸有妻孥在。老蚌安然夜抱珠,始觉君恩宽似海。

诗歌开篇:"刘王大醉龙王愁,欲将海底穷冥搜。"一起便奇。中间云:"无端铁骑惊春梦,阿房一炬真堪痛。玉库凄凉扫劫灰,尚有残珠四十瓮。"写得淋漓尽致。而结尾亦有余味:"喧传下诏珠池改,还家幸有妻孥在。老蚌安然夜抱珠,始觉君恩宽似海。"

江楫才、江李才兄弟,镇平邑中同怀兄弟以诗而名者,为蓝坊乡江楫才、江李才两人。江楫才,字次舟,镇平人,嘉庆癸酉拔贡,著有《小吟斋诗草》《北游草》。江李才,字莲舟,廪生。江楫才之弟。江氏兄弟之诗,均富有逸气,非钝滞者可比。在当时的粤东客家诗坛,颇有名气。今录其佳者各一首,以见一斑:

赵北口

江楫才

长堤新柳碧毵毵，倒影菰蒲染蔚蓝。

十二桥通一湖水，剧怜风景似江南。

夕阳金碧照模糊，斗鸭池塘细草铺。

添上青山好楼阁，便应唤作小西湖。

咏红梅

江李才

自是罗浮入梦宵，美人酒晕未全消。

春风无赖忽吹醒，带得飞红颊上潮。

众芳国里簇霞裳，雪魄冰魂化渺茫。

骨是神仙身富贵，牡丹合让此花王。

吴鳌，字同岑，性迂僻，好游名山，走粤西十年不返，鬼门铜柱之区绲凿殆遍。吴鳌博览群书，是一位奇人，今存其《题渔人风雪图》一首："衣薄透风酸，篷孤压雪寒。五湖空阔大，无处下渔竿。"吴鳌就是凭借此诗奠定其在粤东客家诗坛的地位，其中"五湖空阔大，无处下渔竿"之句，使众多粤东客家的失路士子赞叹不已。

随后的嘉应诗人李铿载有《过吴同岑处士鳌墓》云：

不曾相识亦知名，满目荆榛泪暗倾。

竟有王孙悲失路，可怜抔土寄馀生。

五湖阔大竿难下，十载飘零马独行。

乡里故交皆已贵，早知游子不关情。

李铿载①此中所描述的感叹，正是粤东客家士子共同的感受。

除了上述诗人外，嘉道时期较著名的粤东客家诗人还有邱起云、钟李期、徐焕麟、吴梅修等人，邱起云的《送杨尔园孝廉懋建出戍楚南》②、钟李期的《邯郸题壁》③、徐

---

① 李铿载，字湘宾，咸丰辛亥（1851）恩科举人。家赤贫，布衣蔬食，耿介绝俗。

② 邱起云，原名泰，字东麓。道光己酉拔贡，中本科举人。官福建建安县知县，有政声。著有《笛声楼诗集》六卷。其《送杨尔园孝廉懋建出戍楚南》云："年少声华满帝京，居然脱屣视浮云。偶将著作惊当世，总被聪明误此生。春雨已醒三月梦，秋风合听九歌声。可怜泽畔行吟处，莫慰天涯陟岵情。"

③ 钟李期，字望子，一字仙，举人，嘉庆庚午（1810）举人，官电白教谕。根性恬静，耻奔竞。工诗。其《邯郸题壁》云：休论谁幻与谁真，富贵神仙总化尘。十二万年浑一梦，先生亦是梦中人。

焕麟的《清明出游》[①]、吴梅修的《岭南荔枝词》[②] 等作品，均俱有逸气，非钝滞者可比。

第四节　黄遵宪与晚清粤东客籍诗人群体

一、名称和成员构成

逊清末叶，粤东客籍地区更是诗人辈出，扬华蹈厉，盛极一时，除了黄遵宪、丘逢甲等诗名传诵士林之外，更有不少诗人因困于场屋，虽歌咏一生，却有诗无位。在晚清时期生活在粤东客籍地区的众多诗人之中，影响最大的是一个庞大的，由同窗、世交、同事、亲戚等特殊关系而形成的群体。这个群体中的成员之间感情深厚，交往密切，诗歌创作交流相当频繁，在他们各自留下的诗文中，有大量的相互酬赠、唱和、交流之作。事实上，他们已经形成了一个固定的文人集团。这一文人集团不管作品内容抑或作品风格，都呈现出色彩缤纷的个性差异，因此我们把这个文人集团叫作"晚清粤东客籍诗人群体"，成员包括黄遵宪、丘逢甲、胡曦（晓岑）、王恩翔（晓沧）、温仲和（慕柳）、梁居实（诗五）、梁国瑞（辑五）、钟颖阳（子华）、陈元焯（再苎）、陈展云（雁皋）、叶璧华（润生）、刘燕勋（少萼）等12人。而其中在诗歌创作上成就较大的，主要有黄遵宪、丘逢甲、胡曦（晓岑）、温仲和（慕柳）、王恩翔（晓沧）、叶璧华（润生）、刘燕勋（少萼）等人。

二、群体成员及其创作

（一）群体核心黄遵宪

在诗人群体的众多成员中，除了丘逢甲是在光绪十五年（1889）春经温仲和介绍

[①] 徐焕麟（1797—1866），字子训，一字玉甫。长乐人。邑庠生。有《小蓬山房诗钞》未刻，诗多散佚。其《清明出游》云：淡烟疏雨绿杨城，布穀呼朋处处声。十里平原人上冢，纸钱风里度清明。
[②] 吴梅修，廪生，道光甲午岁贡。吴兰修之弟。吴梅修诗笔清婉，有《岭南荔枝词》云："怪道珠娘好颜色，个侬原住荔枝湾。""记取色香兼味绝，蒨红初擘酒醒时。"

而在京城与黄遵宪相识之外，其他成员之间的相遇订交，基本上都是通过黄遵宪的中介作用。黄遵宪与诗人群体的成员之间，都有着或同窗，或同年，或亲戚，或世交等特殊关系（详情见后述）。假若把诗人群体各成员之间的交谊比作一张网，那么黄遵宪便是这张网上的纲，正是由于他的存在才使诗人群体得以形成。另外，黄遵宪丰富的生活阅历、非凡的政治天分、广博的人脉关系、练达的处世风格、杰出的文学才华等，决定了他在诗人群体中享有崇高的威望。在诗人群体成员在家乡共同参与的事务中，黄遵宪往往是主要的组织者和领导者。基于以上原因，我们可以说，黄遵宪是诗人群体的核心和灵魂。

黄遵宪的诗，现存有1100多首。就诗作的思想内容而言，在那个中华民族多灾多难的年代里，黄遵宪认为："模范山水，雕镂词章，夸丘壑之美，穷觞咏之乐，其尤雅者，亦不过流连旧墟，考订故迹，以供名流词客之清谭耳……然大都文人习气，无益于用。"因此，强烈的现实性成为黄诗内容上最重要的特色：或者表达强烈的反帝爱国情绪，或反映异国政治历史和异域风光，或介绍欧美文化科学，或反映民生疾苦。总之，他的诗，很少脱离现实的无病呻吟或模山范水之作。长期的外交官生涯，决定了黄遵宪的诗歌创作在内容上有一个重要特色，那就是"吟到中华以外天"，他写下了大量反映异国政治历史和风情，以及欧美文化科学的作品，他给我们描绘了苏伊士运河的宏伟（《苏伊士运河》）、伦敦弥漫的大雾（《伦敦大雾行》）、巴黎高耸的铁塔（《登巴黎铁塔》），以及南洋诸国的风俗民情（《番客篇》《新加坡杂诗》《日本杂事诗》）。他的《今别离》四首用东西半球昼夜相反这一近代科学知识，以及轮船、火车、电报、照相等事物，抒写传统的男女离情，别开生面，被推为"千古绝作"。他的《以莲菊桃杂供一瓶作歌》"半取佛理"，又参与西人植物学、化学、生理学诸说，"而为诗界开一新壁垒……"①

（二）"耻居王后"的丘逢甲

丘逢甲文学造诣很深，被誉为"诗界革命巨子"，是近代杰出的爱国诗人，著有《岭云海日楼诗钞》《柏庄诗草》等。对于晚清粤东客籍诗人群体来说，丘逢甲是一个后来者，但他与诗人群体的成员从一相识就惺惺相惜，结下了深厚的友谊，彼此有一种相见恨晚的感觉。而丘逢甲从一开始便与群体成员密切地联系，相互之间频繁地进行诗歌创作交流和书信往来，可以说，丘逢甲是诗人群体中除黄遵宪之外的另一个在

---

① 参见梁启超：《饮冰室诗话》。

诗歌创作方面与群体成员互动最为频繁的诗人。黄遵宪的《人境庐诗草》、丘逢甲的《岭云海日楼诗钞》、温仲和的《求在我斋集》、梁居实的《梁诗五先生遗稿集》等作品中留下的大量相关诗文，充分地说明，丘逢甲是诗人群体中最为活跃的成员之一。

丘逢甲在诗歌创作上与其他群体成员频繁交流，彼此间深厚的感情及其杰出的文学才华固然是其中的原因，但更为重要的原因是，他在文学创作上有一股"耻居王后"的雄心。他在《论诗次铁庐韵》中写道：

<blockquote>
迩来诗界唱革命，谁果独尊吾未逢。

流尽玄黄笔头血，茫茫词海战群龙。

新筑诗中大舞台，侏儒几辈剧堪哀。

即今开幕推神手，要选人天绝代才。
</blockquote>

他还自负地对黄遵宪说："二十世纪中，必有刻黄、丘合稿者"，"十年之后，与公代兴"①。丘逢甲的这一表白，明白无误地表露了其在诗歌创作上的自信和不服输的精神。所以，1898年黄遵宪被革职放归故里后，丘逢甲和他进行了频繁的赋诗唱和，现存的两人在这一时期的相互酬唱之作都各有20多首。这些诗作不论是从频密的程度，还是从诗作的内容形式上看，都给人以一种斗才华炫技巧的感觉，以致当时广东文坛盛传丘黄斗诗，康有为还为此特地写了三首诗，分别寄给黄、丘两人，劝他们不要于国难方殷之时在诗坛争一日之短长。②

丘逢甲现存的诗作，除了内渡前的早期作品《台湾竹枝词》《柏庄诗草》外，主要是内渡后的《岭云海日楼诗钞》。这亦是其一生诗作中的精粹，内有诗800余题1700余首。

从作品内容上看，丘诗虽然亦有一些关于咏物纪游的"模范山水之作"，但其大部分的诗作仍然和黄遵宪诗歌一样有强烈的现实针对性：既有反映民间疾苦的篇章，如《春日游别峰寺》《三饶述怀》《述灾》《苦雨行》《山村即目》等，亦有反映新事物，宣传新思想的作品，如《题陈撷芬女士"女学报"》《送长乐学生入陆军学校》《寄兴宁妇女改妆事，与刘生松龄》《题地球画扇》《海中观日出歌由汕头抵香港作》等。但其诗作中内容最丰富的部分当是反帝爱国诗篇：或表达怀念故土、盼望收复台湾、统一祖国的心情，或歌颂民族英雄、爱国志士；或揭露、批判清王朝吏制的腐败、统治集团的昏愦误国。这些作品，整整占了诗人现存诗作的1/3，可见，反帝爱国，是丘诗的主

---

① 黄遵宪. 致梁启超书（光绪二十八年）[M]//陈铮. 黄遵宪全集[M]. 北京：中华书局，2005.

② 康有为. 闻邱仙要工部……[M]//钱仲联. 近代诗钞. 南京：江苏古籍出版社，1993.

旋律。

丘逢甲在《题沧海遗民台阳诗话》中云：

> 如此江山竟付人，干戈留得苦吟身。
> 乱云残岛开诗境，落日荒原泣鬼磷。
> 埋碧可怜黄帝裔，杀青谁作素王臣。
> 请将风雅传忠义，斑管重回故国春。

可见，丘逢甲有意将诗作为"传忠义"的工具。如果说黄遵宪的爱国诗的特点是长于叙事、描写，富于诗史意识的话，那么丘逢甲的爱国诗的主要特点，则是长于在诗中传达自己对国家、民族的忠义之气。

丘逢甲故居

在丘逢甲大量的爱国诗中，我们看到他时时刻刻都在怀念着沦陷的国土。中秋赏月，他吟出的是山河沦陷的无奈："故乡风景想依然，月满东南半壁天。"（《羊城中秋》）元宵满城灯火的热闹，他想到的却是台湾已沦陷三年："看到六鳌仙有泪，神山沦没已三年。"（《元夕未月》）哪怕看到天上的乌云，他也会想起祖国破碎的山河："愁云极目昼成阴，飞鸟犹知恋故林。破碎河山收战气，飘零身世损春心。"（《愁云》）

至若丘氏诗歌的艺术风格，其虽亦不乏清新流畅、浑朴自然之作，如《台湾竹枝词》《山村即目》《游姜畬题山人壁二首》等，但其最为推崇并着意追求的，乃岭南诗派的"雄直"风格。这点他有过多次的表述，其在《题王晓沧广文鹧鸪村人诗稿》中云：

> 岭南论诗派，独得古雄直。
> 混芒接元气，造化入镌刻。
> 百年古梅州，生才况雄特。
> 宋公执牛耳，火焰不可逼。
> 堂堂黄与李，亦各具神力。
> 我欲住从之，自愧僵籍涅。

因此，他的诗歌风格，就其基本面而言，乃是"雄直"，尤其是其爱国诗更突出地体现了这一点,有的气势磅礴,雄浑豪迈,感情激越,音节高亢,如其《和平里行》《题兰史罗浮纪游图》《东山酒楼放歌》等,于豪放激越中显露出爱国志士的本色。例如:

忆旧述今次韵答晓沧见赠十绝句

热血填胸郁不凉,骑麟披发走南荒。

未酬戎马书生志,依旧吾庐榜自强。

这些诗句,较之黄遵宪同类诗作更显得英气逼人,无怪乎后人会感叹:"时人竟说黄公度,英气终输仓海君。"① 雄浑豪迈是丘氏"雄直"诗风的一面,而苍凉悲壮是其"雄直"诗风的另一面。请看其如下诗句:

寄怀菽园孝廉新加坡

中原有客正悲歌,事去曾挥指日戈。

谁解闻鼙思将帅,誓将倾篑障江河。

春愁

春愁难遣强看山,往事惊心泪欲潸。

四百万人同一哭,去年今日割台湾。

壮志难酬的悲愤,于慷慨之音中更显悲壮苍凉;国土沦丧的痛切,于惊心的情景中催人泪下。

钱仲联先生评价丘逢甲《岭云海日楼诗钞》云:

沉雄顿挫,悲壮苍凉,感怀旧事,伤心时变,激昂不平之气,真切流露,似陆剑南,似元遗山。梁任公称为天下健者,兰史丈称其长篇如长枪大剑,武库森严,七律一种,开满劲弓,吹裂铁笛,真义军旧将之诗。②

由此可见丘氏在近代诗坛之重要地位。

(三) 安贫乐道的胡曦

胡曦是诗人群体中又一重要成员,他以清介的道德、严谨的学风和非凡的诗歌才华而深得时人的钦敬。

胡曦(1844—1907),字明曜,别字晓岑,广东兴宁人。兄弟七人中排行第二,因

---

① 柳亚子. 论诗六绝句[M]//柳亚子诗词选. 北京:人民文学出版社,1959.
② 钱仲联. 梦苕庵诗话[M]. 济南:齐鲁书社,1986.

此黄遵宪的诗中又称其为"胡二"。所居书斋名"湛此心",故常自题"湛此心斋主人"。其书斋的外面有隙地,种植花木蔬草,称"壶园",故其晚年自号"壶园老人"。胡晓岑是一个栖于草野之中的寒士,虽然才华横溢,书法精湛,却家境清贫,每至断炊。可贵的是,其"一生家境贫穷而固守道德,绝不愿贫而滥取苟得"[①]。虽然当时"从游问字者日众,其掇巍科充上舍,卓然成学者,踵相接于时。性峻洁,工书,纳橐则拂然,因此欲求笔迹者,悉不敢怀金,家益屡空焉。有束修辄付诸手民,剞劂立尽,而先生谈笑意气自若,绝口不谈有无"[②]。

胡曦诗歌的内容,大致来说有如下数端:

首先,是歌咏自身境遇,抒发自己清介的道德追求。胡曦是一个一生固守乡野的寒士,所以,在他咏叹自己境遇的诗作中,总是饱含着生活的苦涩和艰辛。请看下面的诗句:

> 五斗缁尘七尺帷,三斤墨汁百家碑。
>
> 未明得失常参史,但有悲歌便作诗。
>
> 厌惹俗缘门剥啄,起扶新病骨难支。
>
> 破裘典尽拼供药,底事今年暖独迟。

这就是诗人所过的生活!诗中透出的悲凉和苦涩,令人一掬同情之泪。诗人又是一个固守道德、安贫乐道的人,其吟咏自身境遇,其中虽透出人生的艰难,但更表现出其淡泊的心境和清介的道德追求:

> 不为虚声垫角中,羞随恶态捧心颦。
>
> 风尘俗眼人千样,天地微沤此一身。
>
> 浮世可怜多吓鼠,名场何处免劳薪。
>
> 孤灯知我时拈笔,瘦岛寒郊不道贫。

鄙视浮名功利、坚守清贫、固守道德的情怀,溢于言表。

其次,由于诗人一生与劳动人民生活在一起,对劳动人民的苦难有着更直观、具体的感受,思想感情亦更贴近于劳动人民,因此,其诗歌创作的另一重要内容,便是咏叹百姓苦难,同情人民疾苦。诗人用生动的笔触,给我们描绘了一幅幅当时劳动人民生活的悲惨画面,如《龙川女》《苦旱谣》《米贵》等。请看《龙川女》:

> 真正雄风阅岁华,昌黎过化亦徒然。

---

① 胡毓寰.纪晓岑先生[M]//兴宁文史(十七辑).

② 胡锡侯.族父晓岑先生诔[M]//胡曦.湛此心斋遗诗(附录).

怜它椎结龙川女，荷担山歌道乞钱。

歌咏家乡的山川风光、民俗风情，是胡曦诗的又一重要内容。诗人笔下的故乡山川风物，充满了浓郁的乡土气息和淳朴的生机，体现了诗人对家乡的热爱之情，如：

水南

大芋高荷隔陇肥，水之南有好村围。

牧童睡醒乌捷返，草际斜阳蚱蜢飞。

春日偕友人城南新堤晚步（其一）

沙暖春风气倍融，南堤新筑抵城东。

春泥百草生犹未，怕踏浓青爱软红。

归舟晚次博罗

篙人牵缆返，残照薄林隈。

斜岭穿城出，孤云挟鸟回。

添衣新病觉，卖饼小舟来。

微月荒芦杂，寒螀两岸催。

最后，胡曦虽然一生坚守乡野之中，但其交往的友人如黄遵宪、梁居实、温仲和等皆游历极广、关心时局之人士，社交圈子的影响决定了诗人虽生活在偏僻山村但视野并不狭窄，加之诗人一直"购阅日报，每日必将重要电讯，摘为时事长编"，因此，反映近代社会的重大事件和社会新的变迁，成为胡氏诗歌的另一重要内容。其《燕京感事》组诗，对鸦片战争以来清政府的失策提出了尖锐的批评。此外，胡曦还有大量的怀古之作和反映太平天国、捻军、义和团活动的诗作。前者饱含对先贤的敬仰，寄托遥深；后者真切沉痛，真实地反映了历史事变的另一侧面。

钱仲联先生云："《湛此心斋诗》的风格特色，和遵宪早期作品极为相似，大都继承宋湘《红杏山房诗》的衣钵。"大体来说，其古体诗大多笔力纵横，淋漓豪宕；近体诗则沉着稳练，风调自然。若勿论其以竹枝形式吟咏山川风物的作品，就其其他诗作做定性、定量之分析，古体诗当为其主要部分。这些作品又大都充满慷慨豪宕的情怀，雄浑奔放的格调，写到淋漓痛快处，任由笔锋驰骋，真气流行，如《长歌赠公度》《西安将军挽歌》等。因此，以"雄放"二字概括其诗歌主体风格，或许较为贴切。

（四）谦和、坚毅的温仲和

作为群体诗人的重要一员，温仲和曾自谦地表白"素不能诗"，但实际上，他的诗在当时就备受肯定,与黄遵宪、丘逢甲并称为"岭东三杰"。

温仲和(1837—1904),家名位中,字慕柳,号柳介,广东嘉应州松口堡(今梅县松口)人,晚清著名学者、教育家,有《求在我斋集》等传世。

就温仲和的个性而言,正如丘逢甲所评论的一样:"君性和而节,与人若无不可,然坚毅有守。义不可,虽劝掖輓婉谢之;其所可,虽不为崭崭行,然必达所守之义而后已,俗论不能摇。"① 可见,"融贯中西而神识宏达",虚怀若谷又坚持原则,是温仲和最为重要的个性特征。丘逢甲铭其墓曰:"制行则古之君子,讲学则今之通儒"②。当其病逝之时,"行道之人,识与不识,闻者莫不哀而惜之,以为君子哉,若人何其不及中寿也"③。

温仲和一生诗作大都散佚,在温仲和殁后,其子复收其经说诗文合为一集,刊之以传世,名曰《求在我斋集》,集中存有温氏诗歌79题108首。而这些作品对温氏而言,只是其绪余之仅遗者也。

感怀家国,思乡怀人,是温仲和现存诗作中较集中表现的内容之一。这类作品大都写得深沉委婉,真挚动人,饱含人世沧桑之感和对故乡、亲人、朋友的深挚感情,如《寄黄钧选》《送郑光禄引疾南归》《七夕羁怀》等。这类诗作数量不少,难以一一列出,兹选录一首,以感受诗人发自内心的对故乡和亲友的真挚深沉的情怀。

谢可皆以诗来次韵答之

回首乡园路渺漫,冯谖长铗我思弹。小山招隐怀丛桂,深谷寻芳佩泽兰。

望远白云归梦绕,愁生华发宦情阑。何时别墅闻丝竹,雨雪谈诗访谢安。

这些诗仿佛从诗人心底流出,感人至深,强烈表达了对游宦生活的厌倦,对故乡亲人的思念,对温馨、宁静生活的追求。

反映近代时事,表达自己的反帝爱国情绪,是温仲和诗歌的又一重要内容。这里既有对国家民族命运的担忧,亦有国土沦丧的悲愤,更有对当政者的强烈不满;当然亦有对朝廷军队取得胜利的振奋,如其《闻日本和议成书愤》声讨"费财养练卒,不战意休兵"的元帅,悲愤地呼喊:

只有地堪割,都无兵可销。王师原不战,属国失来朝。

楛矢断消息,明珠久寂寥。和戎恃魏绛,河上尽逍遥。

---

① 参见丘逢甲《温慕柳先生墓志铭》。
② 同上书。
③ 参见丘逢甲《温柳介先生诔》。

其在《闻割台湾归日本七律二首》中，则表达了"汉室珠崖今弃郡，周家冠带此殊区"的悲痛和对"割地"之事会愈演愈烈的担忧：

> 十万旌旗海上屯，天南锁钥镇雄藩。扶余久□虬髯叟，列舰难过鹿耳门。
> 左臂翻教胡虏断，同心齐戴本朝尊。此邦何罪为仇敌，弃我宜防有后昆。

诗人在诗中大声发问："谁得长缨复系胡?!"渴望着有打败侵略者的一天。

温仲和的诗歌除上述内容外，数量较多的还有咏古之作，如其《读后汉书拟作乐府》29首、《看东坡诗作》等。这些作品和其他少量的题画之作、写景之作一样，都笔力老到，其在《〈人境庐〉诗草跋》中所云"仆素不能诗"实乃自谦之辞也。

温仲和的诗歌在艺术上很有特点，温氏得意门生温廷敬（丹铭）在《求在我斋集序》一文中云"先生文喜顾炎武，诗好吴梅村"，其在《求在我斋诗稿题词》中又云：

> 忧时杜老倍精神，绮丽梅村藻绝伦。
> 亦具风云亦儿女，先生才调绝凡尘。

温廷敬的评语，可以说准确地概括了其老师诗歌作品的艺术特色。

（五）客家才女叶璧华

叶璧华是清代粤东客籍地区文名最高的客家知识女性，她与黎玉贞、范荑香一起被称为"客家三才女"。在晚清粤东客籍诗人群体中，叶璧华亦是唯一的女性成员。

叶璧华（1844—1915），字润生，别字婉仙，清嘉应州白渡堡人，出身于书香门第。精通经史，尤精诗词。与名士李蓉舫结为夫妻。曾讲学于广州广雅书院，当过两广总督张之洞的家庭教师。后在梅县城创办"懿德女校"，开嘉应兴办女校之先河。

叶璧华特殊的经历和作为女性的特点，决定了其诗作与其他群体成员有所不同，在她的诗里，少有表现时代重大事件，一般不离日常生活所见所闻所感。假如说黄遵宪诗长于叙事，叶璧华诗则重于抒情；假如说丘逢甲的诗主要抒忠义之气，叶璧华的诗则主要抒闺阁之怨。一部《古香阁全集》，可以说是一部记述诗人心路的历史。在这里：既有诗人闺中生活的寂寞，也有其山居生活的乐趣；既有怀才不遇之叹，亦夹杂有国家兴亡之感；既有相思的痛苦，亦有对超然生活的向往。其中不少作品均具雅人深致，如《七夕》云："翠羽明珰想俨然，风波怜汝渡年年。生憎精卫能衔石，不向天河一路填。"又如《乱后感赋》云："草花凝碧望凄凄，苔径无人静夕晖。惟有青山依旧态，翠鬟高拥待侬归。"这些作品，皆耐人寻味。

叶璧华也善填词。其佳者，今列举数阕：

浣溪沙·新秋

梧院凉痕淡欲流，单衣乍换怯登楼。垂杨影瘦不禁秋。小步清溪欹暑留，轻波片片逐闲鸥。蓼花红上钓鱼舟。

凤栖梧·寄秀崧世妹

词坛鸥约都成梦。细雨千丝，织得愁无缝。剪烛蜡痕和泪涌，慵妆不整钗头凤。寂寞空庭凉露重，独立花阴，那管钿蝉冻。欲寄相思情万种，挑灯细把君诗诵。

这些作品，皆婉丽明倩，词如其人。

（六）多情孝子刘燕勋

刘燕勋，字少萼，一字鹿樵，生于满洲镶蓝旗官学教习官舍。但出生四个月后，其父萼楼先生即去世，其母陈氏抱着襁褓中的刘燕勋回归家乡嘉应州，"能言教以四子书及古乐府暨唐宋诸家诗，故先生学问多取益于母教"。刘燕勋16岁便奋志力学，19岁补博士弟子员。然而，他却并不热衷于科举，"每逢大比之年，非母氏力劝不赴试，有询其故，辄流涕曰：余少孤，无多兄弟，远游非所愿也"。他对母亲"孝养五十余年未尝少懈"，母亲去世后，他"寝苫枕瑰，未尝见齿"。

"博览群书，髦犹好学"，一生基本上都是"以舌耕赡家计，衣食淡泊，性行耿介"，许多当地名士，如梁君实、李景赐、张资溥、张曾诏、张骥等，都出自他的门下。刘燕勋生平著作等身，著有《秋声堂》《曼陀居士各诗钞》《三斛珠传奇》等①，他也是《梅水诗传》的主要编者之一。

黄遵宪说刘燕勋是"多情人惯伤心语"，确实一语道出了其人其诗的特点。刘氏之诗虽然没有丘黄等人诗作的那种强烈的政治和时代色彩，但都是贫病迫出来的肺腑之声，写得极为真挚。如其《写怀》中的吟咏：

人生早离父，抱恨终天年。音容杳不识，想象亦徒然。楹书愧未读，欲读泪已绵。生我三十载，一梦犹无缘。遥忆空山中，镇日愁啼鹃。春雨凄已降，怆然难稳眠。安得化松柏，长依邱垄边。本根不自拔，春秋庇墓田。

这是诗人对其刚降生四个月便已逝去的父亲的深深的怀念。"音容杳不识，想象亦徒然"，"生我三十载，一梦犹无缘"，"安得化松柏，长依邱垄边"，诗句中包含诗人的不幸，诗人的哀伤，读之令人动容。再请看：

慈母年六十，两鬓垂如霜。对之虽言笑，心里暗自伤。我年已廿八，迂拙无一长。

---

① 参见张继善《梅县历代乡贤事略》（刘燕勋条）。

顾兹菽水薄，何以奉高堂。忧来不能寐，起步独彷徨。下堂望白日，凄然含幽光。朝升能几时，又落西山旁。

这是诗人心中对母亲的诉说，一个孝子的愧疚、不安从心底汩汩流出，感人肺腑。

我生无兄弟，有姐不愁单。长姐在对宇，次姐居河干。往往待慈颜，笑语常喜欢。记我昔患病，姐来频自看。一姐立床前，持衣愁弟寒。一姐手捧羹，苦语劝加餐。念此好手足，泪落心中酸。我常祝阿母，期颐常平安。亦愿祝阿姐，无疾心怀宽。惟愿后弟死，免致摧心肝。……

这是诗人对姐弟亲情的感念和眷恋，平淡自然的语句中给读者展现了一幅手足相依的亲情画面，既温馨而令人神往，又有些酸楚，让人感叹。

（七）其他群体成员

除了上述晚清粤东客籍诗人外，还有梁居实[①]、梁国瑞[②]、钟颖阳[③]、陈展云[④]、陈元焯[⑤]等人，他们的诗歌各具特色，其中钟颖阳长篇七古《苍梧怨》，尤为时人所争诵。

三、群体的诗歌革新与诗界革命

晚清粤东客籍诗人群体的成员，有的壮游万里，有的坚守山乡；有的以财雄，有的贫且厄；有的积极用世，有的入山访道；有的高居庙堂之上，有的久困场屋之中；有的"风云气多儿女情少"，有的"多情惯人伤心语"。他们的生活际遇、人生价值取向和个性都大不相同。这些差异决定了其诗作的命运、诗歌的内容、诗歌的风格等都存在着一定的差异。当然，由于他们彼此交往密切，唱和频繁，他们的创作难免在不同程度上产生相互影响，从而显现出不同程度的异中有同的特征。他们中的许多人都

[①] 梁居实（1843—1911），家名守官，字诗五，又字仲遂，嘉应州白土堡人（今梅县）。梁出身于书香世家，由其高祖开始，至其本人，连续五代蝉联科甲。

[②] 梁国瑞（1852—1903），字辑五，广东嘉应州人。梁氏出生于望族之家，曾祖梁廷辉以财雄，祖父梁慎桢为进士，官授礼部词祭司郎中，其父梁心镜中举人后由内阁中书保知州。

[③] 钟颖阳（生卒年不详），字子华（在胡曦的作品中亦称为赤华），号藕华，广东镇平（今蕉岭）人。钟子华出生在一个世代书香之家，曾祖钟琅，清朝乾隆五十七年（1792）壬子科举人；祖钟李期，嘉庆十五年（1810）庚午科举人；父钟孟鸿，咸丰六年（1856）丙辰科进士，出任刑部福建司主事，后奉调监察御史，以直谏著称。叔钟仲鹏、钟少鹓，分别是道光丙辰科副榜和咸丰庚申科武举人；弟钟文南，美国旧金山总领事；弟钟应泰、钟应同均为光绪举人，子钟殿臣为光绪九年末科武进士。祖孙五代联芳，共有文武进士两人，文武举人五人，故有"五代文武科甲"及"一门四鼎甲"之誉。

[④] 陈展云（1847—?），字雁皋，广东镇平（今蕉岭）人，同治甲子（1864）年举人，曾任广西阳朔、天河知县。

[⑤] 陈元焯，广东长乐（今五华县）人，同治十三年（1874）拔贡。

有着诗歌革新的意识,特别是黄遵宪、丘逢甲,明显地表达过要"别创诗界""重开诗史"的理想,他们亦在创作实践中不同程度地进行了诗歌革新的努力,尽管依据现有材料似乎还不能肯定地说这些努力是整个群体共有的,但至少可以说是这一群体中相当部分的成员不约而同的一种自觉。尽管不同的诗人在诗歌革新的路上所采用的方法不尽相同,所取得的结果亦有区别,但有许多方面是趋同的。

（一）诗歌的个性化

对于诗歌创作,群体成员黄遵宪、丘逢甲有过较充分的论述。对于黄、丘两家的诗歌理论,已有不少学者做过专门的研究介绍,笔者无意在此赘述。在笔者看来,我们自然可以对黄、丘的诗歌理论做多方面的条分缕析,但其核心,乃是在博采众长的基础上不拘泥于前人,要创作出富有自己个性的作品,所以黄遵宪说:要"诗之外有事,诗之中有人",要"不名一格,不专一体,要不失为我之诗"[①]。丘逢甲亦说:"自三百篇以至本朝诗,其可传者,无论家数大小,皆有真气在也。诗之真者,诗中有人在焉。"[②]

黄、丘所说的"诗中有人""要不失为我之诗",就是要求诗歌要有自己独特的思想,感情和风格。这种对诗歌个性化的追求,亦是胡曦一生诗歌创作的原则,所以,胡曦在其《湛此心斋诗集》的首页题曰:

> 别有区区,誓不袭取。
>
> 乡原穿窬,小道等耻。
>
> 勖我先程,视其所以。

正因为胡曦写诗"誓不袭取",因此,他的诗表现出"力求自成家,不屑傍古人门户"。[③]

其他群体成员虽然未见其有明确的开辟自己独特的诗歌天地的宣示,但从他们的创作实践来看,晚清客籍诗人群体的成员,都是沿着写"我之诗"的方向前进的,他们的作品,都写出了各自的真感情、真思想,都有着独自不同的诗歌风格。不同的诗人在追求诗歌个性化的过程中可能取径不一样,但在要使诗作"不失为我之诗"这一点上却是共同的。诗人群体不依傍前人,力求走出属于自己的路这种诗歌创作的自觉,又直接源于以宋湘为代表的客家先辈诗人所开创的文学传统,是这种传统潜移默化的

---

① 黄遵宪.人境庐诗草自序[M]//陈铮.黄遵宪全集.北京:中华书局,2005.
② 参见丘逢甲《复菽园》。
③ 参见胡锡侯《族父晓岑先生诔》。

影响使得诗人群体的成员有这种自觉的诗歌个性化的追求。

(二) 诗歌的平民化

粤东客籍地区享有"山歌之乡"之誉。在清代,生活在这里的人们,不论樵采妇女,还是牧牛童子,大都能唱出很好听的山歌来。凡旅行到这里的人们,往往冈头溪尾,为柔扬婉转的歌声所陶醉。尤其是作客外乡的客家人,当他们双脚踏上乡土,陡然从山陬水涯传来这种乡音时,莫不为之神往,好似心头有了无穷的滋味,梁居实晚年结束出使生涯回归故乡时曾有《舟发韩江》(其四)一诗吟咏这种特别的感受:

舟发韩江(其四)

爱国如何且爱乡,乡音到耳渐洋洋。

隔船更听山歌唱,唤醒平生最热肠。

从梁居实的吟咏中,我们可以体会客家山歌的魅力。作为长期在这样美好的环境熏陶下的晚清客籍诗人群体的成员们,自然能从心底之中体会到客家山歌的好处,黄遵宪在《山歌题记》中说:

十五国风,妙绝古今,正以妇人女子矢口而成,使学士大夫操笔为之,反之不能尔。以人籁易为,天籁难学也,余离家日久,乡音渐忘,辑录此歌谣,往往搜索枯肠,半日不成一字,因念彼冈头溪尾,肩挑一担,竟日往复,歌声不歇者,何其大才也。

在黄遵宪看来,客家山歌是纯自然的天籁,是文人大夫学不来的。丘逢甲在《论山歌》中亦有过类似的表述:

粤调歌成字字珠,曼声长引不模糊。

诗坛多少油腔笔,有此淫思古意无。

我们虽然没有看到其他群体成员赞美山歌的文字,但光绪十七年(1891)黄遵宪在伦敦时,曾有意组织群体成员辑录山歌,他写道:

仆今创此体(指写录之山歌——笔者注),他日当约陈雁皋、钟子华、陈再芗、温慕柳、梁诗五分司辑录,我晓岑最工此体,当奉为总裁,汇录成篇,当远在粤讴之上也。①

虽然黄遵宪的这一计划最终未能实施,但可以充分说明胡曦、陈雁皋、钟颖阳、陈元焯、温仲和、梁居实等大部分群体成员都是熟悉和喜爱客家山歌的,尤其是胡曦,在黄遵宪看来"最工此体,当奉为总裁"。

---

① 黄遵宪. 山歌题记 [M] //陈铮. 黄遵宪全集. 北京:中华书局,2005.

这种对客家山歌的情有独钟深深地影响了群体的诗歌创作,他们试图用这种民歌的纯朴、自然来改造传统的台阁诗文。群体的核心人物黄遵宪鲜明地提出了平民化的主张:"我手写我口,古岂能拘牵。即今流行俗语我若登简篇。"自觉地把民歌引入诗中,提倡采纳方言、俗谚,力图突破旧诗的格律。从群体的创作实践来看,胡曦、黄遵宪、丘逢甲、梁居实、刘燕勋等人,都在这方面做出了可贵的探索和努力。黄遵宪的《新嫁娘诗》《小学生相和歌》《都踊歌》《拜曾祖母李太夫人墓》《己亥杂诗》,丘逢甲的《台湾竹枝词》《山村即目》《游姜畲题山人壁二首》,都有着很强的山歌色彩,关于黄遵宪、丘逢甲等诗歌的通俗化、平民化方面的努力,当今学界多有论述,在此不赘。

在诗歌平民化的探索中做出最大贡献的,当数梁居实和胡曦。梁居实现存的诗作,几乎全都深具平民风格,通俗、流畅,尤其是其《爱国歌》和《方言上学歌》,用纯方言创作,可谓真正的"我手写我口"之作。

诚然,晚清粤东客籍诗人群体的成员,毕竟是封建文人,因袭的传统使他们在诗歌平民化的追求中走得并不彻底,他们的诗,更多地仍然自觉不自觉地要插入大量典故,要追求技巧,有时甚至走上了以典代言、炫弄技巧的道路。即便是他们那些被人们称道的民歌体的诗作,与真正的客家山歌相较,仍然是有差别的。

尽管如此,诗人群体非但不排斥平民文学,反而能真心欣赏、借鉴民间文学,这种意识是难能可贵的。他们在诗歌平民化的道路上做出了可贵的探索,使通俗的民间文学变得更典雅,进入高雅文学的殿堂,使正统的台阁文学走下了神坛,贴近了民间。他们的贡献,是值得我们珍视的。

(三)诗歌的时尚化

诗人群体生活的时代,在中国历史上是一个非常特殊的时期:西方列强用坚船利炮打开了中国封闭的大门;长期生活在闭关锁国状态下的中国人,陡然迎来陌生的西方文明的冲击,许多新名词、新事物、新风尚、新思想大量涌现;中国的政治、经济、军事、文化等各个领域,风雷激荡,色彩纷呈。整体上的中国社会发生着或隐或显的嬗蜕。在这亘古未有的大变局中,黄遵宪、丘逢甲等诗人提出了传统诗歌要适应时代新变的要求。黄遵宪说:"风雅不亡由善变,光丰以后益矜奇"[①],就是说,只有善于变化,紧贴时尚,才能继承诗道。"矜奇",即时风所尚也,黄遵宪追求使诗歌成为在

---

① 黄遵宪. 酬曾重伯编修[M]//陈铮. 黄遵宪全集. 北京:中华书局,2005.

"善变"的原则指导下的矜奇之作。丘逢甲亦说要"直开前古不到境,笔力横绝东西球"①,要"米雨欧风作吟料,岂同隆古事无征"②,就是要求诗人要放开眼界,面向世界,扩大诗歌题材,开拓诗的意境,使诗能适应时代的新变。

使传统诗歌时尚化,在诗歌中反映新事物、新风尚、新境界,在诗歌中引入新名词,这是诗人群体中不少成员进行诗歌革新的一个重要方式。在这方面,黄遵宪、丘逢甲、胡曦、梁居实等人都做出了可贵的努力,创作了不少被黄遵宪称为"新派诗"的作品。

在追求传统诗歌时尚化方面最早进行探索的,当数诗人胡曦。现在学界一般认为黄遵宪是最早进行新派诗创作的,然而,正如钱仲联先生所说:"以新事物入诗,却还有早于黄遵宪的人",胡曦的"《火轮船歌》七古一长篇,写当时的新东西,融合时事,笔力奇伟恣肆。写于同治十三年(1874),比黄遵宪于光绪十六年咏轮船、火车、电报、照相的《今别离》,要早十六个年头。就是比遵宪于光绪三、四年间在日本所作的《都踊歌》等,也早了数年。晓岑可算是遵宪早年作新派诗的同路人,而且是先行者"③。

胡曦是新派的先行者,而黄遵宪则是新派诗最成功的实践者,在他的诗歌创作中,出现了不少描写西方自然科学成就的作品,如《今别离》四首、《以莲菊桃杂供一瓶作歌》等。同时,他也创作了大量描写异国风光、民俗人情的诗篇,这类作品除《日本杂事诗》154首外,像《苏伊士河》《伦敦大雾行》《登巴黎铁塔》《番客篇》《新加坡杂诗》等,都属于成功地描写域外世界的作品。黄遵宪的"新派诗"数量之多是诗人群体乃至整个近代文学中无人能比的,这得益于其长期的外交官生涯,所谓"足遍五洲多异想"④也。

黄遵宪创作的"新派诗"不仅数量多,而且在艺术上也获得了极大的成功。他成功地将新意境、新理想、新名词自然妥帖地套进传统诗歌的旧形式之中,达到了"新意境"和"旧风格"的和谐统一;而不会像谭嗣同、夏曾佑等人只是生硬地堆砌新名词,写出像"纲伦惨于喀私德,法会盛于巴力门"⑤这样让人不知所云的"新诗"。对黄遵宪的"新派诗",前人有太多的近乎溢美的评价,学界亦早有定评,在

---

① 参见丘逢甲《说剑堂集题词为独立山人作》。
② 参见丘逢甲《论诗次铁庐韵(其六)》。
③ 钱仲联. 岭南新派诗人胡曦[N]. 香港大公报(艺林版),1964-04-03.
④ 黄遵宪. 以莲菊桃杂供一瓶作歌[M]//陈铮. 黄遵宪全集. 中华书局,2005.
⑤ 参见谭嗣同:《听金陵说法》。

此不赘。

除了黄遵宪和胡曦外，在群体成员中，丘逢甲、梁居实都在诗歌时尚化的探索中创作了不少歌颂新事物、宣传新思想的作品。

当然，在诗歌时尚化的探索中，群体成员的努力和成效是不一样的，黄遵宪无疑是其中最为成功的一位。丘逢甲、胡曦、梁居实等人的新派诗创作，无论在作品的数量还是在作品的质量上，都是无法与黄遵宪比肩的。至于其他群体成员，依现存材料来看，在此方面的贡献则更是微不足道。虽然如此，但诗人群体的许多成员毕竟为此做出了努力，他们对诗歌时尚化的追求，表现出了一种全新的审美理想和审美情趣，使诗歌有了更强烈的近代色彩。

（四）诗歌的散文化

中国的古典诗歌，历来都是很注意音乐性的，在诗歌发展的过程中，不同的诗体各自形成了一套固定的、严整的格律。这些格律原本是不同时代的语言的升华，但格律一旦定型之后，便具有了其相对独立性和保守性，逐渐与不断发展的实际语言不相适应了。这就是形式格律的僵化。于是，艺术发展的客观规律就会促使勇于创新的诗人们打破旧的格律，探索新的形式。在中国近代，从龚自珍开始，不少诗人就表现出了追求诗体、格律解放的倾向，晚清粤东客籍诗人群体的许多成员，也在这方面做出了可贵的努力。其中成绩最为杰出者，当为群体核心黄遵宪。

黄遵宪在光绪十七年（1891）所撰的《人境庐诗草自序》中写道：

> 尝于胸中设一诗境：一曰复古人比兴之体；一曰以单行之神运排偶之体；一曰取《离骚》、乐府之神理而不袭其貌；一曰用古文家伸缩离合之法入诗。

黄遵宪主张的"以单行之神运排偶之体"，当是指用散文笔法写诗，在布局、谋篇方面融汇散文的艺术之美，而所谓"以古文家伸缩离合之法入诗"当是指以字数不拘、长短不一、形式多变的散文句式去突破传统格律的束缚。

黄遵宪明确地提出了诗歌散文化的理论，亦在创作中努力实践了其这一诗歌革新主张。其不少诗作，如律诗《夜饮》《到广州》《酬曾重伯编修》《寒夜独坐卧虹榭》等篇，可谓"以单行之神运排偶之体"的作品；其《西乡星歌》《赤穗四十七义士歌》《冯将军歌》《降将军歌》《度辽将军歌》《聂将军歌》等七古，以及《锡兰岛佛》等五古大篇，则是以文为诗，是他"用古文家伸缩离合之法以入诗"的主张的具体运用。这类诗作，对黄遵宪而言，实在太多，难以列举，今举几例以说明。

在黄遵宪诗歌中散文笔法最突出者，莫如其《赤穗四十七义士歌》，从五言、七

言、九言到十数言,最长者竟达二十七言:

时惊叹争歌讴,观者拜者吊者贺者万花绕冢每日香烟浮,一裙一屐一甲一胄一刀一矛一杖一笠一歌一画手泽珍宝如天球。自从天孙开国首重天琼锌,和魂一传千千秋,况复五百年来武门尚武国多贲育俦。到今赤穗义士某某某四十七人一一名字留,内足光辉大八洲,外亦声明五大洲。

这些诗句运用散文句法,起伏开阖,错落有致,胡适赞此诗"在'以古文家抑扬变化之法作古诗'的方面,成绩最大"[1]。

其《锡兰岛卧佛》一诗,被梁启超誉为"空前之奇构":"以文名之,吾欲题为印度近代史,欲题为佛教小史,欲题为地球宗教论,欲题为宗教政治之关系。然是固诗也,非文也"[2]。确实,这一鸿篇巨制结构复杂,气势浩瀚,融汇了散文艺术之美。

再如《冯将军歌》,通篇借鉴了《史记》人物传记的写法,仅以"将军"二字起头的句子就有九个。钱仲联先生认为,《冯将军歌》,"连用'将军'二字,是仿效史汉文法,用之于诗,壁垒一新"[3]。

在诗歌散文化的探索中做出杰出成绩的诗人群体另一成员是丘逢甲。丘逢甲在自己的创作实践中,力图用古文家"伸缩离合之法",将严整的韵律与散文化的笔法结合起来,写出了不少形式上较为活泼的作品,像他的《读〈宋史·岳忠武传〉作》《海军衙门歌同温慕柳同年作》《黄田山行》《题兰史人罗浮纪游图》等诗,都是此类成功之作,胡曦、梁居实等人的诗句中,也有许多句式的散文化特征是明显的,这说明他们在创作实践中进行了追求诗体解放的探索。

当然,"以文为诗"并非始于诗人群体,古代歌行体句式,也有变化且长短不一,但诗人群体在这方面表现得尤为大胆,有的诗句竟长达二十余言。同样地,从诗歌美学的角度而言,群体成员的这些散文化的诗作,并非无可批评之处,但它表明了群体成员追求诗体解放的新探索。无论如何,这种创新勇气是值得肯定的。

(五)东方诗国之萨摩、长门

在晚清粤东客籍诗人群体中,黄遵宪说诗乃"无用之物",丘逢甲说自己本不愿做诗人,温仲和说"仆素不能诗",梁居实说自己于诗是门外汉[4],然而,他们却频繁地

---

[1] 参见胡适:《五十年来中国之文学》。
[2] 参见梁启超:《饮冰室诗话》。
[3] 参见钱仲联. 梦苕庵诗话[M]. 济南:齐鲁书社,1986.
[4] 参见梁居实《致仲阁书》。

进行诗歌交流，从而形成了庞大的诗人群体，这就是当代思维学上所称的"群体激发效应"。而对于这种相互影响还延续到群体的外围的人们，梁启超认为："嘉应杨佣子惟微，人境庐弟子也，其理想风格，皆茹今机时孕古，人境有传人也。""（黄遵宪）乡人有署嘉应健生者，以八律见寄……""嘉应健生之五古，酷肖人境庐，岂有渊源耶。"① 可见这种群体激发效应的影响是何其深远。正是由于有一个群体的集结才形成气候，才产生威势，以至于在晚清诗界革命中独树一帜，以至于丘逢甲在《人境庐诗草跋》中写道：

> 海内之能于诗中开新世界者，公外，偻指可尽。忽有自海外来与公共此上者，相去只三十四里耳，后贤推论，且将以此土为东方诗国之萨摩、长门，岂非快事！然开先之功，已日星河岳于此世界矣。

丘逢甲将粤东客籍地区这一块土地看作东方诗国之萨摩、长门，即中国诗歌革新的圣地，他殷切期望后人们能承认和重视。当代学者陈平原先生亦表述过相似的期待，他认为："近代以来的岭东，到底有无值得今人努力发掘、认知并阐扬的相对独立的文化形态？如有，如何描述，如何诠释？若能以此为对象，完成缜密精细的个案研究，将具有全局性的意义。"② 只可惜，时至今日，我们对于晚清粤东客籍诗人群体背后所蕴含的独特的文化形态，仍未有足够的重视，若丘逢甲泉下有知，亦当会深以为憾的。

需要指出的是，诗人群体成员的诗歌革新努力，是在1896年梁启超等人提出"新学之诗"之前早就开始了的（那时黄遵宪等人的诗歌革新思想未与梁启超等接触），也就是说，诗人群体成员诗歌革新的自觉，是在粤东偏僻的环境中独立孕育发展的。正如康有为所言："公度生乎嘉应州之穷壤，游宦于新加坡，纽三藩息土高之领事馆，其与中原故国文献，至不接也。"③ 因此，"从历时性角度说，（诗人群体的革新努力）是19世纪末中国诗界革命最早的初源，在与梁启超等人的诗界革命力量合流之前，嘉应州是两股洪流中的一股"④。这一现象的产生，从根本上说，是一个历史的流向，一个群落的归宿，将粤东客籍地区成为东方诗国的萨摩、长门，这一现象放在大时代的宏观视野中去考察的话，在表象后面，实际上包含着其独特的内驱力。

---

① 参见梁启超：《饮冰室诗话》。
② 陈平原. 乡土情怀与民间意识 [C]. 2000年1月汕头"丘逢甲与近代中国"学术研讨会论文.
③ 康有为. 人境庐诗草序 [M] // 陈铮. 黄遵宪全集. 北京：中华书局，2005.
④ 张应斌. 嘉应诗人与诗界革命 [N]. 嘉应大学学报，2001（5）.

第五节　张资平等客籍作家与中国新文学

一、客籍作家与中国新文学

20世纪以粤东梅州客家地区为主体的客籍作家，主要包括两大群体：一是以黄遵宪为主体的近代诗人群体，包括丘逢甲、胡曦、温仲和、梁居实、叶璧华、范荑香等；二是以李金发、张资平、"中国诗歌会"成员（如蒲风、任钧、温流等）、程贤章等为主体的现当代作家群体。与近代诗人群体相比，现当代部分的客籍作家"群体"意识和性质的表征都显得相对淡薄些。对20世纪客籍作家文学创作的研究，大概先后经过两个阶段：

第一阶段：20世纪80年代之前。影响这一阶段研究工作开展的因素在研究者身上主要表现为这几方面：一是意识形态立场，二是左翼文学史观，三是社会学的文学批评方法。在这种背景下，20世纪的客籍作家，除了黄遵宪、丘逢甲及个别"中国诗歌会"成员（如蒲风）等能够得到一些意识形态层面上的社会学研究外，大都处于或被忽略状态（如近代诗人群体及"中国诗歌会"的其他成员），或被压抑状态（如李金发及其诗歌创作），或被作为批判对象（如张资平及其小说创作）。总而言之，这一阶段的研究大致处于一种非正常状态。

第二阶段：20世纪80年代到现在。影响这一阶段研究工作开展的因素，除比较宽松的研究环境外，主要还有这几个方面：一是"客家学"热的不断升温，以及90年代以来有关"民间"的思想文化理论对人文社会科学研究领域的渗透；二是研究者文学史研究理念与方法的不断"革命"，特别是对80年代以来一些研究立场的反思与调整，以及现代西方研究理论与方法的引鉴；三是处于转型与建设时期的学术研究体制与规范。受这些因素的影响，这一阶段的研究呈现出这样一些特征：一是这些作家普遍得到重视，从资料的搜集整理到一些具体研究工作的开展，都取得了一定的进展，但一些作家及其创作的文学史意义被过度阐释了。二是不少研究者刻意地把这些"客籍"作家纳入"大客家"的叙事范畴，挖掘他们的"客家"意义，如：刻意挖掘他们创作

中隐含的"客家文化"内涵与"客家精神";通过这种策略的论述,把他们的创作制造为人们解读"客家"、了解"客家"的示范或者"准示范"文本。三是在此基础上提出"客家文学"这一模糊命题,并模棱两可地以这些作家的创作来阐释"客家文学"的性质及其内涵。总的来说,20世纪80年代以后的研究,虽然取得了一些进展,但暴露出来的问题也比较严重。具体表现为:第一,缺乏科学的研究理念,缺乏一个研究者面对历史应具有的史识与史德;第二,研究中的"泛客家"倾向严重,即把"客家"作为一种无所不能的理论;第三,缺乏严谨的学术规范,体现在对研究资料的处理、研究方法的运用、论证的严密性等方面。

本节主要通过对20世纪客籍作家(现代文学时期)创作文学史意义的客观评析及这些作家创作与客家的关系的科学辨析,纠正研究中出现的偏差,提出一些问题和思考。主要集中在如下两方面:一是"从客家看文学",探讨客籍作家与20世纪中国文学转型与发展的关系。这一部分主要是把以黄遵宪为主体的近代粤东客籍诗人群体(前已述,略),以李金发、张资平、"中国诗歌会"成员(如蒲风等)等为主体的现代粤东客籍作家的创作纳入文学史考察视野,从文学史角度对他们创作的意义予以重新估定。二是"从文学看客家",探讨20世纪客籍作家创作与客家的关系。这一部分主要探讨作为具有丰富历史与文化内涵的"客家"在20世纪客籍作家创作中的表现。

二、张资平与新文学第一部长篇小说

(一) 生平与创作

张资平(1893—1959),原名秉声,梅县人。家居东厢堡三坑留馀堂。他出生还不到三个月母亲便去世了,父亲是秀才出身的私塾教师,对儿子寄予厚望。张资平只有六七岁时,父亲就教他诵读古籍,学习文化。到十二三岁,已可阅读《再生缘弹词》《红楼梦》《花月痕》《今古奇观》《水浒》等小说。他痴迷小说,甚至也"模仿着做小说"。1906年春,张资平在教会学校——梅县广益中西学堂读书,毕业后在东山初级师范学堂读了半年。1910年秋考入广东高等巡警学校,两年后考上留日官费生,先后就读于明治大学、东京帝国大学预科、帝国大学。张资平读的是理学部地质科,他与经济学部的郁达夫、读兵科的成仿吾都喜爱文学。1921年7月初,郭沫若和他们一起,组织创造社,商定出版《创造季刊》。1922年5月,张资平毕业,取得理学学士学位,回国后到中美合办的蕉岭羊子山铅矿厂任经理。1924年张资平母校广益中学闹学潮,

3/4 的学生离校,他和李度旷、锺贯鲁应学校代表的请求,协助创立民办学校,张资平建议定名为"学艺中学"。这年秋天,他到武昌任师范大学矿物学教授。1928 年到上海任暨南大学文学教授,并兼任大夏大学的"小说学"的教师。他开办乐群书店,出版《乐群》杂志。在真茹建造了"望岁小农居"别墅。1936 年,他到唐山交通大学任教,次年回到上海。1938 年秋经香港到广西梧州,执教于广西大学。1939 年又回到上海。

1949 年中华人民共和国成立后,张资平经时任上海市副市长的原创造社成员潘汉年介绍,到振民补习学校教书。1955 年 6 月因"潘汉年反革命事件"牵连被捕。1958 年 9 月,上海市中级人民法院判处张资平有期徒刑 20 年。1959 年 12 月张资平病死于安徽省劳改农场。

在"五四"一代文人中,张资平是最多产的小说家,共有 24 部中长篇小说,另有 5 本短篇小说集。小说创作以 1928 年为界,可分为前后两个时期。在 1928 年到上海之前,他这个出身于客家山乡的穷学生,在缺乏母爱的环境中,由父亲一手哺育成人,经历了许许多多的痛苦和辛酸。他不满教会学校的西化教育,不满在省城两年多乏味的学生生活,后来东渡日本留学后又饱受欺凌,目睹现实社会中的种种情状。张资平借小说抒发自己心中的愤懑,写下了《冲积期花石》《她怅望着祖国的天野》《爱之焦点》《性的屈服者》《梅岭之春》《苔莉》等 30 多篇(部)小说。这些作品无论是反映身边的问题琐事,抑或是专写婚恋故事,都寄托着作者对生活的理解,多是作者亲身体验过,或有切身感受的可读之作。读者既易产生思想感情上的共鸣,也可认识当时作者所处时代的面貌。应该说,它们都是具有一定社会意义的作品,其中《冲积期化石》和《梅岭之春》更是充满客家味的佳作。

张资平后期的小说创作则由于地位的变化、金钱的驱动而走进了死胡同。上海真茹的"望岁小农居"别墅,成了他的"小说工厂"。他拟提纲,分工给学生去写,这些编造出来的小说,以粗制滥造而著名,为取悦小市民,内容多是以色情为宗旨的多角婚恋故事。鲁迅以"△"概括张资平的小说创作,是一针见血的批评。但是,比起旧的市民言情小说来,张资平所增加的广泛性心理描写,包括性烦闷、性病态、性怪僻、性猜疑,以及各种婚外恋心理揭示,却是对现代描写手段的贡献。

(二)长篇小说《冲积期化石》

写于 1921 年 9 月的《冲积期化石》,张资平毫不隐讳其创作目的:"此书为纪念而作。"正文前的文字是最重要的导读:"思念你,全基于你对我的'爱'!""这几年因为思念你、哭你,我自己应做的事一件都不能做。我今把思念你的责任交给《冲积期化石》!"从小就失去母爱的张资平,是含辛茹苦的父亲把他哺育成人。"鸡公带鸡仔",父子深情激动着他,推动着他,逼迫着他,使他不能不提起笔来,借笔来宣泄心中郁积的浓烈的感情。是这股强烈的创作冲动,使得他一口气写下了长达65章的长篇小说。他把表达自己的情感放在第一位,表现了其独特的叙事风格。

作为创造社丛书第四种的《冲积期化石》于1922年出版。它不仅是张资平个人的长篇处女作,也是"中国现代文学史上的第一部长篇小说"①,更是反映20世纪广东客家人生活的拓荒之作。小说以生长在客家地区的"我"为主线,沿着"我"求学生涯的轨迹,展示了20世纪初广东梅县客家地区以及汕头、广州和日本东京等地的生活环境,并通过一个个故事塑造了韦鹤鸣、凌君、天厂、申牧师、璋儿等人物群像。

《冲积期化石》以其流畅的语言、真切的心理描写,述说了20世纪初客家地区的青年知识分子韦鹤鸣为求出路的坎坷历程。他的爱、他的憎、他的同情、他的痛苦、他的希望和失望、他的性冲动、性克制,以及他对自由恋爱的感受都一一真实地展现在读者的面前。韦鹤鸣的不幸实质上是作者的不幸,韦鹤鸣的被压抑感,实质上就是作者的受压抑感:家道中落,幼失慈母,处处是社会不公,时时遭受欺凌,民族尊严无法维持,父亲的养育之恩未能回报,爱情生活又一再受挫。《冲积期化石》是作者追求幸福、追求人性的呼喊,是作者人道主义的一种表现,也是对当时社会的有力控诉。它与创造社社友郁达夫的《沉沦》同是具有进步意义的留学生作品,虽然它没有像《沉沦》的结尾那样沉痛:"祖国呀祖国!我的死是你害我的!你快富起来!强起来吧!你还有许多儿女在那里受苦呢!"主题也不如《沉沦》那么鲜明、突出,但二者的感情同样真挚、强烈。结构虽嫌松散,但线索清楚,行文流畅,亦有引人入胜之处。《冲积期化石》展现的社会场景除日本留学生活外,还有对广东客家地区的社会生活描绘,体现了客籍作家对自己家乡认识的新视角。

(三)《梅岭之春》等其他作品

1924年8月8日写于蕉岭山中的《梅岭之春》,是广受称赞的现代客家文学代表作。主人公保瑛,本是魏家的童养媳,回娘家读书至高小毕业后,到父亲的嫡堂兄弟——在教会学校教书的"吉叔父"家里去帮忙照顾小孩。时间一长,情窦初开的保瑛逐渐感到"叔父有种怪力吸着我不放松"。也许是上天有意作弄他们,体弱的叔母寂然去世。在妻死后的两个月,吉叔终于耐不住寂寞,和保瑛发生性关系。可是,无责

---

① 黄修己.中国现代文学简史[M].北京:中国青年出版社,1984:102.

任的，卑怯的吉叔知道保瑛怀孕时，竟然要她快回去和童养媳的丈夫成亲。她要求和吉叔离开梅城的愿望不能实现，保瑛不得不回到她不愿回去的魏家，八个月后，保瑛生下婴儿，吉叔父在教会学校也难于立足，准备到毛里寺岛去当家庭教师。动身前曾到山村的塔后向她和她的婴儿告别。

小说情节虽然简单，但人物的心理活动却非常复杂，描写相当成功。保瑛是个纯真少女，起初她从母亲的叮嘱中知道"吉叔是个一毫不苟的基督教徒""看他满脸苦涩的表情就可以知道他的脾气"。保瑛原本打算"真的是可怕的人，也就少见他吧！"可是到吉叔家后，印象却慢慢改变了："'瑛姑娘来了吗？'保瑛和叔母坐在厅里听见吉叔父问章妈的声音。'回到家里来，第一句就是问我来了没有，吉叔父怕不是母亲据说的那样可怕的人。'保瑛寻思着要出来……"未见其人，先闻其声。保瑛的"寻思"，表明对吉叔父产生了好感。晚餐饭桌上吉叔说保瑛以前"常垂着清鼻涕"的玩笑话，很快又拉近了他们的距离："啊啦！叔父真会说谎。叔父在中学时代，我也有九岁十岁了，哪里会有清鼻涕不拭干净给人看见。"

保瑛刚满14岁，因发育得早，"身体上有了生理变化"，别人看起来"至少17岁"。她这个童养媳，明白知道再过一两年，就要回家和她并不喜欢的泰安成亲。因而她对异性自然有分外的敏感。"保瑛暗想吉叔父并不见得是个很可怕的人，他对自己的态度是恳切的，无论如何叔父今天是给了我一个生快感的印象。叔父的脸说是白皙，宁可说是苍白，高长的体格，鼻孔门前蓄着纯黑的短髭。此种自然的男性的姿态在保瑛看来是最可敬爱的。"保瑛这种朦胧的性心理在同学的取笑中有了进一步的发展："她们笑她，她和叔父来也一路的来，回去也一路的回去，就像两夫妇般的"，她自己"近来每见着叔父是有一种话非说不可，但终不能默杀下去，默杀下去后，她的精神愈觉得疲倦无聊。她有时负着琇弟在门前或菜园中踯躅时，叔父定跑过来看看保瑛。叔父的头接近她的肩部时，就像有一种很重很重的压力把她的全身紧压着，呼吸也很困难，胸也像会碎解的"。作者真实地展示了一个青春期少女那种难于名状的性心理。

吉叔父乘采桃花之机"把她紧紧一抱"，保瑛"久郁积在胸的闷气象轻散了许多"。此后，"叔父在叔母房里的笑声是对她的一种最可厌的诱惑。不知从什么时候，这种笑声竟引起了她一种无理由的妒意"。保瑛坠入了性压抑深渊中："我再住在这家里不犯罪就要郁闷而死了——真的能死还可以，天天给沉重的气压包围着，胸骨要像片片的碎裂，头脑一天天的固结，比死还要痛苦。"

有了这种对性心理变化发展的细腻描写，使读者对叔母去世后保瑛和吉叔父"完全是夫妇生活"就不奇怪，认为这是人物性格发展的必然。

作品在艺术上的成功，还在于作者在小说中插入了多首优美的客家情歌。它不仅给小说增添了浓厚的地方色彩，更为人物的形象刻画做了适宜的铺垫。如：吉叔到毛里寺岛之前和保瑛告别时，听见采樵女在唱山歌：

帆底西风尘鬓酸，阿郎外出妹摇船，

不怕西风寒透骨，怕郎此去不平安。

主人公难分难舍，保瑛对吉叔的担忧的心情，在这山歌声中更为凄凉。

保瑛的孩子"三岁又过三个月"了，不自觉中，她又来到当年与吉叔分别的梅树下，这时又听见了在山顶采樵的年轻女人在唱山歌：

蓬辣滩头风满堤，迷娘山下草萋萋；

暂时分手何珍重，岂谓离鸾竟不归？！

共住梅江一水间，下滩容易上滩难。

东风若肯如郎意，一日来时一日还。

这山歌唱出了保瑛的感叹：怎么还不回来团聚呢？若是郎君能"一日来时一日还"该多好！这些山歌不仅可使读者领略梅州客家地区的民情风俗，更使读者感受到保瑛复杂的内心世界，从而使这一形象显得更为丰满。

张资平的《梅岭之春》反映了五四时期客家知识青年追求婚姻自主、享受性爱生活的正当要求，喊出了"我们间的恋爱不算罪恶，对我们间的婴儿不能尽父母之情才是罪恶"的呼声。人们在对保瑛命运的同情、对吉叔卑怯的鄙视中，自然会对造成他们婚恋悲剧的社会进行批判。

三、李金发与中国现代象征诗派

（一）"中西合璧"的人生与创作

李金发（1900—1976），梅县人，中国现代象征派诗人，著名的雕塑艺术家。在散文《筚路蓝缕以启山林》中，李金发以无限的深情述说着自己的祖先、自己的家乡、自己的家庭：梅南"罗田径"这个客家山村，"乡村周围有高山环绕着，苍翠可爱，村中的农田大约几百亩，在丰年时代，出产品可供乡人温饱，……村落有一条小河（没有正式的名称），从二三十里以外的丛山峻岭中流出来，经过下村不远，即注入梅江河。水是山泉的总汇，蜿蜒从四五十里之外的发源，沿途有不少十余丈的深潭，使之望人生畏，……河里生长很多鱼类，我们都知道它们的名字，鱼类虽然繁多，但捕捉不易，只有令人临渊羡鱼"①。

地理环境限制了人们的发展，"出洋谋生"是客家人的一条出路。客家山村的贫穷、落后像毒蛇咬着李金发的心，而父亲在毛里求斯奋斗的成绩使他家的经济状况大为改善，又使李金发能在6岁时进入蒙馆。蒙馆的老师虽是冬烘先生，但读《幼学琼林》这本很富中文常识、又易了解的书，却对李金发的中文影响很大，他从那里知道了很多典故。乡村蒙馆改为小学后，他又加读了《左传》、《诗经》、唐诗等。1914年，他前往梅县县城读高等小学，得益最多的是国文教员王漱薇讲解《古文观止》。李金发的文章，常常被老师拿出去"贴堂"。后到香港，先读英文学

李金发故居承德第

校，后转入圣若瑟中学。"男儿志在四方，不能株守家园"的观念，促使他回乡住了近半年又前往上海。适值留法预备学校招生，李金发立即报名参加第六批勤工俭学。1919年秋天，他与梅县同乡林风眠，和张道藩、郎静山等67位青年一起，乘坐英国货船，前往法国留学。

到了法兰西，李金发等人由法华教育会安排，先到枫丹白露市立中学补习法文，后来他和林风眠进入帝戎（Dijon）的国立艺术学校，他俩"无时不在一起""无话不谈"。1921年夏天，他们转到了巴黎国立艺术学校，李金发跟布谢教授学习雕塑，林风眠则学绘画。在雕刻工作之余，李金发花了很多时间去读法文诗，喜欢上了波德莱尔的《恶之花》及魏尔伦的象征派诗，他读着读着，越读越入神，他们作品中表现出来的情绪，引起李金发思想上强烈的共鸣。

李金发的个人生活道路并不顺畅，他一直生活在苦恼的阴影里，他既想奋发有为，又苦于自己水平有限，经常处于理想与现实矛盾的忧郁中。童年读书启蒙在私塾，数理化基础差，他不敢报考省立中学；当他走出贫穷落后的山乡，在五光十色的香港攻读英文，又因进步太慢而心灰意冷；他"无形中产生自怨自艾的心理，对于一切都悲观，内心的悲哀，无法向人申诉"；到上海住"五六人一房，臭虫晚上全体出动围攻的

---

① 陈厚诚. 李金发回忆录［M］. 上海：东方出版中心，1998：14—15.

陋室"；在赴法的英国货船上是"太不人道的伙食"，到法国后在巴黎车上席地而睡当"沙丁鱼"；……现实生活的种种遭遇，离他的理想世界相差甚远。李金发愤世嫉俗，多愁善感。正是这种深深的忧郁使他走向了法兰西的象征派。虽然，早在五四新文化运动前期，就有介绍法国象征派的文章，人们从《新青年》《少年中国》等杂志上知道了波德莱尔、魏尔伦、马拉美等象征派诗人的名字。文学研究会和创造社成立后，《小说月报》《文学周报》和《创造季刊》也都曾介绍过象征派诗歌，然而，这些介绍没有给中国读者留下深刻印象。为此，1920年沈雁冰在《小说月报》上撰文《我们现在可以提倡表象主义的文学么？》。这一事实说明，在进入20世纪20年代时，现代象征诗派在当时的中国还没有形成气候。

在法国留学的李金发，除学习雕刻外，还学法文诗，自己也写起新诗来。他自认为"写得比康白情的'草儿在前牛儿在后'好，也比胡适的'牛油面包真新鲜，家乡茶叶不费钱'较有含蓄，较有内容"。诗稿积累多了，他自己便编成了《微雨》和《食客与凶年》两集，并毛遂自荐把诗集寄给了早在"五四"时期便声名显赫的周作人。周作人大为赏识，将两书编为"新潮社丛书"，先后在1925年11月和1927年5月由北新书局出版。此外，他又得到郑振铎的帮助，在1926年11月出版了另一本诗集——《为幸福而歌》。这三本诗集共收诗306首（含译作），是1920－1925年李金发感情的记录。

《微雨》等诗集的面世，震动了诗坛，李金发成为中国现代象征诗派的始祖。对其代表作《微雨》，有赞誉，也有责难：赞之者称许它"新奇怪丽"；责之者批评它"神秘""难懂"。但从此写象征派诗的人多起来了，如戴望舒、穆木天、邵洵美、于庚虞、王独清等，都是颇有影响的诗人。直接受李金发影响而写象征诗的胡也频、侯汝华、林英强等年轻人也很活跃，现代象征派诗逐渐形成了一股潮流。

朱自清先生在1935年编辑的《中国新文学大系·诗集》中指出：

留法的李金发氏又是一支异军；他民九就作诗，但《微雨》出版已经是十四年十一月。《导言》里说不顾全诗的体裁，'苟能表现一切'；他要表现的是'对于生命欲揶揄的神秘及悲哀的美丽'，讲究用比喻，有'诗怪'之称；但不将那些比喻放在明白的间架里。他的诗没有寻常的章法，一部分一部分可以懂，合起来却没有意思。他要表现的不是意思而是感觉或情感；仿佛大大小小红红绿绿一串珠子，他却藏起那串儿，你得自己穿着瞧。这就是法国象征派诗人的手法；李氏是第一个人介绍它到中国诗里。许多人抱怨看不懂，许多人却在模仿着。他的诗不缺乏想象力，但不知是创造新语言的心太切，还是母舌太生疏，句法过分欧化，教人像读着翻译；又夹杂着那些文言里的叹词、语助词,更加不像——虽然也可以说是自由诗体制。

这段话被公认为是对李金发的最中肯评价。它概括了李金发创作象征派诗歌的特点——用怪异的手法表现自己的情感,他的诗虽然有人不满,但"许多人却在模仿着",是中国现代象征派诗的"第一人"。因此,称李金发为现代象征诗派的始祖,是当之无愧的。

(二) 中国象征主义诗作《弃妇》

《微雨》里的第一首诗《弃妇》,原本发表在 1925 年 2 月 16 日的《语丝》杂志上,是中国象征主义诗歌的杰作。李金发虽然采取的是法国象征派的表现手法,但是表现的却是来自中国客家地区的一位知识分子对外部世界的感知。他的身上有中国传统文化的基因,有生于斯长于斯的故乡情结。也即是说,尽管是到了国外,尽管是采用现代的技巧,李金发的诗歌创作,总免不了要表现他的中国心、客家情。

据有的学者介绍,《弃妇》的原型是李金发家乡一位名叫刘义妹的客家妇女。[①] 这位妇女饱受苦难,命运十分悲惨,李金发用诗的语言来抒写他发自心底的同情。

弃 妇

长发披遍我两眼之前,
遂隔断了一切羞恶之疾视,
与鲜血之急流,枯骨之沉睡。
黑夜与蚊虫联步徐来,
越此短墙之角,
狂呼在我清白之耳后,
如荒野狂风怒号:
战栗了无数游牧。

靠一根草儿,与上帝之灵往返在空谷里。
我的哀戚惟游蜂之脑能深印着;
或与山泉长泻在悬崖,
然后随红叶而俱去。

[①] 丘立才. 李金发的生平及其创作 [J]. 新文学史料,1985 (3);古远清. 客家文学界说 [J]. 客家研究辑刊,1994 (2).

> 弃妇之隐忧堆积在动作上，
>
> 夕阳之火不能把时间之烦闷
>
> 化成灰烬，从烟突里飞去，
>
> 长染在游鸦之羽，
>
> 将同栖止于海啸之石上，
>
> 静听舟子之歌。
>
> 衰老的裙裾发出哀吟，
>
> 徜徉在丘墓之侧，
>
> 永无热泪，
>
> 点滴在草地
>
> 为世界之装饰。

粗读《弃妇》可能会有不知所云的感觉，但也还会朦朦胧胧地感到它写出了"弃妇的隐忧"，但具体表现在哪里，又说不清楚。它的意象奇特怪异，确实与法国的象征派诗如出一辙：形式自由，感觉交错，隐晦神秘。但是，我们若是反复吟咏，联系中国的诗歌传统，结合李金发的故乡情结，联想他的人生感受，也许较能理解这首名作的含义。

开篇是一位披头散发的弃妇——"我"，她的两眼被自己的长发遮住了，"隔断了"一切一切，不管是"羞恶的疾视"，抑是"鲜血之急流""枯骨之沉睡"。"隔断"是关键字眼，是不愿看？不敢看？不能看？它让读者去体会、去咀嚼、去思索。无论是哪一种情况，都是"弃妇"的悲哀：旁人对自己"羞恶之疾视"。"鲜血之急流"——那是生的艰难，"枯骨之沉睡"——那是死的悲凉。弃妇的这种命运，不仅仅是李金发客家山乡个别的现象，而是在男尊女卑的中国封建社会里长期存在的客观事实。

接着是写"黑夜"与"蚊虫""联步徐来"，这里的比喻告诉人们，压迫和侵扰并未停止，"短墙之角"不能使弃妇安全。尽管自己已是清清白白，而攻击却越来越疯狂，有如"狂风怒号"使"游牧""战栗"。这里的"黑夜"指大的环境，"蚊虫"则是指具体的害人虫。鲁迅曾对蚊虫的可恶有过精当的描绘：它们在吸人之前，还要嗡嗡地叫，像发表宣言。《汉书》中有"聚蚊成雷"的典故，比喻众口逸毁，令人受害而无可奈何。"弃妇"就在这艰难的环境中生存。

第二节写的是弃妇内心的苦痛：在"空谷"中，空无一人，空无一物，只有一根小草还有些灵性，可以与老天爷——"上帝"相交通，这是多么的孤寂！内心哀伤，只能向"上帝之灵"诉说。自己的哀戚，无人会动怜悯之心，唯有那"游蜂之脑能深印"；哀戚有如长泻在悬崖的山泉汩汩不断，希望只能寄于渺茫。

"弃妇的隐忧堆积在动作上"，诗人以跳跃式的思维把我们引入第三节。这种通感的手法，使我们仿佛看到了弃妇那迟缓的动作？一连串无意味的动作？"寻寻觅觅"的动作？在无言的动作中，弃妇在想些什么？想排解什么？"夕阳之火不能把时间之烦闷化成灰烬"回答了这一问题：日子难挨，时间难过。这使人想起了李清照的词句："这次第，怎一个愁字了得！"夕阳之火既不能除去烦闷，当然就达不到李商隐那"蜡炬成灰泪始干"的境界，那就只有眼泪长流了！那"隐忧"，那"烦闷"，将和那枯藤老树的"昏鸦"一起，将和那在海啸中的舟子一起，共同承受命运的折腾。

结尾一节凄凉的氛围更加浓重："裙裾"是"衰老"的，还会发出"哀吟"，奇特的想象，感觉的交错，在我们面前出现一位衣衫褴褛、形象憔悴、呻吟哀号、行将就木的老妇人的形象，"徜徉在丘墓之侧"，她即将离开这悲惨的人世。冰冷、凄清，她的眼泪早流干了，旁人也不会为她的不幸境遇而掉泪，"永无热泪，/点滴在草地/为世界之装饰"。"弃妇"的生命终结了！她被丈夫抛弃，被社会抛弃，被人间抛弃，可她有什么过失呢？没有！她是"清白"的。可是伴随她的是无情的冷眼、恶意的袭击，是堆积的隐忧、无尽的烦闷。这首诗充满同情、感伤，表达了诗人对故乡受尽苦难的客家妇女命运的关注，是诗人浓浓的故乡情结的一种表现。

"诗无达诂"，读象征派的诗歌更是见仁见智，绝不能仅仅停留在字面的意义上做过于坐实诠释，应该透过作者提供的意象，发挥读者的想象力，做更进一步的补充。例如：我们可以想象：这位弃妇，象征着饱受苦难的客家妇女，象征着当时在社会中受欺侮、遭凌辱的中国妇女、法国妇女，以及世界各地的妇女；我们也可以想象：这位被社会抛弃的"弃妇"，不也可以看作一切遭社会冷遇的不幸者的象征吗？甚至一直在苦恼、忧伤的作者本人？

李金发的《弃妇》，显然不是大众化的诗歌。它只是为了抒写自己的感受而创作的，也即是说，它首先是写给自己的。在形式上，它采用"自由""不押韵""文白夹杂"等手法，别开生面，成为"异军"而不顾别人的看法。他明确地在《微雨》的"导言"中表达自己的诗歌主张："中国自文学革新后，诗界成为无治的状态，对于全诗的体裁，或使多少人不满意，但这不紧要，苟能表现一切。"

四、蒲风与20世纪30年代的中国诗歌会

（一）从客家山村走来的中国诗歌会成员

蒲风（1911—1942），原名黄日华，学名飘霞，笔名黄风，梅县隆文坑美村人。隆文旧称"龙牙"是偏僻山乡，但文化发达，人才辈出，便改名为隆文。蒲风出生于贫苦家庭，父亲黄义文本是塾师，因家贫，不得不到南洋谋生。蒲风四岁那年，父亲魂断异国。母亲是以刻苦耐劳著称的客家妇女。伯父黄接文是当地著名的"新派人物"，他带头剪辫子，引进外来文化，办起"新学"，带领学生习"洋操"，打"洋鼓"，"震动乡中"。在这样的氛围中，孩提时代的蒲风便秉承了客家文化的传统，又较早接触到外来文化。

蒲风在家乡的高小——启文学校读书时，学校没有按惯例逢蔡锷反袁纪念日放假，他和同学任钧等一起罢课闹学潮。蒲风幼小的心灵中早已播下了关心国家大事的种子。1926年，蒲风高小毕业，进入了刚成立不久的进步学校——学艺中学。那时广东的国民革命军进行了两次东征。东征军政治部主任周恩来在东教场发表了激动人心的演讲，富于反抗、斗争精神的东山中学和学艺中学的学生深受启迪。不久，蒲风和任钧、古柏、萧向荣等许多进步学生都加入了"新学生社"和"共产主义青年团"，非常热情地投入社会工作。但在学习方面，蒲风依然抓得很紧。当时的口号是"读书不忘革命，革命不忘读书"。蒲风身体力行，大量阅读"五四"以来的新书刊，特别喜爱读鲁迅、郭沫若、蒋光慈的作品，并开始写诗，在学校的墙报上发表。

1927年4月12日，蒋介石发动反革命事变，梅县在5月12日爆发了共产党人领导的武装起义。暴动失败后，共产党和青年团的活动转入地下，东山中学和学艺中学被认为"赤化学校"而被封闭，起义人员受到通缉、被逮捕、被枪毙，到处弥漫着白色恐怖，原来朝气蓬勃、充满生机的梅城，一下子便成了黑云压顶的人间地狱！在这险恶的形势下，蒲风回到故乡隆文，仍然参加当地共青团的地下活动。为了打击当地土豪劣绅的嚣张气焰，革命群众处决了一个为非作歹的恶霸，一时大快人心！可是主要参加者——蒲风的同学，也是共青团员的发良却被敌人杀害了。残酷的斗争使蒲风迅速成熟。第二年，他写下了《鸦声》一诗，"反映光明与黑暗继续搏斗的现实"，谴责残酷的屠杀，歌颂"激烈的反抗"，憧憬"新鲜的旗帜在飘扬"。

1928年，蒲风离乡前往南洋，到印尼东爪哇玛琅，住在大哥黄春华那里。他和李得奇、胡一声、温士奇等出版油印刊物《狂风》，继续宣传革命。蒲风还写了不少诗

作，陆续在当地的中文报刊上发表。蒲风他们的活动，受到了荷兰帝国主义者的注意。他们的组织遭到破坏，有些人被逮捕了，1930年夏，蒲风不得不离开印尼回国。

1932年，由任钧介绍，蒲风参加中国左翼作家联盟，成为诗歌组成员。穆木天、任钧、杨骚和蒲风等人在上海发起组织"中国诗歌会"，开展现实主义诗歌运动。1933年2月，他们的机关刊物"新诗歌"正式出版，"所有经费都得由同人们贫血的腰包里掏出来，其所遭遇的困难是不言而喻的"。在艰苦的条件下，蒲风投身"中国诗歌会"，成为实际上的"总务干事"，是该会"最热心、最活跃"的诗人。他积极与广州、北平、青岛等地的分会联系，或指导分会的建立，或专程前往参加成立大会，对于机关刊物的出版，则从资金筹措、组稿、编排，到跑印刷所、校对、发行，蒲风几乎无一不亲自过问。

（二）《茫茫夜》与《六月流火》

1934年，蒲风在河北分会的《新诗歌》上发表了长诗《茫茫夜》，接着以此为书名，在上海出版了第一部诗集。《茫茫夜》的面世，立即引起文坛的注意，深受读者欢迎，成为激发进步青年投身革命的催化剂。

1938年10月，日本侵略者在大鹏湾登陆，广州告急。蒲风所在部队奉令开赴增城前线。出发前，他与随军服务团的许介、唐鹰带领从广州召集的爱国青年前往增城途中，与日寇的坦克部队在朱村遭遇，敌人开枪扫射，许介不幸牺牲，蒲风与唐鹰幸而脱险，辗转到从化找到原来的部队。1939年夏天，922团溃散，蒲风回梅县，到国光中学教书，仍然继续从事诗歌活动。1940年8月，他与妻子谢培贞（笔名白鸽、白鸽、于斐、天贞），由汕头去桂林，经八路军办事处主任李克农批准，蒲风夫妇到新四军中工作，他们穿过重重封锁线，经湖南、江西，进入安徽，到达新四军军部，战斗在抗日第一线，以高昂的热情投入抗日文化宣传工作。战地生活条件艰苦，住的是茅草房，门板当床板，伙食很差。蒲风操劳过度，导致肺病复发。经多方医治，仍无起色。1942年8月13日，年仅31岁的蒲风逝世于安徽省天长县（今天长市）。全国解放后，被追认为革命烈士。

蒲风在其诗歌长廊中，塑造了客家山乡下层劳动人民群像：决心改变命运的农夫阿三，童养媳"小莉茜"，被骂成"杂种狗"、"癫痫头"的放牛娃，劝"冤家"别再去当兵的少妇，受尽媳妇摧残的"老腾姑"，三十出南洋五十归家乡的"老开伯"，等等。

对家乡群众的关注，是蒲风诗歌中最主要的题材。其代表作《茫茫夜——农村前奏曲》，便是以母子对话的形式，展示农村苦难的现实，歌颂敢于反抗的精神：

母亲，母亲，母亲，

再不能屈服此生！

我们有的是力，有的是热血，

我们有的是万众一心的团结，

我们将用我们的手，

建造一切，建造一切！

……

母亲，母亲，不要惊！

为着我们大众我离开了家，

为着我们的工作离开了你和她！

母亲，母亲，别牵挂！

通俗易懂、刚健质朴的语言，表达了投身于"穷人军"的革命战士的觉悟，这是30年代闽粤赣边人民革命斗争的一个缩影。

"卒章显其志"。结尾表达了诗人对革命前途的坚定信念："黑暗！黑暗！／雷鸣！／雷鸣！／雷鸣！／风雨声中／夹杂着晓鸡啼音！"

1935年12月在日本东京出版的《六月流火》，是蒲风反映30年代中国农村现实的力作。蒲风谈到自己的创作意图时说："自从我于去年回到乡下，我听取了这个作为《六月流火》的底子的悲惨故事，我曾屡次企图为它作一摄写。"这个"悲惨故事"发生在赣闽粤边。国民党反动政权对农民群众进行残酷压迫，使他们在死亡线上挣扎。受尽苦难的人民群众觉醒了，愤怒地进行了反抗，烈火在大地燃烧，火在天空，火在地上，火也"燃烧在人们的胸膛"。①

在"攘外必先安内，安内首在剿匪"的思想指导下，反动政权一面对日本侵略者的步步进逼让步，一面却对农村革命运动加紧"围剿"。为了进攻中国共产党领导的革命根据地，他们强迫农民修筑公路："剿匪宜筑公路，克日动工勿违！"限令农民必须"三日割禾"，交出土地。农民岂能离开土地，他们反复地悲唱：谁给我们以白米？／谁给我们以破衣？／谁曾管过我们的病和痛？／谁曾顾虑到我们的生和死？他们高声呼喊："我们爱护土地！""我们不能白白饿死！""我们要活！""我们要命！""我们要把家伙拿起！"在青年农民王挺三的带领下，他们和前来收割青稻的官兵进行抗争。

---

① 蒲风.关于《六月流火》[M]//蒲风选集.福州：海峡文艺出版社，1984：578.

>小溪里钻出了人头!
>
>田垄里钻出了人头!
>
>茅草蓬里钻出了人头!
>
>芋头丛里也钻出了人头!
>
>……
>
>像旋风卷起了砂和石,
>
>又像林梢骤雨沙沙走!
>
>是八月的海卷起了浪潮呀,
>
>是地心爆裂大地在动摇呀!
>
>啊呀!——
>
>天空里热火在照,
>
>田野间烈火在烧!
>
>……

王家庄的群众反抗,犹如不可遏止的怒潮:"决堤的滚滚黄河水,谁有力量去堵住?"

这首长篇叙事诗,共有24节,长达1700多行,它直接取材于现实生活,真实地再现了30年代粤闽赣边区的群众斗争,它是客家文学的杰作。综观当时中国新诗坛,"它尚未有足供前车的姐妹",具有史诗的性质的《六月流火》有着里程碑的作用。它面世的翌年,始有王亚平的《十二月风》、江岳浪《饥饿的咆哮》、臧克家的《自己的写照》、田间的《中国农村的故事》等长篇叙事诗的出现。

特别值得人们注意的是第十九节"怒潮"中的一段"背景诗歌":

>铁流哟,到头人们压迫你滚滚西吐,
>
>铁流哟,如今,翻过高山,流过大地的胸脯,
>
>铁的旋风卷起了塞北沙土!
>
>铁流哟,逆暑披风,
>
>无限的艰难,无限的险阻!
>
>咽下更多量数的苦楚里的愤怒,
>
>铁流的到处哟,建造起铁的基础!

这里的"铁流"是什么意思?联系当时的时代背景来看,可能是喻指1934年10月从闽粤赣边红土地上开始的红军长征。长征历时一年,1935年10月到达陕北。因而有人认为这一段"咏铁流","是中国新诗史上最早歌颂中国共产党领导下的二万五千

里长征的诗篇"①。

拓展阅读：

陈永正：《岭南文学史》，广东高等教育出版社，1993

罗可群：《广东客家文学史》，广东人民出版社，2000

郭真义：《晚清粤东客籍诗人群体研究》，当代中国出版社，2004

曾令存：《"客家文学"的发生》，《学术研究》2006年第2期

钟俊昆：《客家文学史纲》，黑龙江人民出版社，2007

罗可群：《现代广东客家文学史》，广东人民出版社，2008

---

① 蒲风诞辰90周年纪念会在榕举行［N］．福建日报，2001-09-15；张建智．绝版诗话［M］．上海：复旦大学出版社，2012；159.

山歌、汉乐与曲艺

客家山歌与山歌剧,广东汉乐与广东汉剧,以及木偶戏、说唱音乐竹板歌、客家舞蹈等等,是客家移民文化的产物,也是客家文化的艺术表达。客家山歌是在客家民众长期生产生活中产生并为客家民众喜爱的民歌,是汉民族与其他民族智慧融合的结晶。客家山歌剧则是新兴的、最受客家老百姓喜爱的,以客家话作为舞台语言,以客家地区的客家山歌、小调、杂曲为音乐基本曲调的地方戏曲剧种。古朴、醇和的广东汉乐,是既有中原音乐韵致,又有客家本土特色、南方民歌质朴的音乐风格的古老乐种。作为广东三大剧种之一的广东汉剧,则是清代雍正至乾隆时期，徽剧传入广东后形成并流行于广东的梅州、惠州、韶关等闽粤赣边区各地的、用中州官话演唱的客家戏曲剧种。始于汉代，兴于唐代，盛于宋代的客家提线木偶戏，是随着中原汉民南迁而传入客家地区，与客家当地音乐结合，形成独具客家特色的曲艺品种。源自赣南"古文"艺术的客家竹板歌，是客家百姓喜闻乐见的、与客家山歌紧密相连的说唱艺术。杯花舞与采茶舞，是最具客家特色的代表性客家舞蹈，流传、盛行于民间，又常登戏曲音乐舞蹈之大堂。

  本章将以粤东梅州客家地区为考察基点，介绍流行于客家地区的山歌与山歌剧、广东汉乐与汉剧及其他客家曲艺的源流、种类和特征等内容。

第一节 客家山歌与山歌剧

一、客家山歌的源流

客家山歌是客家文化的重要组成部分，是移民文化的产物。客家山歌继承了中国古典文学的精华，具有诗经遗韵、国风体格。在漫长的迁徙过程中，客家先民承袭着历史悠久的传统文化，不断吸收经过地区民间丰富的文化滋养，逐步形成自己特色的客家山歌。

《诗经》中十五国风的民歌，创作于西周初叶至春秋战国中叶，反映了古代中原民间文化，其歌词言简意赅，朴实无华，富有诗意。大量的例子表明，中原古代民歌中的诗经"十五国风"和"乐府民歌"以及唐诗中的竹枝词，在表现形式、表现手法、修辞风格上，特别是在"赋""比兴""比喻""双关""韵律""声调"方面，与客家山歌基本上是一致的。如《诗经·周南·关雎》：

关关雎鸠，在河之洲。

窈窕淑女，君子好逑。

一对对啾啾鸣叫的雎鸠，雀跃在河上的沙洲，好像那幽娴美丽的姑娘，引起年轻小伙子的追求。这是一首描写男女之情的民歌，表现手法上用了"比兴"，借物托起，触景生情，先言他物，然后引起所咏之物。这一手法在客家山歌中也是常见的。例如：

麻竹搭桥两头空，两人相好莫露风。

燕子衔泥嘴爱稳，蜘蛛牵丝在肚中。

河边石子生溜苔，思想阿妹唔得来，

七寸枕头睡三寸，留开四寸等妹来。

在客家山歌中，借物托起，触景生情的比兴手法随处可见：

一朵红花在水中，想去探花水又深，

因为探花跌落水，纵然浸死也甘心。

种树爱种松树秧，恋郎爱恋老实郎，
　　松树正系长青树，老实阿哥情正长。

　　日头一出照四方，唐山隔番路头长，
　　鸳鸯枕上矛双对，日里挂念夜思量。

　　鸭子细细敢落塘，鲤鱼细细敢漂江，
　　蜜蜂细细恋花树，妹子细细恋情郎。

　　入山看见藤缠树，出山看见树缠藤，
　　树死藤生缠到死，树生藤死死也缠。

　　风吹竹叶满天飞，两人离别正孤凄，
　　灯草跌落猪红钵，呕血攻心脉人知？

客家山歌与《诗经》十五国风在修辞手法、艺术风格上基本一致，不同的地方在于：这些流传在中原地区的古代民歌是用文言古语，而客家山歌是用方言俗语；前者多为四言体，后者多为七言体。唐代是中国诗歌历史发展的高峰时期，当时七言体民歌"竹枝词"逐渐盛行，比如唐代诗人刘禹锡的竹枝词：

　　杨柳青青江水平，闻郎江上踏歌声。
　　东边日出西边雨，道是无晴却有晴。

上述竹枝词七言体民歌在晚唐时期的中原汉民中已很流行，随客家先民第二次大迁徙，把中原这一体裁的民歌带到南方来也是很自然的事。下面的客家山歌与上面的竹枝词很相似：

　　隔远听到崩苎声，看紧有行又矛行，
　　一阵日头一阵雨，看紧有晴又矛晴。

二、客家山歌的种类与特点

（一）客家山歌的种类

关于客家山歌的分类，说法众多，从山歌内容和山歌形式等综合来看，可分为山歌号子、爱情山歌、抒情山歌、习俗山歌、叙事山歌、尾驳尾、逗歌、虚玄歌、猜问山歌、拆字山歌、叠字山歌、拉翻歌、竹板歌、庙堂山歌、戏曲山歌等15种。

山歌号子。又称"歌引子"，既可以冠于山歌之前，也可以单独唱。仅粤东客家梅州地区的山歌号子就有十多种。如梅县松口山歌号子：

噢嘿……

依溜哇老妹哎……

有好山歌哇……

你嘟溜哇……溜等呐……来哟……嘿！

爱情山歌。顾名思义，是指表达爱情内容的山歌，主要依据歌词的内容来划分，形式可以是各样的。这类山歌占有客家山歌中最多的一部分，最著名的一首松口山歌《客家山歌特出名》，就道出了爱情山歌在客家山歌中的所占分量：

客家山歌特出名，条条山歌有妹名。

条条山歌有妹份，一条有妹唱唔成。

抒情山歌。是指依据山歌歌词内容来划分的，意指抒发人们情感的一类山歌，歌词可以运用各种修辞手法，形式也可以各式各样，如对唱、独唱、尾驳尾等。

心里欢喜爱唱歌，唱得太阳唔落坡。

唱得城乡无昼夜，唱得人间幸福多。

口唱山歌脚不停，歌声飞入半天云。

心雄唔怕天作孽，丰收全靠火样情。

习俗山歌。是指在客家民间习俗中演唱或唱民间习俗的山歌。客家民间习俗活动丰富多彩，涉及人们生活的方方面面，婚丧嫁娶、四时节令都有山歌活动或山歌形式存在。如客家妇女在出嫁时对父母的不舍和牵挂时的五句板山歌《哭嫁歌》：

妹子就要嫁到别人家，

出嫁妹子泪花花，

名贵床铺𠊎都难睡目，

海味饭菜𠊎吞唔下，

牵肠挂肚难舍𠊎介阿爸同阿妈……

叙事山歌。叙事山歌篇幅较长，一篇少则十几首，多则几十首、甚至上百首，主要用于叙事，有人物、情节、故事。

尾驳尾。是一种头尾接驳的山歌，通常叫它"尾驳尾山歌"，是"顶针"（也叫联珠、联锁）修辞手法的活用。其实叫"尾驳头"或"头驳尾"才更确切。例如：

甲：一心唱歌望人和，唔知老兄意如何？

梨木秤杆壁上挂，唔知有砣搭呀么？

乙：唔知有砣搭呀么，有哩秤杆配秤砣。
　　有货上钩𠊎会搭，有歌唱来𠊎会和。

甲：有歌唱来𠊎会和，讲唱山歌你过多。
　　兴宁五华唱光转，盖过松口搭三河。

乙：盖过松口搭三河，𠊎歌无你歌咁多。
　　龙川河源唱光转，盖过惠州搭博罗。

逞歌。逞歌原先主要是民间说唱艺人采用，叫作"吵骂措"，老山歌手也会用来"斗嘴"。"逞歌"有夸张、吹牛、讲大话的成分，其主要特征就是"逞"，一方面吹自己，一方面贬对方，生动、有趣。例如：

甲：讲唱山歌𠊎过会，踏米唔当机器碓。
　　四句平板随口答，唱日唱夜唔晓瘵。

乙：唱日唱夜唔晓瘵，讲唱歌子硬有赛。
　　七大皮箱装歌本，看呀瞒人正过会。

甲：看呀瞒人正过会，无被拿到衫来盖。
　　大韵山歌你又少，小韵山歌你唔会。

乙：小韵山歌你唔会，明明鸡啼喊狗吠。
　　上昼唱到下昼转，唱到你喊打后退。

虚玄歌。"虚玄歌"以歌词虚无玄渺而得名，专门唱"虚玄"的事，是一种趣味歌，偶尔也寓有嘲讽的意思。虚玄歌有五句一首歌，也有四句一首的。例如：

　　大家听𠊎唱虚玄，捉只蚊子十分狠。
　　蚊翼大过门扇板，蚊脚拗到做犁辕。
　　狗虱拖过三丘田。

　　狗虱拖过三丘田，虚玄紧唱紧新鲜。
　　昨晡养个昂伢仔，今朝走去买黄烟。
　　晓同老板讲价钱。

猜问山歌。猜问山歌和一般的问答山歌不同，它具有猜谜的成分，是由民间谜语、童谣发展而成的。例如：

问：脉介（什么）生来背虾虾？
　　脉介生来一大车（串）？

脉介生来皮抻骨溜绉？

脉介生来皮绉骨抻车（光滑）？

答：香蕉生来背虾虾，葡萄生来一大车，

桃子生来皮抻骨溜绉，荔枝生来皮绉骨抻车。

拆字山歌。拆字山歌就是拿汉字的结构做文章，编成山歌。拆字山歌讲究"拆"得切字切意。"切字"就是要符合所拆字的字体结构特征，以拆得形象、生动为好；"切意"，就是歌词内容要与所拆的这个字有关，以贴切又有山歌味为好。如拆"和"字：

和字写来口加禾，讲唱山歌爱（要）人和。

家和就能万事兴，国和就多盛世歌。

这首山歌是用"拆开"的方法唱一个字。另一种是用"组和"的方法唱一个字，如唱"千"字：

一笔写来一横杠，一笔直落十字装。

十字头上加一撇，千恩万谢好爷娘。

叠字山歌。"叠字"就是反复使用一个字或几个字，每句都重复使用一次或多次。"反复"是客家山歌常用的修辞手法，叠字山歌是运用"反复"修辞手法发展而成，通篇都是反复，用叠字构成一首山歌，别具一格，成为一个品种。例如：

斜风斜雨落斜河，斜竹斜篾织斜箩。

斜衣斜线安斜纽，斜妹斜眼割斜哥。

久无行船忘记河，久无莳田忘记禾。

久无读书忘记书，久无唱歌忘记歌。

老衫老被汜老屋，老箱老柜放老谷。

老茶老酒叙老情，老夫老妻享老福。

还有一种，不是叠字，而是叠句，类似戏曲中的叠板，例如：

新打镰刀紧磨紧利、紧擦紧发光。

老妹紧大紧会劳动生产、会写会算、会弹会唱、样样工作都在行；

老妹千祈唔好嫁畀十字街头游游于丁、好食懒做、

花花假假、骗骗詑詑郎当古；

老妹千祈爱嫁深山壁背角里烧灰打炭、战天斗地、

勤勤俭俭、会划会算、老老实实、乌乌赤赤、背囊上

晒起松光节、水渌下去都会弹走个劳动郎！

拉翻歌。又叫"挪翻歌""颠倒歌"。它是一种趣味歌，有的是儿歌童谣，也有的是讽刺歌。它故意将两件事情弄颠倒，客家话叫"拉拉翻"，例如：

<blockquote>
拉翻歌来拉翻歌，拉翻兜凳拉翻坐。
赶鸭上山吃树叶，赶羊下水觅田螺。

拉翻歌来拉翻歌，风吹磨石跌落河。
古井肚里下乌薮，竹头尾上捉罢哥（小鱼）。
</blockquote>

竹板歌。也属山歌一种。（详见本章第四节）

庙堂山歌。粤东客家梅州各地有一种丧葬习俗，就是人死后丧家请僧尼"做斋"（即做道场）超度亡魂，叫作"香花佛事"。这是一种本地独创的、富有客家文化内涵的法事。法事仪式过程中大量的唱段采用吟唱的方法演唱，所用的曲调主要源自竹板歌、小调和山歌，于是便具有了另一种韵味。例如：

<blockquote>
屋背树子叶又开，堂前子女叫无娭。
出门看到人娭在，目汁流来扫唔开。
</blockquote>

——《叹亡杂唱》

<blockquote>
天上乌云浸浸青，又想落雨又想晴。
又想捡来赎牒去，又想留来买田耕。
</blockquote>

——《赎牒科文》

戏曲山歌。梅州各地的地方戏剧山歌剧、采花戏和花朝戏，与客家山歌有很深的渊源。特别是山歌剧，是20世纪50年代在山歌的基础上发展起来的新兴剧种。它的唱腔，多数是由山歌连缀或发展而成，有的甚至是原板山歌。它的唱词，都具有客家山歌的文学特征，有的唱段，可以脱离原来剧本规定的人物和情节而独立存在。例如：

<blockquote>
日快落山黄又黄，又照河来又照江。
万丈深潭照到底，就难照见哥心肠。
</blockquote>

——山歌剧《唱夫妇》

<blockquote>
一心种竹望入云，谁知竹尾向下沉。
恨我当初瞎了眼，错把禽兽当作人。
</blockquote>

——山歌剧《彩虹》

（二）客家山歌的特点

客家山歌在我国浩瀚的民歌中独树一帜，有着鲜明的特点，主要表现在山歌语言运用、歌词修辞方式和山歌曲调三方面：

山歌语言运用。客家山歌是用客家方言写成，用客家方言歌唱的。客家方言的使用是"全方位"的：首先是语音，是用客家话押韵；其次是语汇，歌词中的方言俚语、谚语俗语、惯用词语等熟语，随处可见；再次是语法，客家话有许多不同于普通话的语法，这在山歌里也是常见的，如"脱身唔得见亲哥"这句山歌里的"脱身唔得"，就是个倒装句，如若改成"不能脱身见亲哥"，那山歌味也就大打折扣了。

歌词修辞方式。客家山歌的修辞手法非常丰富，从诗歌最基本使用的"赋、比、兴"表现手法，到双关、歇后、反复、顶针、对偶、排比、铺陈、对照、夸张、比拟、烘托、故问、引用、借代、反语等，无所不用。往往一首山歌中就有多种修辞手法。如：

秤砣落地斤打斤，秤杆挂壁打单身。

盘古手里蒸缸酒，千载无娘等到今。

这首山歌中使用的修辞手法至少有如下七种：①对偶。第一、二句是一副宽对。②比喻。有秤无砣是借喻（比喻的一种），没有配偶。③比拟。将本是物体的秤杆秤砣拟人化，说它俩"打单身"。④夸张。等意中人（娘）从盘古开天地等到如今。⑤引用。盘古是一个远古的神话故事中的人物。⑥双关。"娘"谐音双关"酒娘"与"姑娘"。⑦歇后。第三、四句是歇后语"盘古蒸酒等到今——无娘"的分体式结构。

山歌曲调。客家山歌在音乐方面，当然也有它的特征。客家山歌的音调，高扬绵长的也好，平稳流畅的也好，既有古朴的遗风，又带有几分忧愁。音区较高，音域较窄，旋律级进较多，跳进较少，节奏比较自由，节拍多样，常出现混合节拍。多三声或四声音阶，常用"5、6、1、2"或"6、1、2、3"。调式基本上是羽调式，落音是"2、1、1、6"，或徵调式，落音是"1、6、6、5"。多用衬词、装饰音和拖腔。有它惯用的、具有独特风味的音乐语言。

上述三方面的特征，是构成客家山歌"山歌味"的重要元素。

三、客家山歌剧的成因、发展与剧种特色

客家山歌剧，是以客家人日常生活中使用的客家话作为舞台语言，以客家地区的客家山歌、小调、杂曲为音乐基本曲调的新兴的地方戏曲剧种。客家山歌剧从形成到今天，已有60多年的历史，主要流行于广东、江西、福建以及广西等客家人居住的地

区和东南亚等海外客属华人聚居地。粤东梅州是客家山歌剧流行最广、表演团体最多的地区,是客家山歌剧剧种的发源地和主要传播地。

(一) 客家山歌剧的成因与发展

客家山歌剧形成的时间不长,至今才60多年的历史。"由歌而剧、歌不离山",是人们对山歌剧的渊源和特点的共识,指的是山歌剧源自客家山歌,是在民间客家山歌的演唱和表演基础上而逐渐形成和发展的,剧中的音乐离不开客家山歌的素材音调。

在战争年代,游击队文工团就充分利用山歌做革命宣传,当时主要是借用原版山歌来套词,如《夸老公》《夫妻识字》等。1949年中华人民共和国成立后,粤东梅州地区群众纷纷用山歌抒发翻身的喜悦,用山歌来讴歌新生活,宣传党和政府的方针政策。群众性山歌演唱活动迅速发展,文艺工作者将山歌搬上了舞台,表演形式从独唱、男女对歌到小组唱、表演唱等,并创作了有简单人物形象和情节的山歌剧。1951年,粤东兴(宁)梅(县)军分区宣传队以客家山歌为基础编演的动员参军的小戏《一对好夫妻》才正式以山歌剧命名,并获得军区会演奖项,地方报纸也开始出现了"山歌剧"的称谓。

1957年,第一个专门演出客家山歌剧的专业剧团"梅县民间艺术团"的成立,代表着客家山歌剧这朵新葩开始立于全国剧种之林。米柯(原名陈美豪)编曲、梅县石书乡俱乐部首演的独幕山歌剧《巧相逢》,成为梅州山歌剧初期的代表作。1993年编辑出版的《中国戏曲志·广东卷》将客家山歌剧正式归入戏曲范畴。

60多年客家山歌剧的发展大致经历了如下几个时期:

1. 剧种形成时期 (1956年前)

代表剧目有《夸老公》《夫妻识字》《一对好夫妻》《巧相逢》,演员有熊莉梅、张振坤、饶稚兰、胡电明、蓝小田等,主要编剧有夏浓、陈衣谷、陈美豪、李浒、张梓林、肖山、老董、罗仲庭、林青、徐放等,主要作曲有颜瑾光、滕仲英、徐功顺、郭日东、吴镜荣、陈美豪、张仲池、刘天一、张振坤、刘国兴、钟辉宝、马廷凯等,主要导演有伍权、周志成、戴冠、李浒、陈飞云、谢文芳、田志忠等。

2. 发展成熟时期 (1957—2001)

代表剧目有《唱夫归》《挽水西流》《彩虹》《相思豆》《漂流的新娘花》《啼笑冤家》《山稔果》《山寨红灯笼》《虹桥风流案》《风雨桃花》,主要演员有钟秋环、田莉梅、郑钢坚、宋小平、赵文有、徐秋菊、邹燕、童爱娜、王映楼、杨谊、胡莞维、陈庆艳、龚梅婉、宋慧明、汤松发、饶栋成、李俊通、潘素珊、刘丽娜、林小舒、陈东芳、易耀才、黄益平、周坤华、林晓玲、陈小惠、肖利玲、姚宝良等，主要编剧有罗锐曾、廖武、林钦兰、刘永清、何必、李树坚、黄莺谷、黄秉增、陈星天、陈柄祥、曾祥训、曾桂森、陈晓春、肖伟光、蔡汉明、林韩璋、曾宪眉、薛存忠、徐华才、徐青等，主要编曲有滕仲英、陈勋华、张廷元、刘国兴、钟辉宝、谢高、张标秀、林继如、陈淳和、黄延元、杨露、陈光华等，主要导演有林楷昌、林艳发、徐乃果、王盛德、林清镜、肖远光、田志忠、李镜奎等。

3. 繁荣与精品时期（2002年至今）

山歌剧《彩虹》剧照

代表剧目有《等郎妹》《山魂》《桃花雨》《合家福》《古寨牛人》《围屋旧梦》《红婚纱》《客魂·家风》等，主要演员有杨苑玲、王映楼、潘倩、古启胜、潘锡岳、曹艳常、叶雪夫、叶柳华、廖明星等，编剧主要有罗锐曾（国家一级编剧）、廖武（国家一级编剧）、林文祥（国家一级编剧），主要作曲有陈勋华（国家一级作曲）、黄延元（国家二级作曲）、滕冬红（国家二级作曲）等。

其中，《等郎妹》（2002）、《山魂》（2005）、《桃花雨》（2008）、《合家福》（2011）、《客魂·家风》（2014）等大型客家山歌剧，分别在广东省第八至十二届艺术节上获得一等奖，创造了地方小剧种在省级艺术节上"五连金（奖）"的奇迹。《等郎妹》还在2003年第八届中国戏剧节获得多项大奖，2006年还获得广东省"五个一工程"作品奖和广东省"鲁迅文艺奖"。《山魂》还获得2007年广东省"五个一工程"作品奖，《桃花雨》在2010年文化部举办的第九届中国艺术节荣获第十三届文华优秀剧目奖，客家山歌剧第一次获得中国戏剧节最高的政府奖项。《合家福》还获得了2012年广东省"五个一工程"奖和2013年广东省"鲁迅文艺奖"。同时，大型客家山歌剧《围屋旧梦》（2008）、《红婚纱》（2011）、《古寨牛人》（2014）等剧目也分别在广东省第十、第十一、第十二届艺术节上获得多项大奖。一时间客家山歌剧成为广东戏剧界的焦点，小剧种做出大文章，营造出了令同行内争相评说的"山歌剧现象"。

(二) 客家山歌剧的剧种特色

客家山歌剧作为一个地方的小剧种，只有短短 60 多年的历史，却因其鲜明的艺术特色而立足于全国戏剧之林：

1. 客家话与客家山歌，彰显鲜明的剧种特色

客家山歌剧是以客家话作为剧种的舞台语言，具有明显的地方特性。使用客家话为舞台语言，就给山歌剧贴上了鲜明的客家标签，直接把剧种指向了客家地方，把剧种的产生地和流传区域昭示明了。客家山歌剧的音乐和唱腔，从剧种的最初雏形到今天，都一直坚持用客家地区的山歌、小调等民间歌曲和音乐为素材，或原生态照搬，或加以改编，或取素材加以创作发展。因此，在山歌剧演出中，只要音乐一起，演员一开腔，那优美浓郁的山歌音韵就仿佛天籁般萦绕于耳际，把观众直接带入了客家世界。

2. 与传统戏剧比较，更具现代性和可塑性

传统的戏剧如京剧、汉剧等，在表演上程式化，角色行当固定化，音乐唱腔板腔化，体现了形式美；而客家山歌剧，除坚持剧种特色不变外，在表现上没有任何束缚，注重人物的体验性，接近生活，更接地气。

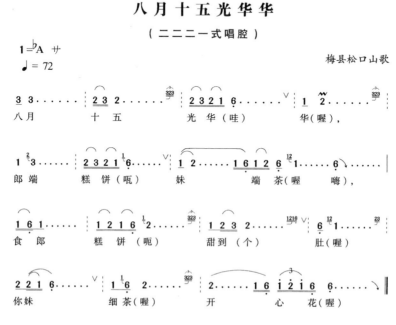

(选自客家山歌王张振坤山歌集)

山歌剧的剧本文本没有局限性，既写意，又写实，既可以使用传统戏剧文本，也可用现代各种题材形式；音乐手段既有传统的民族乐队，又可用大气的交响乐队和现代潮流的电子音乐；唱腔根据角色需要、作曲理解和演员自身条件设计，没有束缚。在演员的身段、舞台表演和唱功训练上，既向传统戏曲学习，又向现代舞蹈艺术学习；在舞台表演上载歌载舞，融合了传统戏曲、歌剧、舞剧和话剧的表演形式，丰富多彩，形式多样，充分体现了新剧种的特性和优势。

四、客家山歌与山歌剧的代表人物

（一）客家山歌代表人物

客家山歌源远流长，在遇到梅州客家山歌发展的不同时期和不同阶段，各地都出现过一些杰出的山歌大师或山歌手，在粤东梅州近代历史上，最杰出的代表性人物有梁带英、陈贤英、周天和、张振坤、余耀南、汤明哲等人。

梁带英（1918—1990），女，梅县松口著名农民山歌手，她的歌声和腔板都很好，特别是唱松口山歌，无人能比，在 20 世纪 50 年代名气很大。1956 年，梁带英应邀随广东省歌舞团赴北京演出，并专门到叶剑英元帅家中为其演唱客家山歌，听得元帅直呼过瘾。梅县办起山歌剧团后，梁带英还被邀请到该团做艺术指导。

陈贤英（1912—2004），女，山歌大师，兴宁人。虽没读过书，但才思敏捷，山歌唱得非常好。有一年，已经 80 多岁的她，为了家里做酿豆腐这道菜，上街去买肉买鱼，卖猪肉的说："如果你以我肉档的景致为题能唱一首山歌，我送二斤猪肉给你。"在 10 多个人作证下，陈贤英微微一笑随即开口就唱："猪肝心肺好名声，食味唔当夹心尖。总爱猪肉卖上价，送减二斤还有赢。"顾客们热烈鼓掌，刀手也很高兴，一刀下去，送她二斤猪肉。鱼档的老板听说她的猪肉是山歌唱来的，便说："如果你能打好我鱼档的景致，我的鱼也送给你。"在众人助威下，陈贤英又唱道："东走江湖西走山，南游沧海北游关，有马唔骑坐行路，直路唔行涯坐弯（鲩）。"鱼档老板只好送一条鲩鱼给她。陈贤英提着鱼和肉回家，后面还跟着许多听众，她回过头来又唱："人家鱼肉爱钱花，**偓**买鱼肉靠嘴码，山歌拿来酿豆腐，孝敬**偓**家灶君爷。""山歌酿豆腐"的故事，从此在当地传为佳话。

余耀南（1938—　），男，广东大埔县青溪镇长丰村人，1938 年 6 月生于马来西亚，梅州市山歌大师，2008 年被列为国家级非物质文化遗产客家山歌代表性传承人。

是出了名的急智歌王,出口成歌,侨胞们称他为"山歌圣手""大埔的侯宝林"。1990年10月2日,在梅州市90'山歌节山歌斗歌擂台赛中,周天和(另一山歌手)给他出了道难题:"县委书记一年劳动多少天?"才思敏捷的余耀南唱道:"你问县委书记一年劳动多少天?𠊎话干部群众心相连,一年三百六十五,除了开会就下田。"周天和斗歌中又出一道难题:"你家春节纸炮买了多少钱?"余耀南又对唱道:"你问𠊎家春节纸炮买了多少钱?今年不比往常年,𠊎家年三十晚放纸炮,初一开门还有烟。"精彩有趣的擂台斗歌,在场观众无不为他的捷才和风采所折服。

1964年周总理在广州接见山歌剧演员(右二为张振坤)

张振坤(1936—1996),男,广东兴宁人,被誉为"客家山歌王"。早年得到客家民间老艺人张一鸣、梁带宽、杨之娣等人的指导,后来受教于上海音乐学院王品素、谢沼曾等名师学习声乐,张振坤把美声唱法很自然地带入了客家山歌的演唱中,为客家山歌的创新探索出一条新的发展路子。他创作的《歌声飞过淡水河》《世代铭记毛主席恩情》等歌曲,在民间传唱率很高。张振坤对民间客家山歌的收集和创作做出了极大的贡献。

周天和(1930—2016),男,广东兴宁径心镇人。1990年被授予梅州市山歌大师称号。周天和天资聪颖,头脑机灵,天生口齿清晰,声音洪亮,对山歌特别是五句板说唱造诣很深,在创作和山歌擂台赛中能熟练地把客家方言、双关比喻、谚语、歇后语运用其中,使他的唱功娴熟、山歌内容丰富、生动,成为闽粤赣客属人聚居地家喻户晓、深受欢迎的山歌艺人。2010年12月在梅州举办了第四届中国(梅州)国际客家山歌文化节,在山歌擂台赛上评出了四位山歌大师,其中钟柳红、钟伟华两位新山歌大师就是周天和的弟子。

汤明哲(1934—),男,广东梅州市蕉岭县高思人。从小就热爱客家山歌,从事山歌创作和演唱几十年。汤明哲曾说:"本人来自山歌乡,从小山歌结鸳鸯,三餐食饭歌拌饭,大家称我山歌汤。"他常怀抱一把秦琴,自编自弹自唱自演,一手客家五句板堪称一绝,五句板说唱《夸老公,夸老婆》是他的代表性作品。他文思敏捷,歌才横溢,擅长斗歌和即兴山歌,深受客家民众喜欢。1977年中秋他到五华县巡回演出时,遇上下雨天，他拿起话筒唱道："天上落雨响沙沙，群众戴笠又擎遮（客家话雨伞），后面观众看唔到，大家赶快来收下。"听到他的山歌，使得台下的观众把雨伞和斗笠全部放下，会场立刻安静下来。汤明哲重视培养新人，毕生致力于客家山歌的传承，至今还孜孜不倦，不遗余力。1990 年由梅州市人民政府授予"山歌大师"称号。2009 年 6 月，被评为国家非物资文化遗产客家山歌代表性传承人。2000 年，获中国文化部授予"新中国曲艺五十年特别贡献曲艺家"称号。

一方水土养一方人。纵观客家山歌人物，从梁带英到汤明哲，无不是被客家山歌的魅力所吸引，被客家山歌中的艺术精华所感染，使他们走上爱山歌、唱山歌、写山歌、教山歌的道路。他们默默的奉献和一个个动人的山歌故事，又使得客家山歌更广泛地传播并且深入人心。

（二）客家山歌剧代表人物

客家山歌剧形成 60 余年来，经历了形成、发展和繁荣等时期，一代又一代山歌剧人创作了许多著名的剧目，也涌现出了一批批的山歌剧人。代表性的人物主要有：

夏浓（1923—　），男，原名吴宗海，客家山歌剧著名剧作家，原籍广东普宁，新加坡归侨。曾在粤东报界和文艺界工作，1961 年进入山歌剧界，任地（市）级剧团专职编剧，是山歌剧前期的创作领军人。1980 年后定居香港，主编过《地平线》等报刊。现为香港文艺家协会理事。主要山歌剧作品有《彩虹》《江岸来客》《降龙夺珠》《足球世家》等。其代表作《彩虹》于 1965 年晋京演出，轰动京城，剧组受到毛主席等党和国家领导人接见，北京及省内外剧团纷纷将该剧移植上演。《彩虹》一剧已成为山歌剧前期里程碑式的经典剧目，数十年来久演不衰。

罗锐曾（1945—　），男，梅县人，国家一级编剧，中国戏剧家协会会员，梅州市戏剧家协会荣誉主席，享受国务院特殊津贴专家，客家山歌剧著名剧作家。1970 年中山大学中文系毕业后从事山歌剧创作与研究。先后创作并上演了《几度明月》《孤臣恨》《虹桥风流案》《漂流的新娘花》《红丝结》《啼笑冤家》《山寨红灯笼》《等郎妹》（合作），以及《桃花雨》（合作）、《红婚纱》（合作）、《合家福》（合作）等一批颇具影响力的大型山歌剧。作品曾获文化部文华剧作奖、中宣部"五个一工程"作品奖、中国戏剧节优秀编剧奖、中国艺术节文华优秀剧目奖、广东省"鲁迅文艺奖"、广东省"五个一工程"作品奖、广东省艺术节编剧一等奖等多项大奖。1990 年在广东省艺术研究所召开"广东剧作家罗锐曾作品研讨会"，对其女性题材"三部曲"的创作风格、情感色彩及雅俗共赏的文辞特征进行研讨，省内外专家充分肯定其文本形态对丰富山歌剧的特色和推动剧种发展所起的作用。

南歌（1933—1998），男，原名滕仲英，国家一级作曲，中国音乐家协会会员，梅州客家山歌剧发展史上最重要的作曲家之一。1962年从广州乐团调到汕头专区山歌剧团（现梅州市山歌剧团）以来，一直担任山歌剧团编曲一职。他主张梅州客家山歌剧的基本曲调应以梅县为中心，从近而远的客家语区中去选择，坚持以客家山歌为主体，并蓄客家语区其他民间音乐以及少量的创新中所必需的素材。为强化山歌剧剧种特色，提出"母子腔"来规范山歌剧唱腔。其写作手法主要采用"套"和"编"两种，并少量采用"创"的手法，先后创作有40多部山歌剧音乐，他设计的唱腔，吻合人物特征，山歌风味浓郁，旋律优美，自然流畅，能很好地刻画人物，营造气氛。其代表作品早期有1965年的《彩虹》，后期有1988年的大型山歌剧《漂流的新娘花》、1989年的山歌剧电视艺术片《虹桥情》。这两部山歌剧吸收了新歌剧的技法，曲调创新成分较重。1993年大型山歌剧《啼笑冤家》的唱腔清新活泼，具有现代音乐的歌舞节奏。南歌为梅州山歌剧剧种风格的形成起了重要作用。

陈勋华（1945—　），男，梅县人，国家一级作曲家，中国音乐家协会会员，梅州市音乐家协会荣誉主席，梅州客家山歌剧发展史上最重要的作曲家之一。1982年任梅州市文工团作曲、乐队指挥、团长，1995年进入梅州市山歌剧团任作曲。主张山歌剧向多元性、新歌剧的风格方向发展，积极尝试在山歌剧音乐唱腔设计上运用戏曲板腔、歌剧、音乐剧等多种形式。其主要代表作品有大型山歌剧《山稔果》（1995）、《山寨红灯笼》（1998）、《等郎妹》（2002）、《山魂》（2005）、《桃花雨》（2008）、《红婚纱》（2011）、《合家福》（2011）、《客魂·家风》（2014）、《古寨牛人》（2014）等。其作曲技法专业性强，不拘一格，具现代风格，在保持山歌剧传统的创作手法基础上，注重选用山歌音调为素材进行编曲和创作。其设计的山歌剧唱腔旋律优美舒展，人物特征鲜明，既有浓郁的客家山歌特色，又极具现代音乐风味。唱段吸收歌剧成分较大，能充分发掘演员的歌唱潜能；音乐及配器交响性强，注重运用现代电声乐队与传统中西乐队的结合来丰富唱腔的表现力。由陈勋华作曲，在2002年广东省第八届艺术节以及2003年西安全国戏剧节上获得大奖的大型山歌剧《等郎妹》，音乐山歌特色鲜明，优美大气，撼人心魄。其在设计唱腔时，锐意创新，采用歌剧结构，并适量运用戏曲板腔。该剧中大量运用了离调、转调等作曲技法，充分吸收歌剧中宣叙调、朗诵调、咏叹调等因素，出现了许多比较高难度的独唱、重唱、混声合唱以及无伴奏合唱等歌唱形式，使人物的唱段更具可听性和技术性。《等郎妹》在山歌剧唱腔音乐上是一次大的突破，是梅州山歌剧的一座里程碑。她充分展示和体现了山歌剧的独特魅力，将山歌剧唱腔音乐推上了一个前所未有的高度，唱腔的创作样式为后来山歌剧的编曲提供了更为广阔的发展空间。

第二节　广东汉乐与广东汉剧

一、广东汉乐的源流

源于中土礼乐的广东汉乐是广东三大乐种之一，是客家人融汇当地音乐元素并逐渐演变成脱离戏剧舞台而进行单独演奏的丝弦音乐。它既有中原音乐韵致，又有本土特色。它从中原随移民播迁到赣闽粤客家地区，距今已有1600多年的历史，主要分布在粤东客家方言地区的梅州各市县及东南亚的一些华侨聚居地。冯光钰在其《客家音乐传播》中认为广东汉乐是一种移民文化的产物。

广东汉乐是历史上客家人精神世界的生动写照，是他们世代相承的精神记忆，也是客家音乐文化发展多样性的生动见证。它是粤东客家地区唯一不用地域命名的乐种，不仅富有南国的清纯秀丽，也承袭了中原庄重沉稳、朴实大方的古风。演奏的乐曲中保留着宫廷音乐乐曲，新中国成立前广东汉乐的手抄乐谱封面均称为"中原古乐"。广东汉乐在没有定名之前叫法不一，有"中州古乐""和弦索""闹八音""汉调""丝弦音乐""中军班""外江弦""锣鼓吹""粤东民间音乐"等。直至1962年在广东"羊城音乐花会"期间被专家学者深入挖掘研究后方才定名为"广东汉乐"。2006年，经国务院批准列为第一批国家级非物质文化遗产名录。

历史上，广东汉乐是这一乐种爱好者在农闲节令、茶余饭后聚集在一起演奏的"和弦索"，没有专业的队伍，参加演奏的人数不定，长期处于群众性的自流状态。自20世纪20年代开始，广东汉乐以"国乐"之名，通过乐社组织的形式流行于民间，如汕头的"公益社"和"以成社"、大埔的"同益国乐社"、梅县的"同艺国乐社"、揭阳的"儒乐社"、广州的"潮梅音乐社"、马来西亚的"大埔国乐社"、泰国的"肖夏玉国乐社"等，还有"私伙局"的现象也是一个很好的见证。广东汉乐盛行的大埔县是"广东汉乐之乡"。广东汉乐自明清嘉靖三十六年（1557）以来首创《大埔县志》始记

有关乐事起,便有"埔之在潮弦诵媲邹鲁""家诵户弦或比屋弦书"之誉。据不完全的统计,全县广乐汉乐的演奏点有 200 多处,县城家庭式的汉乐演奏点有 50 多家,呈现出了"村村闻鼓乐,处处弄弦箫"的空前盛景。它是广东汉乐名副其实的"藏金阁和聚宝盆"。

二、广东汉乐的分类和特征

广东汉乐常作为戏曲的引子或过门、唱段的伴奏音乐,同时也是能脱离戏剧舞台而进行单独演奏的音乐。现存 800 多首乐曲中,有丝弦乐曲 500 多首、清乐 56 首、汉乐大锣鼓 23 首、中军班 70 首、唢呐曲牌 60 首、民间小调 73 首、庙堂音乐 31 首。

(一)广东汉乐的分类

从总体上看,广东汉乐可分为丝弦音乐和中军班音乐两大类。依据传统汉乐的演奏形式和长期演奏的习惯,广东汉乐又可分为丝弦音乐、儒乐、中军班音乐、汉乐大锣鼓和庙堂音乐五大类。丝弦音乐、儒乐一般以弦乐器为主,汉乐大锣鼓、中军班则是以打击乐器为主,庙堂音乐具有浓厚的本土音乐文化特色,更全面地展现客家民俗风情。

丝弦乐。丝弦乐是以弦乐器合奏为主,民间把这种音乐活动形式叫作"和弦索"或"和弦子"。丝弦音乐一直以来都是贵族中文人雅士所操持的一种艺术形式,"儒乐""清乐"虽然演奏形式和演奏配器不同,但都属于丝弦音乐的范畴。其音乐特点既保留了中州古乐的沉稳气质,又有南方的音乐特性,古朴典雅、秀丽流畅、轻清悦耳。演奏的曲目以传统乐曲为主,在演奏过程中都有明确的规定:慢板时不随意加花,快板时不虚华浮躁。演奏的乐器可多可少,通常使用的有琵琶、头弦、笛子、扬琴、椰胡、秦琴、小唢呐、胡琴、月琴、洞箫、笙、提胡、三弦等等。演奏时常用打击乐器的正副板和碰铃定节拍,常以富有特色的头弦领奏,提琴、小唢呐、笛子均可作为领奏乐器,头弦与小唢呐不能同时使用。

儒乐。适应于室内演奏的丝弦小组奏,不用头弦、笛子、提胡和扬琴,而以筝为主奏乐器,常用琵琶、洞箫、椰胡和小三弦合奏,俗称"三件头"。形式简练,风格雅致,素有"清乐""雅乐""儒家乐"之称,如《出水莲》《西厢词》《蕉窗夜雨》等乐曲。

中军班音乐。中军班音乐也称"打八音",即民间吹打乐,以唢呐为主奏乐器,笛子、笙、弦乐和弹拨乐器合奏，配以锣鼓和多种打击乐器，是古代宫廷里的仪仗性音乐。中军班流行于兴梅地区大埔和闽西一带，是一种职业和半职业性质的组织，专门吹奏广东汉乐。中军班音乐作为一个仪仗性的乐队，受雇于民间会社，为农村人家婚、丧、喜庆、迎神作福、庆典宴会、赞助礼仪、拜年贺节等请去演奏汉乐八音锣鼓，每班人数不等，多至20余人，少则8人。中军班的曲牌很丰富，大约有250多首，据李德礼先生的统计，其中唢呐曲牌有120多首，民间小调66首，中军班音乐62首。常演奏的曲目有《大乐》《饭后茶》《暖煲茶》《双扶船》《送歌》《得胜令》《剪剪花》《瓜子仁》《花鼓调》等。

汉乐大锣鼓。运用具有浓郁客家特色和传统韵味的大苏锣、大钹、小钹、碗锣、当点、铜钟、马锣、大小鼓等，在婚嫁拜寿、迎神赛会或其他热闹的场面和隆重的仪式中演奏。大锣鼓在粤东民间地区广泛盛行。每年的大年初一早上和元宵节期间，每家每户祈福新年吉祥如意、锣鼓齐鸣地等"狮头"的习俗，舞狮大锣鼓已成为必不可少的活动标志之一。客家传统的演奏形式分为"行锣"和"点锣"。整个乐队气势磅礴，大鼓是领导乐器，起鼓、行锣、煞鼓完全靠司鼓手击鼓（轻重缓急）和手势（刚柔徐疾）控制。"行锣"是指行进中的吹打音乐，速度稍慢，抒情性很强，如《熏风曲》等；"点锣"是指到达一个目的地定点吹打，司鼓手的控制很重要，不仅要击打出节奏的变化、还要多样灵活，强弱对比要明显，也要有切分节奏的鼓点，如《贺新春》《锦上添花》《汉乐欢歌》《将军令》等。

庙堂音乐。庙堂音乐是出家人进行宗教法事时演奏的吹打音乐，是僧尼从事道场歌经诵佛的音乐。出家人分"香花"（有家室的）、"禅河"（出家人的）两种。唐朝时便有寺观僧尼演奏。演奏时以唢呐为主要乐器，配以打击乐和若干丝弦乐。旋律多为舒缓、悲怨、低沉，以打钟击鼓敲钹定节奏或请中军班以唢呐吹奏，如《五声佛》《菩庵咒》《螃蟹歌》《碧莲池》《佛经头》《佛经》《南海赞》《仙声尾》《四季秋》等。

（二）广东汉乐的主奏乐器和特色乐器

1. 主奏乐器

广东汉乐的乐器根据形制和性能的不同，可分为吹、拉、弹、打四大类。按照传统的演奏习惯可以分为文乐类和武乐类两大类：文乐类以吹、拉、弹为主要乐器，常用的包括头弦、提胡、中胡、椰胡、笛、三弦、扬琴、琵琶、筝、低音胡、唢呐、笙、月弦、阮、号筒（已少用）、秦琴、六角胡（已淘汰）、洞箫等；武乐类以打击乐器为主要乐器，常用的包括：鼓类有小鼓、大鼓、堂鼓等，锣类有碗锣、小锣、大锣、乳锣（铜金）、当点、马锣、戥子等，钹类有小钹、大钹等，板梆类有竹板、木鱼、梆子（正板、副板）等。

2. 特色乐器

以上主奏乐器中不少同时也是汉乐演奏中的特色乐器。这里择要介绍汉乐乐器中比较有代表性的几种特色乐器。

头弦。头弦是广东汉乐的主奏乐器。在20世纪30年代以前，"头弦"不称头弦，而是称作"胡琴"，又称"吊圭子"。琴筒是用竹筒做的，发音比现在木制的"头弦"尖细，发音为"吱！吱！吱！"，它源于湖北汉剧使用的"胡琴"。30年代以后，伴奏乐器引进了"二胡"（又称"角胡"），为了与二胡区别，所以又把胡琴称作"小胡琴"。此说可以20世纪二三十年代在汕头录制的汉剧唱片《孝义流芳》《血手印》《大香山》为证。

20世纪二三十年代，潮汕地区有很多"汉乐社"，如汕头的"公益社""国乐社"等，当时有很多汉剧艺人如钟熙懿、丘赛花、李光华等常去汉乐社清唱汉剧，乐社的乐友们就把乐社所用的"头弦"引用到汉剧的戏班内，从此沿用下来。

头弦是用丝弦二根的，也有用钢丝线的。在潮剧中使用的二弦是经过广东汉剧特色乐器头弦改造而成，但它的弦筒比较大，声音比较低，弦杆比较长，常称为二弦。国家一级演员钟礼俊认为：头弦的音质清脆、明亮、音频高而穿透力极强，有"百音难压头弦声"的美誉；头弦的表现力相当丰富，演奏抒情乐曲时，如"行云流水""悠扬而典雅"，演奏欢快的乐曲时，如"大珠小珠落玉盘"，声韵铿锵，摄人心魄。经典曲目有《小扬州》《绊马索》《一点金》《迎宾客》《怀古》《小桃红传》《水龙吟》《琵琶词》《西调》《柳叶金》《落地金钱》《将军令》《进酒》《南进宫》《上天梯》《东风咏》等。

提胡。提胡也是广东汉乐的特色乐器之一。外形与二胡相似，比广东高胡的琴筒大，杆长。提胡强调滑指指法，音色娇柔浑厚，音域宽广，表现力强，可领奏亦可独奏。是广东汉乐名家饶淑枢先生于1927年改制，使用提胡后淘汰了六角胡。经典曲目有《翠子登潭》《挑帘》等。

客家筝。筝是广东汉乐的主要乐器，常用于独奏或和琵琶、椰胡、洞箫组合演奏。客家筝也叫汉乐筝，是中国四大筝派之一。客家筝是不以某固定地域独特演奏技巧或风格来定名的。而且客家筝曲受客家特定的历史条件、地理环境和当地文化背景的影响，形成一种平和、朴实、简约的音乐风格。1920年在广州成立"潮梅音乐社"、20世纪30年代在上海创办"逸响社"的广东汉乐客家筝派创始人何育斋先生，是大埔县湖寮镇吕村人，毕生致力于古筝艺术，前后三次整理了《中州古调》《汉皋旧谱》，最后编成的曲谱《词曲拾遗》《小曲汇存》，首创声字并用的"工尺谱谐声字谱"，期间总结古筝演奏方法和规律编写的《弹筝八法》。继后由罗九香为代表的客家筝艺人通过各种形式形成一种鲜明的客家筝流派。

另外，中国民间乐曲的演奏和记谱均有一个很重要的环节，就是演奏者大部分都是非职业和半职业的艺人，他们在演奏时不重视记谱、从不依赖谱子，喜欢按照习惯和喜好对曲调的骨架（也就是主旋律或骨干音符）进行即兴创作、加花、变奏等，让音响多元表现、流动、自由放任，客家筝也是这样。但客家筝也因其本身的特征和演奏局限，以五声音阶六五上尺工（5612356）定弦，凡乙（47）作为装饰性的经过音，并由于充分进行揉、吟、滑、按等演奏技法，往往不能更多地参与合奏，但客家筝古朴、沉稳持重的音色、音质却是其他乐器无可替代的。

3. 广东汉乐的记谱方法

广东汉乐的记谱主要有简谱、工尺谱和锣鼓谱。中国古代音乐记谱法属于文字记谱，大都用字符表示，通常以竖行排列。而星洲客属总会国乐部1954年出版的纪念刊则采用了横排版。中国古代音乐记谱法主要有投壶鼓谱、琴谱、工尺谱、鼓板谱、三弦谱、笙谱，以及二四谱（或弦丝谱，主要为筝谱），等等。工尺谱是一种符号谱，广东汉乐的工尺谱就是用一些字符来表示不同的音高，如"合四一上尺工凡六五乙"等，这些字符相当于现在的简谱"5671234567"，高八度音时则在上尺工凡六五乙等字加单人旁，低八度时则在末笔曳尾；广东汉乐在演奏习惯上把节拍称作"板眼"，"〇"表示板，相当于简谱中的强拍；"●"表示眼，相当于简谱中的弱拍；"×"表示休止符。

唱　名：	do	re	mi	fa	so	la	si
工尺谱：	上	尺	工	凡	六	五	乙
简　谱：	1	2	3	4	5	6	7

锣鼓经是戏曲打击乐根据曲调、人物、情节等的变化运用各种不同的敲击手法的各种谱式的称谓。锣鼓经是广东汉乐、广东汉剧音乐的主要部分，它既是音乐总指挥，又是音乐伴奏，使用乐器多样，节奏准确，音响优美，淳朴大方，组织严密，句法详细，系统完整，规范成章。从事打击乐57年的刘善长在长期的实践中形成一套独特的

风格,认为常用的锣鼓经可分为八大类:大套类锣鼓经;结合各种板腔乐曲的弦头锣鼓经;结合各种人物上场表演的引白锣鼓经;有点句系统的锣鼓经;挑槌系统的锣鼓经;工尺上系统的锣鼓经;转锣系统的锣鼓经;小套类锣鼓经;广东汉乐的丝弦乐曲中的锣鼓经一般只起点缀和协调配合的作用,中军班音乐、唢呐类曲牌的锣鼓经是核心,是统帅,使用更广泛。如广东汉乐《点绛唇》《冷煲茶》《十二月古人》《战刀花》谱例中的各种击乐符号及读音:正板(、念"各");副板(,念"的");小鼓('念"冬");小钹(∧念"齐");大钹(×念"钗");小锣(△念"堆");大锣(○念"孔");铜金(∪念"钢");碗锣(C念"当");当点(∩念"店");戥子(丁念"丁");休止(□念"乙");大锣大钹(×念"仓")。

三、广东汉剧及其剧种特色

广东汉剧旧称"乱弹""外江戏""兴梅汉戏",是粤东客家地区喜闻乐见的地方戏曲,属广东三大剧种之一,流行于广东梅州、惠州、韶关、赣闽粤边区各地以及台湾、香港地区,东南亚的新加坡、马来西亚、印尼、泰国、毛里求斯等国也有它的足迹。广东汉剧曾被周总理誉为"南国牡丹"。1933年广东大埔县人钱热储著《汉剧提纲》,将"外江戏"改名为汉剧。中华人民共和国成立后,1956年成立广东汉剧团,正式命名为广东汉剧,从此约定俗成,沿称至今。2008年,广东汉剧入选第二批国家级非物质文化遗产名录。

(一)广东汉剧的形成

汉代以来,番禺、惠州等珠江流域便是我国对外交通贸易的重要港口,唐代在广州设置管理外贸的官员市舶司,频繁的对外贸易给广州带来经济发展的一片繁荣景象。从相应的史书记载可见,粤地早期便有诸多民间娱乐品种与较为频繁的社会民事活动,这在客观条件上促进了本土戏曲形成。

"外江戏"的名字最早见于清乾隆二十四年(1759)广州的外江梨园会所。在乾隆年间袁枚(1716—1790)著的《随园诗话》中,载有李宁圃的《程江竹枝词》:"江上潇潇暮雨时,家家蓬底理哀丝。怪他楚调兼潮调,半唱消魂绝妙词。"李宁圃的词描述了当时外江戏与本地腔戏杂陈并茂的情形。

1949年之前,戏曲艺人只有戏班之归属,戏曲艺术只有声腔之流派,而无剧种之分别。从剧种与声腔结伴而至的历史出身而言,自宋元南戏、北杂剧开始,剧种在声

广东汉剧经典剧目《齐王求将》与《百里奚认妻》剧照

腔的结伴下就登上了戏曲艺术舞台。明代前期,四大声腔(昆、弋、余姚、海盐)争奇斗妍,从此,中国戏曲艺术翻开了崭新一页。至明代晚期,由于地方性戏曲的盛行,涌现了不少本土性声腔。早至清代,本土性声腔艺术曾得到长足发展,特别是乾隆年间,各种本土性声腔与主流型声腔结合的复合声腔争相涌现,为各地方剧种崛起提供了艺术基础。"剧种"一词虽是一个时代概念,于20世纪前期已出现,但作为"戏曲种类"普遍使用却在1949年中华人民共和国成立之后。1957年文化部要求戏班、剧团登记,需要确定剧种之归属,于是地方戏命名成为一时之风尚,形成一个颇具规模的新剧种运动。自此之后,中国地方声腔剧种的发展,呈现遍地开花的局面,中国戏曲演剧舞台进入地方剧种唱主角的时代。因此,结合本土性戏曲艺术的蓬勃发展和演剧传播大环境,方可探寻外江戏历史发展过程中所扮演的时代角色。

　　戏曲不同品种之间的差别,体现在文学形式和舞台艺术的各个方面,但主要表现在演唱声腔的不同。一般是把戏曲中某些音乐和演唱相类似的腔调称为一种声腔,或归为一个声腔系统。

　　皮黄声腔随外江班进入粤东潮州之前,历经时代的变迁,穿越山峦沟壑,最后在粤东潮梅扎根,可见广东汉剧这一地方剧种顽强的生命力。"外江班"从初始的零星戏班,到受潮梅市场的普遍认同和广泛接受,并形成相当的演剧市场,直至捧出名角,这其中很大程度上蕴含着外江戏在粤东的变迁史。广东汉剧与京剧就其声腔而论,同属于"皮黄腔系",二者有着亲密的血缘关系。西皮腔由陕西秦腔演变而来,粗犷、豪放,旋律跳进多;二黄腔擅长于抒情,细腻、委婉,旋律级进多。广东汉剧不断吸收粤东民间客家音乐、庙堂音乐和中军班音乐的曲牌,行腔流畅,优美动听,典雅精致。唱腔除了保留古朴、淳厚的风貌,还融合了昆腔、昆曲、七句半、流水大板、安春调、曲牌、民间小调的板腔体和少量的梆子曲等,使用唱、念、做、打、舞、音乐等各种艺术手段,是一门综合性很强的表演艺术。通过程式的表演手段叙演故事,刻画人物,表达"喜、怒、哀、乐、惊、恐、悲"的思想感情,角色分七行当,舞台语言使用中州音韵(也叫中原音韵),古时候称官话,现在广东汉剧的舞台语言接近普通话。

构成剧种特色的最主要因素莫过于音乐声腔。广东汉剧以皮黄声腔为主,属板腔体。分为二黄、西皮、大板和曲牌杂调四大类。广东汉剧是全国皮黄剧种之中音乐声腔最丰富的剧种,为当今能冠之以"汉剧"的地方剧种的代表者。传统声腔(皮黄)流传到广东后,沿珠江、东江、韩江、梅江流域在语系复杂、地域经济落后、文化传统保存较为完整的梅县扎根,并在适应客家文化土壤过程中被当地民间艺人不断地进行艺术实践使之地方化,形成了客家人喜闻乐见的地方剧种——广东汉剧,这与粤东北梅县客家话语境有着密切的关系。粤东北地区语音体系较为复杂,有粤语、赣语、吴语,而梅县又操客家话,广东汉剧要在这里生存并发展,与当地方言相结合则为生存之先决条件。在得到广东梅县客家人认同的条件下,广东汉剧本土声腔便在此处生根发芽。广东汉剧与当地民间音乐相结合,如八大板(现称大板)、小调,尤其是说唱音乐。如四句板等地方音乐因素有机地糅合在一起,既与原来的皮黄声腔旋律结构和表现手法保持一定血缘关系(其实经本土化以后的皮黄与原生态皮黄风格相去甚远),又融入这些民间音乐音调,从而大大地促使了广东汉剧声腔的丰富多样形态。

(二)广东汉剧的剧种特色

首先体现在音乐方面。广东汉剧音乐与广东汉乐(即"丝弦乐"和"中军班")和粤东民间音乐有着密切的血缘关系。广东汉剧音乐包括丝弦乐曲600多首、常用吹牌60多首、民间小调100多首。广东汉剧伴奏音乐以器乐曲牌和锣鼓两大部分为主,形式多样,内容丰富,具有古雅、纯朴的独特风格。可以说,广东汉剧音乐是得到广东汉乐及粤东民间音乐的充实发展而成的。它不仅使广东汉剧音乐得到了滋养和丰富,就是在唱腔上也有不少是来自民间的小调或曲牌改编的。在小生、小旦、小丑的角色中,广东汉剧还吸收了广东的一些民间小调如《十二月古人》《剪剪花》《卖杂货》《玉美人》等音乐,广东汉剧中的佛事场景音乐也吸收了少量的佛曲,如《普庵咒》《五声佛》《诵子》《莲池海》等。广东汉剧到粤东之后,由于剧团艺人与当地汉乐班社的乐师互相串班活动、交流影响,逐渐融为一体。到后来,绝大多数汉剧乐师几乎都是来自职业的汉乐乐师和业余的汉乐爱好者。

其次体现在乐队编制和乐器方面。广东汉剧的乐队，在演奏上已经形成"三突出"的伴奏风格：突出主旋律、突出主唱、突出主奏乐器，同时广东汉剧的乐队伴奏非常强调用特色领奏乐器头弦跟腔，达到琴声韵味默契、浑然一体的艺术境界。

 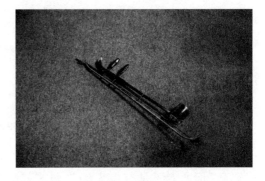

大苏锣　　　　　　　　　　　　　头弦

广东汉剧音乐乐队分文、武场两大类。在文场中用得多的丝弦音乐称为广东汉乐，在20年代文乐中最基本的乐器是三大件：即头弦（俗称"吊圭子"）、三弦、月琴，吹牌用笛子或唢呐做伴奏，在20年代以后逐渐加进洞箫、二胡、扬琴、提胡、柳胡、琵琶、笙、中胡等；现在主要伴奏乐器四大件：头弦、提胡、扬琴、琵琶。

武场音乐音色深沉雄厚、气氛热烈，包括小锣、大苏锣、大钹等，有板、片鼓（又称"的鼓"）、小钹、大钹、铜金（又称"乳锣"）、马锣、碗锣、号头等。吹打乐是古代宫廷的仪仗音乐，是广东汉剧伴奏音乐的主要部分。

大苏锣、头弦、号头（又称"吊喇子"）是广东汉剧最具有特色的乐器。大苏锣声若洪钟，大苏锣音区很低，音色柔和文静，低沉肃穆，音波悠长，以响铜为材料制作。锣槌用松木加布裹扎而成，打法讲究，边打边抚，由于打的位置不同，使用的槌子也不同，因此可以发出不同的音高和音色。

号头是铜质管乐，可以伸缩三截，上下成喇叭状，高音尖锐，低音肃杀恐怖，常用于场前闹合、两军交战或法场命斩的号令。这三种乐器奏出的音量、音色是鉴别广东汉剧与其他乐种区别的主要特征。

号头

另外，在服饰与脸谱方面，广东汉剧也体现出鲜明的特色。广东汉剧的脸谱规范、结构精巧、线条清晰、色彩鲜明、人物性格突出，更具艺术表现力。

四、广东汉剧的角色与行当

广东汉剧的行当角色分生、旦、丑、公、婆、红净、乌净七大行。此外还有旗手、宫女、丫鬟等角色。广东汉剧的表演身段和特技到了清末更是完美,如勒马三回头、蹲腿转圈、十八罗汉架、南派对打武功、吐血、喷火等,但现在这些特技基本上失传了。

广东汉剧行当发声方法也比较独特:原喉(真嗓)发声的有老生、丑、婆;子喉(假嗓)发声的有小生、正旦、青衣、花旦;乌净发声用咋音;红净发声用真假嗓结合加鼻腔共鸣。这里要特别提到的是:广东汉剧的小生行和旦行在用嗓方面虽都属于假嗓发声,但两者还是有很大的差别的:旦行发声优美、细腻,小生行发声清亮,从音色和音质上分别区分出差异。

生(小生)行,分:文生包括蟒袍生,如刘秀、赵德芳、王金龙;"官袍生"如许仕林,赵宠等;"穷儒生"如曾荣、林昭得、周仁等;武生包括把生,如罗诚、赵云、陆文龙等;"箭衣生"如韩琦、蓝天坝等;短打小生如武松等;娃娃生如《穆桂英挂帅》中的杨文广等。文小生表演"行如秋风、站似玉树";武小生表演干净利索、讲究力度节奏,注重把子功,基础发音有"啊、喔、衣、乌"四种单词音,其中"啊"音是小生行的最主要的基础单音,还有"哪啊音、鼻腔音、舌花音、齿音"等。小生行在发声上,是用男声假嗓,俗称"子喉",音色清脆、嘹亮,动作文雅潇洒,奔放潇洒。主要扮演的角色是青、壮年男子,书生气比较浓,如《秦香莲》中的陈世美这种人物。生行的唱腔特点有别于旦行唱腔,要把握住"柔中带刚、细中有粗、刚健有力"的男子气概,注重翎子功、扇子功和水袖功的使用。小生的发音音质清亮、抒情优美,也有别于其他皮黄剧种的小生,是由20世纪30年代著名汉剧小生赖宣丰富发展了小生声腔。

旦角用女声假嗓(子喉),扮演青、中年妇女的角色,分正旦、武旦、彩旦、花旦、青衣,表演以身段和水袖功为特长。正旦也称乌衣,女声子喉,刚直悲壮,苍凉凄婉,宜扮演苦情角色,多唱二黄板腔;气质端庄娴淑,要求"行不运裙,笑不露齿",如《秦香莲》中的秦香莲、《平贵回窑》中的王宝钏等。花旦角色活泼,声腔清脆活跃、短促而且变化较多。要求身段动作"动如燕、行如风",如《花灯案》中的陈彩凤、《凤仪亭》中的貂蝉、《武松打虎》中的孙二娘、《西厢记》中的红娘、《桃花装疯》中的桃花等。青衣又称闺门旦,假嗓子,华丽飘逸、娇柔细腻、委婉缠绵、多花腔；表演与正旦相同，如《百里奚认妻》中的杜氏、《白门柳》中的柳如是、《闹严府》中的严兰贞、《林昭德》中的王金爱等。"武旦"又称刀马旦，如《十字坡》中的孙二娘。"彩旦"如《揭阳案》中的杨梅等。

丑行有官袍丑、方巾丑、项衫丑、袈裟丑、短衣丑、武丑、女丑、童子丑等，是用男声原嗓，腔调滑稽诙谐、幽默风趣，唱法句顿变化较多。扮演各种各样滑稽诙谐的人物，动作夸张，常走矮步或单腿移步，出手小，表演时要求眼、眉、鼻、口、舌能同肩、手、指、腰、腿互相配合，行内有"二偷活络练五冬、偷油活捉最见功"的戏谚。"官袍丑"又称蟒袍丑，如《审诰命》中的唐成、《洛阳失印》中的陶知县；"方巾丑"又称汗衫丑，如《柴房会》中的李老三、《游龟山》中的卢世宽；"短衣丑"如《广东案》中的张阿凤、《十五贯》中的娄阿鼠；"武丑"如《时迁偷鸡》的时迁；"童子丑"如《蓝继子》中的蓝继子、《卷席筒》中的张苍等；"女丑"如《玉堂春》中的鸨婆、《拉郎配》中的媒人等；此外，还有"袈裟丑"如《藏眉寺》中的和尚等。

公行又称老生、须生，分白须老生、乌须老生、掺白须老生、武老生等，扮演各种中、老年角色，也是男声本嗓（原喉）唱念，儒雅庄重、浑厚苍劲、响遏行云、慷慨激昂，表演仪态庄重大方、步伐稳健的"八子步"为基础。白须老生动作迟缓，注重须功和发功，如《百里奚认妻》中的百里奚、《广华山》中的曹福、《李陵碑》中的杨令公等；乌须老生如《孔明请东风》中的孔明、《王佐断臂》中的王佐、《击鼓骂曹》中的祢衡等；黪白须老生如《状元媒》中的宋王、《齐王哭殿》中的齐王等；武老生如《群英会》中的黄忠、《取东川》中的黄忠、《打渔杀家》中的肖恩等。

婆行也称老旦、老妈，扮演老年妇女的角色，用女声（原喉）本嗓唱念，传统习惯多用男演员扮演，也是用本嗓唱念，有贫婆、富贵婆、丑婆之分。"贵婆"如《秦香莲》中的国太、《白虎堂》的佘太君；"丑婆"如《玉堂春》中的鸨婆、《金莲裁衣》的王婆；"贫婆"如《清风亭》中的张元秀妻、张大婆。婆行唱青衣或老生旋律，朴实大方、腔直而正，音短滞沉。传统上富贵老旦唱老生腔；贫苦老旦唱青衣旋律，发音自丹田迸出，到喉间又盘旋迂回，响亮又带沉暗。

净行分乌净、红净两行当。红净又称红面，扮演英雄好汉，所扮人物如《打洞结拜》中的赵匡胤；二手红净如《崔子弑齐君》中的崔杼等。用男声本嗓与假嗓（子喉）相结合，三分原喉七分子喉，以鼻腔共鸣为主，低音稍显原喉，与小生假嗓不同。红净行腔顺畅，音域宽广，曲调高亢洪亮，刚健豪爽，悠扬典雅、清脆悦耳；表演要求龙行虎步，器宇轩昂。红净的发音和行腔是一大特点，有别于其他皮黄剧种。是由20世纪30年代著名汉剧红净陈隆玉丰富发展了该行当的声腔。

乌净又称乌面、黑头、大花脸，乌净有黑花脸、青花脸、白花脸、金花脸和二花脸之分。既扮演英雄豪杰，也扮演权奸神怪。用男声"炸音"，高音出口如雷、粗犷威猛，嘶中透亮；低音则以鼻音、脑后音共鸣为主，吐字低沉，行腔粗犷。表演重功架，多用大动作，要求"举手投足千斤重，开膀过头显英雄"。黑花脸如《太行山》中的姚刚等；白花脸如《击鼓骂曹》中的曹操等；青花脸如《齐王求将》中的公孙衍等；金花脸则扮神话戏中的天王神将等；二花脸如《三气周瑜》的张飞等。

第三节　客家民间舞蹈

一、富于地方特色的客家民俗舞蹈

客家民俗舞蹈与其他客家文化艺术一样，具有鲜明的迁徙文化特征：既保留了许多中原舞蹈的特色，也打上了当地土著文化的烙印，充分体现了客家文化多元性的特征。由于赣闽粤三个地区属于客家文化三角区，其文化背景既有共同之处，但在历史的迁移和发展中，又产生了各种独具特色的文化，包括舞蹈文化。客家民俗舞蹈，以独特的客家地区的自然环境、历史传统、生产生活方式和民俗民情为题材，借用客家方言演唱的客家山歌、客家民间音乐元素，采用具有浓郁的客家地区特色的服装、道具和布景等舞美手段，艺术地反映客家人民的生产生活、思想感情、风俗民情等，是一种民风古朴、饱含客家人思想精髓的民间舞蹈。

客家民间舞蹈活动在历史上也较活跃、丰富。古籍中关于粤东地区（广东东部，大部分属客家人聚居地）的民间舞蹈有不少记载。如清代李调元在《粤东笔记》一书中有关采茶歌舞的记载："正月饰儿童为彩女，每队12人，人持花篮，篮中燃一宝灯，罩以绛纱，以恒为大圈，缘之踏歌，歌十二月采茶。"书中描写广东元宵之夜民间歌舞盛况；"城内外舞狮象龙鸾之属者百队，饰童男女为故事者百队，为陆龙船，船长者十余丈，以轮旋转，人皆锦袍倭帽，扬旗弄鼓对舞"。《粤东笔记》所说的舞龙、舞狮子大都是受中原文化的影响，采茶歌舞则可能由江西传入。但从现在各个客家地区所流传下来的一些舞龙、舞狮中，可以看到不同的风格和变化。如丰顺舞"火龙"十分独特，火龙以竹篾为骨，以纸和布塑成外壳，长 20 余米，舞时，龙由十几个头戴花帽，赤膊袒胸，只穿短裤的大汉高擎着，随着在前面引路的连柄火球滚动前进，或腾跃，或潜游，或翻滚。当赤膊大汉们手举"火蛇"（竹绳火把）绕场三周后，点燃布满在龙身上的火箭的引线时，只见龙疾行如飞，口吐彩珠，身喷流星，万弩齐发，啸声呼呼，顿时烟火弥漫，火箭喷出五光十色的焰火，在火阵中，龙在其中时隐时现，气势雄伟，场景壮观。那些勇猛的挚龙舞者拼命奔跑，任由火星溅身，毫不畏惧，显示出龙的传人的勇敢和坚强。又如梅州城区的"席狮舞"，仅仅以一张席子扮狮，在似狮非狮中显现出一种特有的质朴、亲和美。

客家民俗舞蹈以风俗道具舞为主要表现形式，大体可以分为两大类——喜庆舞和宗教舞。客家民间舞蹈，大都喜与"打""灯""花"等字相连。"打"字是客家方言，是"耍""舞"的意思；与"灯"字相连的如《龙灯》《船灯》《竹马灯》《采茶灯》等，是以各种象形灯做舞蹈表演道具；称"花"的，如《打碗花》《打笠花》《打扇花》等，其中的"花"，并非真的植物花，而是"花样"的意思。喜庆舞大致可分为六类：龙狮舞、灯舞、采茶舞、秧歌舞、腰鼓舞、竹马舞。客家的宗教祭祀舞蹈分为傩、宗教舞。"傩"是古代的祭仪活动，舞傩用以祭神驱鬼，周朝开始，从宫廷到民间都有傩的活动。周朝分天子傩、国傩、大傩。天子傩在皇宫中举行，大傩是全国大规模举行，举

埔寨火龙

行大傩时，农村也举行乡傩。傩舞都是以熊的化身的方相氏率领十二兽驱鬼逐疫，保护皇帝和臣民的平安。据记载，孔夫子当时也庄重地站在台阶上观看傩的祭仪，可见傩在古代是一桩很有影响的祭仪活动。傩的发展历史，对考察中国民族文化的形态很有价值。宗教舞蹈虽然也有祭神驱鬼的内容，但与祭祀舞蹈不同，两者不仅是仪式和形式不相同。宗教舞蹈主要从宗教立场观点出发，利用舞蹈去宣传教义和宗教信仰。有些舞蹈是僧或是道士创作的，有些舞蹈是利用民间舞蹈加以改编的。如梅州地区的鲫鱼穿花就是僧人们观察鲫鱼在水中穿行得到的灵感创作出来的佛事舞蹈。舞蹈较为轻快灵活、气氛热烈、构图流畅。"绕钹花"是由僧人借做佛事的法器大铙钹为道具，运用高技巧的硬功夫起舞，属于技巧高、难度大、带有武功和杂技性的舞蹈，舞蹈显示佛教的威严和法力无边。

舞蹈作为一种文化现象，是一定时代的产物。源远流长的民族民间舞蹈，有的已经跨越了若干历史时代流传至今，它们中有内容健康的，有的则不免掺入了一些封建迷信成分。客家舞蹈文化在继承中原舞蹈文化传统的同时，通过南越本土文化的兼容性，发展成为独具特色的客家舞蹈文化。其中，杯花舞、采茶舞是客家舞蹈的代表。

二、杯花舞

"杯花舞"是流传于粤东梅州客家地区兴宁的一种道教舞蹈。这种舞蹈主要流传在兴宁全境，如今在兴宁市已经没有专门从事道教活动的道士能打"杯花"了。关于杯花舞有这么几个有趣的传说，而这些传说也从不同角度丰富了杯花的历史文化，才使得杯花舞有着神秘、令人着迷的魅力。

（一）有关杯花舞表演道具、表演内容的传说

杯花舞表演道具的传说。杯花舞是用客家人生活当中的日用品"伯公杯"作为舞蹈道具进行演出的舞蹈。关于这个道具的使用，有这么一个传说：清末以前，道士们在做法事时，都用客家"五句板"说唱用的竹板作为伴舞的道具，边唱边用竹板击打出不同的节奏。至清末，道士朱官祥注意到神台上敬神用的伯公杯，这种兴宁县产的白色瓷质的"伯公杯"不仅相互碰撞的声音好听，而且杯子形状、大小也很适合作为舞蹈的道具使用。于是，他灵机一动，用"伯公杯"代替了竹板，作为一件奇特的舞蹈道具使用于法事活动中，并流传了下来，至今已有100多年的历史。这种"伯公杯"只有兴宁县产的白色瓷质杯，击打出来的声音才最好听。至民国时期，道士凌佛桂曾

师从朱官祥、邬丙燊、曾添胜几位道士，他在杯花舞的技艺上，博采众家之长，丰富了杯花舞的节奏，使其更富有技巧性。

杯花舞还有另一件与众不同的表演道具就是"席子"。"凉席"作为客家人的一件生活用品，被运用到这个表演节目中，更使得这个表演充满了神秘色彩。道士们做道场时，不管是迎神上表，还是跳杯花、舞扇花、棍花等，都是在一张草席上完成。关于在"席子"上表演节目，有一个极具传奇又有趣的"一席之地"的故事。传说道教老子和佛教如来佛两个始祖比本领。如来佛提议：两人在水下背靠背坐，看谁的耐性大。一天一夜后，如来佛设法遁走，以石板代替自己，老子背靠着石板坐了好几天。后来，如来佛又提议：地上的五行（金、木、水、火、土），由佛、道两教分管，佛教除了只占有土行，其他四行全由道教管辖。老子不知是计，高兴地答应了。但后来老子发现，金、木、水、火四行是离不开土的，老子徒有四行，却成了一个无立足之地的人。后来，老子找如来佛协商，如来佛只同意在土地上让给道教一张席位，以供活动所需。因此，道教的法事活动均离不开席子。

杯花舞表演内容的传说。兴宁的道教法事活动只为生者求神祈福。白天进行"迎神""上表""化表"等以唱为主的法事，晚上，男扮女装的"觋婆嬷"（指男巫）装扮成三奶娘（陈奶娘、李奶娘、林奶娘）表演"杯花""棍花""扇花""铃刀舞"等歌舞节目。有关表演内容，也极具传奇色彩。据说，古时候，新州龙虎山南郊有一座武虎庙，每年春秋二季"社祭"时，都要用一对童男童女做祭品，祭祀社官社婆。有一年，李奶娘的弟、妹被选定为祭品，她便和林、陈二奶娘同上茅山学法。功成后，把万恶的社婆杀死了，并责令社官（社婆之夫）往后不得残害百姓，不得立庙。（至今梅州地区的社官都没有庙，只在露天立个石碑，百姓们要祭拜都是在露天石碑旁祭拜。）"觋婆嬷"表演的"杯花""棍花""扇花""铃刀舞"等歌舞节目的内容都是在讲述三奶娘上茅山学法后除恶的各种传奇故事。例如，在《杯花舞》的唱词中唱到：舍身学法入茅山，已到茅山一年零三日。转去立功大显身，十三十四娘学法，十五十六月下行，初三初四蛾眉月。十五十六月团圆，刀刀乱斩灭瘟神保命长。

（二）杯花舞的表演

1. 服饰和道具

杯花舞是道士们男扮女装的一种舞蹈。道士们身穿红色或粉红色的交襟衫、蓝色或深绿色中式裤，脚穿在鞋头面上镶有红花球的圆口布鞋。头饰为在两鬓各贴一幅假鬓发，头上固定一个头套网，并在后脑勺固定一个假发髻，然后用黑色粗布头巾缠头几圈固定。

2. 表演形式

杯花舞由男扮女装的"觋婆嬷"（指男巫）在一张席子上扮演茅山学法的奶娘，边舞边唱茅山学法除恶的故事。表演者双手各持白色瓷质"伯公杯"一只，敲击出不同节奏的音响，边舞边唱。另有两人在旁边用小锣、小鼓击打节奏伴唱。

表演者将两只杯子的杯口相扣，拇指托住下杯底，中指弯曲顶在上杯内，食指和无名指分别夹按在上杯的两侧，将上杯口斜压在下杯口内，将两杯相击。杯花舞的基本动作有"杯花出手"（甩杯）、"转杯"、"摇杯"（快速抖动双杯，使其相互碰撞发出"铃铃铃"的声响）。这些基本动作一般配以踏步、十字步等舞步，还有跪地下腰等较有难度的动作。

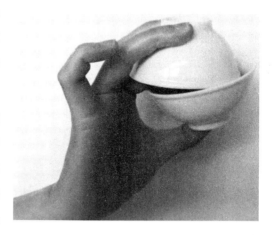

杯花舞的基本执杯方法

3. 音乐与节奏

杯花舞音乐与舞蹈的配合不受严格限制，可以根据表演者的即兴发挥，自由反复延长各段落，随意性大。这也要求表演者与另外两位击锣、鼓的人配合默契。在表演前，有一段打击乐合奏。

杯花舞音乐与节奏的自由发挥，充分显示了民间舞蹈在民众中传播的特殊性，它具有简单性、重复性、灵活性等特点，易于接受。

4. 艺术特点

"晋时的女巫陈珠与章丹，装束华丽，擅长歌舞，她们的巫舞有轻盈的舞步，有回旋与翻身飞舞的动作，舞姿彼此配合，情感相互交流，还杂有杂技性的表演——挑盘。除表演时有点神秘气氛外，与当时的'女乐'表演的舞蹈没有什么不同。"在王克芬《中国古代舞蹈史话》中这段出自《晋书·夏统传》的记载说明，在中国古代的巫术活动中，一直都脱离不了技艺精湛的巫师们对舞蹈的创造。古代的巫师其实同时也是技艺性很强的舞蹈家。在古代，人们相信巫能通神，与神沟通。以歌舞娱神是巫师进行巫术活动的一项重要节目。于是巫师们为了使自己的巫术活动看上去超乎常人，常常会在舞蹈方面下苦功练习,并创造出许多常人不能完成的动作。杯花舞的精湛技艺和艺术魅力也是在历代艺人们对艺术的孜孜不倦的追求中完善的,其艺术特点主要表现在如下两方面:

一是道具音色的空灵之美。道教活动受古代巫术活动的影响,道士们做法前、后都会表演一些歌舞节目。这些歌舞节目,往往都带着神秘气氛。杯花舞道具的创新,也传承了古代巫师对舞蹈的创造精神。白色瓷质"伯公杯"相互撞击出来的声音,清脆、空灵。尤其是在表演"摇杯"动作时,杯子快速、密集地相互撞击,连续不断地发出"铃铃铃"的清脆声音,这种声音似乎从天而降,神无处不在地在法场的每个角落停留,增加了道士在神坛前表演时那种紧张、期待、神秘的气氛,促使观者不得不屏着呼吸,瞪大眼睛,生怕错过看到神的机会。杯子撞击出来的音色体现出一种空灵之美。

二是身段与舞步的婀娜之美。凌佛桂老艺人虽说是道士,但却是在杯花舞传人中把杯花舞的技艺提高到较高水平的艺术家。看过凌佛桂老人在八十多岁时拍的一段做法事的现场视频:由三个基本动作杯花出手(甩杯)、转杯、摇杯分别与三个基本舞步左右交叉进退步、踏步、踏步半蹲相配合,动作简洁、干净。虽已达八十高龄,其优美的身段与轻盈的舞步和谐配合,体现出的婀娜之美不亚于年轻姑娘们的舞姿。

(三) 杯花舞的发展

道教活动在兴宁的传播兴盛于明代。《中国民族民间舞蹈集成·广东卷》对兴宁的道教活动的描述,引用了明代祝枝山授兴宁知县时(1515—1520)撰写的《手写正德兴宁县志稿本》第三卷"风俗":"病不知医,酷信巫觋。"明嘉靖年间,兴宁便建造了道观16座。清代沿袭明朝遗风,道教活动一直兴盛不衰。民国时期,兴宁仍盛行道教活动,职业与半职业的道士约有40人,县城及各主要墟镇均有承领法事的店铺。杯花舞在兴宁县一带,经过了上百年的传播,至今已经发展为梅州客家地区独特的舞台艺术。

1. 清末至民国时期的杯花舞

清末以前,道士们完成做法事后,夜晚进行的表演部分,都是用客家"五句板"说唱用的打击乐器竹板作为伴舞道具。清末道士朱官祥把竹板道具改革后,杯花舞成为表演中的精彩歌舞节目。杯花的改革,使这部分歌舞节目更具有观赏性,节奏丰富多变,声音悦耳清脆,在原来竹板的基础上,更增添了艺术的魅力。杯花传承至道士凌佛桂以后，曾师从朱官祥、邬丙燊、曾添胜的他在杯花舞方面，博采众家之长，把杯花舞中舞杯的节奏变化、身段的配合和舞步的设计等技艺方面提高到另一个水平。

中华人民共和国成立后，虽然大部分封建迷信活动停止了，但并没有使"杯花舞"消失。相反，杯花舞以其独特的艺术魅力，开遍了粤东梅州客家地区，成为现代社会中一朵盛开的奇葩。

2. 中华人民共和国成立初至今的杯花舞

中华人民共和国成立后，杯花舞从道教活动中脱离出来，成为一朵盛开的奇葩，这朵奇异的花随着社会的发展，越开越艳丽，盛开在梅州客家人的心中。

1956年，在兴宁县文化馆的带领下，兴宁县第四中学的老师罗渣、谢月文着手对杯花舞进行新的创作。由文化馆创作人员范晴作词，谢高、罗渣编曲，编曲重新运用民间小调和本地水口山歌为基调创作出新的作品《杯花舞》。该舞蹈为主题赋予了新的内涵，表现了客家青年男女热爱劳动，热爱生活，追求美好的爱情。该舞蹈《杯花舞》曾参加汕头市举行的"粤东区民间艺术会演"获节目奖。1957年2月《杯花舞》参加全省民间音乐、舞蹈的选拔演出，被评为优秀民间舞蹈，并于1957年"五一"国际劳动节，作为广东省代表团的节目之一，参加在北京举行的"第二届全国民间音乐舞蹈会演"大会，由罗万全、曾应宜、曾强章、潘焕茂、刘丽珍、李如香、罗惠文、毛玉珍等八人组成的《杯花舞》舞蹈队赴京演出。演出后，受到刘少奇、周恩来、朱德、宋庆龄等中央领导人的亲切接见，并合影留念。

1980年以后，为了搜集整理道教资料，广东省音乐家协会对道教中杯花的演唱录音记谱，并编进《梅县地区民间歌曲集成》；广东省舞蹈家协会也分别于1981年、1983年两次来兴宁对《杯花舞》进行录像。《杯花舞》还编入了《中华舞蹈志·广东卷》，其乐曲由中央人民广播电台国际部多次向海外播出。1994年12月7日大型集体《杯花舞》参加梅州市大型化妆游行表演获二等奖。

1983年兴宁县文化馆在林惠文创作团队的带领下，负责对杯花舞继续深入挖掘，积极探索，编创了新一代杯花舞《明月照山乡》，对杯花舞道具"伯公杯"进行改良，在杯子的底部钻一个小孔，套上皮筋，分别套住拇指和中指，使得表演时，杯子不容易因演员的失误掉落下来，并在一定程度上，加大了杯花的表演技巧。该节目的创作，再次荣获广东省业余舞蹈作品二等奖，梅县地区一等奖，并参加广东省庆祝建国三十五周年艺术节演出，同时载入《中国民族民间舞蹈集成·广东卷》荣获编纂成果三等奖。

杯花舞经历了从道教活动中的歌舞表演节目，到脱离道教仪式完全成为民间艺术展现在舞台上，成为艺术家和人民群众青睐的一朵民间艺术奇葩，它的脱胎换骨，预示着民间艺术的崭新未来。

进入21世纪，社会的飞速发展、艺术的创新时代并没有把杯花舞这朵民间奇葩淘汰。如今，杯花舞的宣传、普及、创新、发展等工作全面铺开。全兴宁成立了24个表演团队，村镇、学校、机关等各层面的群众掀起了跳杯花舞的热潮，活跃了校园、社区，还走出了国门，多次在马来西亚、印度尼西亚等客家人聚集的国家演出，受到海外侨胞的赞誉。2003年创作的双人杯花演唱《哥妹同栽摇钱树》参加广东省首届民间歌会获银奖。2004年文

杯花舞表演

化部组织创新的杯花舞《宁水情长》参加了中国梅州国际山歌节演出。2005年新创作的杯花舞《杯花声声》分别参加广东国际旅游文化节的岭南民间艺术会演、广东省第三届群众音乐舞蹈花会荣获两个金奖。2006年元宵节，组织164人的大型杯花舞参加梅州客家旅游节。2012年，在由中共中央台湾工作办公室、国务院侨务办公室、广东省人民政府主办的首届客家文化艺术节中的主题为《梦里客家》的大型晚会中，导演唯独挑选了杯花舞作为客家民间艺术的代表，在晚会中独放异彩。在2013年与中央电视台合作的《梅州月·中华情》中秋晚会中，再次让全世界人民目睹了杯花舞的独特艺术魅力。

杯花舞在经历了一个多世纪的风雨后，从道教活动中的歌舞节目脱离出来，成为独秀一枝的民间舞蹈奇葩。正是由于几代老艺人和艺术家们坚持不懈、勇于创新、为艺术奉献的精神，才保护并发展了散发出独特魅力的杯花舞。

三、采茶舞

采茶舞一直以来都是以歌、舞、戏三位一体的形式存在于采茶戏中。曾盛行于广东、福建、广西等地的客家居住地区及江西全省各地。客家采茶舞于客家采茶戏中形

成并发展。采茶戏又名三脚班，或称三脚戏，是客家文化孕育出来的艺术瑰宝。她在形成和发展的过程中广泛吸收了各种民歌、民间舞蹈、民间灯彩、民间戏曲的艺术营养，成为极具客家习俗的戏曲剧种。

（一）采茶戏的形成

采茶戏的形成可以简单归纳为：采茶歌—茶蓝灯—采茶戏。这个发展过程，并不像这几个字和几个破折号这样简单。它的发展进程，经历了客家先民几代采茶艺人的努力。

往往有高山就有茶文化的发源。大部分客家人居住的地区都是受亚热带森林气候影响，是丘陵山地纵横的山区。在江西安远县九龙山一带山高水美，是种茶的好地方。客家先民利用这种有利地势和气候，开垦山地种茶，创造了历史悠久的茶文化。因此江西安远县九龙山一带被认为是客家采茶戏的发祥地。茶农在采茶中，一边采茶一边唱着山歌，既消除了疲劳，提高了劳动热情，又在这个过程中，创造出了采茶歌。随着采茶歌的传唱，客家人不仅仅只是在采茶时激发劳动热情唱茶歌。过去的茶山上每年出春茶时，都要大开茶园，举行茶灯会，一是庆祝丰收，二是用茶灯会的形式欢迎茶商们买茶。这种茶山开市的仪式使得茶妹子根据采茶的劳动生活编成舞，边唱边舞，取名为"九龙茶灯"。也有把采茶歌与当地的民间歌舞——灯彩相结合，并配上茶蓝、纸扇，于是进一步创造了载歌载舞的"茶蓝灯"。

"茶蓝灯"原本是一唱众和的歌舞形式，后来经过了一段姐妹对唱，茶童手摇纸扇，插科打诨的载歌载舞的小戏《姐妹摘茶》的演进，与此同时，还穿插了客家儿童生活情趣为内容编排的戏耍板凳的小剧《板凳龙》。《板凳龙》由三个角色形成——大姐，二姐，三郎子，就此形成两旦一丑的三角戏。

纯歌舞形式采茶戏的雏形，是在明朝末年从茶蓝灯的母体中脱离出来形成的。俗称灯子戏，亦名三角班。到明末清初时，已有职业化的采茶戏社出现。例如，在乾隆五十七年（1792）刊本的《听雨斋诗集》，南城吴照在南安府冯尉招饮席上所作的一首诗中云："嘈杂弦声唱采茶，市儿先已语喧哗。满堂镫乱氍毹月，一夕春归少妇家。"其中"满堂镫乱氍毹月"的"氍毹"（qúshū），是地毯，借指"舞台"。这说明在乾隆五十七年间，采茶戏已经在舞台上很频繁地演出了。

（二）采茶舞的艺术特征

前面说到，采茶舞是以歌、舞、戏三位一体的形式存在于客家采茶戏中。可见，采茶舞是采茶戏中的重要组成部分。客家采茶戏的风格特点被艺人们总结为"三奇三绝"。"三奇"指：一奇是传统采茶戏的表现内容全是下层劳动人民的爱情与劳动生活，没有出现过高、大、上的宫廷戏、才子佳人戏，战争戏；二奇是大量的模仿动物的表演身段，并以动物的动作命名；三奇是歌舞戏相随相伴，缺一不可。而"三绝"，就是专指戏中的舞蹈了。采茶戏中，没有这些采茶舞蹈的"三绝"，也就不成为采茶戏了。"三绝"指：一绝矮子步，二绝单袖筒，三绝扇子花。

男性装扮的矮子步、单筒袖、扇子花

一绝矮子步。矮子步是利用双膝下蹲，脚跟提起，趾尖落地，向前移动的运动方式，是采茶舞蹈表演中最基本的形体动作和舞姿。这种动作分为高桩、中桩、低桩三种。矮子步的基本步法有矮步、高步、矮步交叉步、摇蹉步、惊步、滑步、铲步。艺人们把矮子步形象地概括为"狮子头，老虎背，鲤鱼腰，狗牯尾，猴子跳架拐子腿，行如蝴蝶走如水"。这也是前面介绍的"三奇"中的"二奇"——大量的模仿动物的表演身段，并以动物的动作命名。更为有趣的是，舞蹈中男演员的矮子步要比女演员的更低，从而体现出客家女性高于男性的艺术形象。这就是为什么会成为"三绝"中的"一绝"——天下戏曲中绝无仅有的矮子步。

矮子步的形成主要是来源于茶农们的劳作生活。摘茶季节，茶农上山采茶，爬山时膝盖自然弯曲，身体前倾的姿态是矮的其中一个原因。摘茶时，茶树矮小，茶女身体不能完全直立采摘，而因为本身男高女低的身材，茶郎更不能身体直立背着茶箩。如果茶郎不双腿半蹲，茶女就无法倒茶入箩，况且茶女要将茶叶按实压紧，茶郎在按压动作中也被迫下蹲，这是矮的第二个原因。久而久之，"艺术来源于生活，又高于生活"的创作规律，在矮子步的形成中，体现得淋漓尽致。这种自然朴实的劳动生活形

态,在采茶艺人的提炼、加工、美化中就形成了采茶舞中的"一绝"。

二绝单袖筒。古代舞蹈艺术家们借"长袖"延伸肢体来表达情感,是中国古代舞蹈中最先确立的审美风格之一。而成双成对的"长袖"是符合人体的自然规律的。在中国传统戏剧中,水袖也都是左右对称、温文尔雅。在客家采茶舞中却出现了"二绝单袖筒"——只有一个左袖筒。

关于这个"单袖筒",有几种传说:传说采茶舞的鼻祖外出被人暗算砍去左臂,幸被一茶女搭救,结果二人产生了感情并结为夫妻。茶女特精心缝制了一件左袖较长的上衣用以弥补亲人身体的缺陷。后人为了纪念采茶舞的祖先,从此都改穿上了此款上衣,并且用左袖甩出各种水袖花来表示对祖先的怀念之情;再有人传说采茶舞的传人被困在渺无人烟的峨眉山上迷路难返,无家可归,结果被一条黄狗引路回家才得以救命,采茶舞的传人还特地把左袖加长,以似狗尾,并根据黄狗带路时的各种姿态,创造出了如黄狗撒尿、黄狗伸腰、黄狗摆尾等一系列幽默风趣的舞蹈动作。"摆动像狗尾,站似吊马尾,游走像蛇过,龙头又凤尾"这句流行于当地的"艺诀"将单袖筒的表演特征和艺术个性体现得淋漓尽致。

三绝扇子花。"采茶没扇子,等于吃饭没筷子。"这是艺人们对扇子在采茶歌舞中赋予重要任务的形象表述。

扇子花有这么几句艺诀:"五指花头朝天,四指花头朝前,三指花打四边,二指花摇胸前,耘、按、抓、抖靠肚面";"扇花变化在于手,力在手腕见于锋,左甩袖筒右摇扇,十指牵着两臂走"。扇子花动作种类繁多,常用的有:

心悦风车扇　乐极抛甩扇　自豪摇摆扇　潇洒风流扇　怒气收折扇　凝思指绞扇　悲哀哭头扇　心烦滚球扇　跳步三击扇　追赶背后扇　掌灯避风扇　炎热遮日扇　上翻扑蝶扇　下翻闻花扇　上山侧削扇　下山前铲扇　望高翻转扇　低视按掌扇　摘茶平端扇　妙茶搓手扇　绣花托簸扇　扭步双抱扇　快步旁磨扇　慢步侧提扇　边桥飘飘扇　跳涧瞄路扇　蹚水腰花扇　摸黑探路扇　恭敬见礼扇　水中照影扇

扇子在中国汉族民间舞蹈中可谓运用到极致了。而采茶舞的扇子花被艺人们重新赋予了另一种艺术魅力。作为道具,它的动作种类的繁多比其他汉族民间舞见长,它的表情和达意在剧目、角色中的运用灵活、多变。

采茶舞的"三绝"从不同时期推出的新剧目、新角色中,根据剧情、角色的塑造,逐渐完善、发展成今天这样一个相对成熟的,具有丰富舞蹈动作种类的独特的艺术品种。如今,采茶舞的"三绝"动作不仅仅只是在采茶戏中能够看到,它已经广泛应用在舞蹈作品中。在大型音乐舞蹈史诗《东方红》的扇舞中,可以隐约看到赣南采茶舞女子双扇的动作痕迹;大型客家风情组舞《长长的红背带——献给客家母亲》及女子群舞《禾秆丢打丢》《客家大脚丫》《斑鸠调》等舞蹈作品,都运用了采茶舞蹈中特有的矮子步,展现出女性矮子步的独特魅力。另外,在《中国革命之歌》中庆祝土地革命胜利的男性群舞、男性独舞《走山》等作品,也都呈现出客家采茶舞蹈中独具特色的矮子步、单袖筒、扇子花的动作特点。在获第四届岭南舞蹈大赛获创作金奖的广东梅州梅江区舞蹈《阿妹采茶》作品中,同样运用了矮子步动作,并融入了许多现代元素,将采茶舞融入了现代生活、现代审美中,体现了另一番韵味。

目前,采茶舞不仅作为民间舞进入了北京舞蹈学院民间舞系的教学课堂,在全国各大舞蹈赛事中,也不断涌现了采茶舞的身影。采茶舞作为广场舞,也成为社区舞蹈的一片灿烂彩霞。

第四节 木偶剧与竹板歌

一、客家木偶戏

客家木偶戏,也称提线木偶戏,是木偶戏的一种,古称"傀儡戏",客家地区旧称"吊线戏"或"线吊戏"。

(一)客家木偶戏的源流

提线木偶戏,是中国最为古老的剧种。国际木偶剧界公认木偶戏始于中国。据文字记载,中国最早的木偶戏,就是以提线操作的,故一般认为木偶戏始于提线。其始于汉代,兴于唐代,盛于宋代,广泛流传于闽粤赣边客家地区,已有400多年的历史。到了宋代,名为"悬丝傀儡",明代以后称"提偶"。据五华、梅县木偶老艺人记述,该剧种传入粤东梅州客家地区,始于明代万历年间,由福建传入大埔、平远、梅县、五华等地。1954年《华东戏曲观摩演出大会纪念刊》提到:"明朝初年,闽西木偶戏已传入粤东。"至于人戏,则更在傀儡戏之后,学傀儡而成。所以,客家地区旧俗,凡偶人、偶戏班在同一场地演出,别的戏班都要到木偶戏台上"拜木偶老爷"。每晚演出,一定要等木偶戏先开演。木偶戏没有开场，其他戏不敢响锣；木偶班未歇锣，别的戏不敢先收场。可见木偶戏渊源之长久。

（二）客家木偶戏的装置

客家提线木偶戏是用线操纵木偶。提线分"硬线"和"软线"。"硬线"主要起支撑躯干作用，用于控制木偶身躯站立平衡，亦可做些动作。安装方法，依各种木偶而异。以人物为例："硬线"系于木偶的两耳及背部，呈三角形，用以保持木偶身躯不至瘫软下来。"软线"系于手、脚、腰等部位的各个关节处，以及肩、腹、眼、鼻、嘴、舌等处，用以控制各部位动作。提线数目，视表演繁简而定，一般7～12根线，多的达30多根线。所有提线都集中安在有握柄的线板上，表演者以左手的拇指和食指握线板，其余8个手指拨动线路，使木偶活动起来。一般一人操纵一偶，也有两人同操的。木偶大小及提线长短，依舞台不同而分为两种：平台表演则短线操作，木偶（人物）一般高60～70厘米，提线长70厘米左右；高台表演时的木偶提线长2米左右。旧时均为平台表演，高台是近几十年改革发展的，并由专业木偶剧团采用。高台所有人物、动物以及各种道具，都由艺人自己制作（旧时常用的木偶仅十几个）。人物造型夸张，服饰、头饰力求逼真；动物、道具无不惟妙惟肖。提线安装是制作木偶的最后一道工序，也是最关键的一道工序，关系到能否操作自如。

提线木偶戏的机动性很大，规模可大可小，表演有简有繁。民间木偶艺人有二三人为一班的，肩挑道具，串村过户，借助一二张"八仙桌"和农家日常照明灯具就可进行表演。专业提线木偶剧团则有十几至二十几人，舞台为特制天桥立体架高台，有各种舞台灯光，有软景、硬景及天幕，形成远、近及空间等多层次的立体表演区。

（三）客家木偶戏的唱腔与传统剧目

客家地区的提线木偶戏的基本音乐唱腔，与广东汉剧相同，属皮黄剧种，除道白处用"中州音韵"，其音乐、唱腔、念白，绝大部分以广东汉曲为主，还采用采茶、客家山歌、民间小调、五句板和现代歌曲。一些"杂调"也常用客家话对白。戏中的丑角和有些小杂剧，常讲客家话，唱山歌或民间小调，如《拆字歌》《虚玄歌》《挪翻歌》《猜调》《五句板》《蚊虫歌》等。还有一些小歌舞节目，则音乐及语言都依节目内容而定。所有这些，都赋予这一地区的提线木偶戏以鲜明的客家地方特色，使之成为不同于全国其他地方提线木偶戏的客家地方戏。

明洪武元年（1368）前后，上杭白沙人赖发奎、李法左、李法右及温发明，到杭州拜师习傀儡戏，艺成返乡，用18个木偶办起傩愿"单高腔"傀儡班。"单高腔"每班仅两人，前台一人包揽所有角色的提线表演和唱腔道白，后台一人包打锣鼓兼帮腔。后来发展为"双高腔"，前台增加一名下手，也有后台多一个徒弟共4人，称为"三角班"。清中叶（1736—1795），乱弹腔在闽西流行，少数班社追求时尚，兼演弹腔剧目，出现"高、乱"混合班，俗称"半荤斋"。晚清，闽西汉剧兴盛，高腔知音日少，多数班社改唱南北路，是为"弹腔"班……"弹腔"班从白沙迅速发展到闽西各地，多达百余个。仍唱"高腔"的班社仅有39个，原有的冲傩仪式日渐简化，最后只有"安坛""启师"尚流传至今。提线木偶经武平传入汀州为清道光年间，传入宁化为民国初年，唱腔大多数为祁剧，也有京剧和闽西汉剧。

传统木偶戏《水漫金山》剧照

客家木偶戏传统剧目主要有《大名府》（主要是《化子进城》一折）、《白蛇传》（主要是《水漫金山寺》一折）、《孟姜女哭长城》、《八仙过海》、《四进士》、《三打白骨精》，以及取材于《聊斋志异》《水浒传》《西游记》《三国演义》《封神演义》及《杨家将》等连本戏。创作剧目《宝盆乖乖》被广东电视台拍成10集电视片。

(四) 客家木偶戏的艺术特点

提线木偶戏是各种木偶戏中舞台艺术形象最完整、表演区域最广阔、表演动作最复杂的品种，因而也是操作难度最大的木偶剧种。它善于表现童话、神话、科幻题材的节目，也有地道的唱功戏、做功戏。它不仅能"为人之所不能为"，而且能为"人之所能为"，大至骑马、射箭、拔剑、驾车、搬动物体，细至舞水袖、耍翎子、舞双枪、抒须、甩发、踢袍、拭泪、举杯、摇扇、抽烟、喷火、挥笔、捧读等，一举手一投足，

· 321 ·

无不传神。断头、分身、脱衣、变脸、换形、耍蛇和吹拉乐器等表演，活灵活现，非常逼真。

五华木偶剧团是客家提线木偶戏的代表性专业团体。与其他木偶戏比较，其特点是提线表演艺术难度大。它是在木偶身上各个活动关节部分安装棉纱线，艺人用左手拇指、食指抓住线板，其余8个手指拨弄木偶各部分的线路进行表演，能使木偶人表演达到能人之所能、能人之所不能的各个动作。五华的木偶形体较为高大，雕刻线条也较粗放，木偶身躯比福建、江浙的木偶高出1/4（高度为90厘米左右），重量也随之增加，因此表演起来就吃力些，而广大观众则喜欢高大的木偶。

五华木偶剧团演员表演木偶书法

五华木偶剧团与时俱进，多年来不断进行操纵线板、线路安装、表演手法和木偶身躯、手脚和木偶头像的改革创新。操纵一个木偶的线条一般是12根线，有的为了表演动作需要增至32根。操纵木偶技巧的改革，除发挥其头、腰、手、腿等部分的灵活性外，还解决了运用手腕、手指的关节及眼、鼻、嘴、舌、耳朵的活动，能自如表现各种复杂的动作，同时还创新和发展了不少难度高大的绝招绝活，使木偶表现得更加灵活、更加传神，栩栩如生。如《化子进城》剧中的耍蛇、舞狮、打花鼓、耍葫芦、吹唢呐、拉二胡、扇扇；《水漫金山》剧中的舞双剑、射箭、拔剑、甩发、踢袍带；《孙悟空三打白骨精》剧中的孙悟空的分身法、砍头术、筋斗云、飞舞金箍棒、喷火，白骨精的人妖变换、丑脸变美女，猪八戒的吐烟、鼾睡。这些以及飞禽走兽等特技表演，都有独到之处，充分体现了客家提线木偶的艺术特点。

在传统的表演基础上，客家木偶戏还博采众长，融汇其他艺术，表演中还发展有川剧变脸、木偶书法的绝活，大大丰富了提线木偶的表现手法。

二、客家竹板歌

（一）客家竹板歌的源流

客家竹板歌是流行于梅州及周边地区的主要客家曲艺品种之一，因说唱者以竹板击节伴奏而得名。又因歌词和腔调多为五句体格式而得名五句板（也有叫五句落板）。

"竹板歌"或"五句板"都是新中国成立后才有的名词。此前的名词不雅，群众称之为"乞食歌"、"叫化歌"（因说唱者为卖唱的和讨食的）、"江湖调"、"阿排佬（大叫化）歌"，也有叫"甲塞歌"或"拉甲歌"的（客家话称竹板为甲塞、拉甲）。博罗县则称之为"摸歌"。唱竹板歌的多为盲人，而客语谓"盲目（瞎子）"为"摸目"，"摸歌"称谓可能由此而来。把竹板歌归为曲艺，主要是因为它符合曲艺的说唱艺术的特点。竹板歌的许多曲目有人物、有故事，表演时说说唱唱、进进出出，曲调很有节奏，这些都是说唱艺术的基本特征。

据民间说唱老艺人回忆，竹板歌于200多年前由赣南传入粤东和闽西。经考证，竹板歌的前身，是赣南的"于都古文"。"古文"又叫"唱古文""古文歌"，是"唱古戏文"的简称，梅州竹板歌老艺人说，竹板歌传入之初，唱的叫古文，群众也说听古文，民间还留存有古文唱本，至今粤北有的县如南雄民间仍有"古文"流行。所有这些都说明，于都古文确实是竹板歌的"前身"。

历史上，粤东兴梅地区与赣南地区的主要交通运输线，是由水路船运经梅江入宁江至兴宁县城，直达北部重镇罗岗，然后陆路肩挑经罗浮进入寻乌。这是粤赣土特产品交流的主要通道，潮盐、洋货、土布等经这里运往赣南，江西大米等再经这里运回兴梅。这样看来，赣南的古文应该是从寻乌传入，首先在兴宁县流传。正因为这一点，兴宁才成为竹板歌的发祥地。古文传入梅州以后，经过脱胎换骨的变化，逐步发展为竹板歌。最主要的变化表现在三个方面：首先是腔调的变化，在当地语言和民歌的影响下，形成了完全不同于古文的说唱腔调；第二是唱词的文学格式由古文的联句体（上下句结构）变为与当地山歌相同的七言四句体，再变为七言五句体；第三是伴奏乐器由米升筒、勾筒改为竹板。从此，竹板歌脱胎于古文而成为另一个曲艺品种。

竹板歌的说唱队伍，包括职业说唱者、半职业说唱者、非职业说唱者和写作者，具体来说，从古至今，有过如下七个方面的人：乞丐、说唱艺人、卖药人、革命党人、剧团演员、群众文化工作者、词曲作者。说唱艺人中有造诣、有声望的师傅称"满"。

如刘满、朱满、吴满等。近半个多世纪以来，又先后不断有新的民间说唱艺人补充进来，但已不再沿袭封满的做法了。这些新成长起来的说唱艺人，大都"声、色"还不错，都有一定的文化知识和文艺天赋，他们选择说唱行，主要是出于爱好文艺，喜欢说唱生活。

（二）客家竹板歌的种类

在以往的江湖说唱行中，将竹板歌分为两大类：一为传本；二为杂歌，如劝世文、过街遛、吵骂措、风流散谈、虚玄歌、拆字歌。近半个世纪以来，又新发展了"竹板歌表演唱"和"竹板歌小演唱"。这样，总揽在一起，共有九种：

传本。也有人叫"唱本"。"唱本"涵盖了所有说唱的长、中、短篇脚，而"传本"专指长篇故事的底本。"传本"包括两个要素：一是故事，讲清时间、地点、人物、情节，唱尽悲、欢、离、合，这些就是故事。二是长篇，一个传本，少则几十首，多则几百首，甚至几千首；可以唱一两个小时，甚至可以连唱三四场、要十天半月才能唱完。传本通常由一人说唱，偶尔也有两人轮唱的。艺人通过口头传承故事梗概，不少唱词由艺人边唱边编，插白更由说唱者即兴发挥。近几十年来，整理、改编、创作的传本也有近百篇。

劝世文。又名"醒世文"，主要是说理，以理服人。因为是劝人弃恶向善，所唱的内容，无非是宣扬伦理、道德，教人以做人处世的道理，所以又叫"善书"。

过街遛。是乞丐、阿排佬沿街挨门乞讨时，专唱"好听"的恭维歌，或者不得已唱出"难听"的数落歌，或者哭穷叫惨的可怜歌，归结起来，都是一个"讨"字。

吵骂措。在"江语"里，"措"就是歌，"吵骂措"就是吵骂歌，一种专门斗嘴、吵架的歌，所以总是两人对唱。吵骂措的最大特点就是"要赢人"，千方百计抬高自己、贬低对方，只要能盖过、压倒对方，不惜"恶言"相向，可谓"相打无好拳，相骂无好言"。文艺工作者利用"吵骂措"的形式，结合现代生活的素材，创作了许多新的段子，如逗歌才、逗能耐、逗人才、逗特产、逗名胜、逗老公、逗老婆、逗生活改善、逗经济发展等等。既"逗"且"吹"，名之为"逗歌"。

风流散谈。其实包括两个内容：一是"风流歌"，二是"散谈歌"。风流散谈多由一人独唱，偶有二人对唱。"风流歌"就是情歌，是谈情说爱、打情骂俏之类的歌。这类情歌多为单首的，也有短篇如《十叹无缘》《十念妹》《十劝郎》《十二月写信寄情郎》等。"散谈歌"就是不好归类的其他拉杂的单首、短篇竹板歌，包括那些抒发感情的歌、江湖卖药的歌。

虚玄歌。唱虚玄歌又叫"调虚玄",通常都是两人对唱,也有一人独唱的。虚玄歌是一种趣味歌,最大特点就是所唱内容虚无玄渺,如:"唱虚玄系虚玄,竖条桅杆在门前。桅杆顶上做座屋,围龙围哩十八层,九代同堂八万丁。"新编的虚玄歌有所推陈出新,如:"个虚玄又过玄,昨夜睡目在半天。白云拿来准被盖,有人话讲虚玄,盲知软过湖丝棉。""你讲虚玄无咁玄,就唔系讲虚玄。屁股装个火箭筒,电钮一按咚上天,牵到嫦娥游花园。"

拆字歌。是把一个汉字拆开来唱的竹板歌,既可两人对唱,也可一人独唱。拆字歌有两点要诀:第一,要按照该字的笔顺和部首结构来拆;第二,整首歌子要围绕所拆字的字义来唱。如:"赌字写来贝在旁,土字加撇似刀枪。日赌夜赌赌呀死,赌来赌去浪荡光,害妻害子害爷娘。"拆字歌"拆"的方法有多种,还有结合"猜问"的。"拆字歌"虽然近乎文字游戏,但只要"拆"得合理、巧妙,还是不乏趣味性的。

竹板歌表演唱。一般都由两人以上进行,有人物,有情节,有插白、对白,表演突破了曲艺只"说唱"的藩篱,载歌载舞,"进进出出"(时而演员身份,时而人物身份)。既保持了竹板歌说唱的特点,又在底本、音乐、演员、表演等多方面有所丰富和发展。

竹板歌小演唱。"小演唱"接近小戏,有人物和简单的情节,有的还有点小小的矛盾冲突,演员从始至终以人物的身份进行表演,没有"进进出出"。

(三) 客家竹板歌的艺术特色

客家竹板歌的艺术特色主要表现在它的文学、音乐和表演三个方面。

1. 客家竹板歌的文学

客家竹板歌的文学即脚本,多数只有唱词,只有少数夹有插白。歌词的章句、音韵、修辞、语言等问题,以及对插白的处理,大致如下:

(1) 竹板歌的章句结构。竹板歌的歌词,最基本的结构是:每句七个字,每五句为一首,若干首构成一篇。这就是所谓的"七言五句体",例如:

> 歌子唱出合时辰,唱只元福姓谢人。
> 家在广东新安县,学堂壁背是家庭,
> 种卖小菜过日辰。

竹板歌每句七言只是个基本结构,打破七言的并不鲜见;也不只有五句体,还有其他变体,例如:

> 一思量，
>
> 思量亚哥过番邦，
>
> 青春年少情难舍，
>
> 因为家贫出外乡，
>
> 呀哎哉，
>
> 分手割心肠。

竹板歌被搬上文艺舞台后，为了增强其表现力，有些创作节目在"七言五句"传统结构的基础上，根据内容、情节的需要，吸收戏曲和演唱节目形式，做了许多变化尝试。

（2）竹板歌的声韵规律。一首歌词的押韵要求有两层意思：一是一、二、四、五句的末尾一个字要同一个韵，第三句则要与其余四句不同韵；二是不仅要同韵，而且要同声，一、二、四、五句押仄声就都用仄声，不能有平有仄，第三句则要用不同的声。不仅每首歌要押同一个韵，就是一篇歌，通常也都是押一两个韵，甚至有的上百首、几百首的传本，也是一韵到底。

（3）竹板歌的修辞手法。与客家山歌的修辞手法一样，非常丰富。各种修辞手法，包括直叙、起兴、比喻、双关、歇后、反复、顶针、对偶、排比、铺陈、对照、夸张、比拟、烘托、故问、引用、借代、反语等，在竹板歌歌词中都有使用。

（4）竹板歌的语言艺术。归纳起来主要有"四性"：①地域性。竹板歌是用"阿姆话"（即客家方言）包括语音、语法、词汇三个方面写、唱的。②口语性。竹板歌是平民文学、口头文学，唱者凭口，听者凭耳，因而所说所唱都是生活用语，即口头语，而且"土"味十足。③时代性。出自群众日常生活中的口头语言，自然反映了那个时代的生活，具有那个时代的特征，因而口头语是不断新陈代谢的，竹板歌的语言能够注意吐故纳新。④艺术性。竹板歌的语言，方言也罢，口语也罢，新名词也罢，都是经过选择和提炼的，注意使用恰当、巧妙，与修辞手法融为一体，以求强烈的艺术效果。

（5）竹板歌的说白运用。传统的竹板歌唱本，无论长篇、短篇，都只有唱词，需要增加说白的，由艺人在说唱时即兴加插，为说唱者留下很大的二度创作空间。

2. 客家竹板歌的音乐

竹板歌是朗诵性曲调，属叙事体说唱音乐，包括唱腔（腔调）和伴奏两个部分。

（1）竹板歌的腔调。竹板歌的传统腔调，比较平稳、低沉、压抑、悲怨。现在的竹板歌腔调比较丰富，总体由基本腔调、改革腔调、创作（改编）的竹板歌音乐三个部分组成。

基本腔调：竹板歌的基本腔调（即原腔竹板歌）。基本腔调的曲体结构，是工整的五个乐句，每个乐句由四小节构成。也还有与歌词相适应的其他形式。基本腔调的调式，以羽调式居多，也有征调式。羽调式比较明亮、抒情、流畅，征调式比较压抑、哀怨。基本腔调的节奏，以念带唱，说说唱唱，节奏比较平稳，变化不大。说唱者根据内容、情节的变化，在节奏方面做相应的变化，使节奏快慢有致。基本腔调的旋律，多用级进，少有跳进、大跳，旋律性不强。有不少同音反复的音调和一句一休止的句法。曲调比较低沉、压抑、委婉、悲凉、平板。

改革腔调：主要有四句板、平板、拖板、欢板、吊腔、欢板拖腔、叠板、哭板、怒板、骂板、五句半板等10多首。改革后的腔调，音乐性增强了，旋律和节奏的变化比较多了。

创作、改编的竹板歌音乐：属于作曲、编曲的范畴，主要出现在竹板歌创作节目（主要是表演唱、小演唱一类节目）中。有的是把各种不同节奏的竹板歌曲调联合在一起，形成板式的连接；有的是在竹板歌的基础上融进一些佛曲、山歌、民间小调等曲调；有的是在传统竹板歌腔调的基础上进行编写。这些竹板歌音乐，既是不失韵味的竹板歌，又不是原来意义上的竹板歌。

（2）竹板歌的伴奏。竹板歌的伴奏乐器：竹板歌说唱的伴奏乐器比较简单，自古以来就是四块竹板；近几十年来，有改用或交叉使用单件丝弦、弹拨乐器的，如二胡、椰胡、板胡、三弦、柳琴、秦琴、吉他等。舞台演出的竹板歌表演唱、小演唱节目，有小民族乐队伴奏。竹板歌最主要的、最具特色的伴奏乐器是竹板。一副竹板共4块，由四五年竹龄的苗竹精制而成，每块长六寸左右（约20厘米），宽约二指（约3厘米），厚约3毫米。其中，一块的一边有齿如锯；另三块每块的两边中间部位都有锯齿，一边为四齿，另一边为五齿，即表示"五湖四海"，握在手掌里也比较稳。

竹板的基本打法。握竹板的方法：右手轻握有锯齿的那块竹板的一段，使竹板下端约与手掌平；左手轻握其余三块竹板，握法同右手。敲竹板的方法：有打、夹、合、

客家竹板歌使用的竹板

括、颤、收等六种。"打"是用右手那块竹板的背面敲击左手三块竹板的上端;"夹"是左手一松一抓,使三块竹板撞击;"合"是右手敲与左手抓同时进行;"刮"是用右手中有锯齿的那边竹板拉刮左手三块竹板的一边或顶端一侧,或用左手三块竹板的一边刮右手那块有锯齿的竹板;"颤"是用暗力使两块竹板颤抖,互相碰撞;"收"是将右手的竹板击于左手,四块竹板合一。两手竹板的功能:左手握的三块是打"板"的,一夹一夹地固定打拍子;右手握的一块是打"眼"的,或单击,或联珠,疏密随意。最基本的打法是夹、打、合、夹、打、合,夹打、夹打、合。许多"花点子"都是从这个基本打法中变化出来的。打竹板的基本套路:先是"夹,夹"两声起板,紧接着开始打过门(前奏),在过门接近打完的时候,"刮"若干次,然后"收"手。也有不"刮",打完过门就"收"的。

(3)竹板的打击技巧。四块竹板可以打出平板、碎板、单七星板、双七星板、单摇板、双摇板、四摇板等多种"板花"。

(4)竹板歌的前奏、伴奏、间奏。说唱竹板歌一般都先有一段前奏,才开始唱。唱完一首(五句)之后,一般都有一个间奏,篇幅较长,有一个较长的间奏。这些过门的长短是灵活的,可以多次反复,视演唱需要而定。竹板只打过门(包括引子、间奏、尾声),说唱时不伴奏。在唱的过程中,有时用"夹"打的方法打打节奏;偶尔也有边唱边打的。有时,说唱是在边唱、边想、边编中进行,唱完上句想下句的时候,就打一段过门推迟起唱下句的时间。打竹板要用轻、重、缓、急营造不同情节的情绪和气氛。一篇说唱是以"夹,夹"两声开始的,这"夹,夹"两声就是"起板",起着"定调"的作用,要根据说唱节目的基本情绪准确打出轻、重、缓、急的效果。

其他乐器的伴奏,不仅用于前奏和间奏,要为说唱全过程伴奏。

3. 客家竹板歌的表演

竹板歌作为一种曲艺表演艺术的表演,传统表演形式是艺人自己主动寻找的"生意",或受人雇请,都是登门说唱,多为一人活动,独来独往。偶有两人同行的,多为夫妻搭档、师徒搭档。一副竹板和一个褡裢袋,一盏小油灯照明、一张小桌或板凳放茶水就够了。

新中国建立以后,民间艺人的说唱基本保持着传统的形式。专业文艺团体演出的竹板歌节目则或多或少都注入了歌唱性、歌舞性等表演艺术的因素,表演唱和小演唱讲究形体动作、身段台步、舞台调度、队形变换,表演者进进出出,载歌载舞。表演的舞台装置,有的还讲究布景、灯光、道具等。

竹板歌有说、唱、学、伴、编、山六项基本功。竹板歌艺人说唱传本水平的高低，不仅是听他唱，更主要的是看他"说"得怎样。"唱"，不仅有一副好嗓子，更重要的是要唱功好，要做到字正腔圆。"学"就是模仿。说唱者进入角色的时候，需要用故事中人物的仪态、语气、动作进行说唱。"编"的功力，常常考验艺人的智慧。边唱边想边编，既要编说白，也要编唱词，一个故事，既可以"慢慢道来"唱好几天，也可以"长话短说"一场就唱完。"伴"就是伴奏。竹板歌是自打（拉、弹）自唱的，过门打长打短、竹板轻重缓急，全由自己掌握，所以必须掌握伴奏（特别是打竹板）这门功夫。"山"指的是客家山歌。竹板歌艺人要会唱客家山歌，而且应该是能唱即兴山歌的山歌能手。

4. 客家竹板歌的传承和发展

20 世纪的五六十年代是竹板歌的兴盛期，70 年代末至 90 年代初更是竹板歌的黄金期：民间说唱艺人温满于 1952 受年国务院文化部邀请，赴京演唱民歌；陈贤英 1958 年参加在广州举办的"七一"广东民歌演唱晚会，登上了中山纪念堂大舞台，接受全国音乐家协会主席吕骥等领导、专家、名流的鉴赏。民间说唱艺人周天和、陈贤英、张献云、钟伟华、钟柳红以及群众文化工作者余耀南、汤明哲、彭强先后获得梅州市山歌大师称号。在竹板歌大师级人物中，最值得称道的有三个人：

周天和。他不仅是山歌王和竹板歌说唱高手，而且是山歌、竹板歌创作的高产作者，仅整理、改编、创作的长篇竹板歌传本就达 60 多部，《春催杜鹃》就出自他的手笔。

余耀南。他是编、导、唱、演多面手，有"大陆张帝"之誉。他创作的竹板歌《会夫潭》、说唱《豆腐夫妻》发表于北京《曲艺》，竹板歌《打熊记》和方言快板《救冤家》《出国厨师》收入《广东曲艺作品选》。他打竹板更是梅州一绝。

汤明哲。他编、演俱佳，《山村新风》是其代表作，有"山歌汤"美称。在竹板歌文学、音乐、表演的创新方面都有成功的尝试；在唱腔方面形成了自己的风格，被誉为"汤腔"。

进入 21 世纪以后，在文化生活日趋多元化、数字化、电子化的冲击下，竹板歌已是昔日风光不再。尽管在文艺舞台上仍有它的一席之地，而民间说唱的市场却严重萎缩，民间说唱艺人几乎后继无人，就连乞丐讨食，都以播放竹板歌录音为主，纵然手握竹板，也少开口说唱了。竹板歌已处于濒危境地，虽已列入省级非物质文化遗产项目名录，也评定了省级竹板歌传承人，但竹板歌说唱的传承仍处于自发状态，亟须采

取切实有效的保护措施，否则，前景堪忧。

拓展阅读：

陈志勇：《广东汉剧研究》，中山大学出版社，2009

丘　煌：《广东汉剧音乐研究》，中山大学出版社，2011

胡希张：《客家山歌史研究》，广东人民出版社，2013

罗锐曾：《客家山歌剧》，广东人民出版社，2013

李君、李英、钟玲编：《客家曲韵》，暨南大学出版社，2015

第八章

历史人物与事象

粤东客家的秀水青山，哺育了一代又一代的客家儿女。诚如有些研究客家的学者所言：客家民系中不少杰出人物，都与嘉应州（梅州）有着深厚的因缘，如：被称为粤东客家人南迁始祖的程旼；清朝开发东南亚加里曼丹并成为大酋长的罗芳伯；著名的张裕葡萄酒创始人、近代客商代表张弼士；极大动摇清王朝统治、建立太平天国的洪秀全；推翻封建帝制的孙中山；参与中华人民共和国建立的开国元勋之一的叶剑英元帅；沟通东西方艺术的现代画家林风眠；开中国谱乘研究先河的客家学创始人罗香林；被誉为"亚洲球王"的李惠堂；以及新加坡总理李光耀，

泰国总理他信、英拉兄妹；香港人造皮革大王、著名慈善家田家炳；知名服装品牌"金利来"创始人曾宪梓，等等。历史与现实中这些杰出的客家之子，身居围龙屋，胸怀大社会，修身齐家而治国平天下。他们的壮丽人生不但激励着无数客家人，也影响着中国乃至世界。

第一节　程旼与客家先民南迁

关于程旼的生平等，由于文献资料奇缺，学界至今仍众说纷纭，莫衷一是。但对于程旼在粤东客家地区社会发展中的影响和贡献，则众口一致，认为梅州原称程乡县，即源自程旼。"后人思之，名其都曰义化，乡曰程乡，源曰程江，最后以程乡名县。"①程乡县建县于南朝齐王朝（479—502），与当时大量流民定居于粤东北地区有关。

一、"先有程旼，后有程乡"

依照传统客家人的观念，一部客家人的历史，就是客家先民不断南迁的历史，这种口头传说和文献记载不少。但是谁是第一人，目前尚无定论。不过，根据目前所能见到的文献记载，程旼无疑是有史所载的汉人移居粤东的开拓者。

依文献记载，粤东梅州地区在秦汉以前为"百越"之地，最早的地方行政建制为晋朝创设的兴宁县和义招县。兴宁建县于东晋咸和六年（331），由龙川县分治而立，所辖地域包括今五华、兴宁全境以及龙川县东部和紫金县东北部。义招县（今大埔县）设于东晋义熙九年（413），为义安郡的五县之一，其置县的基础为"昔流人营"。南宋人王象之所编《舆地纪胜·潮州》"古迹"条引《南越志》云："义安郡有义招县，昔流人营也。义熙九年立为县。"其目的是专门安置因动乱而迁居于此的"流民"。五代梁朝沈约所著《宋书》云："义招令，晋安帝义熙九年，以东官五营立。"② 有五个营的流民，说明当时流居于粤东的流人不少。义招县所辖范围包括今大埔、平远、蕉岭、梅县等地，县治设在今大埔县湖寮镇古城村。③

晋朝流民肇因于西晋末年的"八王之乱"和"永嘉之乱"。其时爆发了以流民为主

---

① 参见王命睿：《祀处士碑记》，《嘉庆平远县志》卷五《艺文》。
② 参见沈约：《宋书》卷三八，志第二十八。
③ 参见温廷敬：《民国大埔县志》卷一《地理志》，1943。

的流民起义，如长江流域的李特、张昌等的起义即是。流民何时出现于粤东，虽史无明载，但大体可以将其确定在永嘉稍后即两晋之交。义招县就是这一时期在大量流人的基础上建立起来的。

有民间地方文史研究者认为，作为中原移民的程旼，于刘宋末年看到北方外敌入侵、帝室内部为争位而骨肉相残、道德沦丧，加上天灾不断及农民起义，预感中原及首都周边将是战乱之地，便辞官率领妻、子、媳及族人等几百人南下。经过赣南，沿赣粤小道来到豪居（今仁居）。见该地人烟较稠密，不是避乱、隐居的理想地方，便再向南走了几十里，来到今平远坝头振东村，见该地山清水秀，便在河边草草建了住地安顿下来。但河边来往人等较多，程旼又感到不够清静，又再迁到离河稍远的山背旯旮处，后称为"官窝里"的地方定居下来，繁衍后代。①

兴宁、大埔建县，至今均在1500年以上。但在兴宁，迄今有文字可据的最早迁入定居的是唐末的罗昌儒。据《兴国州罗氏家谱》记载，唐昭宗时（889—904）罗昌儒为循州刺史，因唐末社会动乱，道路梗阻，流寓不归，遂定居于兴宁罗岭。而在大埔，所见最早定居的是宋末茶阳的饶、江、唐等姓，湖寮的蓝、黄、罗等姓，百侯的杨、萧、李等姓。晋朝迁居今平远坝头的程旼，无疑是今天客家地区有确切记载的第一人。程贤章在《围龙·楔子》中称程旼家族是"第一支南迁士族"②，是有道理的。

依照罗香林有关客家研究理论，粤东地区客家人的历史，约始于宋元之际。但这并不意味着粤东地区与客家人有关的历史文化始于宋元之际。徐旭曾于嘉庆二十年（1815）在有关客家研究的开山之作《丰湖杂记》中就指出："嘉应宋芷湾检讨，曲江周慎轩学博，尝与余言：嘉应、汀州、韶州之客人，尚有自东晋后迁来者，但为数不多也。"③可见东晋以后，已有中原汉人迁居于粤闽地区，其中的典型事例就是程旼。

关于程旼对粤东客家地方社会的影响，宋代王象之编纂的《舆地纪胜》卷一〇二《广南东路》引用宋代《图经》的说法，认为程江得名与程旼关系极大："江盖因程旼姓氏而名也。邦人仰程之风，故名其所居之乡曰义化，所生之里曰程源，所憩之桥曰程桥，于此江亦曰程江。"并引《九域志》云："昔有程旼，家于程江口。乡里推伏，州为上言，遂为程乡。"认为程乡县的得名也是因为程旼。同书诗文部分还收录了宋人徐庚歌颂程旼的七言四句诗："程旼当年一匹夫，不操三尺正群愚。片言能使争心息，万里江山姓与俱。"看来，程乡县的山水以程旼命名是有渊源的。"先有程旼，后有程

---

① 余蔚文. 世界客属名贤程旼 [J]. 平远文史，2003（12）.
② 程贤章. 围龙 [M]. 广州：花城出版社，1998：6.
③ 徐旭曾. 丰湖杂记 [M] //罗香林. 客家史料汇编. 香港：中国学社，1965：298—299.

乡"，程旼是定居客家地区有明确记载的第一人。

二、南迁客家先民与土著的关系

程江、程源、程乡县等因程旼而得名，所谓"万里江山姓与俱"。那么程旼到底是一个什么样的人？历代文献的记载不是很清晰。

宋代王象之编纂的《舆地纪胜》卷一〇二《广南东路》引《图经》云：

不知何代人，或云南齐人，或云隋人。为人悃幅无华，性嗜书，恬荣达。结庐江滨，环堵萧然，晏如。人服其行义。有不平不诣官府，辄质成于旼。程源，义化间，墟墓犹存。故老相传云，程将军祖莹，盖指旼言也。

这是有关程旼传记的最早记载。文中对程旼生卒年一无所知，所以才导致不能断定其生活的时代。不过，宋代当地百姓仍在口头传颂程旼的相关事迹，程旼墓即是例证。

随着时间的推移，有关程旼的形象愈益丰满、复杂。《嘉靖广东通志》载：

程旼者，潮州程乡人。为人悃幅无华，性嗜书，不慕荣达，素以忠信结人，人服其行谊。有不平者不往诉之官，辄质成于旼。为之辨是非曲直，咸心服而退，当时化之。心有愧怍者，望其庐辄思改过，有陈太丘之风焉。旼生于南齐时，历梁、陈，而行谊大著于隋。至义宁初，乃卒，年九十余。人思其德，名其里曰程乡，因以名县云。旼二子，长松，字伯材，事父母最孝，终日怡声，未尝大言疾语，隐居不受荐辟。次杉，字仲材，仁寿中以学术被征。隋末为弘农郡守，罹父忧。葬后，值天下大乱，遂弃官遁于旼邑之灵谷。习静日久，绝有神异。常端坐，默默如泥塑者。一出语，辄豫知人祸福。乡民每值旱涝，往拜祷之。许诺，辄应。后寿至百余岁，卒。人以其眉寿，因讹谓羽化，称为真人焉。①

这段文字与前代关于程旼的相关资料相比，内容丰满了许多，说明随着时间的推移和社会的需要，乡人不断地对其社会形象进行塑造。明代与宋代记载不同的：一是将宋代尚未定论的出生年，确认为南齐；二是宋代没有确定的死亡时间，也被确认为隋朝义宁初；三是程旼的两个儿子也被塑造成继承父亲忠信秉性之人，父子皆为地方先贤，从而使程旼越来越能为社会所接受。

从以上史料来看，程旼对当地的最大贡献在于树立了诚实、公平、正义的典范，而其实质是妥善处理了与当地土著的关系。根据当地至今还在流传的故事，参照已取

---

① 参见黄佐：嘉靖《广东通志》卷五五，《人物二·隋唐五代》。

得的研究成果,程旼的贡献主要表现在以下几个方面:

(一)传播先进生产技术,促进当地经济发展

据余蔚文的调查和研究,程旼定居后没有厌世逃避,而是积极传播中原先进文化,参与地方社会经济建设。他们建凉亭、辟山道、修水利,传授中原耕作技术,使当地逐步改变"刀耕火种"等落后的生产状况。据当地传说,中华人民共和国成立前民间耕作工具——木制铁头的拱背犁,具有古拙、稳定、犁得深的特点,适合水、旱地翻作,当地人仍称为"程犁"①。程旼南迁传播了中原先进的生产技术,推动了当地经济社会的进步。正如明代平远知县刘孕祚说所云:"奋起南齐之世,丕变东海之区。"②

(二)崇文重教,"教化乡仪"

相传程旼定居坝头时,当地还是蛮荒之地,山清水秀却人迹罕至、土著愚顽。为改变落后状况,程旼兴办私学,招引本地子弟入塾,教民识字知礼,"教化乡仪",传播中原文化。程旼开崇文重教之风气,使这蛮荒之地日渐开化,由崇巫觋、守旧、重狗,逐渐代之为敦本、重教、崇龙、重创新。以至于后世程乡等客家地区,辟愚昧于光明,人物衣冠轩轩载道,形成以中原文化为主轴的岭表文化中的客家风采,进而成为人文秀区、文化之乡。

(三)公平正义,以德化人

程旼秉义怀仁,以德化人。以"信义"作"化人"的前提和基础,作为"德"的核心,用信用和道义去感化、教化一方风俗。他与全家和当地居民和睦相处,经常周济贫苦。因以信义著乡,当地居民如有纠纷,不到官府,而自愿到其处调解:"为之辨是非曲直,咸心服而退。或望其庐,立自刻责焉。"③ 程旼以德化人,以儒家思想为主轴的"仁"为做人、处世之风逐渐普及。有学者认为:"程旼的德行,标志客地文化结束了蛮荒混沌状态,进入一个新的阶段。"④

对于程旼对当地社会的贡献,宋代诗人徐庚评价程旼为"不持三尺制群愚,片言能使争心息""人怀大志,心宽性良,命长孝义,显达荣光",此乃后人缅怀程旼的歌

---

① 余蔚文. 世界客属名贤程旼[J]. 平远文史, 2003 (12).
② 刘孕祚. 访程处士宅墓文[M]//顺治潮州府志:卷一二. 顺治十八年刻本.
③ 刘广聪. 人物志·人物列传上[M]//康熙程乡县志:卷六. 康熙三十年刻本。
④ 房学嘉. 客家源流探奥[M]. 广州:广东高等教育出版社,1994:34.

谣。程旼的名字连同他的品行德操、功誉事迹，世世代代在粤东客家地区流传。例如，明末程乡县翰林李士淳有《程处士祠》诗云：

> 我生处士里，酌水知源长；
>
> 往事成千古，高名噪一方。
>
> 祠堂新卜筑，俎豆旧馨香；
>
> 无限相思意，东湖水正泱。①

清康熙初年程乡县知县刘广聪有《处士程公》诗云：

> 隐居行义两无妨，处士偏增俎豆光；
>
> 沧海桑田知几许，到今犹号是程乡。②

清中叶平远县岁贡生叶凌云作《程处士故里》诗云：

> 可是江乡也姓程，前人踪迹后人争；
>
> 幼安耕钓留初地，叔度间阎尚望衡。
>
> 伴月依稀三径柳，啼花仿佛六朝莺；
>
> 南齐旧事谁凭吊，一曲溪山到眼明。
>
> 乡邻薰德忆当时，畏垒庚桑化若驰；
>
> 风俗定因陈实变，姓名惟恐彦方知。
>
> 何山韦曲传遗老，甫里斜川著口碑；
>
> 欲向蓬蒿寻仲蔚，绿杨邺畔雨丝丝。③

由以上数端可见，程旼定居后，既传播了先进文化，又与当地居民和谐相处，成为外来汉人与土著相互调适的典范。

程旼的高操德行和开县之功为历代县人所纪念，有关程旼的实物和习俗至今遗留不少。据余蔚文先生调查：在平远坝头官窝里有程旼居住遗址，在程北村有程公祠、程旼墓，上程村和下程村每年农历六月初六至今还有祭祀程氏家族的福祖公王庙会；在平远原县城仁居镇东湖有程李二公祠，文庙右侧有程处士祠、乡贤祠，在梯云岭顶有"百粤高人"摩崖大石刻；在梅州市城区有程公祠、义化路、七贤祠、七贤书院等。④ 这些都是为纪念程旼为地方教化和社会发展所做出的突出贡献而兴建的。

---

① 卢兆鳌. 嘉庆平远县志：卷五 [M]. 1934年重刊本：45.
② 刘广聪. 艺文志·诗文 [M] //康熙程乡县志：卷七. 康熙三十年刻本.
③ 同①，50—51页。
④ 参见余蔚文. 世界客属名贤程旼 [J]. 平远文史，2003 (12)：121—122.

第二节　罗芳伯与早期海外客家人

客家是一个世界性的民系,也是一个由移民而形成的民系。世界性与移民性,这是客家的两个基本特征。本节以客家代表人物罗芳伯为个案,考察客家人是怎样走向世界、历史上的海外客家是如何形成的。

一、客家海外移民的开端

据考古发现,客家地区的海外关系史很早便已经开始:唐代程乡县(即今梅县)的水车瓷为人们揭开了粤东客家地区的海外贸易史,这也是粤东客家地区海外关系史的开始。有了海外交往,便有了海外移民的可能性。

目前,学术界公认的、见诸史籍的客家海外移民史开始于南宋末年:程乡县松口的卓满跟随文天祥抗元,抗元失败后,他们便移民南洋。元朝海外交往很多,其中不乏暴力交往,但也有大量的和平往来。这个时期,却缺乏粤东客家地区与海外交往的史料记载。明朝初期,在郑和七下西洋的航海活动中,郑和部属镇平(今蕉岭县)人孙某定居马来西亚吉兰丹牙拉顶的深山之中。①

直到明朝中期,粤东客家地区的海外交往及海外移民才逐渐增多。"岭东三饶寇"的饶平县人张琏、大埔县人萧晚(雪峰)和程乡县人林朝曦,被明朝政府军追剿,由福

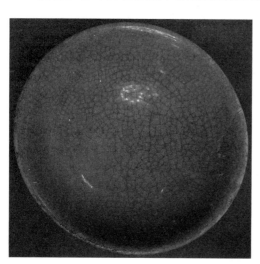

梅县水车瓷碗

---

① 赖雨桐. 蕉岭县志 [M]. 广州:广东人民出版社,1992:487.

建省云霄河等地整编船队引航出海，逃往南洋的三佛齐等地。《明史·外国列传》载："嘉靖末，广东大盗张琏作乱，官军已报克获。万历五年商人诣旧港者，见琏列肆为蕃舶长，漳、泉人多附之，犹中国市舶官云。"① 颜容端，长乐县（今五华县）人，嘉靖二年癸未（1523）进士，升任云南佥事。期间，交阯发生动乱后，他请求带兵进剿，出生入死，连破云梦、水井等地而平定叛乱，"十三道会疏荐军功为天下第一"②。嘉靖二十四年（1545）五月，朝廷安置安南（今越南）夷酋郑惟憭于长乐。安南莫登庸叛乱，黎朝政权派遣郑惟憭来中国禀报。莫登庸投降后，参赞尚书毛伯温等奏请于广东安置惟憭等。嘉靖二十四年五月，郑惟憭被安置于长乐。长乐县给惟憭买田50亩，其随从30亩，县城亦有住宅，并设有望楼和护兵。③

明朝政府在对海盗的剿与抚的分歧中，逐渐认识并纠正其对外政策，于隆庆元年（1567）开放海禁，闽粤地区出洋经商者骤然增多。明末清初，中国东南沿海地区的社会动乱导致了南洋客家移民的较大增长。罗香林认为："明末清初，客家人士，赴海外经营工商业，因而在南洋各地置田园，长子孙的，为数更多，或更进而开辟埠头。"④

总体而言，从唐宋直到清初，有关客家地区海外关系的历史记录很少，大多只是片言只语，在很长时间里，其海外移民现象都是个别、零星的，而非大规模、有组织的，更非持续的，可统称为开端期。客家人有着浓厚的孝文化，祖先崇拜是其重要的文化现象。他们根土理念强烈，留恋百年开基的祖屋，还崇尚聚族而居，向往子孙满堂的生活。显然，安土重迁，这是客家人重要的文化传统。在农耕时代，除非是游学或者外出当官，人们并不崇尚外出去谋生，外出经商谋利则是受到鄙视的。另外，此时期的粤东客家地区正是逐渐得到开发的时期，人口对土地的压力不大。直到明朝，闽粤赣边的客家地区才逐渐成为人们向往的乐土。在此背景下，冒着重重危险外出或者移民海外，显然是没有必要的。漂洋过海大多是不得已的离家出走，背井离乡。从卓满到张琏，他们只是"莠民""奸民"等反面形象，是与政府作对的人，是犯上作乱而十恶不赦的人。

二、海外客家社会的初步形成

客家人何时开始走向世界是难于确定的，海外客家社会的形成却是确定的。清初，

---

① （清）张廷玉等. 明史·第二十七册：卷三二四［M］. 北京：中华书局，1974：8408.
② （清）侯刊元修，温训纂，丁思深校点. 道光长乐县志［M］. 五华县地方志编纂委员会办公室印行，2016：44.
③ 同上书，第365页.
④ 罗香林. 客家源流考［C］. 兴宁文史——罗香林教授专辑（13）. 1989：47.

在大量客家人移居台湾和内地省份的同时，也有不少人走向了东南亚。乾嘉时期，大量客家人到安南（今越南）、婆罗洲（今加里曼丹岛）等地采矿和谋生。他们逐渐聚集在海外的某些特定区域里共同生活，形成了他们的自治组织和自己的领袖。这个客家人共同体或者说是海外客家社会，是早期客家华侨社会。

客家海外移民文献记载的增多，与嘉应州的设立有关，也是其移民海外现象增多的必然结果。雍正十一年（1733），原属惠州府的长乐县、兴宁县与原属潮州府的程乡县、平远县、镇平县组合而设立了嘉应州，逐渐形成"嘉应五属"的理念。乾隆年间，除平远县外，梅州各县（市、区）都已经有了或者有了更多的关于海外移民的确切记载，甚至在官方文献中出现。嘉应州的海外移民问题已受到了清政府和当时人的特别关注。《道光长乐县志》载："锺金昌，塘湖人，世业农，兄弟五人，幼年父母俱亡，家徒四壁。稍长即往海外营生。一二年归，见家贫如故，愤然复往。十余年，挟资而回。"归而复往，可见谋生于海外已不是极个别的现象。据新编《丰顺县志》载：大约在1750年前后，丰顺汤坑古湖乡的陈宏谋在暹罗（今泰国）万磅开设寿元堂药行。嘉庆年间，和寨乡的陈庆詹和古湖乡的陈兴次、陈昶辇都去了暹罗。汤西和安曹寨村天水楼的曾三亮等于清乾隆二十七年（1762）"过番"，嘉庆年间，曾双田、双业兄弟亦出洋谋生。

乾嘉年间，在海外客家社会里涌现了一批侨领，受到了侨居地乃至中国政府的关注。乾隆十年（1745），大埔人张理偕同本县的邱兆进和福建永定人马福春冒险出洋，船被风吹到了马来西亚槟榔屿的海珠屿。他们成为开发海珠屿的先驱，被当地华侨和土人尊为"大伯公"，建"大伯公庙"以奉祀之，庙碑刻着："（嘉应）五属之侨，凡有所获，不自以为功，而归功于大伯公。"大伯公在华侨中具有崇高的地位：

> 在华侨中的大伯公，是最受崇奉的英雄，但是在中国宗教书籍中却没有他的姓名。在暹罗，他被称为本头公，他可能系土地神演变而来，但在海外，他原是拓荒者的神灵。古代华侨先驱者遭受到各种艰难困苦，因而为后来之华侨所追念尊崇。大伯公似乎是先驱精神之人格化，而不是某一个人的神化，如同郑和之化为三宝泰山。①

客家华侨先驱张理与"大伯公"之紧密关联，显示出客家华侨先驱在东南亚开发中的突出地位与影响。客家华侨在东南亚披荆斩棘，筚路蓝缕，成为开埠先驱，最重

---

① 布赛尔. 东南亚的中国人：卷一［J］. 南洋资料译丛，1957（04）：21.

要的场所是在矿场。当然,客家人口不仅集聚在矿场中,而且还集聚在农业生产中。1819年,新加坡刚开埠,大埔县百侯镇的萧贤舞便来到新加坡开垦土地,成为"十二帮头"之一(客家帮帮长)。

乾嘉时期,东南亚矿产业兴盛,华侨矿场几乎遍及整个东南亚,尤以缅甸东北部、越南北部、中部和婆罗洲西部最为集中。矿场是客家华侨最集中的所在地,在此不仅产生了一批侨领,而且形成了客家社会。当时越南的送星厂招来了大量的内地客商和矿工,人员复杂,且常闹事。乾隆三十一年(1766)七月,安南国王汇报了张任富聚众仇杀事,并请求在韶州府告诫当地百姓勿出境滋事。乾隆三十三年(1768)三月,安南国王欲押送5000多名送星厂矿工回国。这些矿工显然多为客家华侨,因十居其九来自粤东嘉应州、惠州及广府、肇庆和南雄、韶关等地。乾隆五十六年(1791)六月初四日,时任两广总督福康安在其奏折中说,内地到安南做生意的人,大多来自广西的南宁、太平、镇安以及广东的韶州、惠州和嘉应州等地。他们或者单身,或者合伙,到安南去做生意。这里还可以举另一个例子:黄恒有,原籍兴宁县。他原在广东省电白县做生意,后因生意失败而往越南开采金银矿。他于乾隆三十八年(1773)正月初五日启程,四月十六日到达广西和越南交界处的陇委隘偷渡出国,在越南"沙坡"待了一段时间。乾隆三十九年(1774)二月初二日,他带领一帮人去兴化镇的"蝎蚣厂"开采金矿,一年要缴纳十四两黄金。他充当矿场的"客长",先后与赵国顺、黄永简、邱日松等人合伙,招来了多至300余名民工。兴化镇官员听到"蝎蚣厂"内聚集了这么多人,便于乾隆四十年(1775)十一月特委派官员去考察,又见矿场周边树立了木栅,担心矿工生乱,便命令黄恒有拆毁木栅。黄恒有则认为木栅是为了安全。最终,他因不拆木栅而被捉拿,并由安南国王解送回广东。

三、罗芳伯与兰芳公司

早期客家华侨多从事采矿,成就最大且影响深远者是嘉应州人罗芳伯(1738—1795)。晚清著名侨领张煜南有诗《婆罗洲》(之八)吟曰:

> 地辟罗江百里长,公司昔日立兰芳。
> 廿年客长人争敬,碑记今犹竖墓旁。

(原注:坤甸有兰芳公司,粤人罗芳伯善技击,颇得众心,华人敬畏,尊为客长。)

张煜南描绘了罗芳伯建立兰芳公司的伟业及其作为侨领的伟大形象。不过其历史

却是凝结了千千万万客家华侨的形象，是中国早期南洋移民的历史缩影。

（一）过番

罗芳伯，乾隆三年二月初九（1738年3月28日）出生于嘉应州的石扇堡（今梅县区石扇镇），原名芳柏，"罗大哥"及"罗芳伯"是尊称（大哥和伯分别是客家人对同辈和上辈长者的尊称）。罗芳伯少年时习文练武，勤奋好学，聪明懂事，是同辈中的佼佼者。

乾隆三十七年（1772），罗芳伯乡试落榜，随后便约集百来名同乡亲友，漂洋过番到婆罗洲开采"金山"。罗芳伯后来在《金山赋》中云：

盖闻金山之胜地，时怀仰止之私衷。地虽属蛮夷之域，界仍居南海之中。……予自忖曰：既从虎门而出，定直达乎龙宫。无何远望长天，觉宇宙之无尽；下临无地，想云路之可通。直如一叶轻飘，飞来万里；好借孤舟径达，乘此长风，时则从小港而入，舟人曰"金山至矣"。

"金山"是罗芳伯耳熟而向往之地，虽远离中国大陆，却仍属于"南海"的范围。过番海程茫茫，他却对"金山"憧憬不已，以至于在不知不觉间便已到达目的地。显然，过番已成"仰止"而非冒险或不得已之事。

（二）创业

在加里曼丹岛的坤甸，罗芳伯最初以教书为业，但这显然不是其南来此地的初衷。因此，他很快便转到山心金湖采矿。加里曼丹岛盛产金矿和钻石，当时，坤甸地区有三四个华侨采矿公司，相互之间经常为争矿而发生斗殴。显然，岛内还未建立起正常的生产秩序，持不同方言的华侨族群急需实现其内部的整合（华侨社会的整合此时仍处于方言族群内部，直到晚清华侨民族主义形成之后，才开始进入中华民族的不同地域方言群体之间的华人整合）。

乾隆四十二年（1777），罗芳伯在曼多（东万律）创建了兰芳公司。公司首领称为"大哥"，后世亦称"大唐总长"或"大唐客长"，且规定只能由德行能够服众的嘉应州华侨才能继位，成为兰芳公司的基本继承制度。公司实行寓兵于农的军事制度，平时各自为工，遇战事则为兵。公司又设立税卡，征收各行业税收，还征收边境税。对外方面，罗芳伯逐步兼并了东万律周边的一些采矿公司，统一了华侨内部；又助坤甸苏丹平息其内部的疆域纷争，与坤甸苏丹保持良好的协作；还与广州、潮州等国内外贸船只维持贸易关系。

（三）发展

此时，坤甸、东万律、沙拉满、山口洋等地大多尚未开发。罗芳伯率领华侨不仅采金，还以之为家园而苦心经营，将野岭荒山辟为良田，又发展了当地的交通，创办了学校，侨居地逐渐发展为富庶的"金矿之乡"和"鱼米之乡"。公司内部按章办事，公平处事，整个社会生产与生活秩序井然，华侨各安其业。

罗芳伯之治理兰芳公司与当地社会显然非常之成功，其伟业早已成传奇，张煜南诗《婆罗洲》（之九）曰：

> 巨鳄抟人肆意吞，结坛致祭事重翻。
> 琅琅宣读韩文罢，已挟风涛出海门。

（原注：鳄鱼为害，芳伯取韩昌黎祭文宣读而焚之，鳄鱼遁去。）

罗芳伯模仿唐朝韩愈被贬潮时祭鳄除害故事，体现其政治胆识和才能，更是当地社会表达对其开拓性贡献的高度赞赏和尊敬之情。

（四）结局

兰芳公司约有2万多名工人。在罗芳伯等领导下，公司业务蒸蒸日上。乾隆六十年（1795），罗芳伯病逝，终年58岁。此后，兰芳公司总厅大哥由江戊伯、宋插伯、刘台二、古六伯、谢桂芳、叶腾辉、刘亮官、刘鼎等相继接任。据说在此期间，"荷兰人于1786年（据亨特的说法）以两艘双桅船运士兵50名来此，建立商馆"。荷兰人的势力显然已经渗入坤甸，但此时还未对公司发生实质性的影响，罗芳伯的文章中也未提及荷兰人的影响，兰芳公司主要与当地苏丹发生关系，享有较大的自治权力。

随着时间的推移，兰芳公司不仅要面对来自华侨内部的争夺，还要应付荷兰东印度公司的武装入侵。当时，荷兰东印度公司以爪哇为根据地，不断向外岛拓展，坤甸首当其冲，东万律、山口洋等地都深受其扰。到刘台二时（1821—1837），荷兰殖民者开始统治西加里曼丹。1824年，刘台二被任为"兰芳公司大总制甲太"（即甲必丹），兰芳公司正式成为荷兰的殖民地。1884年，荷兰殖民者突然出兵占据曼多，拆毁总厅前桅杆。兰芳公司虽然进行了英勇的反击，终于在1888年被镇压。至此，兰芳公司共传12任、107年。

第三节　张弼士与近代客商

在驰骋于近代国际商界的客家人身影中，张弼士（1841—1916）无疑是一道亮丽的风景。而支撑在他背后的，则是一个巨大的近代客商。以张弼士和张榕轩、张耀轩兄弟为代表的近代客商之崛起，不仅仅在于他们在海外创造了自己的商业帝国，更在于他们顺应历史潮流，富而思进，执着于"实业救国"的伟大行动，将个人的自我奋斗融入民族、国家的生存与发展之中。在晚清每一次重大的历史变革中，近代客商都曾经参与其中，成为中国近代化建设的佼佼者。

一、海禁开放与近代客商的崛起

南洋华侨流行语说：客家人开埠。罗芳伯创业加里曼丹，叶亚来开发吉隆坡，郑嗣文开发大霹雳，张弼士提升槟城客家力量，张煜南兄弟开发棉兰，姚德胜开发怡保，等等。他们都是南洋的开埠英雄，是在南洋开发进程中涌现出来的富商巨子。

近代客家华侨延续着传统的采矿业，许多人因之发家致富。叶亚来是当时吉隆坡最突出的矿业家，其锡矿场被誉为当时世界上第一流的矿场，其苦心经营的吉隆坡地区逐渐发展为马来亚的锡矿中心。张弼士在英属文东埠（马来西亚彭亨）创办东兴公司，开采锡矿。姚德胜先在马来西亚森美兰州的芙蓉当采锡工，后移居马来西亚"锡都"怡保，先做小生意，后投资开发锡矿，以新式机器采锡，使怡保锡矿产量跃居全马之冠，成为声震全马来西亚的矿业巨子。

开发和经营种植园，这是近代客商在南洋所经营的另一重要行业。同治五年（1866），张弼士创办了裕和独资无限公司，开辟荒地，种植米谷、椰子，这是他"商业发轫之始"。此后，他于荷属怡厘埠创办裕兴公司，种植胡椒；光绪三年（1877），他又在日里与张榕轩、张耀轩兄弟创办笠旺公司，种植椰子、树胶、咖啡、茶树，投资数百万，佣工数千人，先后开辟树胶园七八所，地广近千里，并试种华茶，购新机焙制。他还在槟榔屿创办万裕兴公司，开辟荒地，种植椰子、树胶、杂粮各物。张榕轩购买了一家荷兰人因经营不善、濒临倒闭的橡胶种植园,成为苏门答腊岛上最早拥有橡胶种植园的华人。棉兰的发展靠种植园。到1919年,张耀轩兄弟拥有将近20家种植园。

近代客商因其在南洋的卓越成就而遐迩闻名,他们大多是英美殖民地的侨领,成为当地经济与社会发展的重要依靠力量,也成为殖民当局拉拢和依靠的重要力量。他们大多承包荷、英殖民地的烟、酒、赌、当(典当)等税收而发了大财。张弼士在荷属棉兰承办了不少饷码,且涉及槟榔屿,成为印尼、马来亚两地的巨富。姚德胜则与人合资承包霹雳、森美兰等地的酒税和典当税。他们多兼任殖民政府管理华侨的官职,如叶亚来是"巴生、吉隆坡光荣、英勇、胜利而忠诚的华人甲必丹",张榕轩兄弟则相继担任了"雷珍兰""甲必丹"和"玛腰",被誉为"雄视一方的张玛腰"。只有张弼士,据说他没有接受荷兰殖民政府任命的官职。

近代客商都是系条裤带孤身一人闯荡南洋,经艰辛拼搏而发展为腰缠千万的富商,这是个人巨大智慧的展现。比如,张弼士的语言和计算能力成为其备受称道的经商天赋,郑观应则强调其自小跟父亲读《史记·货殖列传》及其经营哲学对他在南洋创业的重大影响。事实上,张弼士有着不同寻常的把握机会的嗅觉与能力,在岳父的鼎助下迈出了发家致富的最初步伐,成为巨富则有着非同寻常的因缘际会。首先,近代客商在南洋的经济崛起具有特定的时代条件和良好的客观环境。他们赶上了殖民地大力开发的"好时代",他们则不断地创新其经营理念,将生产与市场紧密结合,特别重视生产的因地制宜。张弼士"见南洋各岛荷人专务种植,尽地利;英人专辟商场,兴商开矿,皆获大利,思兼用其长"。他强调要善于取人之长,进而又设日里银行,利用金融作为经济发展的纽带,在荷属亚齐创办了广福、裕昌等轮船公司,强调要"诸利并兴",进行多元化经营。其次,中国社会的动荡以及侨乡民众"无生路""无生业",促使华侨源源不断地南来谋生,南洋开发获得了充足的劳动力,为近代客商在南洋创建庞大实业帝国提供了优越的"人口红利"。张弼士就曾深深地感慨中国劳动力在中国有力无处用的窘境,却成为开发西方殖民地的基本力量:"……南洋新开各岛皆昔之荒荆丛菁也,一入西人之手,不数年而繁盛过于都市,价值高于沃壤,是岂地运使然哉,亦人力辟之耳!且借中国人力辟之耳。"[①]

二、在洋务运动中壮大与提升

以张弼士为代表的近代客商,与洋务派建立了紧密的联系,且主动融入洋务派的

---

① 张振勋. 招商兴垦山利议[M]//商务条议(铅印本). 北洋官报局印,清光绪年间:3.

近代化事业，其影响力随着洋务事业的发展而不断扩展。主要表现在：

（一）支持洋务派的"商战"主张

洋务运动是晚清政府引进西方近代科技、军事装备和机器生产以求"自强""求富"的活动。在"师夷制夷"和"中体西用"的口号中，洋务运动创建了中国第一批近代企业，开始了中国的近代化进程。洋务派已经充分注意到近代中国所处之"商战"情势。同治元年（1862），曾国藩致湖南巡抚毛鸿宾函中始提出"商战"概念，论者指出："国藩酝此一观念，予近代中外通商情势以如此形容，真乃一语中鹄，反映一新时代之新局面新景观，深澈清明，透辟入里，诚为表达同时代现势简易概括之重要观念。"① 洋务派既以"商战"之局已成，自然重视近代企业之创建，如江南制造总局、轮船招商局等一批标志性的近代企业应运而生；而这些企业之创建与经营，不仅与客籍官员有相当的关系（比如丁日昌创建江南制造总局），且与客商形成了良好的关联，也促进了李鸿章等洋务要员形成利用侨资的政策和措施。

（二）在响应洋务派利用侨资的号召中，客商的商业地位得以提升

洋务派很早就萌发了利用侨资以发展洋务事业的思想，且积极落实。他们利用侨资的方式和手段很多，效果也很好。近代客商因与洋务派建立了紧密联系，而成为洋务企业的重要力量，张弼士就是其中的佼佼者。作为大埔老乡，张弼士与福州船务大臣何如璋长期保持着良好的联系，他在1880年因捐资而受到了时任两广总督张之洞的赞扬。1880年，轮船招商局到新加坡向华侨募集股金，张弼士与其他38名侨商共投资65200两，张弼士个人就投资了3600两，这是他在国内经济投资的开始。

张弼士至少在光绪七年十二月（1882年1月）时，就捐得知府衔了。他还积极响应清政府的海外募捐活动。光绪十五年七月（1889年8月），因为筹赈江皖赈务有功，两江总督曾国荃特奏颁赠十五面匾额给南洋有关华侨，给张弼士的是："义昭推解"。光绪十七年（1891），张弼士因直隶水灾赈捐有功而受李鸿章奏请奖励。在密切的交往中，张弼士已经受到了洋务高官们的欣赏和肯定。因此，1891年，芦汉铁路开始筹建时，盛宣怀等官员首先便想到张弼士，并邀请他到烟台商谈相关事宜，两人在商谈中形成了投资创办张裕葡萄酿酒公司的决定。

---

① 王尔敏. 中国近代思想史论 [M]. 北京：社会科学文献出版社，2003：203.

（三）在清政府设领护侨的外交转型中，客商奠定了其在中国的政治地位

1875年6月17日，总理衙门保荐驻外公使备选人，派遣驻外使领的近代外交正式开始。在设领护侨政策的背景下，客籍华侨很早就向清政府反映侨情。光绪十七年（1891）六七月间，时任办理荷兰国山东赈捐委员、候选知府的张弼士应"专管赈捐"的盛宣怀之邀请回到烟台，期间，他反映了荷属华侨遭受殖民政府苛虐的情况，并提出在荷属殖民地设领护侨的请求。虽然其请求遭到了总理衙门的否定，盛宣怀与李鸿章却与荷兰驻华外交官进行了大量的交涉，希望荷兰殖民政府能够善待华侨，特别是有官职的体面侨领。

新加坡总领事黄遵宪极大地提携并提升了南洋客商地位。作为业绩辉煌的华侨富商，且很早就与洋务高官保持交往，张弼士顺理成章地被挑选为槟城首任副领事。光绪十九年四月九日（1893年5月24日），张弼士正式就任槟榔屿副领事，他协助黄遵宪做了大量的工作。据报道："按太守熟于洋务，且精英文……而黄观察之蕆劻也，以其未谙英文英语，故特委命太守与之同来襄办一切。"光绪二十年（1894），黄遵宪被张之洞奏调回华，驻英公使龚照瑗奏请让张弼士署理总领事，张榕轩则接任槟城领事职。

大埔县张弼士故居

从1893年至1911年，张弼士（1893—1894）、张煜南（1894—1896）、谢春生（1896—1901）、梁碧如（1901—1907）、谢春生（1907）与戴欣然（1901—1911），相继被委任为槟城副领事，成为清政府在南洋的重要代表，受到了侨胞们的高度认可，也形成了槟城闽南和广府之外的第三股势力。

三、在戊戌变法期间崭露头角

光绪二十一年四月初八（1895年5月2日）的"公车上书"事件，标志着戊戌变法运动的开始和洋务运动的结束。但是，在盛宣怀等"后期洋务集团"的主持下，洋务企业继续举办，客商因受到他们的重视而参与了甲午战争后第一波铁路等实业建设

热潮,并且被树立为"侨资"旗帜,成为新时期洋务企业的重要合作者和创建者。

(一) 甲午战争后清政府招侨引资政策的形成

在对甲午战败的反思中,清政府内部形成了发展近代实业的共识,特别强调急需发展近代国防军工企业。但是,洋务运动成效不够显著,其官办模式受到了质疑:"经营数载,糜帑已多,未见明效。如能仿照西例,改归商办,弊少利多。"1895 年 8 月 11 日,光绪颁布上谕:

> 制造船械实力为自强要图,中国原有局厂经营累岁,所费不赀,办理并无大效,亟应从速变计,招商承办,方不致有名无实。南洋各岛及新旧金山等处,中国富商在彼侨寄者甚众,劝令集股,必多乐从。①

上谕肯定"商办"政策的同时,提出了招徕侨资的政策,侨商和侨资被寄予"自强"重任:

> 或将旧有局厂令其纳赀认充,或于官厂之外另集股本,择地建厂。一切仿照西例,商总其事,官为保护。若商力稍有不足,亦可藉官款维持。②

显然,清政府大力鼓励侨商投资,或入股,或独资。面对清政府的招侨引资政策,以张弼士为代表的客商资本逐渐投入中国的近代实业建设中。

(二) 芦汉、粤汉铁路的筹建与客商旗帜的树立

甲午战争后,铁路被寄予民族自强的厚望。作为芦汉铁路的始作俑者,张之洞一改战前开办铁路乃"开利源"而不可借外债以修筑的态度,转而强调铁路的国防战略地位及其建设的"势不可缓",因而极力主张借外债以赶筑铁路。然而,清廷却于 1895 年颁布谕旨:"凡各省富商能集股在一千万两以上者,准其设立公司,自行兴办。"③ 形成了铁路商办政策。

许应锵等侨商积极响应清廷筹筑铁路的号召,张之洞与盛宣怀却坚信侨资并不足于承担铁路建设所需要的庞大资金,向列强贷款是铁路尽快修筑的唯一可行办法,是无可奈何的必然选择。因此,他们虽然积极执行清政府招侨引资政策,暗中却形成了"洋款归宿"的资金筹措原则。在他们的策划下,张弼士被树立为招侨引资的旗帜,参

---

① 朱寿朋. 光绪朝东华录(4)[M]. 北京:中华书局,1958:3637—3638.
② 同上书.
③ 曾鲲化. 中国铁路史[M]//沈云龙. 近代中国史料丛刊(第 21 辑第 973 册). 台北:文海出版社,1973:102.

与筹建芦汉铁路和中国第一家近代银行——中国通商银行，接着又被任命负责粤汉铁路的初期建设。张弼士则不负众望，引领一批侨商积极回国投资，成为铁路和银行的重要股东。

（三）张裕公司的创办及其初期发展

在加速建设国防军工企业的同时，清政府也开始重视民营企业的发展。山东烟台张裕葡萄酿酒公司是近代中国崛起的私营民族企业。张裕的创办虽说肇始于1891年，却是甲午新政中"奉旨开办"的典范企业。

光绪二十一年（1895），张弼士通过天津海关道盛宣怀禀请北洋大臣、署直隶总督王文韶申请张裕的"专利"和"免税"。经王文韶奏请，八月初四日（9月22日），张裕奉旨正式"开办"。张弼士认为，奏请试办张裕公司的目的是"将借此以开中国之风气，为兴商之先路也"。"奉旨开办"及其专利和免税则是清政府开始重视和支持私营企业的重要体现。

烟台张裕公司

光绪二十四年（1898）五月，直隶总督王文韶奏报张裕公司的情况后，清廷谕令，著荣禄饬令张弼士等："即行照案举办，但使制造日精，销路畅旺，自可以暗塞漏卮，务令该员等各照认办事宜切实筹办，以收成效，仍将如何办理情形由荣禄随时奏报，将此谕令知之。"显然，张弼士创办张裕公司已被清廷认为是挽救民族利权而"暗塞漏卮"的重要举措，是清政府高度重视且大力支持的样板民营企业。

四、在清末新政中大放光芒

随着清政府招侨引资政策的深入实施，侨商与侨资开风气的影响也愈来愈强烈。戊戌变法失败后，李鸿章督粤，特向清廷奏调张弼士等人，并电驻英公使罗丰禄催促张回国。他非常欣赏张弼士的经济和经营能力，张弼士却婉辞主办生产洋钉机器厂的重任，强调官办企业积弊太深而"不能获利"。显然，客商已经成为清政府发展工商实业的重要力量。在晚清新政期间，已经受到重视的客商再接再厉，走向辉煌，成为20世纪初中国近代实业舞台上最为耀眼的明星。

(一) 清政府工商政策的发展及其对客商的厚望

庚子事件后,清廷痛定思痛,进一步强调"通商惠工为经国之要政",进而号召去除"视工商为末务"的"积习"。清廷又将目光聚集到侨商与侨资,高度肯定了侨商"熟悉中外情形,尤深明于君国身家互相维系之义",谕令沿海督抚"尤应体恤商情,加意护惜"。此后,张弼士及其所代表的"侨资"被寄予更高的期望。

由于出色的业绩及捐款 20 万两资助兴办路矿学堂,光绪二十九年 (1903) 夏天,张弼士受到了慈禧太后和光绪皇帝的接见,被寄予了"招徕华商、振兴商务"的殷殷

潮汕铁路(中国铁道博物馆藏)

期望;他则向清廷条陈有关商务的见解,即《商务条议》十二条,受到了清廷的高度重视,比如先设立商部,后订商律等建议被采纳。光绪三十年九月十三日 (1904 年 10 月 21 日),张弼士咨请商部奏派大员办理闽粤农工路矿,商部则推荐他"充商部考察外埠商务大臣,督办闽广农工路矿事宜",成为清政府向南洋华侨招商引资的重要代言人。

张弼士与南洋客商被清政府寄予筹款的厚望。中美粤汉铁路合约被废除后,张之洞对粤督岑春煊和粤抚张人骏说:"如张侍郎振勋、张京卿煜南,皆擅雄资,宜尽义务,似不便听其惹置。"① 粤督岑春煊大力倡办近代实业,亦将其筹款(招股和投资)重任交给了张弼士、张煜南等客商。宣统二年 (1910),张弼士、张煜南等客商切实参与南洋劝业会,并且提供了大笔资金。原广东巡抚调任两江总督的张人骏推荐张煜南去南洋招商时说:"查候补三品京堂张振勋,前由商部奏奉派充考察外埠商务大臣兼督办闽广农工路矿各事宜,已有成效可观。"②

(二) 20 世纪初客商参与的商办铁路

清末新政前期,铁路建设被清政府作为"新政"最重要的工作,同时受到了客商

---

① 苑书义,孙华峰,李秉新. 张之洞全集·第十一册:卷二六一 [M]. 石家庄:河北人民出版社,1998:9332.
② 农工商部奏议复江督等奏请派张煜南考究南洋商务并召集华商经营实业折 [J]. 南洋群岛商业研究会杂志,1911,(4):54—55.

的重视。在张弼士的推动下，清廷引入私人资本以建设铁路支线。1904年10月，张弼士奏请设立闽粤路矿公司以招徕侨商和侨资，经商部奏请，张弼士成为商部考察海外的商务大臣兼督办闽广农工路矿事宜。他被任命为督办闽广农工路矿大臣，即"拟从铁路入手"以振兴广州商务。

张弼士积极参与广厦、广埔、广澳等铁路的早期规划。不过，这些铁路都是晚清商办铁路失败的典型，张榕轩铺设的潮汕铁路则是晚清商办铁路成功的典范，是近代客商最重要的业绩，他也因此由候补四品京堂晋升为候补三品京堂。

(三) 中国早期博览会的积极推动者

客商是南洋劝业会的重要推动和依靠力量。南洋劝业会于1910年6月11日至11月29日在江宁（今南京）举办，成为展示客商风采的一次盛会。劝业会起源于张弼士1904年奉旨召见时的建议，他又参与了南洋劝业会的整个筹办进程。1909年7月28日，时任广州总商会总理的张弼士建议筹集资本50万元组建公司以组织广东的商品参与南洋劝业会，他又被推举为劝业会广东出品协会总理。他又组织发起了全省教育产品展览会，设立广东教育出品陈列所，择优汇送劝业会；张裕葡萄酒与惠州福惠公司所产的玻璃一同获得了超等奖，即金牌。南洋劝业会最终亏空数十万元，张榕轩捐献10万元作为善后经费、20万元承购会场的地基屋宇。会后，两江总督张人骏奏请仿张弼士南洋招商例，派张榕轩考察南洋各埠商务，以召集侨商经营长江一带各种实业。

1915年，在美国举行"庆祝巴拿马运河开航太平洋万国博览会"（后人简称"巴拿马赛会"）。这是一场对于客商有重要意义的商品展览会，张裕公司送展的红酒获得了金牌奖章，"可雅白兰地"因此改名为"金奖白兰地"。中国政府还组建了以张弼士为团长的中国考察美国实业代表团，与美国经济界进行互动并企望开创中美经济合作，张弼士还发表了讲话，强调"中美商业联合会之不容或缓"。回国后，张弼士获袁世凯"洪宪"政府颁发二等嘉禾勋章，且"给匾额一方，以资奖励"。

(四) 中美经济合作的开创者

1910年，美国西部实业团一行23人应邀来华参观南洋劝业会时，提出了两国合作的四个建议：设立中美货品陈列所、互派中美商务调查员、设立中美联合银行、设立中美交通轮船公司。11月，中美两国商团在上海举行会议，时任广东商会总理的张弼士代表中国商团任华商议长，就此四项建议与美国商团议长穆尔进行了具体商讨。张弼士"以华工屡受美人苛待，力请美国两团设法维持"，得到美国商团"力任保护之

责"的答应。中国商团公举他和卢鸿昶与美国银行团共订中美银行招股简章,与美国航业团共订中美轮船公司报股简章。张弼士"担认轮船股十万元、银行股(五百万元)三分之一"。中美商业合作最终并未能取得成功,其影响却巨大。郑观应说:"窃思张君季直与张君振勋早为各界所钦仰,且对于提创商务、振兴实业无不具有毅力,登高一呼定必众山皆应。"张弼士与张謇已经成为当时中国南北实业界的领袖,客商在中国实业界具有重要地位。

第四节　李惠堂与亚洲足球

李惠堂(1905—1979),字光梁,号鲁卫,广东五华县人,出生于香港一富商家庭,自幼酷爱足球运动。其父恐其终日沉迷足球耽误前途,于1910年将其送回故乡五华县锡坑乡,接受私塾启蒙教育。然而,回到故乡的李惠堂对足球的热情并未减退,仍终日与球为伍,无球时则以布团、柚子为球,狗洞为门练射。1913年,李惠堂返港,正式接受教育。期间,其父对其踢球严厉限制,甚至斥责和鞭笞,但李惠堂对足球的热爱却有增无减,球技也日益精湛。在1922年的香港"夏令营杯"赛中,凭借出色的球技,17岁的李惠堂被南华体育会相中,一年后成为正式队员,开始了其传奇的足球运动生涯。

李惠堂故居

李惠堂童年练球的狗洞

一、"亚洲球王"的诞生

20世纪20年代的上海已成为中国较大的城市之一,社会经济发展水平较高,竞技体育的发展也走在全国的前例,并云集了大批的体育之名人士,如创建上海精武体育会的天津霍元甲、"鹰爪王"河北陈子平、体育家福建马约翰、深谙《韬略玄机》的浙江谢侠逊、篮球名教江苏钱旭沧等。1925年,为逃避封建包办婚姻的李惠堂也来到了上海,同年10月受邀加入上海乐华(原名乐群)足球队。在上海乐华足球队的五年间(1925—1930),李惠堂使乐华队的实力得到大大提高,打破了外国球队一统上海滩的局面,为上海足球运动的发展做出了巨大贡献。1926年,李惠堂率乐华足球队参加在上海举行的"史考托杯"足球赛,以4:1的悬殊比分大胜蝉联9届冠军的英国猎克斯队,首开上海华人足球队击败外国球队的纪录,极大地振奋了民族精神。此后又相继荣获"西联会"甲组联赛冠军、首届"高级杯"赛冠军和"中联"甲组联赛冠军。此外,1929年李惠堂率还代表上海队获全运会足球赛冠军。高超的足球技艺,使李惠堂很快在体育名士汇集的上海滩成为最受欢迎的体育人士之一,以至于当年的上海滩流传"看戏要看梅兰芳,看球要看李惠堂"的佳话。

20世纪二三十年代,是中国足球发展的黄金时期,除李惠堂外,还有"铁腿"孙锦顺、包家平、梁玉堂等诸多出色的足球运动员。李惠堂一生最大的梦想是带领中国足球队与世界足球强国交手,让全世界认识中国足球,洗刷"东亚病夫"的耻辱。但由于当时国家处于内忧外患,其梦想最终未能实现。不过,李惠堂却在远东运动会上帮助中国足球走向亚洲之巅。1923年,年仅18岁的李惠堂入选国家队,第一次代表中国足球队(由香港南华队代表中国队)参加在日本大阪举行的第六届远东运动会,并获得冠军。此后,1925年、1930年、1934年李惠堂又分别参加了第七届、第九届和第十届远东运动会足球赛,均获得冠军。尤其是在菲律宾马尼拉第七届远东运动会中国对日本、菲律宾的足球比赛上,李惠堂共进5球,为中国赢得比赛立下了功劳。对于此届远运会,"华侨之期望足球胜利,存心尤为急切,故在场参观者,达三万余人,其间华人占十之六七,看台均为之满,一种拥挤情形,实为他种运动所未有"。① 李惠堂也以精彩的表演回报了热情的华侨:"阅时七分钟,忽见左内锋李惠堂举足攻门,球入敌网。于是华人手舞足蹈,万头攒动。欢呼喜悦之声浪,高冲云霄。未及李惠堂再踢进一球。……观各次比赛,当推李惠堂之球技为最

---

① 中华全国体育协进会. 中华全国体育协进会年刊,1925(1):97—98.

佳，其盘球之机巧，传送之敏捷神妙，射击之准确有力。实促成前线之合作，而能如入无人之境，中国之胜，得力于李非浅。"① 此届远东运动会后，李惠堂被评为"亚洲球王"，名扬海内外。

由于南华足球队在第六届远东运动会的出色表现，1923年8月，受澳大利亚足球协会的邀请，李惠堂代表香港南华队访问澳大利亚。但香港南华队到达澳大利亚的首站——悉尼，却受到当地一家报纸的羞辱。这家报纸刊登了一幅11个面容憔悴、拖着长辫的球员蹒跚向球场走去的漫画，标题为"明天登场的中国队"，这引起南华队员的极度愤慨。到达澳大利亚的第二天，南华队即迎战当地劲旅——新南威尔士队，由于连续20多天的长途跋涉，最终南华队在二度领先的情况下与对手3∶3战平。但此战却使南华队在当地赢得了尊重，李惠堂也由于在此战中独中三元而被评为最佳球员，在当晚悉尼市长举行的欢迎宴会上，被授予金质奖章。在澳大利亚访问期间，南华队共赛24场，8胜7平9负，进63球，其中李惠堂进31球。由于李惠堂在澳期间的出色表现，随队记者曾靖侯曾赋诗"万人声大叫球王，碧眼紫髯也颂扬"。其后，受菲律宾华侨体育家林珠光先生、新加坡万金油大王胡文虎等人的邀请，在1928年至1939年期间先后代表上海乐华足球队、香港南华队多次访问东南亚，均取得了不俗的战绩，改变了当地人对中国人、中国足球的轻视态度，李惠堂也因此在当地声名鹊起，以至于一些商家利用其肖像、球衣号码做商标销售商品。

此外，李惠堂还代表中国足球队参加了1936年的柏林奥运会，尽管第一场比赛中国队由于长途跋涉、体力不支被英格兰队淘汰，但李惠堂的球技却得到了一致的认可，赛后受到欧洲球队高薪要求加盟的邀请。

二、现代足球理论探索先驱

作为近代中国探索足球理论的先驱，早在1925年，20岁的李惠堂就著撰了中国历史上第一部足球专著《足球》（1927年上海勤奋书店发行），其后又陆续发表了《足球经》《鲁卫吟草》《球圃菜根集》《杂果盘（球人座右铭）》《足球规律诠释》《足球登龙术》等足球理论著作。这些著作所论述的内容涉及足球领域的方方面面，既是李惠堂足球运动实践经验的总结，也是其足球理念的充分体现。在此略举一二，以供鉴赏。

---

① 中华全国体育协进会. 中华全国体育协进会年刊，1925(1)：97—98.

(一) 技术是足球之第一要素

李惠堂认为,一名优秀足球运动员首先要有扎实的基本功、娴熟的技术,"基本技巧是一个球人最大的需要,基本技巧不纯熟简直不能登堂入室"①。李惠堂指出,世界各国均将技术作为衡量球员是否优秀的第一标准,中国足球与世界足球的首要差距就在于技术,中国球员的技术"虽已登堂,但未入室"。因此,李惠堂强调,球员无论水平高低,都应将基本技术视为每日训练必不可少的项目,即使是世界上最优秀的足球运动员也不例外。也正是如此,李惠堂直至43岁(1948年)正式"挂靴"之前仍为提高技术水平而刻苦训练,并严格要求自己"不能偶有成就便沾沾自喜,每一项的动作,一百次需有九十五次以上的准绳,才算得是踏上了成功之域"②。更为可贵的是,在刻苦训练、不断提高技术水平的同时,李惠堂还对足球技术训练方法进行了深入的研究,成果主要体现在其专著《足球经》中。在《足球经》之技艺篇中,他对足球技术的分类、运用及练习方法等进行了详细的论述,并亲自示范、附图说明。

李惠堂的倒地卧射技术

李惠堂与比赛队员合照

(二) 球员的特点是战术选择的依据

20世纪初,足球的战术较为简单,基本上是以向前的直传、靠前锋的冲击球门战术打法为主。但由于各民族特点不一,战术打法也会有所差别。比赛阵型既有攻守平稳的"一三二二二"阵型(WM式),也有传统的"一二三五"阵型(塔式阵型)。③ 而

---

①② 李惠堂. 足球经 [C] //政协广东省五华县文史研究委员会. 五华文史——李惠堂专辑. 广东省非营利性出版物,1990:57—77.

③ 张彩珍. 中国足球运动史 [M]. 武汉:武汉出版社,1993:84.

我国球队大多尚无自己独特的战术风格，基本上处于模仿他人的阶段。对此，李惠堂认为：一定要依据球场上队员的特点来选择战术。而球场上的11个位置，犹如作战时行兵调将一般，各司其职。这就要求教练员能够洞悉每一个球员的特点，根据球员的天赋、个性、技术风格来决定全队的战术，务必使他们能够胜任各自的位置，完成各自的任务，"做到人尽其用、用尽其才的最高原则"。一个教练最大的危险就是根据自己的思维定式去滥用队员，不充分了解队员的特长和才能，主观任意择阵型和制定战术。这必将导致队员的技术特点、能力与场上位置的要求及所承担的职责出现偏差，使球队在临场比赛中漏洞百出，对手也就有机可乘。因此，一切战术的选择与安排应依从自己队员的特长和对方的特点，良好的战术是本队队员所具备的身体素质、技术能力、智慧的集中表现。这些思想对于当时对战术认识尚处于混沌状态的中国足球而言，无疑是一种较为超前的认识，即使是今天也仍具有重要的现实意义。

（三）足球比赛是斗智斗勇的过程

在足球比赛过程中，球员的技术与体能、双方的战术、天气及场地等因素都可能影响比赛，导致比赛常常会出现一些不可预知的局面。因此，李惠堂认为，足球比赛是斗智斗勇的过程。"足球一技，顾名思义，其运用实借双足。然而左右进退，为攻为守，决胜于俄顷者，其枢纽又全恃心脑之应变灵活，故斗智为上，角力为下，智力兼备，无不摧矣。"① 在赛前，一定要知己知彼，要充分发挥全体队员的智慧，根据场地、气候等因素，制订作战方案。在比赛过程中更要随机应变，根据形势变化变换战术。通过斗智将己队的劣势、错误降至最低限度，并利用对手的错误把握战机，夺取比赛胜利。

（四）个人技术要为集体服务

足球运动是集体运动，是整个球队技术、战术、智慧的全面较量。但在早期足球运动中，足球的整体观念并不强，球员一向喜欢卖弄个人技术，取悦观众。对此，李惠堂极力反对，他认为："足球是联合运动，最忌自私"，"智者以球役，愚者役于球。智者带球十码，传球三十码，愚者带球三十码，传球十码，这就是智愚的分野"②。并反复强调个人技术要为球队服务，在足球比赛中集体协作才是取胜的关键。1925年，

---

① 李惠堂. 球圃菜根集 [C] //政协广东省五华县文史研究委员会. 五华文史——李惠堂专辑. 广东省非营利性出版物，1990：29.
② 李惠堂. 球人座右铭 [J]. 体育文化导刊，1991（3）：20—22.

李惠堂初到上海时,上海球员喜好通过个人盘带、踢高球等方式卖弄花巧,以博取观众喝彩。但最终在李惠堂的努力及影响下,上海球员喜欢卖弄个人技术的风气甚为改观,水平也得到了较大的提高,促进了上海足球运动的发展。

三、"道本技末"的竞技观

李惠堂备受世人景仰,除了高超的球技外,还在于其高尚的体育道德,不但立言,还力行。在其《球圃菜根集》的第一章他就开宗明义地写着:"体育真谛,道德为本,技术为末,先示其本,后齐其末。"又言:"登场角技,万目睽睽,球员一举,丝毫毕露,勿以为作奸犯科,能于巧诈中逃脱公认。须知不义之行,纵逃过他人眼帘,也逃不过昭昭天理,逃不过自己良心。"他一直强调一名优秀的足球运动员除了要不断提高技艺外,还须时刻牢记体育道德。

《鲁卫吟草》封面

《球圃菜根集》封面

一是要遵守体育礼节。"体育礼貌是体育道德范畴的一环"。重视体育礼节"可以挖掘对方的友谊和热情,表现本身崇高人格,引起观众的好感,养成平时事事守礼的习惯"。因此,"在众目睽睽中,一举一动的仪表,是任何运动家所不应轻视和忽视的"。在遵守或履行体育礼节当中还应明了:"对方是我研究艺术,联络感情的对象,是我日求进境中的良师益友";"决不要把胜负看得太重,以致迷蒙了原有的理智";"礼节的谦让并非示弱或一种怯懦的表露"[①]。1923年,李惠堂率队远征澳大利亚时,正是恪守体育礼节,得到了澳大利亚人的尊重和赞扬:"中国人很文明守礼,确有大国的古风。"

---

① 李惠堂. 足球圈里的礼貌 [C] // 政协广东省五华县文史研究委员会. 五华文史——李惠堂专辑. 广东省非营利性出版物,1990:53-56.

二是尊重裁判。李惠堂的足球生涯极少犯规,更未受过裁判的处罚。他认为:熟悉足球比赛规则、服从裁判,是优秀运动员的必备条件。同时,对裁判要理解和宽容。"当球证不能面面俱圆,是世间最吃力不讨好的差使。有时无心之失,是值得同情与体谅的,谁愿在万目睽睽中,做一个众人唾骂的公敌?"①

三是反对球场的报复行为。在李惠堂20多年的足球生涯中,球场上经常有剑拔弩张的场面,受到侵犯更是在所难免,但李惠堂一向主张宽恕待人,他认为:"以牙还牙,以眼还眼,这原则在球赛中是不该施行的,如果人人存心报复,则星星之火可以燎原,冤冤相报何时了?"② 因此,在足球比赛中,李惠堂即使受到对方的恶意犯规,也不会有报复之心,而且还会尽量保持谦和态度,使对方遵守体育道德。在一次与印尼的比赛中,李惠堂被对方球员"独眼龙"恶意犯规,踢断胫骨住院治疗,根据当地法律肇事者将面临判刑的处罚。但是,当警察来调查此事时,考虑到对方可能受到刑罚,李惠堂反而为之掩饰、求情,最终"独眼龙"免于刑罚。"独眼龙"甚为感动,特到医院向李惠堂跪谢。

四、智育与体育并重的倡导者

李惠堂从事足球运动的年代正是中华民族内忧外患之时。长期的体育实践及国人蒙受"东亚病夫"之耻,使李惠堂深刻地认识到体育对于一个国家的强盛、民族的兴旺有着极为重要的意义。因此,终其一生,他都在从事足球的普及、推广工作,号召青少年"读书不忘体育,体育不忘读书"。李惠堂认为:体育与智育的关系犹如唇齿,"一个人有了高深的学问,而无健全的精神去利用他的智慧,或者是徒有健全的体魄,而无优良的学识去利用他的魄力,两者都一样不行的"。近代中国之所以蒙上"东亚病夫"之耻,"推溯原因,都不外是木先腐然后虫生,才有今日之祸",即其根本原因在于长期以来形成的重文轻武之风气,大家只求读书上进,醉心迷恋"书中自有颜如玉,书中自有黄金屋",把体育完全忽视了。在长期的足球对外交往中,李惠堂目睹了羸弱的国人在国外所受的屈辱:如前所述征战澳洲时的漫画之辱;英国人把一些身体、技术不好的球员称为"中国选手";甚至东南亚国家也讥笑中国人、当地华侨为无用懦夫等。1936年雄心勃勃的李惠堂率中国足球队参加柏林奥运会亦饮恨而归,"只得了个

---

① 李惠堂. 足球圈里的礼貌[C]//政协广东省五华县文史研究委员会. 五华文史——李惠堂专辑. 广东省非营利性出版物,1990:53—56.
② 同上书,48—52页。

'体力不如人'的教训"。这些经历使李惠堂清醒地认识到，必须走出传统教育中"重文轻武"的误区，广泛开展体育运动，提高国民的身体素质，才能从根本上改变外国人对中国人长期以来形成的看法，提升中国人的国际形象及国际地位。尤其是 1937 年抗日战争爆发，中国大片国土沦陷，更使李惠堂感到推广体育的重要性与迫切性。他强调，"解放民族，复兴中国，非得文武兼备，四育并进不为功"，"将来抗战或抗战完成后，要建设新中国，要有高明的智慧和学识及伟大的体格精神"[①]。此外，李惠堂对当时社会上一些人关于"体育只是跑跑步、玩玩球"的错误观点进行了纠正，他指出："体育是范围辽阔的，关系人生、社会、国家、民族"，"举凡公共卫生、个人自治，社会公益、民众纪律，而至于国防建设，都从体育训练出来"[②]。体育既可以锻炼身体，也可以培养人的意志品质。若在全社会广泛开展体育运动，则有利于培养有益于国家与社会的良好公民。

1947 年，李惠堂正式告别足球运动生涯，次年赴英国学习，获英足总颁发的教练证书。1948 年，李惠堂作为教练率中国足球队参加第十四届奥运会足球赛，同年获国际足联国际裁判证书，成为第一位获得国际足球裁判资格的中国人。其后，1954 年、1955 年率中国台北队夺得第二届、第三届亚运会足球赛冠军。由于其在亚洲足坛的巨大影响力，1954 年李惠堂当选为亚洲足球联合会秘书长。1965 年，他当选为国际足联副主席，成为在国际足联担任最高职务的中国人。1976 年在联邦德国《环球》杂志组织的评选活动中，李惠堂与巴西的贝利、英格兰的马修斯、西班牙的斯蒂法诺、匈牙利的普斯卡什同时被评为"世界五大球王"。

第五节 罗香林与客家研究

罗香林（1906—1978），字元一，号乙堂，著名历史学家，客家学研究的开创者和奠基人，中国族谱学肇基人。罗香林毕生献身学术，被尊为粤东梅州客家八大先贤之一。

---

①② 李惠堂．足球圈的礼貌 [C] //政协广东省五华县文史研究委员会．五华文史——李惠堂专辑．广东省非营利性出版物，1990：48—52

一、求学经历与学术研究

罗香林1906年9月11日出生于兴宁县宁新镇水楼村石陂窝的一个书香门第。其父罗师扬（1866—1931），是清末贡生，当地名儒。1903年起，他参与创办新学兴民学堂，宣扬民主思想。辛亥革命后，先后担任兴宁县长及广东省议会议员等职。长于诗词史学，著有《西洋史》《亚洲史》等，后由罗香林编成《希山丛书》8卷。

罗香林幼承家学，从小勤奋好学。1924年夏从本县兴民中学毕业后，到上海就读承天英文学校。1926年夏，从上海政治大学考入北京国立清华大学史学系，兼修社会人类学。大学毕业后，留校入研究院，专治唐史与百越源流问题。第二年春，兼读燕京大学研究院。先后师从王国维、梁启超、朱希祖、陈寅恪、顾颉刚及美国人韩廷敦等著名学者。期间获哈佛燕京学社奖学金，赴华南专门考察乡村社会及客家源流等，获得大量第一手资料。

1932年研究院肄业后，任广州中山大学校长室秘书，兼广东通志馆纂修。第二年春，改任中山大学副教授，兼学校《文史研究所月刊》编辑。年末，整理其历年所收集的客家史料，撰写和出版《客家研究导论》。在该著中，他运用西方民族学理论论证了"客家为汉族里头的一个支系"，有力地批驳了将客家诬为"语言啁啾，不甚开化""野蛮的部落，退化的人民"等种种论调，为客家人正名，争取应有的社会地位。

1934年秋，他辞去中山大学各职，执教于南京国立中央大学，兼中央古物保管委员会审核事宜。第二年9月，兼任上海暨南大学教授。

两年后返粤，任广州中山图书馆馆长。在整理馆藏书籍时，发现林凤超所著《坤甸历史》与《兰芳公司年册》等，始知梅县石扇客家人罗芳伯在西婆罗洲所建大总制，实为共和国政体。罗香林认为，如此富有开拓精神又具有先进思想之客家人，应撰专书以表彰，因此撰写了《西婆罗洲罗芳伯所建共和国考》一书。罗芳伯在西婆罗洲的开创之功，始为世人所知。

1940年春，罗香林赴重庆任国民党中央专门委员，筹划学术会议及开展经常性学术研究工作，出版《唐代文

罗香林在麻省理工学院访学（1963）

史》。年末,回粤北乳源中山大学文学院担任教授。

抗战胜利后,罗香林出任广东省政府委员兼省立文理学院院长,创办《广东建设研究》季刊。第二年年初,倡议设立广东文献馆。不久,他辞去广东省政府委员及所兼各职,专任中山大学教授。后来又出任香港《星岛日报》《文史副刊》主编兼广州文化大学研究所史学部主任。

1949年6月辞职,举家移居香港。1951年后,先后任香港大学中文系主任、教授,东方文化研究院主任、亚洲研究中心管理委员会副主席。1969年起直至1978年逝世,任香港私立珠海书院院长、中国文史研究所所长、基督教崇真会副会长、国际笔会香港中国笔会会长。

晚年的罗香林积极参与客属社团活动。香港崇正总会是他来港后最早参加的客家社团。1950年,他专责编撰《崇正总会三十周年纪念特刊》,随后参与会务管理。1975年,他更担任世界客属总会副理事长,推动各地客属组织的联合事业。1978年4月20日,罗香林在香港病逝。

综观罗香林的一生,致力于教育和学术研究,著述繁富。据其学生马楚坚等不完全统计,他先后出版著作52种,发表论文241篇。在唐代文化史、中西交通史,族谱学、客家学等领域均有开创性或独到性的研究。所著《中国族谱研究》一书,使族谱学成为继甲骨学、敦煌学、简牍学之后的又一史学研究新领域。所著《客家研究导论》《客家源流考》《客家史料汇编》等开创性著作,为客家学研究的发展奠定了坚实的根基。

二、开创客家学研究的先河

对客家学的关注与研究贯穿了罗香林的一生。早在1926年,罗香林刚入清华大学不久,即因腿疾暂时返回家乡兴宁养病。在病床上,他每日听护士哼唱客家歌谣,对家乡的这一文化背景产生了浓厚兴趣。后来,他四处找人教唱客家歌谣,还撰写启事广泛征集。正因为这一场病,他编成了一本歌谣集,名为《粤东之风》,1928年由东方文化供应社出版。这本书至今仍被认为是客家民谣的集大成之作。

由于受父亲罗师扬的影响,罗香林辑录客家歌谣《粤东之风》后,即有意于研究客家历史与文化。1930年夏天,罗香林于大学毕业前夕撰写了有关客家源流的论文,送给陈寅恪审阅。陈寅恪批示:"家谱内,多有材料,须再考查。"陈寅恪祖籍江西修水,也是客家人,他从自己家族及乡邻的迁徙历史中,洞察族谱中有反映客家源流的

材料值得发掘。罗香林接受陈寅恪的指教，决定从族谱入手，扩大史料征集范围。他于1930年冬通过广东各大报纸上刊登《征集客家史料启事》，广泛征集族谱。

经过一年多的征集，罗香林搜集到大量族谱，他把所搜集到的族谱资料，汇编为一部长编性的资料，题目就叫作《客家史料汇编》。这部汇编由于种种原因，直到30多年后才正式出版。该书"本篇"名为"族谱中之客家源流"，共搜集从全国征集来的族谱40部。

罗香林在研究客家学时，综合运用了历史学、考古学、民族学和语言学等各种方法。1933年1月，罗香林顺利获得燕京哈佛学社资助，并接受燕京大学国学研究所之托，与协和大学解剖学副教授史蒂芬生博士同行，专程到南方做民族调查。考察至6月结束，历时4个月之久。他俩赴曲江，游南华寺，考察六祖慧能遗迹；再溯浈水，至始兴、南雄，出珠玑巷，登大庾岭。回广州后，又东游惠州丰湖。通过这次调查，罗香林写成《华南民族调查报告》。更为重要的是，这次调查为他写作《客家研究导论》打下了坚实的田野调查基础。

1933年，罗香林的《客家研究导论》由希山书藏出版。朱希祖、吴康分别为之作序，并给予极高评价。全书25万字，运用大量谱牒、史书等资料，详细论述了客家"为中原衣冠旧族""为避战乱迁居南方""历经五次大迁移"等观点，对客家的源流、分布、语言、特性做了全面阐释。该书在此前客家研究成果的基础上，罗香林首创了"民系说"。他认为，由于自然环境、外族关系、内部演化等原因，常会导致一个民族分化为不同民系。而客家，正是汉民族的一支民系。

1942年，罗香林发表《国父家世源流考》，充分利用所收集的各种族谱资料，详细论证了孙中山家世的客家渊源。

在港期间，他继续从事客家学研究，于1965年发表《客家史料汇编》，1973年发表《客家源流考》等，进一步探讨客家源流、迁徙与具体分布诸问题，补充和完善了他的客家学说。

罗香林治史主张经世致用，体现在为客家争取社会认同和赢得尊重上。在发表《客家研究导论》后，先后研究了孙中山、洪秀全、罗芳伯、叶亚来、林睡庐、胡曦、丘逢甲等知名人物，正是为了进一

罗香林在香港做田野调查

· 362 ·

步激发客家人的自豪感,向国人宣扬客家人在中国历史上的贡献。

在香港时期,罗香林发扬当年在燕京大学资助下《征集客家史料启事》的精神,在乡贤的积极赞助下,先后主持编辑出版《兴宁二十六家诗选》《兴宁先贤丛书》等文献。其中,《兴宁先贤丛书》正是以他家"守先阁"藏书(主要是抄本)为基础影印出版的,从"守先阁"三字就可看出他为传承客家文化做出的兴微继绝之贡献。

三、对客家学研究的主要贡献

罗香林一生致力于客家学研究,对于客家学研究的贡献,主要体现在以下几个方面:

(一)首次提出"民系"概念,并运用于客家研究

罗香林指出:"'民系'一词,是我个人新造出来用以解释民族里头种种支派的。"① 所谓民系,就是民族下面的分支,而客家就是汉民族下的一支民系。他运用西方民族学的民族国家理论,从汉民族及其民系的发展过程入手,全面、系统地论述了客家乃中原汉民族的一个支系的观点,从而科学地论证了客家的民族属性,解决了客家人的身份定位问题。这是罗香林继徐旭曾、黄钊、林达泉、温仲和、温廷敬等人之后,为捍卫客家人的历史地位做出的新贡献,也为客家学的构建奠定了学理基础。这一理论不仅被广泛运用于客家问题的研究,而且还被有关民族学者用于汉民族及中华民族的研究。汉民族内部各民系的概念,已成为学术界约定俗成的一个专业术语。他所提出的民系的概念以及由民系的研究上升到对整个汉民族的系统研究,不论对民族学还是客家学,都具有重大意义。

(二)首次提出"客家迁徙运动五个时期"说

以往学者对于客家先民中原南迁,只是泛泛而论。罗香林则将客家先民的南迁与中国历史发展结合起来,详细、具体地探讨了客家先民自中原南迁及南迁后经历了东晋永嘉之后、唐末五代、宋末元初、明末清初、清中叶等五个时期,并具体分析了迁徙的历史原因、迁徙过程、移民规模、人口分布、转迁途径。他还认为:客民先民南迁,并非一蹴而就、一步到位的,而是通过不同时期、不同阶段、不同地域,逐步迁至今日赣闽粤聚居区,并由此扩散至南方乃至世界各地的。通过上述五个时期的迁徙,

---

① 罗香林. 客家研究导论[M]. 台北:台北南天书局,1992:25.

奠定了今日客家人在海内外分布的总体格局。从而基本理清了客家的源流及其历史发展过程。

(三) 提出"客家界说",全面阐述客家"特殊民系"的理论

罗香林分析了客家民系形成的具体过程及时间,讨论了民系形成的标准以及一个民系区别于其他民系的重要标志等理论问题。认为客家民系的"系统构成",即客家民系的形成,"大体已晚在五代至宋初"①。并精辟地指出,客家民系形成的主要标志为独特的语言、共同居住的地域以及相联系的文化民俗(即罗先生所谓的"文物与活动")。

他关于客家民系形成于五代宋初的观点,直到今天依然是客家学界的代表性的观点。虽然作为学术问题,尚有少数不同的分期法,但这是自然的现象,于事无碍。罗香林认为:客家人不同于中原移民,客家民系有一个形成与演变的过程,客家民系形成之前的中原移民称作"客家先民",形成后始成为客家人;客家人是保持了固有的中原文化而又"混化"了南方诸族特别是畲文化的新民系,即罗香林习称的"特殊民系";客家人的形成是由其操同一语言、有基本居地以及相适应的文化即"文物与活动"所决定的。这些论述,都是毫无异议的经典之论。

(四) 高度评价客家文化的优良传统

罗香林从各方面对这一极具特色的客家文化的源流、特点、形成过程、社会传统等,进行了详细研究,并高度评价客家文化的优良传统。这对回击多年来少数别有用心的人对客家人的侮辱,树立客家人的历史形象,重振客家人的自尊心和自信心,具有重大的感召作用。

(五) 开创客家研究新方法

在研究方法上,罗香林开创了把历史文献与方志和族谱等民间文献相结合,把历史学、民族学、人类学、社会学、民俗学等多种学科结合起来进行综合考察的研究方法,从而为后世客家学研究在材料的收集与整理上,树立了成功的典范。他一生致力于族谱研究,认为"谱系研究,崇本之学"②。其代表作《中国族谱研究》,被学界奉为权威性著作。著名史学家陈槃在《罗元一香林教授诔》中,推崇该书为罗香林"淹通

---

① 罗香林. 客家源流考 [M]. 北京:中国华侨出版社公司,1989:41.
② 罗香林. 乙堂文存八种自述 [J]. 东方杂志,1972.

博瞻"要著之首篇。至于客家谱乘,则搜集与研究达 30 多年,结集而成《客家史料汇编》一书。《客家研究导论》更是充分利用族谱资料而完成的研究成果。他利用族谱资料研究客家问题的方方面面,包括客家历史社会、源流、播迁、清初迁界与招垦、清初四川台湾之移民与开发、南洋各埠之开发、客家地域之分布与文化之特征等,将族谱资料利用至极致的地步。利用谱牒等民间文献,结合历史文献和地方志研究客家问题,是罗香林的一大发明与创造,开拓了客家研究的新天地。

罗香林以其浩博的学识、超凡的睿智,在总结前人客家研究成果基础上,运用新理论、新方法,对客家问题进行了全面、系统、深入的研究,对客家学的构建做出了历史性的贡献。所著《客家研究导论》,是具有现代学术意义的客家研究奠基之作,开创了客家研究的先河。如今,客家学已成显学,罗香林则被公认为开创者和奠基人,他的主要观点,至今仍被沿用。

第六节　林风眠与中国现代美术

一、"中西融合"艺术理想的倡导者

林风眠(1900—1991),原名林凤鸣,生于广东梅县,是享誉世界的绘画大师,"中西融合"最早的倡导者和代表人物,也是中国现代美术教育的开拓者。林风眠自幼喜爱绘画,19 岁赴法勤工俭学。他先在法国第戎美术学校进修西洋画,后又转入巴黎国立高等美术学校深造。1925 年回国后受蔡元培的邀请,出任北平艺术专科学校校长兼教授;1926 年出任中华民国大学院艺术教育委员会主任;1927 年他受蔡元培之邀赴杭州西子湖畔创办中国第一个艺术高等学府

蔡元培题写的"国立艺术院"校名

暨中国美术最高学府——国立艺术院（中国美术学院前身）并任校长。中华人民共和国成立后，他任上海中国画院画师、中国美术家协会顾问、常务理事等。林风眠于20世纪70年代定居香港，1979年在法国巴黎举办个人画展，取得极大成功。代表画作有《春晴》《江畔》《仕女》《山水》《静物》等。另著有《中国绘画新论》等绘画研究理论。林风眠的作品，从内容上看，有一种悲凉、孤寂、空旷、抒情的风格；从形式上看，一是正方构图，二是无标题、无题字或无题诗。他力图打破中西艺术界限，造就一种共通的艺术语言。他吸收了西方印象主义现代绘画的艺术理论，与中国传统水墨画技法和意境相结合，加之融入自己对人生的理解，创造洋为中用、中西融合的独特风格。

林风眠是一位富于开拓进取、勇于创新的艺术大师，在中国画坛上独树一帜，对许多画家产生深远的影响。他主张"兼容并包、学术自由"的教育思想，不拘一格广纳人才，培养出李可染、吴冠中、王朝闻、艾青以及法兰西艺术院院士赵无极、朱德群等一大批世界著名艺术家。

二、强调"先使物象正确"的绘画基本功

早在1926年，林风眠就提出"调和中西艺术"口号。1928年，他在主持西湖国立艺术院时的口号中写道："介绍西洋艺术，整理中国艺术，调和中西艺术。"这是当时西湖国立艺术院的宗旨，也是林风眠创作的题旨。

1929年西湖艺术运动社部分成员合影（左一为林风眠）

林风眠有一句名言:"绘画艺术是绘画艺术。"① 林风眠认为,绘画语言与文字语言是有所不同的:文字语言用文字来表达自己情感,绘画则是用图像艺术来传达作者对人生的见解。因此,绘画艺术要在"物象正确"的前提下来展开艺术想象的翅膀,展示自己所憧憬、所追求、所宣示的人生境界。对此,林风眠在1933年1月写的《我们所希望的国画前途》有一段意义深蕴的话:

绘画上的基本练习,应以自然现象为基础,先使物象正确,然后谈到"写意不写形"的问题。我们知道,古人之所以有"写意不写形"之语,大体是对照那些不管情意如何,一味以像不像为第一义的画匠而说的。在我们的时代,这种画匠也并不是没有;不过,他们是早已不为水平线以上的画家所齿及,而且他们的错处倒有不如我们的抄袭家那样厉害的趋势;于是,我们不得不努力矫正我们自己的,而不把那些画匠置之话下。②

林风眠强调"先使物象正确"是绘画的基本功,对那些以"写意不写形"为幌子藏拙的画家是不以为然的。鲁迅在差不多同一时期写的《致孟十还》中,也曾批评那些不肯下苦功的青年,他说:

青年向来有一恶习,即厌恶科学,便作文学,不能作文,便作美术家,留长头发,放大领结,事情便算了结。较好者则好大喜功,喜看"未来派""立方派"作品,而不肯作正正经经的画,刻苦用功。人面必歪,脸色多绿;然不能作一不歪之人面,所以其实是能作大幅油画,却不能作"末技"之插画的,譬之孩子,就是只能翻筋斗而不能跨正步。③

在对待艺术基本功这一问题上,林风眠与鲁迅的看法是一致的。他们都强调对艺术基本功训练的重要性,认为要创新首先要从扎扎实实的基本功练起,反对以"写意"为名,以引进外国现代派为名,而随意搞什么"创新"之作,认为这样的"绘画"是谈不上艺术的。

绘画便是绘画,这似乎人尽皆知的道理,但在理论和实践上并非人人都懂。林风眠小时候就受到当石匠的祖父的艺术熏陶,使他终生难忘。在法国留学时,他认真训练绘画基本功,他说自己"曾沉迷在自然主义的框子里"。林风眠所说的自然主义,是指对自然的认知及对自然界写实的训练。20世纪60年代初,他在《文汇报》上发表《抒情·传神及其他》一文,回忆他儿时在梅县老家山村,感受大自然的美景的情景。

---

① 林风眠. 东西艺术之前途 [J]. 东方杂志,1926,23(10).
② 林风眠. 我的兴趣 [J]. 东方杂志,1936,3(01).
③ 参见鲁迅《致孟十还》。

他对山上的树、山间的小溪、山下小河里的一块一块的石头，既熟悉又喜爱。童年的时候，他总是在小河里捉小鱼，或在树林中捉鸟，养一些小鱼和小八哥，是他最快乐的事情。他说，我就习惯于接近自然，树木、崖石、河水它们纵然不会说话，但我总离不开它们，可以说对它们很有感情。他写此文时，离开故乡已经40年了，"但童年的回忆，仍如眼前，像一幅幅的画，不时在脑海中显现出来，十分清楚，虽隔多年，竟如昨日"！为此，他在外出旅行时，总是望着窗外，不管怎样的景色，哪怕是最平淡的东西，他都"永远不会感到厌倦"。他说："由于这种习惯，也许就因此丰富了我对一切事物和自然形象的积聚，这些也就成为我画风景画的主要的源泉。"在林风眠的一些风景画中，我们可以看到一些岭东客家山村的形影。林风眠的这种从小养成的崇敬自然、热爱自然的习惯，使他积聚了许多感性的认识，给他的创作带来取之不尽的源泉。

由此可见，林风眠说的"先使物象正确"，或者说绘画的艺术基本功，还包含另外一层意思，就是要认识自然，体验自然，熟悉自然，然后去表现自然。

为了说明画家要熟悉自然、了解自然这个观点，林风眠以《秋鹜》为例，谈了他对熟悉自然的认识。当年在杭州时，他一个人天天到苏堤散步，坚持走了三四个月。在秋天的日子里，他饱看了西湖的景色："在夕照的湖面上，南北山峰的倒影，因时间的不同，风晴雨雾的变化，它的美丽，对我来说，是看不完的。有时在平静的湖面上一群山鸟低低飞过水面的芦苇，这些画面，深入在我脑海里，但是当时并没有想画它。"正是这美丽的情景，经过他长期的酝酿、提炼和构思，使它"烂熟于心"。有一次，他偶然想起杜甫的一句诗"渚清沙白鸟飞回"，触景生情，有感而发，创作了著名的《秋鹜》。

林风眠画作《秋鹜》

林风眠画作《秋韵》

三、探索用色彩和线条表现视觉感

创新还有一个重要条件，就是画家要深入研究中西画的特点，要研究其各自所长及所短，只有在做出有见地的研究后，才能有所创新。关于这个问题，林风眠从中西画的成败得失中做了深入的探讨。他在1929年的《中国绘画新论》中认为，中国画有许多优秀传统，它的特点是以写意抒情为主，这是值得认真研究的和学习的。但是，如果画家不直接去体验自然界，不去研究自然的物象与精髓，而是陈陈相因，或者抄袭古人的一些构图、色彩、章法和运笔，而没有自己的自然体验，就会使作品离自然越来越远，从而变得不真实。这就要求画家到生活中去，以自然的原生态为基本特征，加以概括、抽象、集中、提炼，来表现自己的情绪和美学意蕴，这样的绘画就有创意和艺术价值。

西方古典主义和自然主义艺术，虽然画面精彩，有强烈的物象感觉，但是，它全系以模仿为能事，有点自然主义的倾向，很难抒发自己的感情，而且有过于机械的感觉，这是不可取的。林风眠认为，中国画的特点是重"神似"而轻"形似"，正如陈师曾在《论文人画的价值》一文中所说的："文人画尊重精神，不贵形式，故形式有所欠缺，而精神优美者，仍不失为文人画。"而西洋画的特点恰恰相反，它重"形似"而轻"神似"。它可以画得很细致，很逼真，光线、色彩、甚至空气都似乎是流动的，但是有的画作虽然逼真，却缺乏神采，或者说形似神不似。

为此，林风眠在对中西画做了比较研究后认为，如果能有机地把中西画二者糅合起来，各取所长，弃各所短，就能创造出新的艺术境界来。林风眠还对中西绘画做了具体的分析，他觉得绘画作为一门艺术，中西绘画方面有共融共通的东西。这主要表现在绘画在诸般艺术中的地位："不过是用色彩同线条表现而纯粹用视觉感得的艺术而已。"因此，不管是中国画，还是西洋画，只要从这个角度去考察，它们其实是没有什么区别的。正如他说的："普通所谓'中国画'同'西洋画'者；在如是想法之下还不是全没有区别的东西吗？从此，我不再人云亦云地区别'中国画'同'西洋画'，我就称绘画艺术是绘画艺术；同时，我也竭力在一般人以为是截然两种绘画之间，交互地使用彼此对手底方法。"[①]

从这种观念出发，林风眠从不人云亦云地区别中国画和西洋画，而认为只要从艺术角度出发，用绘画来表达自己的感情，就能创作出真正的绘画艺术品来。正因为这

---

① 林风眠. 我的兴趣[J]. 东方杂志，1936, 3 (01).

样,他在创办国立杭州艺专时,坚决反对把所谓中国画和西洋画的学生分立两个系的主张,而把绘画专业综合成立为绘画系。学习中国画的学生,必须学习绘画的基础木炭画;而学习西洋画的学生也必须学习中国画。他认为,只有吸取中西绘画中的特长,取长补短,才能有效地创造出新的艺术天地,中国画才有新的前途、新的活力。

四、在中西风格互补中创造时代艺术

林风眠并不是说中西绘画没有什么区别,恰恰相反,他认为中西画确实有着由于两种不同文化背景而产生的不同绘画艺术,我们必须认真研究两种绘画不同的艺术效果。中国画的基础是南朝齐代谢赫总结的"绘画六法",而西洋画的基础则是色彩和光线,以及他们的变化等。他认为,中国画中的风景画,发展比西洋画早,对于时间变化的观念亦很早就感觉到了,但是,画家只倾向于时间变化的某一部分,而并没有表现时间变化整体的描写方法。中国的山水画,往往只限于风雨雪雾和春夏秋冬这些自然界显而易见的描写,而且描写的背景最主要的是雨和雾,对于色彩复杂、变化万千的阳光描写,是表现不出来的。这里除了技法之外,最重要的是绘画色彩原料的影响所致,因为水墨的色彩,最适宜表现雨和云雾的现象的缘故。而西洋的风景画发展较中国迟,自19世纪以来,经自然派的洗刷,印象派的创造,明了色彩光线的关系之后,在风景画中,时间变化的微妙之处,皆能加以表现,而且更引人注意的是,它充分注意到了空气的颤动、色彩的变化、线条的流动和自然界之中的音乐性的描写了。

林风眠不仅在美术理论上对中西绘画艺术的内在联系和相互的区别做出探讨和明确的界定,并且阐明了中西绘画艺术应该相互取长补短,互溶互补,创造新的艺术天地,而且他身体力行,以创作来实践他的理论。

首先,林风眠以中学为体,中西技法并用。林风眠在20世纪60年代初画的麻布油彩画《渔村丰收》,是一幅典型的中西合璧的而又具有浓郁民族风情的画。这是他到上海市郊、浙江舟山渔场等地生活获得灵感而创作的。他曾经说过,他只有在学习对象时候才做如实描写的,而很少对着直观景象进行创作。因为他不愿意用自然主义方式去进行照相式的反映对象,他要把直观景象进行酿化之后,经过提炼,构思,加工,在主观情境的烛照下,燃起了创作的激情时,才把印象变成图画。在《渔村丰收》中,在海的背景下,渔女或坐,或站,或捧鱼,谈笑风生,表现出牧渔的喜悦。在作品中,表现出中西绘画的调和融合,取其所长,弃其所短。他得心应手地使用中西不同的绘画语言:用国画中的线条做主线,恣意纵横,勾勒出渔场的生动图景,桅杆、渔网、渔女、箩筐、海鱼等不同的物状有不同的质感，在线条的交错流动中构成了优美的画面，有点装饰性的色彩，整个画面构图饱满；采用色块做物象着色的基调，整个画面用暗红色，而海面则大胆使用淡白，只在远处涂上淡淡的蓝色，而且色彩很薄，明暗不很强调，表现出一种欢乐祥和的气氛。

在彩墨画《秋艳》中，人们看到秋阳下的静谧的山村、墨绿的远山、浓密的大树掩映下的农家小舍，在农舍门前一片静静的池塘；池塘里荡漾着或绿或黄的睡莲，这是一幅极富诗意的农家秋意图。林风眠大胆运用西洋画中的强烈的对比色及冷暖色的反差，使作品呈现出既宁静又有立体感，这样一幅山村的景色就呈现在读者面前，让人久久流连。

其次，林风眠在创作中力求表现自己的情趣。林风眠对绘画中的情与趣是有深刻理解的。他在1927年的《艺术的艺术与社会的艺术》①中说：艺术家为情绪冲动而创作，把自己的情绪所感而传给社会人类。换一句话说就是，研究艺术的人，应负相当的人类情绪上的引导，由此不能不有相当的修养，不能不有一定的观念。在这里，林风眠再次明确指出，艺术要表现人的情绪，而且要把这种情绪传递给读者；另外，这种情绪应该"有一定的观念"，就是自己所表述的社会理想、人生的愿望，来感染读者。

林风眠在香港作画

林风眠在理论上做出精辟阐述的同时，在创作上也做了很好的尝试。1956年他的水墨画《双鹭》就是代表作。在画面上，一对白鹭在芦苇中悠闲地走动，其间一只鹭在低头觅食，另一只鹭在深情地注视着情侣，也是护卫着情侣，表现出一种爱意和深情。1978年创作的《猫头鹰》也是充满爱意的情侣题材。猫头鹰是夜行禽类，它们在白天一般都是休息的。林风眠画的猫头鹰是白天双栖在树枝上。一对情侣，相互偎依，沐浴在爱河之中，背景上是金黄色的树叶，呈现出亮色，衬托出情侣的恩爱意趣。这两幅画尽管是画动物的，但却画得有情有义，趣味盎然，借物寓人，蕴含深刻，让人感到人间的暖意。

再次，林风眠绘画的创新之处还在于，他既重"形"，更重"神"。林风眠的绘画，

---

① 参见《晨报星期画报》第85号。转引自谷流，彭飞. 林风眠谈艺录[M]. 郑州：河南美术出版社，1999.

在艺术的整体构思和物象形体上，常常吸取西洋画中的立体透视法，所画的物体或人物在画面上能突现出来，立体感强；而且在色彩运用上，也敢于采用强烈的对比色，加强画面的立体效果；在时间和感觉上，常常捕捉流动的光线和画面的明暗，增强动感。但他又不是面面俱到，而是有选择地融进西方的象征主义表现手法和中国画中的简练的线条流动的技法，常常寥寥几笔，画面生动，立意明确，意境悠远，意味深蕴，传达出作者丰富的精神世界。例如，他1947年画的水墨画《裸女》、1963年画的《立》等，画面简洁明朗，人物和鸟的图像既有很强的生活实感、逼真的艺术情境，又颇具神韵，有很强的艺术冲击力。

在人物画方面，林风眠早期的《人道》和《摸索》，以及后来的《宝莲灯》《坐女》《仕女》《戏剧人物》等，画面色彩浓烈，线条笔触简洁明快，节奏感强，他似乎不顾物象的客观性而着重于意念的表达；在艺术表述上，近似象征主义的表达方式。在他的静物画里我们还可以看到后期印象派塞尚的影子。

林风眠画作《宝莲灯》

林风眠画作《枫林》

林风眠认为，绘画并不仅仅是为了绘画，也不能仅仅是线条、色彩和构图的艺术。绘画是美的艺术，美是艺术的第一要素。他在1927年的《致全国艺术界书》中说："艺术的第一利器，是它的美。"美是人类共通的要求，是人类崇高精神的体现。画家要用绘画表现人类这一精神追求，这也是艺术的最高境界。在中外绘画史上，美都是画家们孜孜不倦的追求。林风眠融中西美术对美的不同诠释和共同的追求于一炉，调和到他的创作之中，创造出美的画意。他画的荷塘，截取荷塘的一角，以满满的构图，像镜头一样由近而远，无声荷叶连天碧，艳丽荷花满池开。看着看着，让人产生无穷的联想，在恬静的景物中让你获得美的享受。他画的山村秋景，大多利用背光，在枫叶上镶上灿烂的金边，映照在清澈透明的湖水中，很有层次感。在他的笔下，秋天的天空、湖面、树林、房屋等组合成美丽平和的画面，给人以平和、静谧的感觉，让人感到秋景的美丽，同时也给人以丰富的联想。他的古装仕女和京剧画也别有风味。在这类画中，有的服饰吸取了古代人物的画的精髓，服饰华丽而具有装饰性；有的用衣袖和裙的线条，制造动感，动中有静，静中有动，极为写意与传神。他的静物画的花卉、水果等，具有浓重的西洋画的特色，画面浓艳热烈，有的淡妆素抹，有的浓妆艳色，姿态各异，个性纷呈，洋溢着生命的热烈的色彩。

最后，林风眠在创作中强调作品的时代性。因为画家本人是生活在时代中的，绘画也是表现时代的艺术。这就需要从技巧到内容上都需要有所创新。早在1933年，他就说过："如绘画的内容与技巧不能跟着时代的变化而变化，而仅仅能够跟着千百年以前的人物跑，那至少可以说不能表现作家个人的思想与情感的艺术！"[①] 生活与艺术是紧密相连的。真正的艺术家就必须表现时代的变迁，反映时代生活所提供的社会内容和人民的情绪与愿望。这就不仅要求画家要在艺术上创新，而且要在内容上有所变化，才能表现出时代赋予艺术家的任务。

拓展阅读：

施好古、王云翔：《婆罗洲的中国公司》，《南洋问题资料译丛》，1958年第1期

罗香林：《西婆罗洲罗芳伯所建共和国考》，哈佛燕京社补助中国学社出版，1961

李惠堂：《回首二十年》，政协广东省五华县文史研究委员会编：《五华文史·李惠堂专辑》，广东省非营利性出版物，1990

魏明枢：《张振勋与晚清铁路》，华南理工大学出版社，2009

魏明枢、韩小林：《客家侨商》，暨南大学出版社，2015

郑重：《画未了：林风眠传》，中华书局，2016

---

① 林风眠. 我们所希望的国画前途 [J]. 前途（创刊号），1933.

后　　记

本书采用集体编写的模式。参编者不尽相同的专业背景，让我们能够听到各自发出的不同声音。当然，作为教材，集体编写的模式无形中会增加统稿的难度，因此从启动编写工作到出版社排版成书，在将近两年的时间里，虽数次统改，几易其稿，但限于学力与精力，仍留下不少遗憾。同时，作为一部区域性历史人文教材，本书的编纂难免带有一定的探索与尝试性质。换句话说，面对一个仍在"进行中"的编写对象"客家"，我们努力在诸多的不确定中追求教材内容的稳定性。但这一努力与尝试能否达到预期效果，仍有待于读者的检阅。在此，我们期待社会各界人士在阅读、使用本书的过程中批评指正，给我们提出宝贵的意见和建议，以利于我们日后修订完善。

本书的构架由主编设计和完善。各章节内容的编写分工如下：

第一章第一、二、四、五节：肖文评

第一章第三节：丘　峰

第二章：罗迎新、邱国锋

第三章第一、四、五节：宋德剑

第三章第二、三节：房学嘉

第四章：温昌衍

第五章：曾令存

第六章第一、二、三、四节：郭真义

第六章第五节第一部分：曾令存

第六章第五节第二、三、四部分：罗可群

第七章：李君、钟玲、蔡享丽

第八章第一、五节：肖文评

第八章第二、三节：魏明枢

第八章第四节：杜光宁

第八章第六节：丘　峰

全书的统稿工作由曾令存负责。

书中部分图片由编纂者之外的个人和单位提供。基于全书总体风格设计等因素的考虑，未再专门注明。借此机会，谨向如下个人和单位表示衷心的感谢：李婷婷、黄纯彬、李根生、何日胜、刘奕宏、罗雄、连志成、刘秉辰、吴耀东、张春华、卢志成、李新贤，梅州市文化馆、梅州市戏剧研究室、广东汉剧传承研究院、梅江区委宣传部《梅江私塾》编委会等。

　　感谢本书的责任编辑、北京大学出版社李玥近两年来对我们的编写工作的关心和指导。感谢广东省省市共建高校人文社科研究基地嘉应学院客家研究院罗鑫助理研究员在本书编纂过程中所做的协调工作。

曾令存
2017 年 11 月于梅州